Guido Hiß, Robin Junicke, Monika Woitas, Sarah Heppekausen (Hrsg.)

Das Theater der Ruhrtriennale
Die ersten sechzehn Jahre

Guido Hiß, Robin Junicke,
Monika Woitas, Sarah Heppekausen (Hrsg.)

Das Theater der Ruhrtriennale

Die ersten sechzehn Jahre

ATHENA

Institut für
Theaterwissenschaft

Mit freundlicher Unterstützung der Ruhrtriennale

RUHRTRIENNALE
FESTIVAL DER KÜNSTE
2018 2019 2020

Die Ruhrtriennale ist Teil der Kultur Ruhr GmbH. Gesellschafter und öffentliche Förderer sind das Land Nordrhein-Westfalen sowie der Regionalverband Ruhr.

Bibliografische Information der Deutschen Nationalbibliothek

Die Deutsche Nationalbibliothek verzeichnet diese Publikation in der Deutschen Nationalbibliografie; detaillierte bibliografische Daten sind im Internet über <http://dnb.d-nb.de> abrufbar.

1. Auflage 2018
Copyright © 2018 by ATHENA-Verlag,
Mellinghofer Straße 126, 46047 Oberhausen
www.athena-verlag.de
Alle Rechte vorbehalten
Umschlagfoto: Maschinenhaus der Zeche Carl, Essen. Dieses Foto und die Fotos zwischen den Kapiteln des Buches zeigen Spielorte der Ruhrtriennale während des Aufbaus der Bühnenbilder in der Spielzeit 2017. Fotos: Robin Junicke.
Druck und Bindung: Grafisches Centrum Cuno GmbH & Co. KG, Calbe (Saale)
Gedruckt auf alterungsbeständigem Papier (säurefrei)
Printed in Germany
ISBN 978-3-7455-1008-9

Inhalt

Henrichshütte. Ein Spaziergang　　11
Guido Hiß

»Die Routine des Alltäglichen durchbrechen«　　19
Monika Woitas

Planspiele und Spielpläne　　23
Tanja Martin

The Waste Land　　28
Sabine Reich

Die Geburt der Ruhrtriennale　　34
Michael Vesper

Das Gedächtnis der Steine　　40
Guido Hiß

Komponieren mit den Mitteln der Bühne　　48
Monika Woitas

»Mich interessieren Positionen, die herausfordern«　　54
Interview mit Stefan Hilterhaus
Sarah Heppekausen

»Wir sollten ihnen zuhören«　　62
Cathrin Rose

Gerard Mortier 2002 | 2003 | 2004

»À la Ruhr ist es am schönsten!«　　72
Dorothea Neweling

Die Wiedererrichtung des Himmels　　77
Thomas Oberender

Inhalt

Der Traum von der schönen Müllerin *Guido Hiß*	87
»Tochter des Minos und der Pasiphaë« *Jürgen Grimm*	92
Der Traum der Ingenieure *Guido Hiß*	98
»Ehrlich gesagt, mag ich gar keine klassische Musik …« *Kim Stapelfeldt*	103
»Nie ein Stück Himmel« *Philipp Blömeke*	108
Raum des Klangs, Klang der Farben *Susanne Goldmann*	112
Der Überlebenskampf als ästhetisches Erlebnis *Nikolaus Müller-Schöll*	118

Jürgen Flimm 2005 | 2006 | 2007

Die Säule der Erinnerung *Ein Gespräch mit Jürgen Flimm* *Guido Hiß und Nikolaus Müller-Schöll*	126
Im »Eismeer der Geschichte« *Guido Hiß*	136
»Es geht um die Zerstörung von Körpern« *Dina Netz*	143
Ein »Raumschiff des Geistes« *Thomas Böckstiegel*	147
Herzstücke und Denkspiele *Andreas Wilink*	152

Pfeile der Sehnsucht 158
Uwe Schweikert

Zersetzungsparty im Märchenkosmos 163
Dorothea Marcus

Ohne Bewegung keine Musik 167
Yseult Roch

Die Geburt der Komödie aus dem Geist der Musik 173
Guido Hiß

Marie Zimmermann / Jürgen Flimm 2008

Die Familie als subversive Kraft 180
Ein Gespräch mit Carl Hegemann
Ulrike Haß und Nikolaus Müller-Schöll

Dramaturgie der Sorge und Ästhetik des Pathos 189
Jasmin Degeling

Vom Risiko des Mitgefühls 196
Verena Cornely Harboe

»Vergessen diese Frage, nächster Moment!« 204
Mike Hiegemann

Im Zerfall wohnt die Zeit 209
Ein Gespräch mit Anna Viebrock
Fabian Lettow und Mirjam Schmuck

Willy Decker 2009 | 2010 | 2011

Auf der Suche nach dem Wort 218
Ein Gespräch mit Willy Decker
Mareike Möller und Tanja Martin

Inhalt

Kraftzentrale Ruhrtriennale *Eva-Maria Voigtländer*	228
»Oh Wort, du Wort, das mir fehlt!« *Hanna Höfer-Lück*	233
Die Natur des Nichts *Robin Junicke*	236
»Don't compare!« *Janina Amrath*	240
Die Suche nach dem Glück *Uta Stevens*	244
»Eigentlich ist es immer die eigene Geschichte« *Nicole Strecker*	248
»From a Distance They Looked Like Birds« *Robin Junicke*	253
Die Darstellung einer nicht abbildbaren Welt *Daniel Schinzig*	257
Gespenster der Angst *Sarah Heppekausen*	261

Heiner Goebbels 2012 | 2013 | 2014

Theater als Erfahrung *Heiner Goebbels*	266
»???!« oder eine Einladung zu »Kunst als Erfahrung« *Elisabeth van Treeck*	275
Nach der Oper *Hanna Höfer-Lück*	282

Inhalt

Επιλελησμεναι μορφαι – ληθης μορφαι 286
Meike Hinnenberg

Begegnungen 291
Milena Cairo

Frühling ohne Opfer 295
Laura Strack

Leute, vertragt euch! 301
Stefan Keim

»Zuhören reicht nicht« 306
Monika Woitas

In den Krieg gezogen 310
Sarah Heppekausen

Die Opulenz des Absurden 314
Stefan Keim

Ein Zeppelin hütet Schafe 316
Stefan Keim

Johan Simons 2015 | 2016 | 2017

»Ich stehe für ein beflecktes Theater« 320
Ein Gespräch mit Johan Simons
Stefan Keim

Sentimenti 326
Moritz Peters

Sturz in die Steine 331
Sarah Heppekausen

Das Rheingold schimmert rätselhaft 335
Stefan Keim

Inhalt

Loslassen üben *Judith Schäfer*	338
Die Perspektive der Anderen *Stina Freund und Katharina Sturm*	343
Inszenierung der Krise *Kristin Posekardt*	349
So wenig Leben *Sebastian Bös*	353
Von Höllenqualen zum paradiesischen Goldregen *Alina Baranowski*	357
»Alles fließt« *Katharina Thome*	361
Kinder des Kapitalismus oder: Was ist eigentlich ein Mensch? *Moritz Hannemann*	366
»Tür zu! Da kommt Kälte rein« *Mareike Gaubitz und Jasmin Maghames*	371
Nicht nur in der eigenen Kirche predigen *Vasco Boenisch*	376

Ausblick | Anhang

Ruhrtriennale – die kommenden Jahre *Stefanie Carp*	385
Textnachweise	387
Ganzseitige Abbildungen	392

Henrichshütte. Ein Spaziergang

Guido Hiß

Die Hattinger Henrichshütte ist eines der beeindruckendsten Zeugnisse der Industriegeschichte an der Ruhr. Bei einer Besichtigung geriet ich in die staubige Gebläsehalle, in der zwischen rostigen Maschinen diverse Zerrspiegel auf ihr Publikum warteten. Sie verwandelten alle, die hineinblickten, in lebende Bohnenstangen. Vor einem gewaltigen Schwungrad, das einer Welt von Jules Verne zu entstammen schien, traf ich eine alte Bekannte mit Namen Anna. Wie immer trug sie einen schwarzen Hosenanzug und einen langen Zopf, an dem ein Federchen baumelte. Wir waren uns schon oft auf der Ruhrtriennale begegnet – eine wunderbare Gesprächspartnerin. Wir stimmten lächelnd darin überein, dass uns an diesem Ort etwas fehlte: das Theater. Im Angesicht der alten Halle war unser Festival-Instinkt erwacht.

»Ich habe gehört, Sie wollen ein Buch zur Geschichte der Ruhrtriennale herausgeben? Muss das sein?«, fragte Anna listig. Ich fixierte ein übergroßes Foto, das sechs zufrieden aussehende Arbeiter zeigte, die stolz auf der riesigen Maschine saßen, vor der wir gerade standen. Gute Frage! Ich verkniff mir eine Verlautbarung, wonach Theaterforscher angehalten sind, am Gedächtnis des Theaters zu arbeiten. Das kann nicht die ganze Wahrheit sein. »Die Zukunft der Oper in der Vergangenheit der Industrie«, murmelte ich. Anna schaute mich fragend an.

Ich kam ins Grübeln. Mit der Ruhrtriennale verbinde ich eine besondere Ästhetik: avanciertes musikalisches Theater jenseits der Oper. Dieser Ansatz war mir nicht ganz neu, als das Festival 2002 startete. Die Vorspiele hatte ich bereits in den achtziger und neunziger Jahren in Berlin erlebt: Christoph Marthalers chorische Grotesken, Robert Wilsons und Philip Glass' Traumspiele, Pina Bauschs Tanztheater (in Gastspielen). Hans Neuenfels ging zwar noch von der Partitur aus, zerlegte die Opern aber in Teile und setzte sie neu zusammen; seine großen Operndekonstruktionen sind mir bis heute präsent. Von der Beschäftigung mit der Oper ausgehend, war musikalisches Theater jenseits von Partiturbindung für mich eine Art Erlösung. Arnold Schönberg hatte die ästhetische Konsequenz, die wir normalerweise mit der Postmoderne verbinden, bereits 1928 (in einem Vortrag zur *Glücklichen Hand*) auf den Punkt gebracht: »mit den Mitteln der Bühne musizieren«.

LWL-Industriemuseum Henrichshütte Hattingen. Fotos: Robin Junicke

»Schönbergs Wort passt gut auf Mortiers Überlegungen«, sagte ich. Der Gründungsintendant der Ruhrtriennale taufte die szenische Kombinatorik, die mit Konventionen der Oper und des Balletts bricht, auf den Namen »Kreation«. Mortier machte auch mit seiner Einladungspolitik überaus deutlich, welches musikalische Theater er wollte, eben das von Marthaler, Wilson oder auch, im internationalen Rahmen, von Johan Simons und Alain Platel, die das Prinzip der Kreationen ihrerseits vorgeprägt hatten: als »postdramatisches« Musik- und Bewegungstheater, das am Traum von der Musikalisierung aller Ausdrucksebenen ansetzt.

»Die Ruhrtriennale war aber nie nur ein Festival der Kreationen«, gab Anna zu bedenken. »Gerard Mortier war überhaupt nicht dogmatisch«. Sie hatte recht. Herausragende Produktionen wie Patrice Chéreaus *Phèdre* oder die *Zauberflöte* von La Fura dels Baus stehen ebenso für die Anfänge wie die inzwischen legendären Kreationen. In den Spielplänen der ersten drei Jahre waren bereits die unterschiedlichsten Gattungen vertreten, sämtliche szenischen Spielarten, dazu Tanz, Lesungen und Konzerte. 2003 startete die erfolgreiche Reihe *Century of Songs*, 2004 die Junge Triennale mit ihrem Programm für Kinder und Jugendliche. Im genialen Chaos der Anfänge wirbelte noch alles durcheinander. Doch in Mortiers künstlerischem ›Genpool‹ war bereits jenes »Festival der Künste« angelegt, zu dem sich die Ruhrtriennale seitdem selbstbewusst entwickelt hat. Und bereits ab Jürgen Flimms Intendanz, also ab 2005, wurden die einzelnen Produktionen nach Sparten geordnet; doch schon die ganz frühen Spielpläne zeigen den künstlerisch umfassenden Anspruch des Projekts.

»*Wolf* und *Die schöne Müllerin*«, sagte ich. »Mit diesen Produktionen hat mich das Festival 2003 eingefangen, in Mortiers zweiter Spielzeit.« »Bei mir waren es die *Nächte unter Tage*«, sagte Anna. »Und Schlingensiefs *Kirche der Angst*. Hab ich kaum ausgehalten, es war aber einer der größten Abende überhaupt!« Ich nickte. Nach Flimm kam Decker, ein bedeutender Opernregisseur: »*Moses und Aaron* und *Tristan und Isolde* in der Jahrhunderthalle«, sagte ich, »faszinierende Begegnungen von Oper und industriellem Raum.« Anna verzog ein bisschen das Gesicht. »Mortier hatte Wagner im alten Gemäuer noch strikt abgelehnt.« »Nichts für Puristen«, sagte ich, »aber interessante Experimente mit Räumen und Sehgewohnheiten waren es dennoch.« Willy Decker hat Wege geöffnet. Danach haben alle Intendanten selbst inszeniert, auch Opern. »Oder Antiopern: Goebbels' *Europeras*«, Anna strahlte. Mit John Cage hatte ein weiterer Ahnherr des Kreationenmodells die Jahrhunderthalle betreten. Zugleich kassierte Goebbels Mortiers Gattungsbegriff. Er hatte es nicht so mit Namen, die Sprache selbst war ihm verdächtig. Dabei setzte er das Kreationenprinzip in Inszenierungen wie *Delusion of the Fury* und *De Materie* exemplarisch um. »Il faut être absolument postmoderne«, Anna grinste.

»*Accattone*«, sagte ich, zu Simons springend, »die Maximalkreation.« Ein ungeheures Gewölbe, die Kohlenmischhalle der Zeche Lohberg zu Dinslaken, groß wie zwei Fußballfelder, Menschen wie Ameisen. »Und Schauspieler, die italienische Zuhälter auf Deutsch mit niederländischem Akzent spielten.« Anna grinste schon wieder. »*Die Fremden*«, sagte ich, »Kennedys *Orfeo* und Van Looys *Earth Diver*!« Szenische Musik auf höchstem, provokantem Niveau. »Aber auch Simons förderte Schauspielproduktionen«, meinte Anna. »Die Familientrilogien von Luk Perceval und Ivo van Hove«. »Und nochmal Wagner«, sagte ich: »Sein experimentelles *Rheingold* mit gewissen musikalischen Zutaten – eigentlich auch eine Familiengeschichte.« »Genau wie diese Gluck-Oper, in der sich die Frau für ihren Mann opfert«, sagte Anna. *Alceste*, murmelte ich. Wir gerieten offenbar auf die Spur einer versteckten Grundidee dieser Intendanz: »Simons' Familienfest!«

Inzwischen waren wir in einer Nachbarhalle gelandet, in der künstlerisch gestaltete Fotos hingen (von Udo Kreikenbohm), Fabriken, Straßen, Ruhr-Landschaften, in visuelle Strukturen aufgelöst. »Ohne diese Spielorte wären die Kreationen vielleicht gescheitert«, meinte Anna. Alle Intendanten (und

Regisseure), Mortier zuerst, waren von rostenden Rohren und dunklem Gemäuer inspiriert. Sie steckten uns damit an. Cage, Lachenmann, Nono, die avancierte Musik des zwanzigsten Jahrhunderts, ansonsten oft in Intellektuellen-Ghettos angesiedelt, erschließen sich einem breiteren Publikum offenbar erst (szenisch erweitert) in alten Fabriken. Ohne die völlig opernfernen Räume wäre man kaum angekommen gegen die Macht des kommerziellen Musicals, das auch hierzulande die Seelen verführt. Gebaut für die Produktion von Stahl, entfalten sie eine fast magische Wirkung bei der Produktion von Kunst.

»Ich habe die für mich zunächst fremde Welt an der Ruhr durch das Festival entdeckt«, sagte ich. »Zu Marthalers *Müllerin* im Dortmunder Hochofenwerk Phönix-West mussten wir einen langen Fußweg durch eine kaputte Landschaft aus Eisen absolvieren, eine zerstörte Welt wie im *Terminator*.« Anna nickte: »Die Wucht des postapokalyptischen Schlussbilds in den *Nächten unter Tage* auf Zollverein!« Oft wurden auch eher konventionelle Schauspiel- und Operninszenierungen durch die Spielorte verzaubert, etwa die *Zauberflöte* in der Jahrhunderthalle.

»Diese Spielorte dienten nicht nur als pittoresker Rahmen, sie waren auch ein Politikum«, sagte ich. Was bedeutet eigentlich ihre Umfunktionierung zu szenischen Räumen? Wie haben die abgewickelten Arbeiter reagiert, als sie hörten, dass auf Zollverein nunmehr Kunst hergestellt werden soll: (Erneute) Enteignung durch das Bürgertum oder vorbildliche Gedächtnispflege? Das Vorspiel lieferte die Internationale Bauausstellung Emscher Park, die in den neunziger Jahren versucht hatte, das industrielle Erbe neu zu denken: Alte Werke als Gedächtnismarken für eine untergegangene Welt. Als »Kathedralen der Arbeit« kamen sie neu ins Spiel, sogar als Retorten zur Erzeugung eines »Mythos Ruhrgebiet«, als Zement für eine gesuchte »Metropolenidentität«?

»Dämliche Ruhrmusicals mit Helden der Arbeit blieben uns zum Glück erspart«, sagte Anna zufrieden, während wir über Bahngleise stolperten, auf denen nie mehr ein Zug fahren wird. Das Festival entwickelte sich von Anfang an ästhetisch und nicht lokalmythologisch. Die Wahl eines Opernreformers zum Gründungsintendanten war auch ein politisches Signal. Man kann den Mut der Triennale-Erfinder in Kunst und Politik durchaus bewundern, sie wählten den unsicheren Weg, jenseits von Fußball und Bier. »Die Ruhrtriennale hat uns in ihren besten Produktionen tief in die problematische Geschichte der Bauten hineingezogen«, meinte Anna und dachte vermutlich wieder an ihre geliebten *Nächte unter Tage*. Denn die Arbeitsbedingungen waren alles andere als idyllisch, so wenig, wie das, was hergestellt wurde, zum Beispiel Rüstungsprodukte für drei verheerende Kriege. »Der Umgang der Künstler mit den historischen Räumen sagt auch etwas aus über die Qualität der Inszenierungen«, sagte ich.

Anna nickte. »Man kann sie mitspielen lassen oder auch ignorieren«. »Wer einen Guckkasten in ein altes Salzlager baut, vergibt eine Chance.« »Eben!«
Wir passierten das Labor, ein kleines Gebäude, in dem früher die Ausgangsstoffe und Endprodukte der Verhüttung geprüft wurden. »Außer Goebbels haben alle Intendanten Konzepte für die jeweiligen Spielzeiten vorgestellt«, sagte ich. Mortier umspielte bereits (kunst-)religiöse Themen, Flimm schürfte in der Geschichte der Romantik, des Barocks und des Mittelalters, Decker untersuchte »Urmomente« großer Religionen. Simons zitierte zuletzt Schiller: »Seid umschlungen!« und suchte nach »Götterfunken«. Nur Goebbels verweigerte sich einem Konzept, was zugleich erster Ausdruck der propagierten negativen Ästhetik war. »Diese Konzepte spielten kaum eine Rolle«, meinte Anna. »In der Realität der einzelnen Spielzeiten waren ihre Auswirkungen oft wenig spürbar; vielleicht kamen Konzeptüberlegungen dem Eigensinn der engagierten Künstler weniger entgegen als dem der Presse.«

Wir wanderten an den Möllerbunkern entlang; erneut blickte mich mein Spiegelbild an, diesmal aus einer großen Pfütze. Anna spiegelte sich seltsamerweise nicht darin, aber wahrscheinlich hatte ich nur nicht richtig aufgepasst. Sie zog mich weiter, Richtung Hochofen. »Vielleicht lag in der Einladungspolitik der Intendanten das eigentliche Konzept?«, murmelte ich. Fast alle arbeiteten mit Bekannten, Freunden und Weggefährten (und mit Johann Simons als Anker): Mortier, wie gesagt, mit seiner Kreationentruppe, Flimm widmete drei Protagonisten des avancierten Regietheaters der achtziger Jahre sogar eine Werkschau: Andrea Breth, Peter Zadek und Luc Bondy; Hans Neuenfels trug eine »Oper für Klavier« bei, bedeutende Schauspieler der Zeit wurden engagiert, zum Beispiel Sunnyi Melles, Elisabeth Trissenaar, Barbara Sukowa und Udo Samel. Willy Decker stemmte die drei Hauptinszenierungen seiner Intendanz selbst; er fiel ansonsten aus der Reihe, da er keineswegs die Elite der Opernregisseure und Sänger versammelte, sondern bedeutende Künstler aus allen Bereichen und Generationen. Mit den eingeladenen Schauspielregisseuren hätte man problemlos ein ganzes Berliner Theatertreffen ausstatten können. Goebbels versammelte die großen Namen der szenischen und tänzerischen Postmoderne und Simons führende Theatermacher und Performer der Niederlande. Die Intendanzen gestalteten sich als spannende Reisen in künstlerische Netzwerke.

»Ich denke, darin liegt auch der menschliche Faktor der Ruhrtriennale«, meinte Anna. »Diese Intendanzen sind eigentlich kaum zu stemmen, das gilt übrigens für das ganze Team! Zuerst die Unwägbarkeiten künstlerischer Produktion in großem Maßstab. Dann die begrenzten Finanzen. Das öffentliche Interesse, inzwischen weltweit.« »Stimmt!«, sagte ich. »Man engagiert am besten Leute, die man kennt und auf die man sich verlassen kann.« Kein unübliches Verfahren, auch außerhalb der Künste. Nicht in bisweilen eher oberflächlich umgesetzten Konzepten und Proklamationen lag der Gewinn des Festivals, sondern in der Bekanntschaft mit dem szenischen Kosmos, den die Intendanten mitbrachten. »Die Künstler selbst bildeten das Alpha-Konzept!«

Wir waren etwas außer Atem, als wir auf dem Gipfel des Hochofens angekommen waren; der Lift war außer Betrieb. »Wie wird das Buch aussehen?«, fragte Anna. »Na ja, eigentlich haben wir schon die ganze Zeit über die Leitlinien geredet.« Ein einleitender Teil gibt den komprimierten Überblick über Vorgeschichte und Geschichte der Ruhrtriennale, erläutert kulturpolitische und ästhetische Aspekte. Danach folgen große Kapitel, die den einzelnen Intendanzen gewidmet sind, von Mortier bis Simons. Marie Zimmermanns Planung, die Jürgen Flimm nach ihrem Tod noch kommissarisch umgesetzt hat, wird ebenfalls berücksichtigt. Zu Beginn jedes Kapitels kommen die noch lebenden Intendanten selbst zu Wort, zumeist in Interviews; Heiner Goebbels stellt uns immerhin die Editorials seiner Programmhefte zur Verfügung. Im Fall des verstorbenen Gerard Mortier übernehmen zwei Weggefährten die Vorstellung, die Dramaturgin Dorothea Neweling und der Dramatiker und Festspielleiter Thomas Oberender. In den Intendanten-Kapiteln finden sich neben Kommentaren und Statements von Mitarbeitern auch Essays zu herausragenden Inszenierungen. Dabei konnten wir zum Teil auf Texte zurückgreifen, die in den Jahrbüchern des Bochumer Instituts für Theaterwissenschaft erschienen sind: *Theater über Tage* und *Schauplatz Ruhr*. Auch befreundete Kulturjournalisten haben sich beteiligt.

»Wir entwerfen nicht d i e Geschichte der Ruhrtriennale, sondern verschiedene Blicke darauf«, sagte ich. »Wir arbeiten mit Leitmotiven (Geschichte, Ästhetik, Politik), arrangieren das Material in einer Ouvertüre und fünf Akten, doch es gibt keine einheitliche Perspektive, kein reduzierendes Resümee, keine erschöpfende Deutung. Das würde das vielstimmige »Festival der Künste« nur verfehlen. Der Band kombiniert ganz verschiedene Textsorten, subjektive Standpunkte und Meinungen, Innen- und Außenwahrnehmungen. Und wir verbinden das geschriebene Wort mit einer reichen visuellen Erinnerungsspur, mit Fotos und Skizzen.« »Dieses Buch ist also selbst eine Kreation«, meinte Anna; sie hatte mich gut verstanden.

»Vier Herausgeber haben an diesem Band gearbeitet: Sarah Heppekausen, die sich als Kulturjournalistin einen Namen gemacht hat und am Institut für Theaterwissenschaft der Ruhr-Universität promoviert. Dieser Einrichtung gehören auch die anderen Herausgeber an: Monika Woitas, Expertin für Musiktheater und Tanz und langjährige Beobachterin des Festivals. Robin Junicke,

Henrichshütte. Ein Spaziergang

Fotograf und Theaterforscher, kümmerte sich (nicht nur) um die visuelle Gestaltung. Ich selbst vertrete das Institut als Professor und das musikalische Theater als einen Schwerpunkt in Forschung und Lehre. Entsprechend unserer Herkunft aus der Theaterforschung vermitteln wir das reichhaltige künstlerische Angebot der Ruhrtriennale nicht umfassend, sondern stellen die szenischen Anteile in den Mittelpunkt: Kreation, Oper, Schauspiel, Tanz, Performance.«

Das war eine längere Rede – Anna wurde irgendwie durchsichtig; sie schien sich ein bisschen zu langweilen. Dann entschwebte sie in den Himmel über der Ruhr. Erfolglos versuchte ich, sie festzuhalten. »Ja, es musste sein!«, sagte sie lächelnd. Eine leichte Brise schob sie wie ein Wölkchen in Richtung Koster Brücke. »Gruß an Monika, Sarah und Robin!«, waren ihre letzten Worte. Dann war sie in dem imaginären Raum verschwunden, dem sie vermutlich entstammt. Den Dank des Hauses kriegt sie nun nicht mehr mit.

Wir danken unseren Geldgebern, ohne die dieses Buch nicht möglich gewesen wäre, für ihre Unterstützung und ihr Vertrauen: der Kunststiftung NRW, namentlich Frau Dr. Sinnreich und Herrn Prof. Wagner. Von der Ruhrtriennale hat sich ihr ehemaliger Geschäftsführer, Herr Lukas Crepaz, um das Projekt verdient gemacht. Der Athena-Verlag hat sich nicht nur an den Produktionskosten beteiligt, sondern uns in vielen Details beraten; unser erster Dank gilt seinem Leiter Rolf Duscha. Wir danken Dorothea Neweling, die als Dramaturgin die Ruhrtriennale seit den Anfängen begleitet hat und nun auch, unterstützend, diesen Band. Unser besonderer Dank gilt allen, die Texte und Bilder beigetragen haben, und nicht zuletzt Martina Maierl, Jasmin Maghames und Daniel Schinzig, die uns von Seiten des Instituts aus wunderbar geholfen haben. Vor allen aber bedanken wir uns bei Gerard Mortier, der dieses Festival maßgeblich gestaltet hat. Wir widmen diesen Band seinem Gedenken.

»Die Routine des Alltäglichen durchbrechen«
Gerard Mortiers Leidenschaft für das Theater.
Eine Würdigung

Monika Woitas

Er war ein Visionär im besten Sinn, einer, der auch zu Beginn des 21. Jahrhunderts unverdrossen an die utopische Kraft des Theaters glaubte. Für Gerard Mortier war das Theater »eine Religion des Menschlichen«, so der Untertitel seines Buches *Dramaturgie einer Leidenschaft* (2009). »Theater machen bedeutet, die Routine des Alltäglichen zu durchbrechen […] die Gemeinschaft sensibilisieren für Fragen des menschlichen Daseins und zu bekräftigen, dass die Welt besser sein kann, als sie ist.« Über konfessionelle und ideologische Gräben hinweg wird hier die zutiefst politische Natur und das humanistische Potenzial des Theaters beschworen, dessen angestammten Platz in der Gesellschaft Mortier zunehmend durch Moden, Routine und mangelnde Kreativität gefährdet sah. Als Intendant der Salzburger Festspiele (1991 bis 2001), aber auch an der Pariser Opéra, deren Leitung er von 2004 bis 2009 innehatte, stieß er mit diesen Idealen immer wieder an Grenzen, und seine letzte Intendanz am Teatro Real in Madrid wurde davon derart überschattet, dass man ihn 2013, ein Jahr vor seinem allzu frühen Tod, gar entließ. Offenbar brauchte es das von allzu hehren Operntraditionen weitgehend unberührte Ruhrgebiet, um Mortiers ambitionierte Ideen realisieren zu können. »Ich bewahre die beste Erinnerung an die Zeit, die ich in dieser Region zubringen konnte«, bekannte er rückblickend, obwohl er anfangs auch dort mit Widerständen zu kämpfen hatte – nicht nur die politisch Verantwortlichen und potenzielle Geldgeber wollten überzeugt und begeistert werden, auch die bereits ansässigen Theater und Festivals gaben sich zunächst eher zugeknöpft. Man sah weniger die Chance als die mögliche Konkurrenz, die hieraus erwachsen könnte.
    Zwei Dinge befeuerten jedoch Interesse und Engagement des 1943 in Gent geborenen Mortier immer wieder neu: Er wollte die Menschen dieser von harter Arbeit geprägten Region für das Theater begeistern und er sah von Beginn an das Potenzial in den weitgehend brachliegenden Industriegebäuden, deren Architektur und Geschichte andere Formen der Darstellung nicht nur ermöglichte, sondern einforderte. Hier schien nahezu alles machbar, wovon Mortier träumte: eine flexible Raumgestaltung, die überkommene Grenzen

Gerard Mortier und Michael Vesper in der Jahrhunderthalle Bochum.
Foto: www.erco.com / Licht Kunst Licht

zwischen Bühne und Zuschauern überwinden und diese unsichtbare Barriere endlich niederreißen konnte; das Spiel mit dem natürlichen Licht nach dem Vorbild der Antike; aber auch die dialektische Bezugnahme auf eine Realität, die in den Räumen weiterlebte und nicht kaschiert werden sollte. »Ich wollte auf keinen Fall die Nostalgie der Gebäude, gar ihre Romantisierung«, betonte Mortier rückblickend in einem Gespräch mit Andreas Wilink und verwies auf die von Marketingstrategen des Ruhrtourismus gerne vernachlässigte dunkle Seite dieser monumentalen Gebäude, die »doch auch Ausbeutungsmaschinen waren«. Bis heute wird die Ruhrtriennale von diesen Räumen geprägt, auf deren spezielle Gegebenheiten die Produktionen reagieren müssen – eine Herausforderung, die höchst unterschiedliche Antworten provoziert und einzigartige Theaterereignisse hervorgebracht hat. In den nachfolgenden Intendanzen wurden diese Ansätze mehr oder weniger überzeugend aufgegriffen, blieben als Vorgabe allerdings stets präsent.

Neben den Spielstätten sollte eine weitere Weichenstellung Mortiers bestimmend für die Ruhrtriennale werden: Das Musiktheater stand von Beginn an im Fokus des neuen Festivals, präsentierte sich allerdings in irritierend neuem Gewand, was keineswegs nur an den ungewohnten Orten lag, sondern mehr noch an der konsequenten Absage an allzu vertraute Konventionen

Umbau der Jahrhunderthalle Bochum. Foto: www.erco.com / Licht Kunst Licht

und gängiges Repertoire. Die Ruhrtriennale wurde von Mortier explizit als Gegenmodell zu den Salzburger Festspielen konzipiert, als programmatischer Verzicht auf eine zahlungskräftige Klientel ebenso wie auf einen etablierten Kanon – der Musik wurde dabei allerdings auch hier eine zentrale Rolle zugewiesen. »Gesang, Deklamation und Tanz sind von Anfang an die strukturellen Grundlagen jeder theatralischen Aktion gewesen«, so das unumstößliche Credo Mortiers, der die etablierte und weithin akzeptierte Trennung der Sparten als künstlich empfand. Was Theatermacher wie Christoph Marthaler oder Robert Wilson bereits eindrucksvoll unter Beweis stellten, wurde nun zum Prinzip eines neuen Genres, für das Mortier ab 2003 den Begriff ›Kreationen‹ einführte. Diese Produktionen setzten sich nonchalant über alle Verdikte hinweg, stellten Gattungsnormen und Darstellungskonventionen kreativ in Frage, brachten scheinbar Unvereinbares zusammen. Opernhits von Verdi – durch Werbung und Kaufhausberieselung schon lange entwertet – erwachten in höchst originellen, mitunter skurrilen Arrangements zu neuem Leben (*Sentimenti*, 2003) oder eine ganze Hundemeute tobte zu Mozart über die Bühne (*Wolf*, 2003). Das Publikum reagierte auf diese Kollisionen mit einer Aufgeschlossenheit und Begeisterung, die an etablierten Häusern – zumindest in diesen Jahren – kaum denkbar gewesen wäre. Die Kreationen wurden zum Markenzeichen und zum »Herzensprojekt« Mortiers, der darauf beharrte, dass »der singende Mensch keineswegs eine artifizielle Erscheinung ist, sondern existenzielle und seinem Wesen gemäße Wirklichkeit« und dass nur ein Theater **mit** Musik zum »Motor der Humanität« werden könne – weil allein in der Musik jene vollkommene Harmonie Realität werden kann, in die alle, selbst die Widersacher eingebunden sind. Mortiers »Religion des Menschlichen« setzt letzten Endes ein musikalisches Theater voraus.

Dass neben den Kreationen auch Schauspiel und Oper ihren Platz hatten, wirkt auf den ersten Blick wie ein Widerspruch zur Kritik an Kanonbildung und Spartensystem. Allerdings machte bereits die Auswahl der Stücke und Künstler deutlich, wie sehr sich die Ruhrtriennale von den traditionellen Festivals unterscheiden würde. Dahinter stand Mortiers Ideal einer »präzisen Spielplangestaltung«, die sich nicht an den Vorgaben eines bestehenden Ensembles ausrichten und die je spezifischen Publikumserwartungen bedienen muss, dabei immer die Auslastung des Hauses im Blick habend. Das neue Festival konnte unbelastet thematische Stränge und Verbindungslinien offenlegen, historische Kontexte sichtbar machen und so aktuelle Bezüge herstellen, ohne plakativ zu werden. Und so formte sich aus etablierten Klassikern, Kreationen, Tanzstücken und Installationen ein klug und dicht geknüpftes Netz voller Verweise und Bezugnahmen, das den Festivalbesucher mitnahm auf eine Reise in unbekannte Welten. Dem Intendanten kam aus Sicht Mortiers dabei die Aufgabe zu, »jede Spielzeit wie eine Landschaft zu entwerfen, die er gemeinsam mit seinem Publikum erkunden will.« Es ging um eine Öffnung der Horizonte, um fruchtbar werdende Konstellationen und Kollisionen – zwischen Künstlern und Räumen, Stücken und Publikum, Populärem und künstlerischem Anspruch, Traditionen und Kreativität. Damit aber waren die Weichen gestellt für ein Festival, dessen programmatischer Anspruch auf Offenheit und permanente Erneuerung nicht zuletzt durch den von Beginn an festgeschriebenen Wechsel der Intendanz alle drei Jahre garantiert werden sollte. Gerard Mortier hat mit seiner Leidenschaft für das Theater als Intendant Maßstäbe gesetzt, nicht nur, aber vielleicht ganz besonders im Ruhrgebiet, wo er die »Routine des Alltäglichen« für die Menschen der Region, aber auch im Theaterbetrieb, zumindest ein Stück weit durchbrechen konnte.

Planspiele und Spielpläne
Von der Internationalen Bauausstellung Emscher Park zur Ruhrtriennale

Tanja Martin

Die Ruhrtriennale ist – im Gegensatz etwa zu den im »Kunst für Kohle«-Mythos gründenden Ruhrfestspielen Recklinghausen – ein von vornherein kultur- und strukturpolitisch geplantes Festival. Insbesondere in ihrer Anfangszeit wurde häufig die durchaus berechtigte Frage laut, ob das Ruhrgebiet noch ein weiteres Festival brauche oder gar verkraften könne. Diese Frage lässt sich allerdings nur beantworten, wenn man sich mit der Gründungsgeschichte der Ruhrtriennale, mit den ihr zugrunde liegenden Grundsätzen und den Argumenten ihrer Gründer beschäftigt.

Kurz gefasst und sehr vereinfacht gesagt, ist die Ruhrtriennale als ein Folgeprojekt der Internationalen Bauausstellung (IBA) Emscher Park zu betrachten: Mit der IBA wurde der Wandel der ehemaligen Industrielandschaft in der Emscher-Ruhr-Region zu einer Kulturlandschaft vorangetrieben. Viele ehemalige Industriegebäude und -flächen wurden saniert und in den Fokus des allgemeinen Interesses gerückt. Der Begriff »Industriekultur« wurde geprägt und setzte sich im öffentlichen Bewusstsein durch. Die Bewohner des Ruhrgebiets und die Besucher von außerhalb zeigten sich sehr interessiert an der Möglichkeit, die ehemaligen Stätten der Arbeit besuchen und bestaunen zu können.

Die IBA fand in den Jahren 1989 bis 1999 statt und trug den richtungweisenden Untertitel »Werkstatt für die Zukunft alter Industriegebiete«. In diesem Sinn begriff es die IBA als ihre Aufgabe, internationales Wissen zusammenzuführen und einen praktischen Erfahrungsaustausch zu ermöglichen, um auf diese Weise den »Rückbau von Industrialisierungsschäden als Voraussetzung für neue Entwicklungen« voranzutreiben und ins öffentliche Bewusstsein zu transportieren.

Die Schließung der Zechen und Stahlwerke in der Region, die seit den sechziger Jahren kontinuierlich vorangeschritten war, hatte nicht nur zum Verlust der materiellen Lebensgrundlage von Familien und ganzen Stadtteilen geführt, sondern war darüber hinaus auch mit einem Identitätsverlust verbunden: Der Grund, warum so viele Menschen sich in dieser Region angesiedelt hatten, verschwand, die Menschen blieben zurück. Zurück blieben ebenfalls

Tanja Martin

Landschaftspark Mechtenberg/Halde Rheinelbe. Foto: Peter Liedtke

riesige Areale, die nun keinem Zweck mehr dienten: Industriebrachen mit großen Hallen, Fördertürmen, Bergehalden. Diese verlassenen, nun nutzlos gewordenen Überreste der Industrie wurden zunächst heftig abgelehnt. Der erste Impuls war der Wunsch nach Abriss und Beseitigung. Frank Levermann vom Kommunalverband Ruhr (KVR), dem Vorläufer des heutigen Regionalverbandes Ruhr (RVR), vermutete dahinter die Sehnsucht der Ruhrgebietsbewohner, »so hübsch zu sein wie andere deutsche Städte«. Dieser Wunsch scheint zunächst plausibel und ist nachvollziehbar, da die Städte des Ruhrgebiets zu keinem Zeitpunkt dem tradierten Ideal von Stadt und Landschaft entsprachen und bis heute nicht entsprechen. Dennoch verstellte er den Blick für Eigenheiten und Möglichkeiten einer anders gearteten (post-)industriellen Siedlungsstruktur.

Ein langsamer Wandel dieser Sichtweise begann sich schon recht früh durchzusetzen. Interessanterweise wurde er nicht »von oben«, durch Politik oder Verwaltung verordnet, sondern entwickelte sich »von unten«. Bereits Ende der sechziger Jahre verhinderte eine Bürgerinitiative den Abriss der Zeche Zollern in Dortmund, auch die Arbeitersiedlung Oberhausen-Eisenheim wurde von engagierten Bürgern vor dem Abriss bewahrt: Dies waren die ersten Schritte zur »Rettung industriekultureller Orte«. Nachhaltig und für

Planspiele und Spielpläne

Landschaftspark Duisburg. Foto: Peter Liedtke

eine breite Öffentlichkeit wahrnehmbar wurde dieser wichtige Teil des Strukturwandels dann ab 1989 mit der IBA Emscher Park unter der Leitung von Karl Ganser vorangetrieben.

In über einhundert Projekten wurden während der Laufzeit der IBA ehemalige Industrieflächen und -gebäude erhalten, umgebaut und einer neuen Nutzung zugeführt. Dabei war es das vorrangige Ziel, die Umbaumaßnahmen behutsam durchzuführen: Die ehemalige Nutzung sollte erkennbar bleiben und gleichzeitig eine neue Nutzung ermöglicht werden. Zum Erfolg der IBA hat sicherlich auch ihr besonderes Konzept beigetragen: Die IBA war nicht selbst Träger der Projekte, sie verfügte über keine eigenen Finanzmittel oder besondere rechtliche Kompetenzen. Vielmehr verbreitete sie einen »allgemeinen Ideenaufruf«, formulierte Auswahlkriterien und Zielvorgaben. Die eingereichten Projekte erhielten bei Zustimmung das »Gütesiegel« IBA. Dieses verhalf ihnen zu vordersten Plätzen auf den Wartelisten für die Landesfördermittel, sodass auf diesem Weg die Finanzierung und Realisierung gesichert werden konnte.

Zusätzlich versprach das IBA-Siegel den Bauherren Prestige und öffentliche Aufmerksamkeit. Zu den bekanntesten Ergebnissen zählen beispielsweise der Gasometer in Oberhausen, der zu einem der ungewöhnlichsten Ausstellungsorte Europas umgebaut wurde, die inzwischen zum Weltkulturerbe ernannte Zeche Zollverein in Essen, auf deren Gelände sich unterschiedlichste Nutzungen wie zum Beispiel das Choreographische Zentrum PACT Zollverein etabliert haben, oder der Landschaftspark Duisburg-Nord, der ebenfalls vielfältig genutzt wird. Dort kann man im alten, gefluteten Gasometer tauchen, klettern, es gibt Gastronomie im alten Kesselhaus, Kraftzentrale und Gebläsehalle werden für unterschiedlichste Veranstaltungen genutzt, und das gesamte Gelände ist ein Park, der tagsüber zum Joggen, Spazieren und Verweilen einlädt und nachts mit einer Lichtinstallation einen anderen Blick auf die alte Architektur öffnet.

Weniger bekannt, aber nicht minder bedeutungsvoll sind eine große Anzahl von IBA-Projekten, in denen beispielsweise aus Industrieräumen Bürogebäude geschaffen oder alte Arbeitersiedlungen und Gartenstädte renoviert, erhalten und erweitert wurden. Schließlich verhalf die IBA dem Ruhrgebiet zu einer Reihe von Landmarken – weithin sichtbaren Orientierungspunkten. Neben dem Gasometer in Oberhausen gehören dazu der Tetraeder in Bottrop oder die Bramme von Richard Serra auf der Schurenbach-Halde. Der Nordsternpark in Gelsenkirchen, der Duisburger Innenhafen und die Jahrhunderthalle Bochum mit dem sie umgebenden Westpark sind weitere Beispiele für die Umnutzung und Neuerschließung brachliegender Industrieflächen.

Ebenfalls aus der IBA hervorgegangen ist die »Route der Industriekultur«, die wichtige Zeugnisse der industriellen Vergangenheit in Form sogenannter »Ankerpunkte« zu einer Themenroute verbindet. Die Route wird entlang der Autobahnen mit sogenannten »Unterrichtungstafeln«, braunen Schildern mit Hinweis auf das jeweilige Industriedenkmal, gekennzeichnet und stetig weiter ausgebaut. Die Hinweistafeln versuchen deutlich, ehemalige Industrieorte auf die Stufe von Schlössern, Burgen oder Kirchen zu erheben, die andernorts ebenfalls in dieser Weise angezeigt werden.

Tatsächlich bewies (und beweist) das Konzept »Industriekultur« durchaus das Potenzial, einen »Ruhrgebiets-Tourismus« ins Leben zu rufen und zu fördern. Zudem wurde eine Vielzahl architektonisch interessanter Hallen und Gebäude erhalten, zu denen auch die heutigen Hauptspielstätten der Ruhrtriennale gehören (Jahrhunderthalle in Bochum, Gebläsehalle und Kraftzentrale im Landschaftspark Duisburg-Nord, Maschinenhalle Zweckel in Gladbeck).

Nach dem Ende der IBA im Jahr 1999 sollten neue Konzepte für diese Räume erstellt werden, um sie weiterhin zugänglich zu machen, ohne sie lediglich als Industriedenkmäler oder reine Besichtigungsobjekte zu erhalten. Ausgehend von der grundlegenden Idee der IBA, deren Betonung wesentlich auf der »Umnutzung« lag, entstand der Plan zur Ruhrtriennale.

Da die Region bereits über eine vielfältige Festivallandschaft verfügte, lag es nahe, diese Räume von einem oder mehreren dieser Festivals regelmäßig bespielen zu lassen und damit eine Praxis fortzusetzen, die durchaus ihre Vorläufer hatte. Schon Anfang der neunziger Jahre hatte es eine Serie von Konzerten der Bochumer Symphoniker unter dem damaligen Generalmusikdirektor Eberhard Kloke in der Jahrhunderthalle gegeben, gefolgt von der Reihe »Musik im Industrieraum«, ebenfalls in der Jahrhunderthalle Bochum, der Kraftzentrale in Duisburg und weiteren ehemaligen Industriestandorten. Auch die Freie Szene nutzte vielfältig und produktiv diese Hallen oder Ruinen, daher war niemand der Ansicht, mit der Bespielung von Industriedenkmälern etwas vollkommen Neues vorzuschlagen. Nach dem offiziellen Ende der IBA sollte es jedoch um eine regelmäßige Nutzung mit einer möglichst breiten und überregionalen Außenwirkung gehen. Um einen hohen künstlerischen Anspruch unabhängig von politischen und wirtschaftlichen Interessen zu gewährleisten, sollte es unbedingt einen künstlerisch verantwortlichen Intendanten geben, anders als beim Theaterfestival Ruhr. Unter diesem Namen waren von 1999 bis 2002 sechs große Festivals im Ruhrgebiet, die jedoch künstlerisch eigenständig blieben, miteinander vernetzt und unter einem gemeinsamen Label vermarktet worden. Nach nur vier Jahren wurde das Theaterfestival Ruhr aufgegeben; übergreifende Funktion sollte nun die Ruhrtriennale übernehmen. Wunschkandidat der Landesregierung für die Intendanz war Gerard Mortier. Er zeigte sich von den Hallen und Gebäuden begeistert und sagte zur Überraschung der Beteiligten zu, als Intendant ins Ruhrgebiet zu kommen.

Mortiers erstes Konzept beinhaltete bereits die Kernpunkte, welche die Ruhrtriennale bis heute ausmachen. Grundlegend waren die Spielstätten: Die ehemaligen Industriebauten sollten genutzt und in die Aufführungen einbezogen werden. Man wollte in den außergewöhnlichen Räumen Inszenierungen entstehen lassen, die mehrere Kunstgenres vereinigten. Mortier war der Ansicht, dass die besonderen Spielstätten der Ruhrtriennale mit ihrer Geschichte, Monumentalität und möglichen Freiheit in der Konzeption geradezu eine Aufforderung an Künstler darstellten, andere Wege zu suchen: »Mir war klar, dass diese Hallen nicht wie klassische Theater mit Guckkastenbühne bespielt werden durften. Die Orte wirkten ungemein inspirierend und aus dieser Inspiration sind eigene Formen von Theater entstanden – die ›Kreationen‹.« Diese neue Kategorie jenseits der althergebrachten Sparten von Musiktheater, Sprechtheater, Oper, Tanz, Schauspiel hat sich schnell als fester Bestandteil der Ruhrtriennale etabliert.

The Waste Land
Das Ruhrgebiet als kultureller Raum

Sabine Reich

Die Schwerindustrie hat etwas Philosophisches.
Gerard Mortier

Philosophische Diskurse lassen sich über jedes Phänomen des menschlichen Daseins führen, sei es über einen Sonnenuntergang, einen Action-Film, Elvis Presley oder die Schwerindustrie. So unterschiedlich die Phänomene, Fragen und Anlässe auch sein mögen: Philosophische Diskurse sprechen letztlich immer über Philosophie und selten über Elvis Presley im engeren Sinne. Sprächen sie über die Schwerindustrie im engeren Sinne, wäre es kein philosophischer, sondern ein ökonomischer oder technologischer Diskurs. »Hier wird die Materie sichtbar. Denn gearbeitet wurde mit den vier Elementen – Feuer, Wasser, Luft und Erde – und zwar verdichtet und bis zum Extrem.«

Die Schwerindustrie erscheint als Objekt eines philosophischen Diskurses in dem Maße, in dem sie aus ökonomisch-technologischen Diskursen verschwindet. Ihr Verschwinden auf der einen Seite lässt sie als »etwas Philosophisches« wieder auferstehen. Schwerindustrie wird *zur* Ikone einer vergangenen Zeit, zum nostalgisch-erhabenen Symbol von Vergänglichkeit und Pathos, Triumph und Verfall der Moderne. Das Philosophische an der Schwerindustrie ist, dass es sie nicht mehr gibt.

»Aber es geht auch um die Menschen, die dort gearbeitet haben mit ihren Leidenschaften, Sehnsüchten und Träumen« (Gerard Mortier, *Süddeutsche Zeitung, 5.2.2003*). Der philosophisch-ästhetische Diskurs über die Schwerindustrie funktioniert als Auslassung der Frage nach der Arbeit und den Menschen. Er transformiert ehemalige Arbeitsplätze zu transzendenten »Kathedralen der Moderne« und Metaphern der Erinnerung. Das Problematische für die Menschen, die dort gearbeitet haben, ist, dass sie keine Arbeit mehr haben. Die Frage danach wäre ein politischer Diskurs, der in der Ästhetik der Schwerindustrie keinen Raum findet.

Als in den siebziger Jahren die Theater auszogen und die Fabrikhallen bespielten, wie zum Beispiel Peymann in Bochum, geschah dies unter dem dezidierten Anspruch der Politisierung des Theaters. Es ging um den richtigen

LWL-Industriemuseum Henrichshütte Hattingen. Foto: Robin Junicke

Standpunkt im Klassenkampf, und der war nicht im Parkett. Eine Mischung aus Lust an der Provokation und dem Willen zur Aufklärung trieb das junge Regietheater an die Orte der Produktion. Der Ort ›Fabrik‹ brachte – das war die Idee – anders als der bürgerliche Kunstraum ›Theater‹ gesellschaftliche Realität und Widersprüche zur Sprache. Das Theater wollte sich an proletarischer Wirklichkeit die Hände schmutzig machen, um sich politisch zu verorten, um Wahrhaftigkeit und Glaubwürdigkeit zu gewinnen. Damals politisierte der Ort das Theater, heute ästhetisiert das Theater den Ort.

Wenn heute die Triennale in der Jahrhunderthalle und im Landschaftspark Duisburg-Nord spielt, dann erscheinen diese Orte im Licht der »Industriekultur«. Doch nicht die Industrie erhellt Kultur, Kultur inszeniert Industrie. So wie einst im Begriff »Kulturindustrie« die Hegemonie der industriellen Produktion und Verwertung über die Sphäre der Kultur behauptet und beklagt wurde, so wird im Konzept der »Industriekultur« Industrie als ästhetisch-symbolisches Phänomen wahrgenommen und genutzt. Der Allmacht industriell-kapitalistischer Verwertungsvorgänge steht heute die Wirksamkeit symbolisch-ästhetischer Deutungsvorgänge entgegen. Der Sprung von der »Kulturindustrie« zur »Industriekultur« markiert den Wechsel von einer industriellen zu einer post-industriellen, von einer modernen zu einer post-modernen Gesellschaft:

Sabine Reich

Ein entscheidender Wechsel, der durch den im Ruhrgebiet so anheimelnd klingenden Begriff »Industriekultur« verschleiert wird. »Industriekultur« klingt wie Arbeiterkultur, Jugendkultur oder Alltagskultur, klingt nach *popular culture* und *street credibility*. Klingt nach Ruhrgebietskultur.

Ein großer Mythos der Ruhrgebietskultur ist die Geschichte »Kunst gegen Kohle«. Als im kalten Winter 1947 den Hamburger Theatern wärmende Kohle fehlte, machten sich die Theaterleute auf ins Ruhrgebiet, um von den Kumpeln an der Ruhr nötigen Brennstoff zu erbitten. Die Kumpel von Recklinghausen organisierten Kohle für frierende Künstler. Zum Dank spielten die Hamburger von nun an im kleinen Stadtsaal von Recklinghausen großes Theater. So lautet der Gründungsmythos der Ruhrfestspiele Recklinghausen, die aus dem Handel »Kunst gegen Kohle« erwuchsen. Ein Märchen aus alten Zeiten, als Arbeiter noch Kumpel und Künstler noch Aufklärer waren. Kein reineres Verhältnis von Industrie und Kultur wurde je erdacht: Der Deal stimmte und funktionierte als Aufklärungsparadigma noch bis hin zu Peymann und Zadek, die in Bochum Bürger vergraulten. Der Deal funktionierte zu der Bedingung, dass beide Seiten wussten, was sie tauschten. Man tauschte vermeintlich Ewiges: das ewige schwarze Grubengold gegen ewige Sätze deutscher moralischer Anstalten. »Kunst gegen Kohle« verewigt deutsche Aufklärung und industrielle Moderne – doch wenn Kunst wie Kohle nicht mehr als ein hoch subventioniertes Schattendasein führen, welche Regeln des Tausches gelten dann? Wie verhalten sich beide Größen in Zeiten von Umwertungen und neuen Verwertungen? Von einem scheinbar sicheren Standpunkt aus hat die Kultur den Niedergang der Industrie beobachtet. Doch das, was als Deindustrialisierung und Strukturwandel Schwerindustrie und Bergbau abgetragen hat, hat im selben Atemzug als ›Postmoderne‹ zu einer Erosion von Sinn, Wahrheit und Kontingenz geführt, die jeden gut gemeinten Bildungsakt fragwürdig erscheinen lässt. Wenn Aufklärung nicht Menschen und Kunst nicht Arbeiter bildet – was geschieht dann?

> Die Eisenbahn führt uns weiter nach Oberhausen, mitten in eine Landschaft, welche eine Staffage von nordamerikanischem Gepräge hat; wir befinden uns in ödester Sandgegend, die kaum dürftigen Fichtenausschlag nährt, in einer wahren Urheide; und mitten in ihr erblicken wir die Schöpfungen modernsten Kulturlebens, eben aus dem Boden gestiegene Stationsgebäude, Häuser, Hotels, Fabriketablissements, und ehe viel Zeit verfließt, wird mit amerikanischer Schnelligkeit eine Stadt aus diesem Sandhügel aufwachsen (Levin Schücking).

Das Zitat stammt nicht aus einer der Hochglanzbroschüren des CentrO oder des KVR, sondern ist eine Reisebeschreibung aus dem Jahr 1856. Allen gemeinsam ist der ungebrochen optimistische Glaube an die Schöpfungen »modernsten Kulturlebens« und die »amerikanische Schnelligkeit«.

In nur 150 Jahren hat man das Ruhrgebiet auf- und wieder abgebaut. In rasantem Tempo passierte eine wilde Kolonisierung entlang der Stollen, Gleise und Maschinen. Bevor sich in aller Beschaulichkeit eine europäische Stadt entwickeln konnte, brannten schon die Hochöfen und schmolzen aus Dörfern und Siedlungen einen funktionalen industriellen Raum. Schwerindustrie schuf Arbeit und um zu arbeiten, kamen Menschen aus allen Ländern. Schalke bestand 1800 aus 129 Einwohnern, 1890 lebten dort 15.000 Menschen. 1898 arbeiteten auf der Zeche Graf Moltke in Gladbeck Bergleute aus 58 Provinzen und Ländern. Ein Viertel aller Arbeiter der Region stammen zu dieser Zeit aus Polen und Masuren: »Kollegen haben mir erzählt, dass hier Geld verdient wurde. Da habe ich mir gesagt: da gehst du lieber hin.« Go West – Wild West im Emscherbruch.

Das Ruhrgebiet ist eine »Gemengelage« in jeder Hinsicht: Architektonische Extreme treffen aufeinander wie die Biografien, Sprachen und Kulturen der Immigranten. Türkische Kleingarten-Hüttensiedlungen stehen neben deutscher Schreber-Redlichkeit, dörfliche Siedlungen neben monumentalen Industrieanlagen. 1911 gibt es in Gelsenkirchen-Buer 1718 Ziegen-, 830 Geflügel-, 542 Kaninchen- und 660 Brieftaubenzüchtervereine. Heute sind es in Gelsenkirchen immer noch siebenundzwanzig Kleingartenvereine und zwei Brieftaubenliebhaber-Reisevereinigungen sowie vier Hundezüchtervereine, elf Schützen- und Spielvereinigungen, selbstredend Schalke 04 im Verbund mit diversen Sport- und Fanvereinen, die Freimaurerloge »Glück auf zum Licht«. Dazu kommen fünfzehn türkische bzw. islamische, ein serbischer und ein spanischer Kulturverein. Mit der zweiten großen Migrationsbewegung nach dem Zweiten Weltkrieg kamen die Italiener, die Spanier und dann die Türken. Aber letztlich änderte sich nichts.

Der Mythos Ruhrgebiet erzählt von rauchenden Schloten, riesigen Hochöfen und Feuern, die niemals verlöschen, von harten Männern mit schwarzen Gesichtern, von mächtigen Stahlwerken, kilometerlangen Walzstraßen, Hütten und abgrundtiefen Schächten: Alles an dieser Industrie ist imposant, überdimensional groß und monumental. Alles, was nicht von diesen Industriedinosauriern verschlungen wurde, ist klein. Kleine Siedlungshäuser schmiegen sich an die Mauern riesiger Werke. Im Ruhrgebiet leben »die kleinen Leute« in kleinen Häusern mit niedrigen Decken und züchten kleine Tiere wie Kaninchen und Tauben, essen »falschen Hasen« und grillen Würstchen. Die Namen der Siedlungen wie »Heimaterde« und »Margaretenhöhe« erzählen von Idyllen und Sehnsüchten, Erinnerungen an das Dorf, das es nicht mehr gibt und dass man in Miniaturen und Imitaten, in der Siedlung und im Schrebergarten aufrecht zu erhalten versucht. »Gelsenkirchener Barock«, jene unsägliche Schrankwandinstallation, erzählt von verzweifelten Imitationen einer bürgerlichen Lebenswelt. Man hat das Dorf verloren und ist in der Großstadt nie angekommen.

Als die Gutehoffnungshütte in Oberhausen schloss, schauten die Oberhausener betreten in ihre Stadt und mussten feststellen, dass sie keine hatten. Sie hatten nicht nur keine Arbeit mehr und kein Geld, sie hatten auch keine Mitte. Oberhausen hatte seine Mitte verloren, denn die war immer nur harte Arbeit gewesen. Aber harte Arbeit und gute Hoffnung haben noch nie gereicht. Ohne Arbeit verliert nicht nur Oberhausen, sondern die ganze Region ihre Mitte. Wie eine verlassene Westernkulisse verfallen die Städte in Agonie. Nicht Dorf, nicht Großstadt, hängen sie zwischen erster und zweiter Moderne, zwischen Arbeiteridyll und Schützenverein.

1986 schließt die Zeche Zollverein, 1988 wird die IBA Emscher Park beschlossen, 1994 eröffnet die Ausstellung »Feuer und Flamme« im Gasometer Oberhausen. Nur wenige Jahre liegen zwischen der Stilllegung der letzten großindustriellen Anlagen und ihrer Erschließung zu musealen Kulturlandschaften. Nur wenige Meter liegen zwischen den Attraktionen auf der »Route der Industriekultur« und den »Stadtteilen mit besonderem Erneuerungsbedarf«. Direkt neben den neuen »Kulturlandschaften« liegen die Stadtteile, die wesentlich durch die Industriearbeit bestimmt waren. Die Schließung der Anlagen führte hier zum Verlust von Tausenden von Arbeitsplätzen: Die Menschen, die auf Zollverein gearbeitet haben, haben in Katernberg gewohnt. Wer heute in Katernberg wohnt, hat keine Arbeit mehr. Essen-Katernberg gehört zu einem von siebzehn problematischen Stadtteilen in NRW, die im Landesprogramm »Soziale Stadt« durch »hohe räumliche Konzentration von Armut, Perspektivlosigkeit und Resignation« beschrieben werden. Gleich neben dem CentrO liegt Oberhausen-Knappenviertel: Die Arbeitslosen- und Armutsquote in diesem Stadtteil konnte auch durch die größte Shopping-Mall Europas nicht reduziert werden.

Die »Route der Industriekultur« markiert eine unsichtbare Teilung des Ruhrgebiets. Sie unterteilt zwischen Industriekultur und Industriearbeit, zwischen Kulturlandschaft und altindustriellen Stadtteilen, zwischen innen und außen. Der Paradigmenwechsel von der Industriearbeit zur Industriekultur mischt die Karten neu: Wer früher eine Arbeit hatte, hat heute keinen Beruf mehr. Wer früher Stahlarbeiter war, wird heute kein IT-Spezialist oder Eventmanager. Draußen bleibt, wer früher drin war. Orte, die lange Jahre Arbeitsplätze waren, werden für die ehemaligen Arbeiter zu exterritorialen Gebieten. Die Mauer der Zeche Zollverein trennt den »Sozialen Brennpunkt« Essen-Katernberg vom Designmuseum und Casino Zollverein. Dadurch geschieht eine zweite Enteignung: die erste nahm den Arbeitsplatz, die zweite disqualifiziert eine ganze Lebenswelt. Vor den Siedlungen und alten Stadtteilen endet die Neuorientierung des Ruhrgebiets zu einer Kultur- und Dienstleistungsregion. »Kulturelle Altlasten und innovationshemmende Denk- und Verhaltensmuster« werden ihren Bewohnern attestiert. Aber nur mit ihren Bewohnern kann eine Perspektive für das Ruhrgebiet gewonnen werden.

›Industriekultur‹ muss ein philosophischer Begriff sein: Er funktioniert als Dualismus von Anwesenheit und Abwesenheit, verweist auf die Spur von Vergangenem und lässt die Anwesenheit des Abwesenden aufscheinen. Das Verschwinden der Industrie versinkt hinter einer scheinbaren Anwesenheit. So fern, so nah. Das ist eine schöne Perspektive. aber keine fürs Ruhrgebiet.

Ein Diskurs über das Ruhrgebiet hat danach zu fragen, was hier in den vergangenen dreißig Jahren geschehen ist und wie es weitergehen wird. Hat Brüche und Krisen transparent und durchschaubar zu machen. So wie im Ruhrgebiet exemplarisch Industrialisierung vollzogen wurde, so werden nun Strategien von Deindustrialisierung und Globalisierung exerziert. Doch das Ruhrgebiet ist keine Metropole und wird keine Global City. Das Ruhrgebiet ist noch nicht mal eine Stadt. Es ist eine einzige Peripherie, Randlage, Leerstelle, eine wild wuchernde Gegend entlang der A 40. Ein Diskurs über das Ruhrgebiet hat nach alten Projektionen und neuen urbanen Projekten zu fragen.

Die Geburt der Ruhrtriennale

Michael Vesper

Die Entstehung der Ruhrtriennale hat viel mit Zufällen, mit der Region des Ruhrgebietes, mit dem zwischen Bewunderung und Neid schwankenden Blick auf Bayreuth und Salzburg, vor allem aber mit Menschen zu tun. Sie passte einfach in die Zeit – nach der IBA Emscher Park und mitten in die Suche nach neuen identitätsstiftenden Vorhaben, von denen wichtige Impulse für das Land ausgehen sollten.

Im Juli 1995 war ich als Minister für Bauen und Wohnen und stellvertretender Ministerpräsident in die erste rot-grüne Landesregierung gekommen. Nach der Wahl 2000, die Ministerpräsident Wolfgang Clement in seinem Amt bestätigte, wurde mein Ministerium um die Bereiche Stadtentwicklung, Kultur und Sport erweitert, sodass ich plötzlich nicht mehr nur für das Baurecht, die erneuerbaren Energien und den staatlichen Hochbau zuständig war, sondern für Kernbereiche des Lebens der Menschen in der Stadt. Die Zusammenstellung des neuen Ressorts war unkonventionell, aber sie war eine glückliche Fügung, denn hier kam zusammen, was zusammengehört. Die Stadtentwicklung, damals noch mit üppigen Mitteln ausgestattet, bot die Möglichkeit, ehemalige Zechen, alte Industrieanlagen und nicht mehr benötigte Kasernen zu neuen städtischen Inseln des Zusammenlebens umzugestalten. Besonderen Wert war auf den öffentlichen Raum zu legen, der das Zusammenleben in den Städten überhaupt erst erfahrbar macht und daher konstitutiv für das Erleben von Stadt ist.

Dabei war anzuknüpfen an die IBA Emscher Park, die das Jahrzehnt zuvor in Nordrhein-Westfalen geprägt hatte und ein weltweit beachtetes Modell dafür bot, wie eine Strukturkrise in einer dicht besiedelten Region konstruktiv bewältigt werden kann. Eine ganze Industrielandschaft wurde hier städtebaulich, sozial und kulturell und nicht zuletzt ökologisch umgebaut und zukunftsfest gemacht. Noch heute sind die Ergebnisse dieses herausragenden Zukunftsprojektes in der Region des nördlichen Ruhrgebietes zu besichtigen; nicht wenige vormals industriell genutzte Gebäude sind magnetische Anziehungspunkte für die Öffentlichkeit geworden, und zwar nicht nur als Denkmäler einer vergangenen Epoche, sondern auch und besonders als Mut machende Botschafter für die Gestaltung unserer Gegenwart und Zukunft.

Die Geburt der Ruhrtriennale

Zu Beginn meiner Amtszeit kam dreierlei zusammen: Zum einen suchten wir für besonders herausragende Projekte – namentlich die Jahrhunderthalle in Bochum – neue, für die Öffentlichkeit zugängliche Nutzungen. Zum anderen fühlte sich das Ruhrgebiet als Kulturstandort national und international, aber vor allem in der eigenen Region unter Wert wahrgenommen. Schließlich war Ministerpräsident Clement auf der Suche nach außergewöhnlichen, langfristig wirksamen Projekten – gerade auch in der Kultur. Im Kulturministerium dachten wir darüber nach, wie wir im Rahmen dieser drei Ansätze etwas schaffen könnten, das über Nordrhein-Westfalen hinaus sichtbar und nachhaltig sein sollte. Für uns war klar: Das neue Projekt sollte an die städtebauliche Tradition des IBA Emscher Parks anknüpfen, es sollte aber nicht im eigenen Saft schmoren, sondern ein über die Grenzen des Ruhrgebiets und Nordrhein-Westfalens hinaus spürbares Zeichen setzen.

Das geht letztlich nur über Menschen. Und der Name, der den Stein ins Rollen brachte, war Gerard Mortier. Dieser war damals Intendant der Salzburger Festspiele und gewissermaßen auf dem Kultur-Olymp angekommen. Er mischte Salzburg gehörig auf, öffnete das etwas verstaubte Festival einem jüngeren Publikum und zog dadurch eine Menge Kritik, aber ebenso große Bewunderung auf sich. War er überhaupt bereit, ein neues, nicht etabliertes, in den Kinderschuhen steckendes Festival mit einem – verglichen mit Salzburg – kümmerlichen Etat aufzubauen? Wir wissen es alle: Die Antwort lautete ja.

Aber es war nicht einfach. Auf zweiundvierzig Millionen Euro sollte sich der Etat der Ruhrtriennale belaufen – nicht etwa jährlich, sondern für die gesamten drei Jahre einer Intendanz. Gerard Mortier, der in Salzburg ein vielfach höheres Budget zur Verfügung hatte, wollte sich gerade deswegen darauf einlassen, weil es sich um etwas Neues handelte, und zwar in einer Region, die seinem Herkunftsort Gent in Belgien ähnlich war und ebenso als nicht kulturaffin galt. Er wollte bewusst die Chance nutzen, die Menschen im »Pott« für hochwertige Kulturprojekte zu öffnen, sie für Neues zu interessieren und Experimente zu wagen.

Nun musste aber erst einmal das nötige Geld beschafft werden. Dafür sollten in der Anfangsphase auch EU-Mittel in Anspruch genommen werden. Ich traf mich mit Ministerpräsident Wolfgang Clement in unserer, beinahe hätte ich gesagt, »Stammkneipe«, einem italienischen Restaurant in Bad Honnef, in dem wir seit 1995 so manche Krise spät abends bei Nudeln und gutem Rotwein beredet und letztlich kleingehackt hatten. Der Zufall wollte es, dass Helmut Thoma, der den Privatsender RTL in Deutschland aufgebaut und durchgesetzt hatte, mit am Tisch saß – er war damals der Medienbeauftragte des

Ministerpräsidenten. Helmut Thoma war Österreicher und kannte Salzburg aus dem Effeff. Er äußerte sich begeistert über die Chance, die ein Engagement von Gerard Mortier bot, und unterstützte das Anliegen aus Überzeugung und mit Charme. Ohne ihn wäre es vielleicht nicht gelungen, Wolfgang Clement an diesem Abend zu gewinnen, so aber war er schnell Feuer und Flamme. Wir machten ein Treffen mit Gerard Mortier aus, bei dem der kleine Professor ihn mit Witz, Charme und Visionen für das Projekt begeisterte. Und so war die Ruhrtriennale ›im Kasten‹.

Erstaunlicherweise gab es darüber im Landtag kaum Streit. Natürlich rümpfte der eine oder die andere die Nase ob des – nur scheinbar – riesigen Etats und verglich ihn mit den Zuschüssen an kommunale und vor allem freie Theater der Region. Auch die Ruhrfestspiele meldeten sich skeptisch zu Wort. Die Opposition aus CDU und FDP konnte sich letztlich nicht verschließen, aber missgönnte der Landesregierung diesen kulturpolitischen Erfolg. Von Anfang an ein herausragender Unterstützer war Norbert Lammert, damals noch nicht Bundestagspräsident, aber Bezirksvorsitzender der CDU im Ruhrgebiet und sowohl im Land als auch im Bund sehr einflussreich. Er arbeitete äußerst konstruktiv im Aufsichtsrat der Kultur Ruhr GmbH, der Trägerin der Ruhrtriennale, mit.

Noch heute habe ich die Bilder der Eröffnung der Ruhrtriennale am 2. September 2002 mit »Deutschland, deine Lieder« von Albert Ostermaier vor Augen. Das war sicherlich nicht die stärkste Produktion in den mittlerweile fünfzehn Jahren Ruhrtriennale, aber es zeigte in der Verbindung der unterschiedlichen Kunstsparten schon die Vision auf, die Gerard Mortier mit dem Festival verband. Wolfgang Clement war damals schon auf dem Absprung und wechselte vom Amt des Ministerpräsidenten in die Bundesregierung von Gerhard Schröder, aber das ›Baby‹, das mit seiner Hilfe geboren war, wuchs und gedieh. Heute ist die Ruhrtriennale aus der Festivallandschaft Deutschlands nicht mehr wegzudenken. Sie hat sich ein unverwechselbares Renommee erarbeitet, und darum freue ich mich darüber, dass dieses Buch ihren Weg, ihre Stärken und Schwächen und vor allem ihre Zukunftsperspektive nachzeichnet.

Die Geburt der Ruhrtriennale

Revitalisierung, Umbau, Erweiterung (2001–2003). Foto: pinkarchitektur, Düsseldorf

pinkarchitektur, Düsseldorf

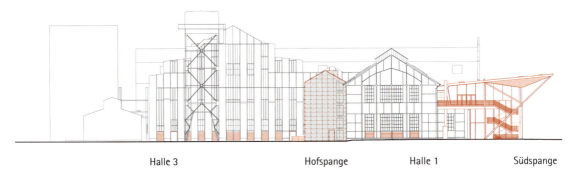

Halle 3   Hofspange   Halle 1   Südspange

Revitalisierung, Umbau, Erweiterung (2001–2003). Zeichnung: pinkarchitektur, Düsseldorf

Die Jahrhunderthalle, Festspielort der Ruhrtriennale. Foto: Tomas Riehle/ARTUR IMAGES

Umbau der Jahrhunderthalle Bochum

Erste Schritte der 2003 abgeschlossenen Revitalisierung und Erweiterung der Jahrhunderthalle Bochum. Architekten: pinkarchitektur, Düsseldorf. Foto: Tomas Riehle / ARTUR IMAGES

Jahrhunderthalle und Westpark Bochum 2017. Foto: Robin Junicke

Das Gedächtnis der Steine

Guido Hiß

In den neunziger Jahren startete die Internationale Bauausstellung Emscher Park (IBA) ein Projekt, das der Bewältigung der Strukturkrise im Ruhrgebiet gewidmet war. Der durch den Zusammenbruch der Montanindustrie schwer geprüften Region sollte neben wirtschaftlichen Impulsen auch ein neues Selbstbewusstsein verschafft werden. Dabei ging es maßgeblich um die Erschließung von stillgelegten industriellen Anlagen. Aus alten Hüttenwerken und Zechen sollten lebendige Denkmäler werden, »Leuchttürme« der Erinnerung an eine Vergangenheit, die nicht nur die arbeitenden Menschen, sondern auch das Gesicht der Region nachhaltig geprägt hatte. Neben den ganz handfesten Aspekten dieser Wiederbelebung im Zeichen der »Erhöhung der Außenattraktivität« und der Schaffung von Freizeit- und Erholungsräumen schwang dabei auch eine identitätspolitische Aufgabenstellung mit. Durch die kulturelle Revitalisierung der alten Produktionsstätten sollte das Gedächtnis der Region und damit das Gemeinschaftsgefühl der Menschen an der Ruhr gepflegt werden. An diesem Punkt wird es interessant, gerade für ein Theater- und Kunstfestival, das in diesen Industrieruinen spielt.

Die gemeinschaftliche Identifizierung einer Gruppe von Menschen mit Blick auf eine prägende Vergangenheit ist eines der ältesten kollektivbildenden Unternehmen der Menschheit. Schon die antiken Mythen erzählten von (heiligen) Anfängen, in denen die Weichen für das Schicksal der Welt und der Menschen gestellt wurden. Die Versicherung in einem gemeinsamen Gedächtnis hat eine Vielzahl von heutigen Sinn-Erzählungen vom Mythos geerbt. Deshalb tragen Fußballvereine das Jahr ihrer Gründung im Namen und die großen Religionen stabilisieren ihre Gemeinschaften durch den Bezug der Gläubigen auf uralte Schriften. Im Prinzip zeigen alle wiederkehrenden Feiern des Jahres den Zusammenhang von Erinnerung und Gemeinschaft: öffentliche Geburts- und Gedenktage, Jubiläen oder Nationalfeiertage. Auch alte Bauwerke eignen sich gut als Landmarken des »kulturellen Gedächtnisses« (Jan Assmann). Sie können noch im authentischen mythischen Umfeld gewachsen sein (antike Tempel), sie können rückblickend mythisiert werden (mittelalterliche Burgen) oder sie können künstlich errichtet werden (Bismarktürme). Den rostenden »Industriekathedralen« kommt in diesem Zusammenhang ein besonderer Stellenwert zu. Die »Schwerindustrie […] wird zur

Ikone einer vergangenen Zeit«, die zerfallenden Räume zu »Metaphern der Erinnerung« (Sabine Reich).

Das regionale Gemeinschaftsgefühl erscheint in vielen Programmentwürfen als Voraussetzung einer Metropole Ruhr und somit in der Lage, das »Kirchturmdenken« von dreiundfünfzig allzu selbstbewussten Gemeinden produktiv zu überwachsen: »Einheit in der Vielheit«. Aus den Ruinen der Schwerindustrie soll erstehen, was es vielleicht schon einmal gab, eine »Ruhr-Identität«. Kultur, Gedächtniskultur zumal, wird dabei zum Tragwerk des metropolitanen Überbaus. Der Regionalverband Ruhr (RVR), der das Metropolen-Konzept maßgeblich trägt, gibt sich optimistisch. Nach seiner Ansicht ist die Megastadt bereits fertig: »Das Ruhrgebiet [...] ist zu einer Städtelandschaft eigener Art herangewachsen. Diese hat durch die verbindende Geschichte und interkommunale Nähe ihrer großen Gebietskörperschaften längst den urbanen Status einer ›Ruhrstadt‹ erreicht.« Entscheidend dafür sei »das Handlungsfeld Kultur«, denn »gerade über Kultur wächst das Ruhrgebiet immer mehr zusammen und erreicht eine neue Identität [...]« (»Ruhrstadt Kultur Kontrovers«, 2003).

Teil des Metropolen-Projekts ist die Ruhrtriennale, die vom RVR als Gesellschafter mitgetragen wird und seit 2002 über Zechen und Halden strahlt. Auf ihrer Homepage findet sich im Archiv folgender Hinweis (Stichwort »Freunde und Partner«):

> Entsprechend dem Motto der Kulturhauptstadt 2010 »Wandel durch Kultur – Kultur durch Wandel«, welches die Bedeutung der Phantasie, der Kreativität und der Innovationsfähigkeit beim Thema Strukturwandel unterstreicht, leistet die RuhrTriennale mit ihren innovativen Inszenierungen einen wesentlichen Beitrag zur Profilierung der künftigen »Metropole Ruhr«.

Eines der auffälligsten Gedächtnisprojekte des RVR markiert die »Route Industriekultur«. Sie erschließt Fördertürme, Hochöfen und Gasometer als »Markenzeichen des Ruhrgebiets« in einem 500 Kilometer langen Rundkurs. Der Begriff »Mythos Ruhrgebiet« findet sich auf ihrer Homepage. Wenn man dieses Stichwort anklickt, Untermenü »Themenrouten«, öffnet sich unter der Überschrift »Land des schwarzen Goldes und der 1000 Feuer« eine beeindruckende Liste von industriellen Denkmälern. Ähnliche Statements finden sich auf der Homepage des Essener Ruhrmuseums (»das Ruhrgebiet ist längst zum Mythos geworden«). Den Höhepunkt seiner regionalen Karriere erreichte das antike religiöse Modell im Rahmen der Kulturhauptstadt RUHR.2010.

Man warb mit dem Motto »Mythos Ruhr begreifen« und erklärte (auf der Homepage) den Zusammenklang von religiöser Vergangenheit und urbaner Zukunft kurz und bündig: »Ausgehend vom Mythos Ruhr nimmt eine neue Metropole Gestalt an, die Europa mit Kunst und Kultur in Bewegung bringt.«

Nachdenken über den Zusammenhang von Gedächtnis und Identität hatte in den zurückliegenden Jahren auch in der Wissenschaft Konjunktur. Kaum jemand dürfte noch der These widersprechen, dass die Orientierung einer Gruppe von Menschen auf ein reales oder vermeintes historisches Ereignis ein Alphamedium der Gemeinschaftsbildung darstellt, nicht nur in den Religionen. Auf säkulare Weise prägt der kollektive Vergangenheitsbezug noch heute lokale, nationale und auch übernationale Gemeinschaften. Wissenschaftler haben diesen Zusammenhang erforscht, Kulturpolitiker und Marketingexperten wenden ihn zum strategischen Kalkül. Offensichtlich kann man den Zauber der Anfänge auch künstlich erzeugen. Geschichtspolitik für Fortgeschrittene: Was muss ich über die Vergangenheit wie erzählen, im Interesse welcher Gemeinschaftsbildung? In der Antike versuchten die Menschen, sich in ihren Ursprüngen über Sein und Welt aufzuklären. Für die Alten waren die Ursprünge gerade nicht zauberhaft: die furchtbaren Kämpfe der Götter und Helden, die Vertreibung aus dem Paradies. Künstliche Mythen konstruieren ihr Gedächtnis maßgeblich im Zeichen der Imagepflege. Sie blenden aus, was ihren vordergründigen Intentionen im Weg steht, hier etwa die ökologische Katastrophe der Industrialisierung, die Rüstungsproduktion für drei Kriege, die inneren und äußeren Zerstörungen im »Dritten Reich«, das Elend der Ausbeutung …

Die Zeit, die der Mythos vorgaukelt, kennt kein Datum. Worüber die heiligen Geschichten erzählen, die Gründungstaten von Göttern und Helden, wohnt in einer schöpferischen Vergangenheit, deren Auswirkungen für immer präsent und deshalb rituell erfahrbar sind. Die (imaginäre) mythische Urzeit liegt quer zur geschichtlichen. Auch wenn der »Mythos Ruhr« beschworen wird, geht es um die Enthistorisierung der Objekte, die ihn scheinbar beweisen. Denn es interessiert nicht, wer hier wie, für wen und wozu gearbeitet hat. Nur im Hintergrund blitzt – wenn wir im ›Landschaftspark‹ Duisburg-Nord spazieren gehen – der Name der Firma auf, welche die monströsen Anlagen einst betrieb (Thyssen). Indem der ursprüngliche Sinn zur Plattform einer mythischen Aussage wird, blutet er aus. Mythische Orte fallen aus ihrer realen Geschichte. Es geht nicht mehr um die Menschen, die in Essen, Bochum oder Dortmund geschuftet haben – gerade nicht! Die Route Industriekultur bemisst eine ideelle Topografie. Das Revier als Ganzes ist aufgerufen. Es ist nicht mehr wichtig, dass diese Ruinen einst Menschen ruinierten. Das Industriewerk geht auf in einem neuen Sinn, dem mythischen Modell als Motor der Ruhridentität. Auch hier gilt: Der Mythos »verwandelt Geschichte in Natur« (Roland Barthes) – oder zumindest zum Landschaftspark.

Die Geschichte des Gemäuers kritisch zu erzählen würde bedeuten, auch das gänzlich Unheroische, das reale Elend, die Dimensionen von Unglück, Ausbeutung und Umweltzerstörung zu thematisieren. Dass das »Pathos« dieser Gebäude »sich den alten antiken Tempelresten an die Seite stellen lässt«, steht in einem programmatischen Text des Kulturforums Ruhr von 2006. Indem wir aber alte Bauwerke mythisieren, nehmen wir ihnen einen Teil ihrer historischen Würde oder auch Würdelosigkeit. Indem wir etwas zum Inbegriff machen, verarmen wir es als Begriff. Ein kritischer Umgang mit dem Gedächtnis der Steine könnte womöglich sowohl die Substanz der ersehnten »Metropole Ruhr« gefährden als auch die überregionale Darstellung des neuen Ruhrgebiets.

Künstliche Mythen bauen, entsprechend der damit verbundenen Intentionen, auf einem reduzierten Bild des Vergangenen. Nur so könnten alte Industriewerke zum Produktionsfaktor der gesuchten Metropolenidentität werden, zur Hefe, die das ersehnte »Wir-Gefühl« hervortreiben soll. Wer aber spielt was in Kathedralen? Wäre die Ruhrtriennale zur Hohepriesterin der »Ruhridentität« berufen? Soll in den alten Industriekathedralen der moderne Mythos Ruhr szenisch gefeiert werden? Wäre musikalisches Theater, wie zuerst in der Romantik, dazu bestimmt, ein artifizielles Mythendesign »kulturell« zu realisieren?

Mythen steigern traditionell ihre kollektive Wirksamkeit durch Rituale. Hier werden Aspekte der Überlieferung gemeinschaftlich und sinnlich erlebbar. Mythen erzählen, Rituale vergegenwärtigen: zwei Seiten einer uralten Medaille. Die Gemeinschaft, die der Mythos schaffen kann, baut auf einem gemeinsamen Erzählhorizont, auf der Tatsache, dass alle Gläubigen die gleichen Geschichten kennen. Der Ritus vergegenwärtigt Aspekte dieser Erzählungen und verstärkt noch das Gemeinschaftsgefühl durch die räumliche und sinnliche Kopräsenz der Feiernden: tanzen, singen, beten. Theater hat sich im Prinzip vor zweieinhalbtausend Jahren in Athen von seinen rituellen Vorformen verabschiedet. Im heiligen Spiel mag die Gegenwart eines Gottes oder eines Helden unmittelbar erfahrbar gewesen sein; im Theater wissen (fast) alle: die Schauspieler tun nur so »als ob«. Doch Theater tradiert bis heute die performative Anlage des Ritus: die Dimension des unmittelbaren, sinnlichen Erlebens, die gemeinsame Gegenwart von Spielenden und Schauenden. Diese enge Verwandtschaft weckte die Begehrlichkeit der Mythendesigner schon in der Romantik. Mit Theater – so lautet die These – können wir hinter

seine Anfänge zurückreisen, ins vorgeblich Magische, Naive, »Allgemeinsame«. Wagners *Ring des Nibelungen* liefert das erste und nachhaltigste Beispiel eines *theatralen* Mythendesigns (und seine *Zürcher Schriften* die theoretische Begründung dafür). Der Name des reritualisierten Theaters lautet »Weihfestspiel«.

An das gemeinschaftsbildende Potenzial appelliert noch jede gegenwärtige Großzeremonie, vom Parteitag über den Städtegeburtstag bis zu Olympia. Künstlichen Mythen korrespondieren synthetischen Ritualen (Weihfestspielen). Nähme man das Wort von der Industriekathedrale ernst, wären die Aufführungen der Ruhrtriennale heilige Dienste am Mythos Ruhr; abgeschwächt formuliert: Gedächtnismedien für die Konstruktion einer metropolitanen Identität.

In die Konzeption des Festivals sind Überlegungen eingeflossen, die vorsahen, Theater, Kultur überhaupt, identitätspolitisch in Dienst zu nehmen. Doch spielen die »Kulturschaffenden« dabei überhaupt mit? Kann und will eine im kritischen Geist geschulte künstlerische Praxis in ihr archaisches Frühstadium zurück? Dies ist besonders fraglich für das Theater, das im 18. Jahrhundert im Zeichen der Aufklärung neu erfunden wurde. Wenn aber (Theater-)Kunst zum künstlichen Ritual regrediert, verarmt sie zum sozialen Zweck. Ein Vorgang, der ihrer Instrumentalisierung als Vehikel für Propaganda, Werbung oder Kulturindustrie nahe verwandt ist. Als Vehikel eines außerkünstlerischen Zwecks unterschreitet Kunst ihren ästhetischen Auftrag.

Die Ruhrtriennale ist maßgeblich eine politische Gründung, getragen von der damaligen Landesregierung, namentlich von Ministerpräsident Clement und Kulturminister Vesper. Doch Sozialdemokraten und Grüne neigen zumeist nicht zu übertriebenen Mystifikationen. So drückt sich bereits in der klugen Wahl des Gründungsintendanten eine klare Entscheidung gegen das Konzept eines Ruhr-Weihfestspiels aus. Mit Gerard Mortier konnte man einen genialen Protagonisten des avancierten Musiktheaters für das neue Festival interessieren und gewinnen. Es ist dem ersten und bis heute prägenden Leiter der Ruhrtriennale hoch anzurechnen, dass er das Festival nicht als mythisierendes, sondern als ästhetisches Projekt auf den Weg brachte. Im Mittelpunkt wirkten dabei die »Kreationen«, szenische Ereignisse, die für das ambitionierte Projekt einer Weiterentwicklung und Entgrenzung der Gattung Oper standen. Diese Inszenierungen zielen nicht mehr auf die theatrale Umsetzung einer Partitur. Die Bühne wird zum Resonanzraum einer szenischen Polyphonie, in der sich, jeweils unwiederholbar, Musik, Körper, Sprache und Bild begegnen. Dieses künstlerisch ambitionierte Konzept, das maßgeblich aus dem postmodernen (Musik-)Theater der neunziger Jahre des vorigen

Jahrhunderts erwachsen ist, bildete die ästhetische Referenz der ersten fünf Intendanzen, auch wenn es bisweilen (bei Willy Decker) fast unmerkbar oder im Geist der szenischen Postmoderne radikal interpretiert wurde. Wobei Heiner Goebbels das Prinzip der Kreationen exemplarisch umsetzte, doch leider Mortiers Leitbegriff aus dem Wortschatz strich.

Künstler lassen sich nicht einfach für außerkünstlerische Zwecke in Dienst nehmen. Das Theater ist stolz und trotzig. Es verweigert sich jeglicher Fernsteuerung. Europäische Theatermacher verstehen sich heute als Vertreter kritischen Bewusstseins, das sich in der Tradition der Aufklärung mythenkritisch verortet. Im Sinn des für die Ruhrtriennale prägenden postmodernen Theaters artikulierte sich dies vielfach als szenisches Plädoyer für die Differenzen, den Widerstreit, die Brüche. Im Bekenntnis zu einer avancierten Ästhetik wird ein roter Faden der Ruhrtriennale erkennbar, ihr künstlerisches Selbstverständnis, ihre Qualität, nachweisbar über fünf Intendanzen hinweg.

Die großen Inszenierungen des Festivals belegen die kritische Kraft des Ästhetischen. Sie erspielten die alten Räume gerade nicht als Ikonen des »Mythos Ruhr« und auch nicht als schicke Rahmen für »Events« im Kontext regionaler Marketingkonzepte. Sie wagten sich in den besten Fällen in die Geschichte der Bauten vor, legten ihren historischen Sinn frei, betrieben mit der szenischen Archäologie der Gebäude ihre Ehrenrettung. Als Medium der Regionalidentität funktioniert avanciertes Theater womöglich nur dort, wo Künstler sie gezielt unterlaufen. Der Traum von der künstlerisch begründeten Ruhr-Identität ist nur negativ bestimmbar. Im Überblick erweist sich die Ruhrtriennale als Festival, das diesen Widerstreit nicht nur aushält, sondern daraus kreatives Potenzial schöpft. Nicht aus mythischem Gleichtakt wird hier Identität gewoben. Die Ruhrtriennale hat gerade im Plädoyer für das Vielschichtige und Unkonventionelle das Image (und die Selbsterfahrung) des Ruhrgebiets verändert: als »Leuchtturm« für Weltoffenheit, internationale Kooperation und ästhetische Innovationskraft. Nur so konnte es zu einem Hauptgewinn für die Region werden.

Komponieren mit den Mitteln der Bühne
Zur Idee und Geschichte der »Kreationen«

Monika Woitas

»Kreationen« – mit diesem im Deutschen eher ungewöhnlichen Begriff bezeichnete Gerard Mortier eine Gruppe von (musik)theatralen Neuschöpfungen, die überkommene Gattungsmodelle grundsätzlich in Frage stellten. Inspiriert war dieses »Herzensprojekt« von Produktionen, die 2002 – im ersten Jahr des neuen Festivals – noch als »Inszenierte Kammermusik« figurierten, darunter Christoph Marthalers *Schöne Müllerin* und Schorsch Kameruns *Hollywood Elegien*, in denen Schauspieler zu Sängern und Musiker zu Akteuren wurden. Ein Jahr später, in der ersten vollgültigen Spielzeit präsentierte die Ruhrtriennale dann unter dem Oberbegriff »Kreationen« eine neue Gattung jenseits der Gattungen, die mit gängigen Vorstellungen von Musiktheater nicht mehr viel zu tun hatte, sieht man vom hohen Stellenwert der Musik in diesen seltsamen Stücken einmal ab. Die Kreationen näherten sich vielfach eher dem Tanztheater an, wenn etwa ein Choreograf wie Alain Platel dafür verantwortlich zeichnete und in *Wolf* (2003) neben seinen Tänzern noch Akrobaten und eine ganze Hundemeute zur Musik Mozarts auftreten ließ. Auch Elemente der Performance konnte man ausmachen, gerade was den freien Umgang mit unterschiedlichsten Vorlagen betraf, die sich zu assoziativen Collagen fügten. Was da präsentiert wurde, war nicht mehr die Umsetzung eines Notentextes in Bilder. Die Bühne selbst wurde zur lebendigen Partitur, in der sich Klänge und Bilder, Worte und Gesten zu einer multimedialen Komposition vereinten. Opernhits von Verdi (in skurrilen Arrangements von Paul Koek) und Ralf Rothmanns Ruhrgebietsroman *Milch und Kohle* verbanden sich in *Sentimenti* von Johan Simons (2003) zu einer Studie über die Macht der Erinnerung, die hier zusammenfällt mit der Macht der Musik. In *vsprs* wiederum kontrastierte Alain Platel (2006) pathologische Verhaltensmuster von Autisten oder Hysterie-Kranken mit der durch Jazz- und Gypsyelemente verfremdeten *Marienvesper* von Monteverdi, auf der Suche nach den (gemeinsamen) Wurzeln von Isolation, Ekstase und Spiritualität. Und zwei Jahre später präsentierten die Musiker-Darsteller von Mnozil Brass mit *Irmingard* ihre ganz eigene Auffassung von Oper, in der sich naive Märchenhandlung, unorthodoxe Darstellung und musikalische Virtuosität ein fröhliches Stelldichein gaben. Unter Heiner Goebbels schließlich schien das Prinzip der Kreationen als Komposition mit allen Mitteln der Bühne zur dominierenden Form theatraler Darstellung geworden – auch wenn der Begriff selbst nicht mehr auftauchte, ja sorgsam gemieden wurde.

Doch Mortier und seine Mitstreiter waren keineswegs die ersten, die sich auf die Suche nach einem neuen Musiktheater begaben. Ein Blick in die Theatergeschichte zeigt, dass die säuberliche Trennung in verschiedene Sparten tatsächlich eher die Ausnahme als die Regel theatraler Praxis darstellt. Noch bis ins 18. Jahrhundert fügten sich Wort, Musik, Bild und Bewegung ganz selbstverständlich zu einem ›Integralen Theater‹, das eher den sinnlichen Wirkungen vertraute als den textlichen Vorlagen unterschiedlichster Couleur und Provenienz. Gegen Ende dieser Epoche führte eine zunehmende Loslösung vom Körper als dem zentralen Medium der Darstellung jedoch zu einer für das Theater fatalen Entwicklung: Die vergänglichen Zeichen szenischer Aktionen mussten sich immer stärker den schriftlich fixierbaren Strukturen von Sprache und Musik unterordnen und mutierten schließlich zu Instrumenten ihrer Deutung. Einzig das Tanztheater widersetzte sich (vorerst) den Versuchen der Fixierung des Flüchtigen, allen Notationssystemen zum Trotz, welche die Geschichte des Tanzes wie ein Menetekel begleiten. In dieser Logik kann, was nicht auf Papier zu bannen ist, kaum als Kunst gelten! Und so wanderten Drama und Partitur im 19. Jahrhundert an die Spitze der Hierarchie, während die Aufführung als bloße Umsetzung dramatischer Texte in die zweite Reihe rückte und der Tanz gar als ›Zirkusspektakel‹ diffamiert wurde, das mit ›wahrer‹ Kunst nicht mehr viel zu tun habe.

Gerade im musikalischen Theater sollte die Dominanz des schriftlich Fixierten noch lange nachwirken und die »Retheatralisierung des Theaters« verzögern, von dem schon die frühen Theateravantgarden des 20. Jahrhunderts träumten, etwa im Kontext des entstehenden Regietheaters. Vor allem Oper und Musikdrama waren zu Refugien mimetischer Darstellungskonzepte und zu Deutungshochburgen tradierter Texte mutiert, in denen man bis in die achtziger Jahre des vorigen Jahrhunderts die »Ästhetik des Performativen« misstrauisch beäugte und die Regietheateridee nur sehr zögerlich aufgriff. Noch im Rahmen eines 2001 in Basel abgehaltenen Symposions zum aktuellen Musiktheater war im Eröffnungsvortrag mit Blick auf die Regie von »Visualisierungswut« die Rede, was die reservierte Haltung gegenüber der Autonomie der Bühne deutlich anklingen lässt. Die in kritischen Gesamtausgaben edierten Partituren stehen unangefochten an erster Stelle und die Bühne hat sich unterzuordnen – ohne Wenn und Aber! Musiktheater wäre allerdings nicht Theater, hätte es nicht immer wieder Versuche gegeben, diese Sichtweise zu unterlaufen und das Verhältnis der beteiligten Künste neu zu überdenken. Besonders virulent wurden diese ketzerischen Ansätze um 1900 und die Aufwertung der Regie zur zentralen Instanz des Theaters spielte hierbei eine entscheidende Rolle.

Musikalisierung des Theaters und Theatralisierung der Musik
»Der Regisseur muß vor allem Musiker sein«, proklamierte Wsewolod Meyerhold 1927 in einem Vortrag und meinte damit keineswegs nur die Notwendigkeit musikalischer Kenntnisse bei der Inszenierung einer Oper. Kompositionsprinzipien sollten vielmehr grundsätzlich adaptiert werden, d. h. alle Darstellungselemente wären konsequent zu musikalisieren und zu einer audiovisuellen Partitur zusammenzufügen. Meyerholds Kollege Alexander Tairow formuliert das Ganze noch radikaler, wenn er in seinem Buch über das *Entfesselte Theater* (1922/23) den schriftlich fixierbaren Text gänzlich durch eine Komposition mit den Mitteln der Bühne ersetzen will. Diese zukunftweisenden Ideen in Sachen Regie gingen Hand in Hand mit der Rückbesinnung auf den Körper als wichtigstem Medium des Theaters, wobei der moderne Tanz einer Isadora Duncan, Grete Wiesenthal oder eines Rudolf von Laban wesentlich zur Renaissance des Körperlich-Sinnlichen im frühen 20. Jahrhundert beitrugen. Und so forderte der französische Reformer Antonin Artaud bereits in den dreißiger Jahren ein radikales Körpertheater, das dem dialogisch konzipierten Drama eine Synthese aus Licht, Bewegung, Laut und Geräusch gegenüberstellte. Der Unterschied zwischen den verschiedenen Mitteln künstlerischer Darstellung erschien dabei ebenso aufgehoben wie deren traditionelle Funktionalisierung. Im Tanz- und Regietheater der siebziger Jahre sollte Artauds Konzept eines imaginativen, anti-rationalen Theaters schließlich seinen Niederschlag finden. Die assoziativen Collagen von Pina Bausch gelten bis heute als Inbegriff dieser neuen Tanzkunst, welche die Schwelle zum Theater konsequent überschreitet und dabei kraftvolle, oft irritierende Bilder entwickelt, die den Zuschauer zu immer neuen Deutungen und zur Auseinandersetzung mit sich selbst herausfordern. Die Aufgabe konventioneller Narration bedeutet allerdings nicht auch Verzicht auf Form – eher das Gegenteil ist der Fall, denn gerade Bauschs Stücke entwickeln durch die Adaption musikalischer Prinzipien ihre ganz eigenen Tiefenstrukturen. Dass Mortier zum Auftakt der Ruhrtriennale 2002 das Wuppertaler Tanztheater mit zwei seiner Signaturstücke – *Café Müller* und *Le Sacre du Printemps* – einlud, erscheint angesichts dieser Bezüge nicht nur geografisch naheliegend.

Auch aus musikalischer Perspektive betrachtete man um 1900 die Spezialisierung der darstellenden Künste immer skeptischer und forderte in Theorie

Alain Platel: *Wolf!* (2003). Foto: Ursula Kaufmann

und Praxis ein Umdenken, das gleichfalls die erneute Integration von Körper und Klang, Musik und Bewegung anvisierte. Adolphe Appia machte, noch mit Blick auf Wagner, 1899 den Anfang und verlangte vom Musiker die Rückkehr zum Körper, der vor allem im leitenden Konzept der »absoluten Musik«, verstanden als »tönend bewegter Form« (Eduard Hanslick), zur bloßen Metapher verkümmert war. Die damit korrespondierende Vorstellung, dass Musik immer auch physische Aktion und damit ihrem Wesen nach performativ ist, konnte sich jedoch nur langsam durchsetzen. Igor Strawinsky war einer der ersten Komponisten, der nachdrücklich ein motorisch-körperliches Musikverständnis propagierte und so den Grenzüberschreitungen von John Cage, Maurizio Kagel, Helmut Lachenmann oder Heiner Goebbels den Weg bereitete. In den »Szenischen Kompositionen« Cages mutieren die Instrumentalisten unversehens zu Darstellern, die miteinander im Raum agieren. Die enge Kooperation mit dem Choreografen Merce Cunningham ergab sich daraus fast zwangsläufig. Zufallsoperationen kamen hinzu und etablierten eine intentionslose szenische Komposition jenseits von Narration und Werkbegriff, deren umfassende, verstörende und zugleich begeisternde Sinnlichkeit mit der Aufführung von *Europeras 1&2* bei der Ruhrtriennale 2012 eindrucksvoll demonstriert wurde. Auch im »Instrumentalen Theater« Kagels, dessen experimentelle Stücke bisweilen im Programm der Ruhrtriennale auftauchten, entsteht Musik aus der körperlichen Aktion der Darsteller selbst, die mit Instrumenten, Bewegungen, Worten und Klängen gleichermaßen spielen. So unterschiedlich Stil und theoretische Konzepte in diesen experimentellen Anordnungen auch sein mögen, immer treten Musik und Szene gleichberechtigt auf, sind äquivalente Teile einer Gesamtkomposition.

Die Kreationen als Ur-Theater

Die »Theatralisierung der Musik« erscheint mittlerweile ebenso etabliert und allgegenwärtig wie die »Musikalisierung des Theaters«. Allerdings können dabei recht unterschiedliche Aspekte und Vorstellungen von Komposition zum Tragen kommen. Die häufig anzutreffende Musikalisierung der Sprache wirkt noch vergleichsweise konventionell. Avancierter und deutlich komplexer präsentiert sich die musikalischen Regeln folgende Verarbeitung unterschiedlicher Materialien zu einer neuen, wirklich autonomen Komposition aus Klängen, Bewegungen und Bildern. Hand in Hand mit dieser umfassenden Form der Bühnenkomposition geht die Aufhebung der Sparten, deren Grenzen zunehmend obsolet erscheinen. Schauspiel, Oper, Tanztheater? Viele Stücke passen in keine dieser Schubladen – oder in jede. Das gilt für Marthalers Produktionen ebenso wie für Stücke von Pina Bausch oder eben die Kreationen der Ruhrtriennale.

In den Kreationen kehrt (musikalisches) Theater zu jenem Urzustand darstellender Kunst zurück, in dem nicht das schriftlich Fixierte, sondern das physisch Erlebte zählt. Die traditionelle Form der Inszenierung wird damit jedoch zunehmend suspendiert: Eine bereits für die Szene konzipierte und vor allem *mit* den Mitteln der Szene gestaltete Komposition kann nicht nochmals inszeniert werden! Man kann bestenfalls das zugrundeliegende Material erneut verwenden, variieren und anders interpretieren: Kagels *Staatstheater* oder die *Europeras* von Cage existieren nicht als Werke, sondern entstehen mit jeder Aufführung neu. Auch Marthalers *Schöne Müllerin* oder die multimedialen Kompositionen von Heiner Goebbels können nur als ›Gesamtpaket‹ realisiert werden, da die Aktionen der Darsteller, die Gestaltung des Bühnenraums, Text und Musik untrennbar miteinander verwoben sind.

Was als Vision einiger Theaterreformer und Komponisten zu Beginn des vorigen Jahrhunderts begann, kann mittlerweile als Mainstream der internationalen Theaterszene gelten, der in den Kreationen der Ruhrtriennale auch das Bewusstsein einer breiteren Öffentlichkeit erreicht und durch Mortier einen Namen gefunden hat. Theater ist wieder Theater – komponiert *für* die Bühne

Johan Simons: *Sentimenti* (2003). Foto: Ursula Kaufmann

und *mit den Mitteln* der Bühne, multimedial, gegenwärtig, vergänglich. Dabei werden die Grenzen zwischen Sparten und Gattungen, Regie und Komposition, Musikern und Darstellern so sehr verwischt, dass die überkommene Terminologie fast schon anachronistisch wirkt. In den Kreationen der Ruhrtriennale, aber auch in den Stücken zeitgenössischer Komponisten wie Wolfgang Rihm oder Helmut Lachenmann fließen Musikalisierung des Theaters und Theatralisierung der Musik zusammen und lassen die Vision von einer alle Grenzen überschreitenden Inszenierung Wirklichkeit werden.

»Mich interessieren Positionen, die herausfordern«
PACT-Leiter Stefan Hilterhaus über den Tanz, sein Haus und ein besonderes Publikum bei der Ruhrtriennale

Das Tanz- und Performancezentrum PACT Zollverein ist seit Beginn der Ruhrtriennale fester Partner des Festivals. Diese Zusammenarbeit ist sogar vertraglich festgelegt. Denn das PACT-Projekt Tanzlandschaft Ruhr ist ebenso wie die Ruhrtriennale eine Programmsäule der Trägerinstitution Kultur Ruhr GmbH. Als Künstlerischer Leiter von PACT Zollverein gestaltet Stefan Hilterhaus die Sparte Tanz bei der Ruhrtriennale wesentlich mit.

Herr Hilterhaus, wie genau ist die Kooperation zwischen PACT Zollverein und Ruhrtriennale organisiert? Für Außenstehende ist das nicht leicht zu durchschauen. Wer programmiert was im Bereich Tanz?
Die Tanzlandschaft Ruhr ist als eigene ›Säule‹ der Kultur Ruhr GmbH künstlerisch unabhängig, aber der Ruhrtriennale als Partner vertraglich verbunden. Wir haben uns darauf geeinigt, 20 Prozent des Budgets, das wir über die Kultur Ruhr GmbH bekommen, innerhalb der Ruhrtriennale auszugeben. Das ist ein klares Finanzierungskonzept und gilt bis heute. Normalerweise lässt man Festivals in sein Haus hinein, die machen das Programm und man bekommt Geld dafür oder auch nicht. In diesem Fall ist es aber so, dass wir Geld in die Ruhrtriennale mitbrachten. Die Summe stammt zwar aus derselben GmbH, ist aber erst mal ein autonomes Budget. Das bedeutet aber auch, dass wir ein Vorschlagsrecht haben für das, was wir einladen. Das, was bei der Ruhrtriennale bei PACT gezeigt wird, ist daher auch mit diesem Haus verbunden.

Wie sieht das in der Praxis aus? Wie viele Produktionen kann PACT beitragen?
In der Regel sind es zwei Arbeiten, die wir zeigen können. Über jede eingeladene Arbeit wird vorher verhandelt. Auch das ist also institutionalisiert oder regularisiert. Aber dieses dauerhafte Ins-Benehmen-Setzen mit der nächsten Intendanz bedeutet auch eine schöne Spannung.

Wie läuft die Zusammenarbeit mit den einzelnen Intendanten konkret ab?
Jede Intendanz hat ihre eigene Praxis und bringt andere Formen der Zusammenarbeit mit sich. Begonnen hat diese Zusammenarbeit mit Gerard Mortier, der sehr erfahren war und in einer ganz anderen Welt agiert hatte. Wir hatten

»Mich interessieren Positionen, die herausfordern«

ZOO: *You've Changed* (2010). Foto: Filip Vanzieleghem

sehr schöne Gespräche, wir haben über Künstler, die Region, mögliche Zugänge und Öffnungen diskutiert. Für mich war das eine große Erfahrung, ein großes Geschenk. So ein toller, umfassend gebildeter, inspirierender Mensch. Und es war ein Gründungsmoment, von dem ich glücklicherweise ein Teil sein durfte.

Und dieser Ruhrtriennale-Gründungsmoment lief damals parallel zur PACT-Gründung.
Ja. Und das war sehr schön. Ich war bei den ersten Team-Treffen der Ruhrtriennale mit dabei und habe das als Riesenchance erlebt. Diese Welle, diese Kraft, dieser große Akt, der hier in der Region plötzlich deutlich machte, was für ein Potenzial gerade auch in Produktionen steckt, die eine ungewohnte Ästhetik behaupten. Diese andere Art zu kuratieren, zusammenzusetzen und zu kontextualisieren, befruchtet ungemein. Für ein Haus, das gerade dabei war, ein sehr besonderes Produktionshaus zu werden, was mit internationalen und lokalen Referenzen, zwischen Theorie und Praxis und verschiedenen Kunstformen denkt, war das natürlich wahnsinnig interessant und wichtig. Andernfalls stehst du hier alleine auf einer Insel. Aber plötzlich gab es ein ganzes Archipel, das korrespondierte und einmal im Jahr mit einer großen

Setzung sichtbar wurde. Und wir konnten dann auch mit vielen interessanten und ganz anderen Ressourcen umgehen.

Welche anderen Ressourcen waren das?
Wir haben ein anderes Publikum, von dem wir lernen. Und durch die Dichte des Programms entstehen andere inhaltliche Verbindungen und Bezüge. Die Öffentlichkeitsarbeit im gesamten Ruhrgebiet schafft im besten Fall eine Atmosphäre, eine Kraft und vielleicht auch eine vielgestaltige verdichtete Geschichte. Vor Beginn der Ruhrtriennale fährst du durch das Ruhrgebiet und weißt, dass dieses Festival stattfindet. Das können wir mit unseren Ressourcen noch nicht einmal für die Stadt Essen schaffen. Es ist für uns eine riesige Freude, zu sehen, dass Künstler, mit denen wir arbeiten, in diesem anderen Rampenlicht und in dieser Konstellation von einem anderen Publikum neu gesehen und auch geliebt und akzeptiert werden.

Um noch einmal zurück zu den einzelnen Intendanten und zur Programmierung zu kommen: Wie treffen Sie die Auswahl?
Vor der Programmierung sprechen wir mit den Intendanten und Dramaturgen der Ruhrtriennale. Die haben bisher immer thematische Zuordnungen gehabt, die drei Jahre aufgeteilt in Epochen, in Religionen oder Stichworte, um das Programm lesbarer zu machen. Also habe ich mich intensiv mit diesen Themen beschäftigt, wir haben viel darüber gesprochen. Wenn es zum Beispiel *Barock* hieß, habe ich mich gefragt, was dann die Postmoderne damit zu tun hat. Wir haben uns nicht nur auf der dramaturgischen Ebene damit beschäftigt, sondern genauso auf der Wirkungsebene, auf der Erfahrungsebene für das Publikum. All das hieß aber für mich, dass ich meinen Kontext, meine Zuordnung ändern musste. Und das bedeutet eine enorme Bereicherung für meine Arbeit. Wichtig ist mir, dass wir auch im Rahmen eines solchen Festivals dieses Haus trotzdem genauso halten wie es ist. Rein programmatisch reden wir ganz konkret über Künstler, mit denen die Intendanten und Dramaturgen arbeiten wollen. Und die wollen von mir hören, was ich mir vorstelle, wenn man diesen oder jenen Begriff hört, an dem sie gerade arbeiten. Mit Johan Simons habe ich über die Begriffe Gleichheit und Brüderlichkeit gesprochen. Eleanor Bauers Arbeit *Meyoucycle* (2016), in der sie über Verwerfungen von virtuellen und realen Räumen nachdenkt und virtuos mit unterschiedlichen Sparten spielt, hielt ich darin für einen spannenden Kontrast. Wir verstehen uns hier bei PACT als ein Partner, der sich eigene Räume schafft und erlaubt. Und das finden, glaube ich, alle okay. Es ist eine Vertrauenssache. Bei Eleanor Bauer war das ein großes Risiko. Sie ist eine ganz junge Künstlerin, die selten

Eleanor Bauer: *Meyoucycle* (2016). Foto: Laurent Philippe

so groß gearbeitet hat. Mich interessieren Positionen, die herausfordern und die vielleicht nicht in diesen klassischen Kanon oder eine bestimmte Logik reinpassen, sondern die Referenzen dazu haben.

Dann fühlen Sie sich also einigermaßen autonom in Ihren Entscheidungen, welche Künstler und welche Arbeiten eingeladen werden?
Was hier im Haus passiert, was Tanz betrifft, ja. Aber es gibt auch Ausnahmen oder Mischformen. Richard Siegal zum Beispiel (mit seiner Trilogie *Model – In Medias Res – El Dorado*, Intendanz Simons, Anm. der Red.) ist zwar nicht von mir programmiert, findet aber hier, bei PACT, statt. Es ist außerdem schon vorgekommen, dass von Seiten der Ruhrtriennale ein Vorschlag kommt, was bei uns gezeigt werden könnte. Und dann verhandeln wir das. Umgekehrt gibt es aber auch die Möglichkeit, dass wir mit einer vorgeschlagenen Arbeit in eine große Halle gehen. Und natürlich gibt es immer mal wieder Überschneidungen.

Solche Überschneidungen waren vor allem auffällig bei der Intendanz von Heiner Goebbels. Als Außenstehender konnte man damals fast den Eindruck gewinnen, bei der Ruhrtriennale ein größeres PACT-Programm zu sehen. Wie war denn das aus Ihrer Sicht?

Konzert-Performance von *Eomac* im Rahmen von *Episoden des Südens* (2017). Foto: Robin Junicke

Es gab Künstler, die bei uns gearbeitet haben, die dann bei Heiner einen ganz anderen Raum bekamen. Was ich großartig fand. So etwas stärkt doch das Gemeinsame. Heiner Goebbels hat Sachen gemacht, die komplett aus unserem Rahmen fallen würden. Ich habe das eher als Anerkennung erlebt für uns, dass diese Künstler jetzt in so einem Rahmen so einen Raum bekommen, Anne Teresa de Keersmaeker zum Beispiel.

Ist es denn nicht auch frustrierend, wenn bei der Ruhrtriennale plötzlich so vieles möglich wird, was PACT nicht leisten kann, einfach weil die Mittel fehlen?
Da würde ich sagen, man ändert kurz noch mal die Kontexte, weiß, das ist ein Festival. Und wir arbeiten dauerhaft, zum Beispiel mit Forced Entertainment. Deren Gastspiel bei der Ruhrtriennale hat für uns überhaupt keine Konsequenz gehabt, die arbeiten weiterhin hier. Das, was die Qualität dieses Hauses ausmacht, kann ein Festival ja gar nicht leisten. Also, ich muss ehrlich sagen, nein, ich empfand das eher als Bereicherung. Wir haben zum Beispiel Xavier Le Roy mit einer Lachenmann-Arbeit gezeigt (*Salut für Caudwell*, 2007). Das empfand ich als eine große Chance für ihn, für die Arbeit. Und auch für uns. Denn bei der Ruhrtriennale konnten wir auch ein Musikpublikum erreichen, oder Zuschauer, die etwas ganz anderes erwarten. Oder Bill Forsythe – den

können wir uns hier weder leisten, noch haben wir die Bühne für eine seiner großen Arbeiten. Aber unter Willy Decker haben wir ihn (*Now this when not that*, 2011) nach Bochum in die Jahrhunderthalle geholt, endlich, nach so vielen Jahren, das war toll.

Als Baustein der Kultur Ruhr GmbH ist PACT die einzige Institution im Ruhrgebiet, die fest von Anfang an beteiligt ist bei der Ruhrtriennale. Andere – ich denke da zum Beispiel an das Figurentheater der Nationen FIDENA – wünschen sich vermutlich, regelmäßig bei der Ruhrtriennale teilnehmen zu können. Ist das also ein Privileg?
Die Beteiligung gründet ja auf ähnlichen Absichten, auf einer gemeinsamen Geschichte und ist auch vertraglich vereinbart. Das, was die Ruhrtriennale macht – international zu arbeiten, auszustrahlen, mit Uraufführungen zu arbeiten, andere Kontexte aufzumachen – war und ist auch in einem wesentlichen Teil unserer Arbeit unser Profil. Insofern ist es für mich eine temporäre Erweiterung, ein willkommener Drehmoment. Es war genau das, was man hier braucht. Denn das, was beim großen Festival gezeigt wird, hat Resonanz, das kennen die Menschen in der ganzen Region, die überregionalen Journalisten, die Abgeordneten, der Bund, das kennen die Menschen in den anderen Ländern. Insofern ein Teil des Ganzen zu sein, ist super. Wir verstehen uns auch als ein kleines Gravitationsfeld des Festivals – und waren ja Teil der Kultur Ruhr GmbH auch vorher. Wir sind Mitgründer auf eine Art, zumindest sind wir Teil dieser Entwicklung gewesen. Insofern interessiert es mich auch, die Ruhrtriennale als Forschungsprojekt zu betrachten.

Wie meinen Sie das, als Forschungsprojekt?
Die Ruhrtriennale ist angetreten, der Geschichte dieser Region eine kulturelle Form und eine kulturelle Plattform zu geben. Man sieht diese Orte immer wieder in einem anderen Licht, mit starken Fragen, einem anderen Klang, unerwarteten Bezügen, in einer anderen Ästhetik, in einer anderen Bewegung, mit einem anderen Publikum usw. Das ist eine unglaubliche Verlebendigung so einer Maschinenhalle in Gladbeck beispielsweise, die sonst vielleicht nur Vermietungsveranstaltungen erlebt. Plötzlich entstehen da Vorstellungswelten, das sind Erzählräume, die wir dringend brauchen können, um mutig und wachsam mit Wirklichkeit und unseren Herausforderungen umgehen zu können. Neben dieser Verlebendigung geht es um Befragung: Identität, was heißt das überhaupt, gibt es das überhaupt? Was bedeutet Industrialisierung als eine gescheiterte Utopie? Wie nähern wir uns dem Gedanken, dass die Grundlage, auf der wir hier sind und leben, Ausbeutung gewesen ist? Wie gehen wir mit den Konsequenzen um? Dieser Imaginationsraum wird ver-

Gespräch mit Stefan Hilterhaus

Neo Muyanga äußert sich in *Dialoge mit Objekten* im Rahmen von *Episoden des Südens* (2017).
Foto: Robin Junicke

handelt in einem extrem starken Vergangenheitsgerüst, mit einer imaginären Zukunft, die einem versprochen wird. Und das ist in meinen Augen eine unglaubliche Chance. Das ist ein Verhandlungsraum – wie ein Parlament eigentlich – in dem diskutiert wird, was Wirklichkeit überhaupt sein kann. Ein ständiger Konjunktiv.

Das ist natürlich die Perspektive eines Menschen, der hier seit vielen Jahren arbeitet. Wenn ein Intendant nur für drei Jahre kommt, muss der ja zunächst einmal große Produktionen in die Hallen bringen.
Exakt. Genau das ist meine Perspektive, die auch ein bisschen idealistisch klingt. Um auf die Entwicklung zurückzukommen: Einerseits hast du also diese Räume, diese Ressourcen, die Referenzen, die soziale und politische Situation. Aber dann kommt die Logik dieser Maschine Festival. Und die ist sehr unterschiedlich angegangen worden von den einzelnen Personen und Intendanten.

Was haben Sie da beobachtet?
Mortier hat immer wieder die vorindustrielle Zeit, die industrielle Zeit und das Jetzt in ein Verhältnis gebracht. Er hat diese Referenzen, diese Verbindungen

aufgemacht, ohne das Ganze kausallogisch erklären zu wollen. Das wäre ein Beispiel, womit ich begonnen habe, und was ich sehr respektvoll fand, eben nicht zu sagen, wir buchstabieren Industriegeschichte ab. Die Frage nach der Zusammenarbeit ist noch mal eine andere. Ich denke, Tanz war für Mortier nicht sein Metier, nicht sein Zugang zu der Welt. Er hat sich angehört, was ich so sage und meinte dann: Mach mal.

Wie ist die Ruhrtriennale innerhalb der internationalen Tanzszene positioniert? Hat das Festival da eine Bedeutung?
Die Ruhrtriennale hat ein Publikum mit sehr hoher Expertise aus unterschiedlichen Bereichen, je nachdem wie sie programmiert ist. Bei Heiner Goebbels gab es zum Beispiel Zuschauer, die nicht nur Romeo Castellucci, sondern auch viele bildende Künstler verfolgen. Und wenn es gelingt, denen eine Choreografie von Meg Stuart, die sie noch nie gesehen haben, zu zeigen, dann hat das in seiner Komposition, in seiner Relation zu den anderen Arbeiten, natürlich eine enorme Wirkung. Da werden plötzlich Künstler in Konstellationen gesehen, auch von Journalisten, die sich so eine Arbeit eben nicht bei PACT oder an vergleichbaren Produktionsorten angucken würden, aber hier im Rahmen eines interessanten und dichten Festivalprogramms. Alle wissen, was auf dem Festival läuft. Ich bekomme sehr viel Resonanz von meinen Kollegen. Natürlich hat die Ruhrtriennale nicht den Stellenwert eines reinen Tanzfestivals, das viele neue Arbeiten zeigt. Aber so ein reines Tanzfestival finde ich inzwischen auch wieder langweilig.

Sie arbeiten bei PACT auch selbst spartenübergreifend.
Ja, denn so gibt es die Möglichkeit, unsere Wahrnehmung durch einen anderen Blickwinkel zu überprüfen. Das erlebe ich als sehr bereichernd für alle Beteiligten.

Das Interview mit Stefan Hilterhaus führte Sarah Heppekausen am 23. Juni 2017 bei PACT Zollverein.

»Wir sollten ihnen zuhören«
Sechzehn Jahre kulturelle Bildung

Cathrin Rose

Mai 2017 im Township Vrygrond in Kapstadt, Südafrika. Eine 15-jährige Bochumerin spricht beim Weltkongress der ASSITEJ, der weltweiten Organisation der Kinder- und Jugendtheater. Die Jugendliche ist Teilnehmerin der *Jungen Triennale* und erzählt über das aktuelle Projekt *Teentalitarismus*. Dieser Vortrag markiert einen Höhepunkt der Arbeit der Kulturellen Bildung bei der Ruhrtriennale, die 2003 ihren Anfang genommen hat. Und er verdeutlicht eine grundsätzliche Idee dieser Arbeit: die Jugendlichen ernst zu nehmen.

Kulturelle Arbeit für und mit jungen Menschen ist immer auch eine politische Handlung. Welche Zielsetzung verfolgt man? Welche Rolle haben die beteiligten Kinder und Jugendlichen, welche die Institution? Wie viel Geld darf diese Arbeit kosten? Welches Publikum spricht man an? Es sind politische und soziale Fragen, die beantwortet werden müssen, insbesondere von einer Kulturinstitution, die im Ruhrgebiet angesiedelt ist und keinen genau definierten Spielraum ihrer Arbeit hat, anders als etwa ein hiesiges Stadttheater.

Das Ruhrgebiet ist mit seinen über fünf Millionen Bewohnern, verteilt über viereinhalbtausend Quadratkilometer, mit seinen 53 Städten und Gemeinden, die größte Metropolenregion Europas. 37 Prozent der Kinder im Ruhrgebiet haben eine Migrationsgeschichte, in den Städten ist der Anteil wesentlich höher. Die durchschnittliche Arbeitslosenrate liegt bei 11,1 Prozent. Nach Berlin weist das Ruhrgebiet die höchste Armutsrate in Deutschland auf, und in den strukturschwachen großen Städten sind doppelt so viele junge Menschen auf staatliche Unterstützung angewiesen wie im Landesdurchschnitt NRW. In diesem Raum also wurde 2002 ein (finanziell gut ausgestattetes) internationales Festival der Künste gegründet; das stieß gerade bei der Bevölkerung des Ruhrgebietes nicht nur auf Zustimmung.

»Wir sollten ihnen zuhören«

Die Jurie des *Children's Choice Award* besucht *Europeras* (2012). Foto: Heike Kandalowski

2002–2004

Für Gerard Mortier, den Gründungsintendanten der Ruhrtriennale, sollte das Festival zu allererst ein Festival für die Menschen der Region sein. Die Gründung der *Jungen Triennale* im zweiten Jahr seiner Intendanz war strategisch gedacht als Mittel zur Öffnung des Festivals für alle Bevölkerungsgruppen. Eine Form von ›Audience Development‹, nur in diesem Falle nicht gedacht zur Verjüngung eines Publikums oder zur Durchmischung mit neuen Besuchergruppen, sondern als Strategie zur Steigerung der Akzeptanz des Festivals in der Region. Die Menschen sollten sich willkommen und eingeladen fühlen. Der Weg zu den Erwachsenen führte über die Schulen und über die Kinder. Wie wichtig Gerard Mortier dies war, zeigt die Tatsache, dass er selbst der erste Verantwortliche der *Jungen Triennale* war, danach übernahm Chefdramaturg Thomas Wördehoff. Diese Arbeit erfordert Fachwissen und Zeit, um erfolgreich zu funktionieren. Das wurde schon im Verlauf des ersten Jahres deutlich. Der Schaffung der Abteilung *Junge Triennale* lag also eine politische Motivation zugrunde. So war es anfangs auch das Ministerium für Familie, Jugend, Kultur und Schule des Landes NRW, das Schulverteiler zur Verfügung gestellt und Ansprechpartner vermittelt hat wie beispielsweise Kontakte zur

Gewerkschaft Erziehung und Wissenschaft (GEW) und die *Junge Triennale* so in den ersten Jahren beim Aufbau eines Netzwerks unterstützte.

Die Arbeit der *Jungen Triennale* 2002–2004 ist charakterisiert durch die Zusammenarbeit mit Schulen und Lehrern. Parallel dazu wurde gleich zu Beginn die Einführung von Schülertickets zu dem sehr günstigen Preis von fünf Euro entschieden. Dieser Ticketpreis gilt bis heute für alle Veranstaltungen der Ruhrtriennale – von der Oper bis zum Familienstück –, und das Netzwerk der Schulen ist über die Zeit immer größer geworden, hat sich von Dinslaken bis Unna, von Herten bis Witten ausgeweitet.

2005–2008

Mit jedem Intendantenwechsel hat sich der programmatische Schwerpunkt der Arbeit der *Jungen Triennale* verändert. Jürgen Flimm rief die *Theaterakademie für Kinder* ins Leben. Dieses Format der Festivaljahre 2005–2008 richtete sich explizit nicht an Schulen, sondern an einzelne Kinder im Alter zwischen acht und zwölf Jahren. Im Mittelpunkt stand die Begegnung von Theaterkünstlern und Kindern. Der Raum der Akademie war kein künstlerischer, sondern ein pädagogischer: Ein Hörsaal, mit den wissenden, erfahrenen Künstlerpädagogen auf der einen und denen, die an diesem Wissen teilhaben sollten, den Kindern, auf der anderen Seite. Publikum war nicht zugelassen bei diesem Format. Selbst die Organisatoren konnten nur – unsichtbar für die Akteure – vom Rand beobachten.

Aufschlussreich war die *Theaterakademie für Kinder* vor allem in Hinsicht auf die Wechselbeziehung zwischen Erwachsenen und Kindern. Hier offenbarten sich Machtverhältnisse und Erwartungshaltungen, die sich stark auf das Gelingen oder auch Nichtgelingen auswirkten. Die Begegnung mit Peter Turrini zum Beispiel hat hervorragend funktioniert. Denn der Schriftsteller zeigte ein genuines Interesse an seinen Zuhörern. Es wäre nicht verwunderlich, wenn einige, die am 28. August 2005 im Hörsaal saßen, unter die (Theater)-Autoren gegangen sind. Denn es fand ein Austausch statt, der beide Seiten befruchtete. Turrini war bewusst, dass er es mit Profis im Geschichten- und Personenerfinden zu tun hatte. Und die Kinder hatten begriffen, dass sie mit einem Künstler reden, der mit seinen Geschichten Geld verdient – was sie sehr erstaunt und ebenso begeistert hat. Beide haben voneinander gelernt, sie haben sich zugehört, gemeinsam Geschichten erfunden und Phantasien ausgetauscht. Dieser Austausch fand auf Augenhöhe statt, die sonst so üblichen Machtverhältnisse in Hörsälen wurden aufgehoben.

Aber auch das Gegenteil war zu beobachten: Diejenigen Künstler, die eher unvorbereitet zur *Theaterakademie für Kinder* kamen, um mal eben 45 Minu-

»Wir sollten ihnen zuhören«

Publikum in *Das Mädchen mit den Schwefelhölzchen* (2013). Foto: Stephan Glagla

ten mit Kindern über ihre Arbeit zu sprechen, hatten enorme Probleme, die Aufmerksamkeit ihrer Zuhörer zu bekommen und vor allem zu behalten. Kinder sind ein anspruchsvolles Publikum, und wenn man sie nicht abholt, können sie gnadenlos sein. Und sie sind in der Mehrheit. Sie wissen instinktiv, ob sie gemeint sind, ob sie ernst genommen werden, ob etwas sie interessiert, sich jemand für sie interessiert oder eben nicht. Die Machtverschiebung im Hörsaal kam meist plötzlich und unerwartet für den Redner und war in der Regel unumkehrbar. Das passierte nicht oft, aber es passierte.

2009–2011
Während der Intendanz von Willy Decker, der jedem seiner Festivaljahre ein religiöses Thema voranstellte, prägten Familienfeste an der Jahrhunderthalle Bochum die Arbeit der *Jungen Triennale*. Gestaltet wurden diese Feste von Schülern aus NRW und Künstlern aus Deutschland. Im Jahr 2009 waren es zum Beispiel zwölf Klassen und Künstler, die eine Kooperation eingingen und einzelne Aspekte der jeweiligen religiösen Kultur, die als Thema dem Festival zugrunde lag, untersuchten. In Projektwochen und Workshops wurden Ideen entwickelt, Techniken erlernt, Hintergründe besprochen und gemeinsam überlegt, wie dieser Input am Tag des Familienfestes von den Schülern

an die Besucher weitergegeben werden kann. Die Schüler waren so alt wie die Hauptzielgruppe der Familienfeste: zwischen acht und vierzehn Jahre. Als selbstbewusste und wissende Akteure, als Workshopleiter, traten die etwa 300 Kinder und Jugendlichen auf und in Kontakt mit dem Publikum. Diese Vermischung von professioneller Vermittlung, künstlerischem Input und einer Stärkung der Rolle der jungen Menschen im Festival, ist das vielleicht wichtigste Merkmal der Arbeit der drei Willy-Decker-Jahre. Es wurde ein kollaborativer Ansatz entwickelt, in dessen Zentrum die aktive Rolle der jungen Menschen stand. Die Familienfeste sind noch immer die Formate der *Jungen Triennale* mit der größten Öffentlichkeit von bis zu 8.000 Besuchern. Das Publikum stellte einen Querschnitt der Bevölkerung dar, anders als das Durchschnittspublikum des Festivals. Diese Feste waren zu einem Großteil verantwortet von Kindern und Jugendlichen aus dem Ruhrgebiet, die nicht nur mit anderen jungen Menschen, sondern auf dem Familienfest mit erwachsenem Publikum gearbeitet, kommuniziert und ihr Wissen geteilt haben.

2012–2014
Ein Paradigmenwechsel fand unter der künstlerischen Leitung von Heiner Goebbels statt. Ab 2012 hieß die *Junge Triennale*: *No Education*. Goebbels beschrieb das Format einmal so: »*No Education* meint nicht die Negation von Erziehung, sondern ein Verständnis von Bildung, das nicht prinzipiell von einer Fallhöhe zwischen Erwachsenen und Jugendlichen ausgeht.« Das Kernprojekt, das diesen Gedanken am deutlichsten darstellte und am radikalsten umsetzte, war *The Children's Choice Awards*, eine Konzeption der kanadischen Performancegruppe *Mammalian Diving Reflex*.

Insgesamt mehr als 300 Kinder zwischen elf und 13 Jahren haben über drei Jahre fast alle Veranstaltungen der Ruhrtriennale besucht, sie haben die Spielstätten über einen roten Teppich betreten, sie haben immer in der ersten Reihe gesessen und sie haben sich nach der Vorstellung mit den Künstlern getroffen und mit ihnen diskutiert. Am Ende des Festivals hat diese außerordentliche Festivaljury bei einer feierlichen Preisverleihung jeder Veranstaltung der Ruhrtriennale einen Preis in einer selbstbestimmten Kategorie verliehen. Niemand konnte sich diesem Projekt im Festival entziehen. Es hat polarisiert und allen Beteiligten, dem Publikum, den Künstlern, den Festivalmachern und den Kindern und Jugendlichen einen intensiven Austausch ermöglicht. Einen Austausch darüber, für wen das Festival gemacht ist, ob Kunst von Kindern verstanden werden kann und wie wir mit einander umgehen und kommunizieren wollen. Für Darren O'Donnell von *Mammalian Diving Reflex* waren *The Children's Choice Awards* »eine Intervention bei der Ruhrtriennale – nicht zugunsten der kulturellen Erbauung von Kindern, sondern zugunsten der sozialen Erbauung von Erwachsenen«. Er fragte damals: »Haben Sie den Mut, mit den Kindern zu verhandeln? Wir werden sehen.«

Und es wurde verhandelt. *No Education* war ein dreijähriger Kommunikationsmarathon darüber, wie wir in unserer Gesellschaft mit kultureller Teilhabe umgehen – wenn sie plötzlich einbricht an einem Ort, an dem in solcher Weise nicht damit gerechnet wird. Da gab es Unverständnis im Publikum, aber auch großartige Gespräche zwischen Erwachsenen und Kindern; da gab es eine Künstlerin, die die Anwesenheit der Kinder bei ihren Aufführungen nicht hinnehmen wollte; eine Sängerin, die sich weigerte aufzutreten, bis die Kinder aus der ersten Reihe verschwanden. Aber es gab auch eine Energie, die die Kinder mitbrachten, eine Spontaneität, die ansteckend war, und eine Großzügigkeit, die von den meisten Erwachsenen gezeigt wurde, um den Kindern einen Platz im Festival einzuräumen.

2015–2017

Junge Kollaborationen ermöglicht seit 2015 den Jugendlichen ein eigenes Produktionsbüro innerhalb der Institution. Die Gruppe *Mit Ohne Alles*, gegründet von ehemaligen Jurymitgliedern der *Children's Choice Awards* und zwei Jahre später bestehend aus mehr als 40 Jugendlichen aus dem Ruhrgebiet, die familiäre Wurzeln in vielen Ländern der Welt haben, erarbeitete ihre Projekte in enger Zusammenarbeit mit den Abteilungen der Ruhrtriennale. Sie selbst bestimmten, welche künstlerischen Projekte sie realisieren wollen, mit wem und wie. Zugrunde lag der von Mark Terkessidis beschriebene Kollaborationsbegriff: »Kollaboration ist etwas ungleich Schwierigeres als Kooperation. Bei Kooperation treffen verschiedene Akteure aufeinander, die zusammenarbeiten und die sich nach der gemeinsamen Tätigkeit wieder in intakte Einheiten auflösen. Kollaboration meint dagegen eine Zusammenarbeit, bei der die Akteure einsehen, dass sie selbst im Prozess verändert werden und diesen Wandel sogar begrüßen.«

Die Arbeit mit den Teenagern war arbeitsintensiv. Sie sind nicht so effektiv und professionell wie erfahrene Projektmanager. Doch es funktionierte auf ihre Art und am Ende standen sichtbare und erfolgreiche Projekte wie *Teentalitarismus* 2016 und 2017. Hier haben die Teenager künstlerische Formate entwickelt, die ihren Ansprüchen an die Kunst entsprachen und die mit ihrer eigenen Auffassung von Professionalität umgesetzt wurden. Es wurde zum Beispiel mit Künstlern über Sex geredet im Talkshowformat *Sex, Drugs and Criminality*. Es wurde ein 20-minütiger Dokumentationsfilm mit der App Snapchat gedreht. In *Handys in the Hand of Teens* oder *What Kids found on the*

Cathrin Rose

Internet haben die Teenager Erwachsenen einen exklusiven Einblick in ihren Umgang mit dem Internet und den sozialen Medien gegeben und darüber diskutiert. Die Jugendlichen kommunizierten ihre Ideen und Projekte selbst nach außen. Mit einem von ihnen entwickelten Workshop-Format besuchten sie Schulen und Universitäten und stifteten an zum Umdenken und Mitmachen im weiten Feld der Projekte der kulturellen Bildung. Ihre künstlerischen Formate richteten sich zum größten Teil an Erwachsene, mit denen sie neue Formen der Kommunikation und des Zusammenlebens suchten und austesteten.

Sie vertraten sich selbst auf Kongressen und Tagungen, auf denen es um Themen der kulturellen Bildung oder um Kunst mit und für junge Menschen ging. Das konnte dann eben auch in Kapstadt, Südafrika sein. Sie sollten und wollten sich selbst vertreten, und die Ruhrtriennale sorgte dafür, dass dies auch immer möglich war. Denn warum sollten wir über sie reden, wenn wir auch mit ihnen reden können? Warum sollten wir Projekte entwickeln und planen für eine Zielgruppe, ohne sie dazu zu befragen? Diese jungen Menschen können und wollen für sich sprechen und das auf ihre eigene Art und Weise. Sie sind die Zukunft, und sie sind ein wesentlicher Teil unserer diversen und vielseitigen Gesellschaft. Wir sollten ihnen zuhören!

Cathrin Rose leitete von 2003–2017 die Junge Triennale.

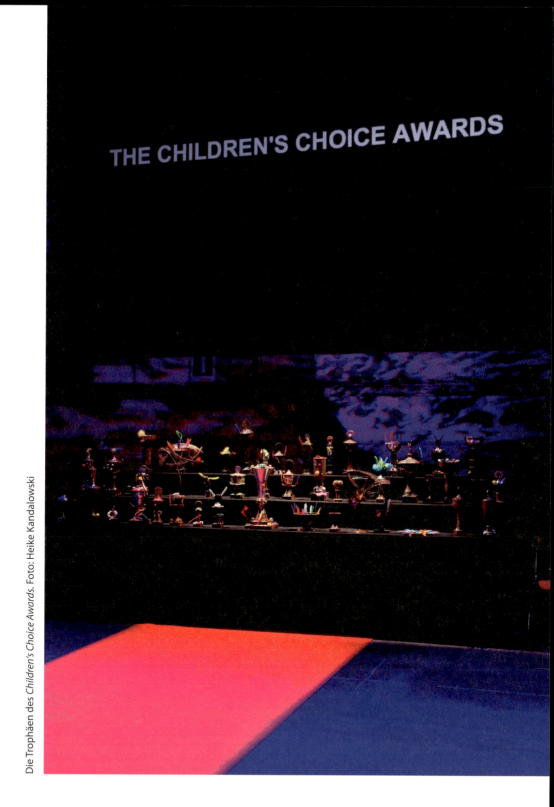
Die Trophäen des *Children's Choice Awards*. Foto: Heike Kandalowski

Gerard Mortier

2002 | 2003 | 2004

»À la Ruhr ist es am schönsten!«
Gerard Mortier und die Gründungszeit der Ruhrtriennale

Dorothea Neweling

»Nein, wir sind nicht der neue Sportveranstalter im Ruhrgebiet.« Und: »Nein, es heißt Ruhr*triennale*, nicht Ruhr*festspiele*, da müssen Sie in Recklinghausen anrufen, wir sitzen in Gelsenkirchen.« Und: »Nein, die Ruhrtriennale findet jedes Jahr statt, nicht alle drei Jahre. Die künstlerische Leitung wird alle drei Jahre wechseln, daher der Name …« Telefonate wie diese sind vielen von uns noch in Erinnerung. Und sie erreichten uns nicht nur im ersten Jahr. Wir, das waren rund zwanzig Kolleginnen und Kollegen, darunter viele Ruhrgebietsneulinge, die ab dem Frühsommer 2001 die Räume der IBA Emscherpark auf der ehemaligen Zeche Rheinelbe in Gelsenkirchen-Ückendorf bezogen.

Die Ruhrtriennale hat nicht nur die Nutzung der von der IBA hergerichteten Industriestätten betrieben, sondern sie hat auch ihre Zentrale genau dort eingerichtet, wo vieles ab 1989 seinen Anfang nahm. Das Gebäude und die Räume in der Leithestraße 35 waren in ihrer Architektur ungewöhnlich und besaßen eine ganz besondere Atmosphäre.

Das Intendantenzimmer lag in der ersten Etage mit Blick über das ehemalige Zechengelände, dessen Halde ein Skulpturengarten mit industriekultureller Spontanvegetation geworden war. Die Einrichtung für das Intendantenbüro kam von den Salzburger Festspielen. Für das Zimmer von Gerard Mortier hatte der Bühnenbildner Karl-Ernst Herrmann eigens Möbel entworfen, darunter einen langen, eleganten Tisch, den später auch alle Intendanten nach Mortier genutzt haben. Die passenden Vorhänge hatte der Belgier höchstpersönlich ausgesucht. Über die Aussprache des Namens Mortier herrschte über die drei Jahre seiner Intendanz Uneinigkeit; variiert wurde zwischen der schlichten deutschen oder elegant französischen Aussprache: »Mortiiir« oder »Mortjéé«.

Bis zur Eröffnung der Ruhrtriennale blieb kaum ein Jahr – wenig Zeit für diese Mammutaufgabe. Der Intendant fuhr wie der Teufel Auto, Einbahnstraßen, Schranken, Parkverbote, Geschwindigkeitsbegrenzungen – nichts für einen wie Mortier: keine Zeit! Denn schon am 31. August 2002 sollte in Halle 5 der Zeche Zollverein in Essen, die nur wenige Monate zuvor, im Dezember 2001,

Landschaftspark Duisburg. Foto: Robin Junicke

in die Liste der Weltkulturerbe aufgenommen worden war, mit *Deutschland, Deine Lieder* die erste Ruhrtriennale eröffnet werden.

Das Team konnte sich auf wenig Erfahrung stützen, zu ungewöhnlich und neu war das Projekt Ruhrtriennale. Übrigens wollte Mortier das Festival eigentlich nach einer der vielen Autobahnen, die durch das Ruhrgebiet führen, benennen; dafür gab es auch erste Logoentwürfe im Spätsommer 2001, aber der Arbeitstitel Ruhrtriennale hatte sich doch rasch in der Presse und in der Öffentlichkeit verbreitet, sodass es schließlich dabei blieb.

Im Grunde musste alles neu aufgebaut und ein ganzes Festival erfunden werden. Ein Festival für ein riesiges Gebiet von mehr als 4.000 Quadratkilometern Größe, immerhin der größte Ballungsraum Deutschlands. Zu diesem Zeitpunkt klang das Wort »Landschaftspark Duisburg-Nord« noch komisch, der Zutritt zu ehemaligen Stahlwerken und Zechen war für die Bevölkerung des Ruhrgebietes noch nicht selbstverständlich. Der Schmerz über den Verlust der eigenen Geschichte und Identität war noch deutlich spürbar und eine Bewerbung um den Titel Kulturhauptstadt Europas noch nicht einmal ein kühner Gedanke.

Goldgräberstimmung in Gelsenkirchen-Ückendorf: In allen Abteilungen waren Kreativität und Phantasie unter großem Zeitdruck gefordert. Aufgebaut werden mussten: Abteilungen für Technik, Ticketing, Marketing, Catering, Kontakte und Kooperationen, Administration und Logistik, Ausschreibungen und Vergaben, Betreuung von Künstlern und Zuschauern, Presse und Sponsoren. Wegbeschreibungen und Ausschilderungen wurden benötigt, ein Logo musste her, eine Website, Printmedien, und – um das Wichtigste nicht zu vergessen – der Spielplan musste gestaltet werden.

Natürlich bekamen wir (nicht nur am Telefon) zuweilen deutlich zu spüren, dass die Gründung der Ruhrtriennale nicht unumstritten war, dass es Gegner und Zweifler gab. Nicht nur in den Institutionen, auch in der Bevölkerung stießen Mortier und sein Team neben verhaltener Neugierde auch auf Fragen und Skepsis. Vom großen Tiger war die Rede, der alle anderen auffressen würde. Es wurde prophezeit, dass künftig Gelder für die Theater der Region gekürzt würden, um in die Ruhrtriennale zu fließen; auch die freie Szene machte sich Sorgen.

Mortier war unablässig in der Öffentlichkeit präsent. Er stellte sein Programm an Volkshochschulen und Universitäten vor, ergriff jede Gelegenheit zum Gespräch, lud zu Diskussionen ein, tauschte sich mit Besuchern aus oder hielt Werk-Einführungen. Pausenlos und mit unerschöpflicher Energie warb Mortier für die Idee Ruhrtriennale und für sein internationales künstlerisches Programm. In der Leithestraße war er nicht nur respektiert, er war zuweilen auch gefürchtet, aber sein Esprit und seine Begeisterung für die Sache (und auch seine Strenge und seine hohen Anforderungen an uns) haben immer dazu geführt, dass wir alles gegeben haben. Alle Kolleginnen und Kollegen haben enorme Anstrengungen unternommen, um Widerstände zu überwinden, Zweifel zu beseitigen, (unkonventionelle) Lösungen zu finden und Freunde zu gewinnen.

Viele der ersten Vorstellungen der Ruhrtriennale waren gut besucht. Auf dem Start des Festivals lag eine enorme Aufmerksamkeit. Aber natürlich gab es auch Abende, die ein größeres Publikum verdient hätten, Abende, an denen Mortier und seine Leute die Zuschauerinnen und Zuschauer einzeln per Handschlag begrüßen konnten. Mortier hat solch ernüchternde Situationen dann mit den Worten kommentiert: Jede zum vollen Preis verkaufte Karte sei ein Erfolg!

Fürchterlich verärgert war Mortier einmal darüber, dass eine Zierfisch-Ausstellung im Ruhrgebiet mehr Zuschauer hatte als die Ruhrtriennale. Daraufhin sollte das Programm für die zweite Ausgabe des Festivals mit Abbildungen von Zierfischen gestaltet werden. Das kleine Büchlein mit Zierfisch-Bildern, das wir eigens angeschafft hatten, findet sich noch immer in unserer Bibliothek. Glücklicherweise hat Mortier seine Meinung geändert, und wir haben im zweiten Jahr eine eindrucksvolle Broschüre mit Bildern von Kathedralen und Industriespielstätten herausgegeben.

Gerard Mortier in der Halle Phönix, Dortmund bei Proben zu *Die schöne Müllerin*. Foto: Uwe Niehuus

Wolf von 2004 gilt heute als eine der legendären Aufführungen. Die Inszenierung des Choreographen Alain Platel spielte in den ersten Vorstellungen vor einer dünn besetzten Tribüne. Aber es hatte sich wohl bald herumgesprochen, dass in Duisburg etwas ganz Neues und Besonderes gezeigt wurde. Die letzte Vorstellung war plötzlich ausverkauft, und vor der Kraftzentrale bildete sich eine lange Warteschlange von Menschen, die noch eine Karte ergattern wollten. Mortier ließ kurzerhand alle in die Halle, die Treppen waren überfüllt. Es war eine fulminante letzte *Wolf*-Aufführung mit minutenlangen Standing Ovations. Was für eine Bestätigung. Was für ein Glück.

Mortiers vordringlichstes Ziel war es, die Ruhrtriennale tief hinein in die Bevölkerung des Ruhrgebiets zu tragen. Die Jahrhunderthalle in Bochum 2003 mit einem großen »Jahrhunderthalle für alle«-Fest zu eröffnen, war für ihn ein wichtiges Zeichen. Und dass er die Skateboardfahrer vor einer der Hallen, die manchen störten, nicht verjagte, sondern in die Vorstellung holte, war ebenfalls typisch für den Intendanten. Die Treppen auf den Zuschauertribünen kurzfristig auch für Leute ohne Ticket freizugeben, wie bei *Sentimenti* 2003 geschehen, wäre heute wohl nicht mehr möglich. Und wie er damals das (missglückte) erste Logo überzeugend verteidigte – bewundernswert.

Gerard Mortier war mehr als nur ein Gründungsintendant. Er war tatsächlich ein Visionär. Und wie jeder echte Visionär konnte er mit seinen Visionen andere Menschen infizieren, motivieren und bereichern. Dies betraf den »Zauberflöten-Tag« für Kinder ebenso wie die Erfindung der »Kreationen«, jener Kunstgattung, die dem unkonventionellen Zusammenspiel von Musik, Schauspiel, Tanz in einer Aufführung gewidmet ist. Mortier schuf damit ein unverwechselbares Markenzeichen für die Ruhrtriennale.

Gerard Mortier zog nach seiner Ruhrtriennale an die Opéra National in Paris weiter. Von dort hörten wir, dass unser erster Intendant hin und wieder – und offenbar wehmütig – äußerte: »À la Ruhr (sprich: »Rühr«) ist es am schönsten!«

PS: Im März 2017 ist die Ruhrtriennale aus der Leithestraße in Gelsenkirchen ausgezogen; die Geschicke des Festivals werden nun vom Gerard-Mortier-Platz 1 in Bochum gelenkt. Vermächtnis und lebendige Erinnerung.

Dorothea Neweling war von 2001 bis 2017 Dramaturgin der Ruhrtriennale.

Die Wiedererrichtung des Himmels
Notizen über Geschmack, Architektur und Konzept der Gründungstriennale

Thomas Oberender

Bevor es ein Programm gab, bestanden die Orte: Die Orte der Ruhrtriennale sind die heimlichen Protagonisten des Programms. Sie besitzen eine Geschichte und Aura jenseits der Kunst. Ihre soziale und architektonische Realität verleiht den Theaterstücken oder Konzerten unvermeidlich andere Koordinaten der Produktion und Wahrnehmung als an den traditionellen Kulturinstitutionen. Die Jahrhunderthalle in Bochum, die Gebläsehalle und Kraftzentrale in Duisburg oder das Gelände der Kokerei Zollverein in Essen erfordern aufgrund ihrer Dimensionen, aber auch ihrer baulichen Präsenz innerhalb der Aufführungen andere szenische Erfindungen und Reproduktionsformen und oft wirken die klassischen Texte hier plötzlich wieder experimentell, genauso wie die Kreationen, die für diese Hallen entstehen, oft ein fast natürlich wirkendes Pathos entwickeln. Es ist unmöglich, diese Spielstätten abzudunkeln wie die Kunstlichthöhlen der Stadttheater, hier herrscht das Licht der Stunde, der tatsächliche Tag – Regen fällt aufs Dach, das Draußen ist an diesen Orten immer auch drinnen, die Sommerhitze, die Abendkühle: All das schafft eine andere Präsenz der tatsächlichen Orte im Stück, wohingegen die Architektur des eigentlichen Baus im Theater ja immer verschwindet, weil man im Theater nie das Haus selber wahrnimmt, sondern nur die erleuchtete Bühne. Bei der Triennale aber sind die Räume riesengroß und es gibt nirgends ein Portal, sodass die Situation des Spiels durchlässig ist für die bauliche und atmosphärische Umgebung. Im traditionellen Theater, so der niederländische Regisseur und Intendant Johan Simons, ist es normalerweise dunkel. In den Hallen des Ruhrgebiets wollte er daher mit Tageslicht arbeiten und diese Möglichkeit erschien ihm zeitgemäßer. Die Hallen machen die hier aufgeführten Werke in einem gewissen Sinne wieder »nackt«. Dass in diesen riesigen Hallen mit den archaischsten Elementen gearbeitet wurde, mit Feuer, Stahl, stellt die künstlerischen Arbeiten in einen sehr imposanten Kontext, vor dem die Inszenierungen mit einer eigenen Kraft standhalten müssen und dabei im Grunde keine fixe Infrastruktur vorfinden, sondern technische und

Century of Song: Iggy Pop im Landschaftspark Duisburg. Foto: Michael Kneffel

konzeptionelle Lösungen von Fall zu Fall erst schaffen müssen, wodurch die Aufführungen oft einen großen Atem entwickeln.

Interessanterweise besteht ein struktureller Zusammenhang zwischen den baulichen Relikten der Industriekultur und der Situation der hoch subventionierten Kulturindustrie: Die architektonischen Orte sind inzwischen zweifach bedroht – durch ihre Nutzlosigkeit genauso wie durch ihre Musealisierung. Was anfangen mit diesen Nutzbauten ohne Zweck? Events welcher Art überleben überhaupt in diesen fußballfeldgroßen Sarkophagen einstiger Industrieprojekte? Vor einem ähnlichen Problem steht der Opernbetrieb auch. Was bewahrt ihn vor der Musealisierung? Ist das Repertoire nicht längst geschlossen, *Rosenkavalier* und *La Traviata* in immer neuen Interpretationen? Das Sprechtheater, das weniger luxuriös, alltagsnäher und vergleichsweise spontaner produziert, hat die Öffnung seines Repertoires und seiner Konventionen unter dem Vorzeichen des Regietheaters dreißig bis vierzig Jahre früher vollzogen – nun steht das Musiktheater vor der gleichen Herausforderung: Wie die Institutionen sichern, wenn ihr subventionierter Auftrag, ihre tradierten Formen und ihre Verankerung im Sozialverhalten der Menschen immer problematischer wird? Es ist eine Pointe der Industriegeschichte, dass die Politik ausgerechnet im krisengeprägten Ruhrgebiet die hochsubventionierte Kulturindustrie als einen Motor der regionalen Strukturentwicklung und Identitätsbildung entdeckt hat und dabei mit der Erfindung der Ruhrtriennale auf einen Festivalmacher wie Gerard Mortier setzt, der die Konventionen und Standards des Musiktheaters in den letzten fünfzehn Jahren wie kaum ein anderer provoziert und verändert hat.

Folgt man diesem Zusammenhang zwischen Industriearchitektur und ästhetischem Programm, so zeichnen sich drei Leitlinien der Gründungstriennale ab. Von Köln oder Paris aus betrachtet, scheint es so, als ob im Ruhrgebiet die katholischen Kathedralen fehlen. Denn die Kathedralen des Ruhrgebietes entstanden vergleichsweise spät in Gestalt der riesigen Produktionshallen der Industrie – sie wurden zu den Andachtsräumen der Region, die weniger Gott gewidmet waren, als den Titanen. In diesen Räumen wurden Kräfte entfesselt und die Elemente in einer Weise bezwungen, wie man es nie zuvor kannte und noch im leeren Zustand des bloßen Relikts dieser Epoche beeindrucken diese Bauten als plötzlich vor allem ästhetisch wirkende Architekturikonen. In Bauten wie der Bochumer Jahrhunderthalle oder der Duisburger Kraftzentrale übernahm der Mensch das Regiment über Gewalten, über die im Mythos einst Titanen herrschten und gleichzeitig wurde er zum Beherrschten, wurde taub vom Maschinenlärm, selbst zur Masse, in den Lungen der Bergleute versteinerte der Staub und das Leben wurde regiert vom Takt der Maschinen. Über diesen Hallen verschwand der Himmel in einem doppelten Sinne: einerseits hinter Wolken aus Dreck und Rauch, andererseits wirkte in diesen Hallen der Geist, der den Himmel zu einem profanen Ort werden ließ, den nun Luftwege durchkreuzten, Radiowellen, Satelliten und Drohnen.

Die Triennale reagierte auf die Bauten dieser titanischen Revolte mit der Erinnerung an die ästhetischen Gegenreformatoren des 20. Jahrhunderts und die Wiederentdeckung ihrer großen Formsetzer, die in diesem Falle auch große spirituelle Reaktionäre waren. Das Spielzeitheft der zweiten Saison setzte dies eindrucksvoll in Szene: Fotos von Architekturdetails sakraler Bauten standen in unmittelbarer Nachbarschaft zur Architekturfotografie der Industriekathedralen, beide Räume erfuhren im Auge des Betrachters eine Überblendung und dies war gewiss auch eine gedankliche Überblendung. Die katholische Säule des Programms ist kaum zu übersehen – die Wiederbegegnung mit den Engeln wurde zu einem ihrer auffälligsten Leitmotive: Von Claudels *Der Seidene Schuh*, Messiaens *Saint François d'Assise*, Flauberts *The Temptation of Saint Anthony*, Arthur Honneggers *Jeanne d'Arc* oder Bill Violas Videoinstallation *Five Angels for the Millennium* im Gasometer Oberhausen – eine sanfte Invasion von Himmelsboten durchzog die riesigen Hallen des Reviers. Dies mag zunächst Ausdruck einer intuitiven Reaktion der Festivalmacher auf diese jung-

Thomas Oberender

Bill Viola: Five Angels for the Millennium [detail], 2001. Video/sound installation. Photos: Kira Perov

fräulichen Spielstätten gewesen sein, auf ihre sakrale Dimension und beeindruckende Leere, die nach künstlerischen Unternehmungen verlangte, deren Ambitionen ähnliche Ausmaße besitzen. Insofern wohnt der Idee, in diesen gigantischen Nutzbauten große, spirituelle Werke aufzuführen, viel Logik und Schönheit inne. Und zugleich auch ein revolutionäres Moment, denn es waren gerade diese Anachronisten des 20. Jahrhunderts, deren Vertrauen in eine humane Positivität des Glaubens zu großen, verstörenden Werkformen und unerhörten Sprachfindungen in der Kunst führten. Diese *Wiederkehr der Engel* markiert also keine Rückkehr ins Gestrige, sondern einen Anschluss an die avantgardistischen Leistungen der Musik- und Kunstgeschichte, die sich in diesem Falle mit spirituellen Revolutionären wie Oliver Messiaen oder Paul Claudel verbindet. Gibt es heute einen radikaleren Einspruch gegen unsere von Pragmatik, Konsum, Ironie, Konkurrenz und Technikgläubigkeit geprägten Verhältnisse als die Versuche einer sinnlichen Erinnerung an jenes Andere, das sich nicht kaufen und erarbeiten lässt und das dem Menschen gerade aus diesem Grunde ein Beistand ist, wenn es darum geht, Schmerzen zu ertragen, die Hoffnung zu bewahren und human zu handeln?

Die Wiedererrichtung des Himmels

Die Hallen des Ruhrgebietes sind zugleich auch Monumente einer Moderne, in der Rationalität und Effizienz zentrale Werte waren, die anstelle der Religion neue Ideologien prägten. Der Arbeits- und Klassenkampf war in diesen Hallen tägliche Realität und insofern erinnern sie sowohl an den Aufstand der Gesellschaft gegen den Staat – davon zeugt die Geschichte der Arbeiterbewegung, ihres kollektiven Kampfs um gerechte Sozialleistungen, Arbeitszeit und sichere Arbeitsplätze. Aber sie erinnern auch an den Kampf des Einzelnen gegen die Gesellschaft – das Pantoffelgrün, die Taubenhäuser, Lauben, Kneipen und Vereine prägen das Ruhrgebiet und das Gemüt der Menschen über das Ende der industriellen Ära hinaus.

Die Gründungstriennale reagierte auf diese Geschichte der Kämpfe mit ihrer zweiten Hauptlinie, die sich als ein geschichtsreflektierendes Programm beschreiben lässt, in dem diese Kämpfe der Gesellschaft gegen den Staat und des Einzelnen gegen die Gesellschaft eine wichtige Rolle spielen. Produktionen wie *Sentimenti*, eine Dramatisierung von Ralf Rothmanns Ruhrgebietsroman *Milch und Kohle*, die Einladung von Pina Bauschs *Café Müller*, Ariane Mnouchkines *Odyssées*, in der die Geschichten von Kriegsflüchtlingen erzählt werden, und Peter Brooks Meditation über Gewalt und Intoleranz in seinem Theaterabend *Tierno Bokar* zählen zu diesem Strang, aber auch das Literaturprogramm unter dem Titel *Die Wiedererrichtung des Himmels*.

Ausgangspunkt für die literarische Reihe der Ruhrtriennale war die Frage, ob es eine deutschsprachige Literatur nach oder neben derjenigen der 68er-Generation gibt, in der Passionen und Erfahrungen zum Ausdruck kommen, die Geschichte reflektieren und das Bild einer zeitgenössischen *condition humaine* entwickeln, obwohl sie auf die Rückentdeckung einer kollektiven Bewegung und ideologischen Einsicht verzichtet. Die eingeladenen Autoren sind im Wesentlichen Epiker ihrer eigenen Lebenszeit und begegnen Gesprächspartnern, die ihrerseits als Maler, Politiker, Philosophen oder Filmemacher nach Wegen suchen, das Leben und den Zustand unserer Gesellschaft zu transzendieren. Diesen geschichtsreflexiven Strang des ersten Triennale-Programms könnte man rückblickend mit dem Dreiklang von »Geschichte – Alltag – Aufbruch« überschreiben. Und damit wäre meiner Ansicht nach beinahe auch schon die dritte Leitlinie des künstlerischen Programms im Zusammenhang mit den Veranstaltungsorten beschrieben: Die hochkulturelle Umarmung des Populären.

Der Blick auf die Relikte der Industriekultur ist heute von einem Perspektivwandel bestimmt: Das Hauptaugenmerk verlagert sich von der ursprünglich technologisch bestimmten Funktionalisierung der modernen Bauten auf eine Untersuchung der heterogenen, sozialen, politischen und sonstigen Bedingungen und Kontexte, unter denen diese Moderne funktioniert hat. Am komplexesten wird dieser soziale Kontext der Moderne wahrscheinlich in der Konzertreihe *Century of Song* reflektiert. Der Song, so Thomas Wördehoff, Chefdramaturg der Ruhrtriennale und Erfinder des Projekts, ist im Bereich der Musik die eigentliche Hervorbringung des 20. Jahrhunderts. Während das 19. Jahrhundert im Zeichen von Oper und Sinfonie stand, schuf der Song neue musikalische Formen wie Blues, Jazz, Swing, Rock'n Roll oder Pop. In diesen neuen Formen amalgamierten sich verschiedenste Einflüsse und Traditionen zu neuen Stilformen und zeitlosen Werken. Songs sind dabei zugleich auch immer Beschwörungen individueller Erinnerungen, verbinden sich mit Gemeinschaften, reflektieren den Alltag und formulieren Sehnsüchte. Die Reihe *Century of Song* bildete in ihrem Verlauf daher »Songfamilien« – von den Alpenländern bis nach Wien und in den mittleren Westen der USA –, und ermunterte prominente Songwriter wie Bill Frisell oder Suzan Vega dazu, ihre persönliche Jahrhundertauswahl vorzustellen und in ihren eigenen Versionen zu interpretieren. So waren diese Konzerte einerseits Wiedergeburten bekannter und unbekannter Titel, zugleich beschrieben sie aber auch ein Verhältnis zur Gegenwart, in der diese Erinnerungen aufkommen. Die Ruhrtriennale produzierte diese Expeditionen in das populäre und kollektive Gedächtnis von Menschen mit der gleichen Sorgfalt und dem gleichen Anspruchsdenken wie ihre klassischen Musikprojekte. Eben dieser Aufgeschlossenheit für Kunstwerke und Künstler jenseits hergebrachter Hierarchien und Konventionen verdankt sich ein Großteil ihrer künstlerischen Erfolge: Der Punkmusiker Schorsch Kamerun schuf mit seiner Inszenierung von Brecht/Eislers *Hollywood Elegien* nicht nur ein glamouröses Lehrstück über das moderne Amerika, er schlug auch für die Musik Hans Eislers eine überraschende Brücke in das Lebensgefühl unserer Tage. Alain Platel hat für seinen Mozartabend *Wolf* mit einem Ensemble aus Tänzern, Akrobaten, gehörlosen Laiendarstellern und Musikern des Klangforums Wien gearbeitet. Matthias Hartmann ließ in seiner Inszenierung *Deutschland deine Lieder* einen Chor klassischer Sänger deutsches Liedgut zwischen Brahms und Rio Reiser in neuen Arrangements vortragen und unternahm, zwischen Unterhaltung und Ernst, eine bildertrunkene Reise durch die deutsche Mentalitätsgeschichte der letzten fünfzig Jahre. Diese wechselseitige Umarmung von Populärem und Hochkultur, der auch der Gedanke entsprang, Ralf Rothmanns Ruhrgebietsepos mit der Musik von Giuseppe Verdi zu koppeln, zeugt vom enormen Instinkt der Festivalmacher für Vitalität, von ihrer komplexen Auffassung ästhetischer und sozialer Zusammenhänge, ihrer Neugier auf die Ressourcen des Humanen und vor allem von Geschmack und Mut zum Risiko.

Der Besonderheit dieses Festivals nähert man sich wahrscheinlich am besten, wenn man sich vorstellt, was Gerard Mortier und seine Mitarbeiter in diesen drei Jahren nicht getan haben: Sie haben nicht versucht, ein neues Hohelied auf den alten Klassenkampf an der roten Ruhr zu singen, sie haben auch kein Musical über das Leben der Bergleute in Auftrag gegeben oder eine Revue über den hier so beliebten Fußball. Sie haben vielmehr in ihrem ersten Spielzeitheft die Möbel des Gelsenkirchener Barocks von einem Starfotografen abbilden lassen als handele es sich um kostbare Kunstwerke und sind dafür gescholten worden, denn vor Ort glauben nur Wenige an die ernstzunehmende Schönheit des Vertrauten. Gerard Mortier holte Bert Neumann, der wie Andy Warhol dort Schönheit entdeckt, wo andere nur Triviales sehen, von der Berliner Volksbühne ins Revier und fürchtete sich nicht, bei dem russischen Installationskünstler Ilya Kabakov ein Bühnenbild für Oliver Messiaens Fünf-Stunden-Oper in einem Saal mit 1.200 Plätzen in Auftrag zu geben.

Dieses Festival kam dem Ruhrgebiet nahe, weil es auf diese Region mit einem großen, produktiven Abstand blickte – davon zeugt z. B. auch jener Fragenkatalog an die beteiligten Künstler, der in der zweiten Saison in jedem

Programmheft erschien: »Welchem Engel sind Sie zuletzt begegnet? Was bedeutet Sentiment für Ihre Kunst? Was kann Europa von Amerika lernen und umgekehrt? Ihr einprägsamstes Erlebnis von Initiation? Was sind Ihre Erfahrungen mit Askese? Was kann Krieg? Warum spielen wir immer wieder die alten Werke? Wie erleben Sie das Ruhrgebiet? Wie wirkt der (Industrie-) Raum auf Ihr Projekt? Welches ist Ihr Lieblingslied? Warum?« Aus diesen Fragen spricht Neugier, sie lassen sich nicht unpersönlich beantworten und sie haben dennoch einen gemeinsamen Fluchtpunkt: Den Glauben an die humanisierende Wirkung der Kunst. So ist auch die Wiederbegegnung mit den Texten und Opern spiritueller Reaktionäre wie Arthur Honegger, Olivier Messiaen oder Paul Claudel, deren künstlerischen und weltanschaulichen Einspruchsgesten sicher einen Schwerpunkt dieser Triennale bildeten, kein ästhetisches *comeback* des Katholizismus, sondern vielmehr die Entdeckung einer Radikalkritik, die gleichzeitig eine Erfahrung von Positivität vermittelt, der ein humanisierendes Moment innewohnt. Wenn man also kurz überschaut, welche Besonderheiten diese ersten drei Triennale-Spielzeiten kennzeichnen, so fällt vor allem der postideologische Charakter ihrer Dramaturgie auf: Neugier auf Sentiment, auf Geschichte, auf die wertvollen, großen Hoffnungen.

Die besondere Dramaturgie dieses Festivals lässt sich unter verschiedenen Perspektiven beschreiben: Zunächst fällt auf, dass die Triennale sich auf die vorhandene kulturelle Situation des Ruhrgebiets einließ, indem sie eine Reihe von Allianzen mit bestehenden Festivals und Theatern schloss: von der FIDENA bis zum Schauspielhaus Bochum, von dem Festival *off limits* bis zur Freien Szene – eine Vielzahl von Institutionen und Künstlern wurden in kürzester Zeit zu ihren Partnern. Gleichzeitig entwickelte sie aber ein Programm, das Künstler vor Ort holte, die sonst nur in Paris, Wien, Salzburg oder Berlin zu sehen sind und internationalisierte somit die künstlerische Landschaft des Ruhrgebietes auf einem bis dahin unerreichten Qualitätsniveau. Zur Dramaturgie der Konstellationen zählt aber auch, welche Künstler welches Werk an welchem Ort produzieren. Hier fällt auf, dass diese Konstellationen spannungsvoll waren – ein Gospelchor aus New York trifft beispielsweise auf eine Textphantasmagorie von Flaubert und einen Bilderregisseur aus Texas. Wenn Werke von Mozart, dann in der Regie des Choreografen Alain Platel, wenn *La Damnation de Faust* von Hector Berlioz, dann in der Inszenierung von La Fura dels Baus. Überhaupt fällt das Circensische dieses Festivals auf, sein grundsätzlicher Hang zum Spektakulären – von *Wolf* bis *Sentimenti*, von *Century of Song* bis zur *Zauberflöte*, von Ilya Kabakovs Domkuppel für Messiaen bis zu Bill Violas *Five Angels* im Gasometer – die sinnliche Opulenz dieser Projekte scheint selbst den Rahmen dieser riesigen Hallen sprengen zu wollen. Auch

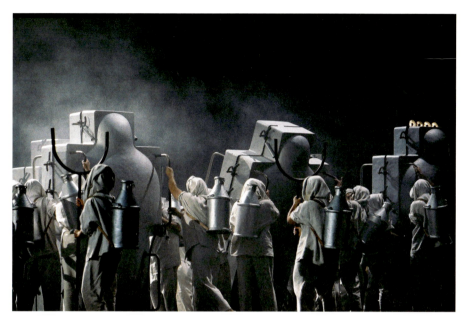

La Fura dels Baus: *La Damnation de Faust* (2004). Foto: Ursula Kaufmann

hierin wirkt die Magie der Festivalorte im Programm fort: Entgrenzung, Neuentdeckung, Ereignishaftigkeit – mit diesen ästhetischen Strategien entstand im Ruhrgebiet ein spezielles Festival an der Übergangszone von Musik- und Sprechtheater.

Gerard Mortier hat die besondere Chance, die dieses Festival auf dem Neuland seiner Spielstätten bot, früh erkannt und es kam ihm sicher entgegen, dass an diesem speziellen Ort Wagnisse gefordert und möglich sind, vor denen man sich an der Opera National de Paris fürchtet. Die Ruhrtriennale hat die Programmroutine der Festivals und der großen Häuser in diesen ersten drei Jahren souverän durchbrochen. Dabei ist die Oper noch immer etwas Elitäres. Opern in ehemaligen Fabrikhallen zu produzieren, ist, so muss man sagen, keineswegs volksnäher, sondern super-elitär. Die erste Ruhrtriennale betrieb daher eine kontinuierliche Popularisierung ihrer eigenen Arbeit. Im Vergleich zu dieser Anstrengung der Triennale, sich zu vermitteln und Hemmschwellen abzubauen, wirkten nun vielmehr die meisten Stadttheater elitär. Alle Publikationen der Gründungstriennale zeigten, dass man verstanden werden will. Gerard Mortier und seine Mitarbeiter gaben Einführungen zu jeder Produktion und sie wurden zu Missionaren ihres Projekts, die von den Vorortzügen bis zu den Podien der SPD und Kulturausschüsse keine Chance ausließen, die Bewohner der Region einzuladen und sich mit vielen traditionellen Institutionen zu vernetzen. Das Ruhrgebiet hat mit dieser Triennale eine neue Nachbarschaft gewonnen: Paris, Salzburg, Wien, Amsterdam und Brüssel – der Wunsch der Politiker, eine postindustrielle Identitätsbildung in der Region zu befördern und die Region nach außen zu nobilitieren, schien sich zu erfüllen. Was kein Politiker voraussehen konnte, war, wie dieser Wunsch in Erfüllung ging. Ohne Erinnerung wäre alles Performance. Die Gründungstriennale von Gerard Mortier hat auf eine feine Weise vermocht, die Kraftwerke der Moderne wieder in Gang zu setzen, indem sie an ihre sozialen Konflikte angeknüpft hat, aber diese Geschichte der Arbeit zugleich mit ihrer spirituellen Revolte verknüpft hat. Die Hallen des Ruhrgebiets haben keinen Plüsch und Vorhang und machen jede Aufführung zu einer ursprünglichen Erfindung von allem. Jedes Programm erzeugte eine Kette von Abenteuern und setzte sehr spezielle Phantasien voraus und später auch frei. Vielleicht konnte die Wiedererrichtung des Himmels an keinem anderen Ort so triftig gelingen wie in diesen Räumen der Arbeit, der Nüchternheit und des gleichzeitigen Pathos. Gerard Mortier brachte viel Mut, Geschmack und Wissen mit aus Brüssel und Salzburg in diese Hallen ehrlicher Arbeit und irgendwie ist seine Gabe zur Großzügigkeit, zur schlauen Überraschung und ständigem Umbau hier bis heute spürbar geblieben. Er schuf das bis heute größte und exklusivste Festival Deutschlands und ein internationales und interdisziplinäres Modell für neue Produktions- und Erlebnisformen von Kunst, das bis heute wegweisend ist.

Am Theater gehen alle Uhren rückwärts. Jede Aufführung ist die Wiederholung eines uralten oder unlängst verfertigten Werkes. Ohne Erinnerung wäre alles Performance. Und dennoch zeigen die Uhren des Theaters immer die Gegenwart, die Ortszeit der Werke. Die Hallen des Ruhrgebiets versetzen die Werke und Künstler in einen Zustand der Nacktheit – dies ist die besondere Chance der Triennale; und Mortier hat sie genutzt.

Der Traum von der schönen Müllerin
Christoph Marthaler inszeniert Schuberts Liederzyklus im Schalthaus Phönix West in Dortmund

Guido Hiß

Schuberts Komposition der *Schönen Müllerin* baut auf Wilhelm Müllers Gedichtsammlung. 1821 veröffentlicht, umkreist sie romantische Urmotive wie Wanderschaft und Suche, Liebe und Tod. Die Handlung ist einfach gestrickt, das Metrum plätschert in Jamben, das Volkslied liegt nahe. Ein fahrender Geselle entdeckt in den Bergen ein »Bächlein«, das ihm gleich den »Sinn berauscht«. Er folgt ihm ins Tal hinab, wo er auf eine Mühle stößt, in der er Arbeit und eine schöne Müllerstochter findet. Doch die »Äugelein« der Müllerin beachten ihn nicht und auch das »Bächlein meiner Liebe« weiß keinen Rat. Das Begehren des Gesellen steigt an. Endlich führt ein etwas bizarres florales Projekt zu einem Teilerfolg. Der Geselle gewinnt die Aufmerksamkeit der Angebeteten durch blaue »Blümelein«, die er unter ihrem Fenster einpflanzt. Im zehnten Gedicht (»Tränenregen«) kommt ein Rendezvous zustande, man sitzt zusammen am Bach. Leider gehen dem Gesellen gleich die »Augen über«, was der Müllerin offenbar peinlich ist: »Ade, ich geh nach Haus.« Dennoch gerät der Geselle in Euphorie. Er schenkt der Liebsten das grüne Band seiner Laute, denn sie hat »grün so gern«. Leider taucht ein ebenfalls grüner Jägersmann auf und spannt ihm die Liebste aus. Der Geselle möchte sterben, zuvor will er noch die (grüne) Natur durch seine Tränen ausbleichen. Wiederum plant er Blumengrüße: »Und wenn sie wandelt / am Hügel vorbei ... / Dann Blümlein alle / heraus, heraus!« Das Unternehmen Hügelgrab wird schließlich zu Gunsten einer Wasserbestattung verworfen. Am Schluss kommt der Bach selbst zu Wort, mit einem Wiegenlied: »Will betten dich kühl«. Außerdem verspricht er, Jäger und Müllerinnen fernzuhalten – via Gebraus.

Schon der erste Höreindruck der *Müllerin* vermittelt die Subjektivierung der lyrisch angelegten Stimmungsmomente. Der Müllergeselle gewinnt musikalisch Gestalt und sogar Glaubwürdigkeit. Vieles in den Gedichten tendiert zum Poesiealbum. Vor Schuberts Musik verstummt das Gekicher. Die Ahnungen, Hoffnungen, Enttäuschungen des Gesellen gehen unter die Haut. Hauptinspiration des Klaviersatzes liefert das »Bächlein«. In Sechzehntel-Sextolen plätschert es zu Anfang einher. »Ziemlich geschwind«, in wogenden Arpeggioketten, untermalt es am »Feierabend« die beginnende Verliebtheit. In wütenden Triolen bebraust es des Gesellen »Ungeduld«, verzwirbelt sich fast schon kontrapunktisch im »Tränenregen«, strömt in rasenden Sechzehntelketten über fahlen Quintabgründen zur »Eifersucht« und singt zuletzt, den uralten Rhythmus des Todes zitierend, sein unheimliches Wiegenlied – in todesseligstem Dur.

Dabei verbleibt die Musik nicht im Illustrativen. Die Strömungsmuster des Baches identifizieren sich mit den körperlichen Zuständen des singenden Gesellen. Und die sind von Momenten des anwachsenden Begehrens und seines Zusammenbruchs maßgeblich gekennzeichnet. Dass »Musik die Sprache der Liebe« sei, hat Wagner postuliert. Man kann das auch sinnlich konkret verstehen: Musik als Maß der Libido. Schuberts Bächlein-Motorik entbehrt jeder Idylle. Umso unerträglicher ist das verbreitete Aufführungsideal, das die Qualität der Singstimme nach dem Vorbild der Blockflöte bemisst. Damit bringt man den Zyklus um seine wichtigste Inspiration: den lustvollen und leidenden Körper des Gesellen. Marthaler setzt an diesem Punkt an.

Man spielt im ehemaligen Schalthaus des Dortmunder Stahlwerks Phönix West: eine rostige Metallwüste, die einem endzeitlichen Science-Fiction-Film zu entstammen scheint. In der riesigen Halle wartet ein von Anna Viebrock zentralperspektivisch angelegter Spielraum mit drei treppenartig gestaffelten Auftrittsorten. Als Gefangene in diesem betonierten Albtraum agieren neun Herren und drei Damen. Zwei Frauen stellen schöne Müllerinnen dar. Die etwas Vollere, gespielt von Bettina Stucky, trägt ein rotes Kleid mit großen Karos, die schmalere, getanzt von Altea Garrido, agiert in einem gleichartigen Kostüm. Diese Figurationen des Müllerinnentums erweisen sich als sexuell erfahren und emanzipiert. Sie tun nur naiv. Zwei Schranktüren in der rechten Prosceniumswand bergen erotische Schreine. Hier bewahren die Damen eine Serie von männlichen Aktfotos auf, die sie vehement anbalzen (»Du hast mit deinem Rauschen mir ganz berauscht den Sinn«). Auf darüber befestigten Wandborden liegen Tirolerhüte, Trophäen erotischer Jagdzüge. Dies kommt in der Vorlage nicht vor, ganz im Gegensatz zu jenem »grünen Band«, an dem vormals des Gesellen Laute befestigt war. Im Gedicht schenkt er es seiner Liebsten als Haarschmuck. Hier mutiert das Objekt in ein grünes Maßband, mit dem man kritisch die Länge der Gemächte besagter Pin-up-Boys ausmisst. Später locken sie den (bzw. die) Gesellen aufs Unzüchtigste, indem sie ihre Röcke heben: fatale Müllerinnen auf der Jagd nach Jägern.

Fotos: Leonard Zubler

Als dritte Frau agiert die Sopranistin Rosemary Hardy in einem bürgerlichen Musikzimmer ganz hinten; sie trägt ein grün bis türkis changierendes Abendkleid und eine Notentasche. Die Sängerin geistert als Allegorie der schöngeistig-verklärenden Aufführungsgeschichte der »Müllerin« durch die Spielräume. Auch sie verfällt der sexuell aufgeladenen Sphäre. Mehrfach versucht sie, sich ihrem männlichen Pendant, dem Tenor Christoph Homberger zu nähern, der sie aber brüsk und im vierfachen Forte hinwegbrüllt (»Dein ist mein Herz«). Homberger, in grünen und braunen Cord gekleidet, rothaarig, steht im Mittelpunkt. Schon beim Einlass des Publikums liegt er im Bett, seinem Lieblingsort. Dieser erste Träumer markiert zugleich den ersten Gesellen. Wo im Gedicht das Bächlein die Sehnsucht nach anderen Körpern weckt, verbirgt sich die Libido hier in der linken Wand des Prozeniums, und zwar in zwei Schränken, die den Sexschreinen der Damen spiegelbildlich zugeordnet sind. Diese Lustgrotten singt der Homberger-Geselle brünstig an (»Neugierig«). Die Müllerinnen versuchen, den Tenor an der Erkundung zu hindern. Doch irgendwann geht eine Schranktür auf und der Tenor sitzt bereits darin, stöbernd im Foto-Fundus des männlichen Begehrens: »Auf meinen Wangen müsst man's brennen sehn.«

Auf den Bühnen wuseln sechs weitere Gesellen, doch vielleicht sind es auch sieben, denn einer der zwei Pianisten, Christoph Keller, darf zwischendurch mitspielen. Der traurige Chor verletzter Männlichkeit markiert den komischen Höhepunkt der Veranstaltung. Drei der Fleisch gewordenen Aspekte des liebesleidenden Gesellentums, die gelernten Schauspieler des Chores, gewinnen genaueres Profil: Stefan Kurt pflegt ein inniges dialogisches Verhältnis zum gestopften Auerhahn, Graham F. Valentine singt herzzerreißend vom »Jüngling an der Quelle«, Ueli Jäggi darf seinem enormen Falsett-Talent nachgehen (»Luise«). Diese Gesellenaspekte formieren sich mehrfach zu Grashalmen, die in imaginärem Wind synchron über die Bühnen schwanken. Besonders anschaulich biegen sie sich, während sie einer schönen Müllerin unter den Rock spähen. Die drei eher tänzerischen Gesellen, Thomas Stache, Daniel Chait und Markus Wolff, entwickeln die Liebesverletzungen als Körperelend. Das kugelt auf- und übereinander, verknotet sich zu bizarren Menschenknäueln, sucht unter Flügeln Schutz oder schiebt sich durch die Gegend. Eines ist allen Gesellenstücken gleich: Im Gegensatz zur Figur des Liederzyklus stoßen sie auf globales weibliches Desinteresse. Nicht einmal, als die Herren alles auf eine Karte setzen und nackt aus dem männlichen Sexschrein herausbrechen, um dann im Gänsemarsch die zentrale Treppe hinaufzuströmen (»Was sucht denn der Jäger am Mühlbach hier?«), finden sie die erwünschte Beachtung. Es sei denn vom kichernden Publikum.

Ein Sänger liegt im Bett, das Wiegenlied steigt auf, er sinkt in den Schlaf und beginnt die Müllerin zu träumen. Die Bühne projiziert seinen Traum in Raum, Klang und Zeit. Streng nach Freuds »Traumdeutung« webt die Inszenierung die Lieder weiter, »verschiebt«, »verdichtet«, »symbolisiert«, was der Klavierauszug anbietet, in eine surreale szenische Präsenz. Das »Postdramatische« ist das Traumatische. Nicht einmal die grundsätzliche Haltung der marthalerschen Manifestation zur schubertschen Latenz lässt sich auf einen Nenner bringen. Sie changiert zwischen liebevoller Ironie und – gegen Ende – echter Ergriffenheit. Die todesseligen Schlusssequenzen verzichten auf jeglichen inszenatorischen Bombast, die Inszenierung haucht ihren Atem aus, der Tenor liegt wieder im Bett, der Traum ist aus. Oder beginnt, zyklisch, neu. Die Träumer im Saal müssen aufstehen und in eine Ruinenlandschaft hinaus. Hier scheint gerade der Krieg der Maschinen gegen die Menschen stattzufinden: *Terminator 1*, die Bilder aus der Zukunft. In der Inszenierung hat die Natur keinen Platz. Und draußen singen auch nicht gerade die Wälder.

Premiere bei der Ruhrtriennale: 6. September 2002 / Regie: Christoph Marthaler / Dramaturgie: Stefanie Carp und Arved Schultze / Bühnenbild und Kostüme: Anna Viebrock / Mit: Rosemary Hardy (Sopran), Markus Hinterhäuser (Klavier und Celesta), Christoph Homberger (Tenor), Christoph Keller (Klavier) Altea Garrido, Bettina Stucky, Daniel Chait, Ueli Jäggi, Stefan Kurt, Thomas Stache, Graham F. Valentine, Markus Wolff

»Tochter des Minos und der Pasiphaë«
Patrice Chéreau inszeniert Racines *Phèdre* in der Jahrhunderthalle Bochum

Jürgen Grimm

Der im Titel zitierte Vers resümiert den Konflikt des Stücks in prägnanter Kürze: Phädra, »la fille de Minos et de Pasiphae«, ist zerrissen zwischen dem Streben nach absoluter Gerechtigkeit und dem Bewusstsein ihrer Schuld. In christlicher Perspektive ist Racines *Phèdre* das Menschheitsdrama nach dem Sündenfall und seine Protagonistin steht stellvertretend für den von der Erbsünde gezeichneten, unerlösten Menschen. In seiner ›Vorrede‹ bezeichnet Racine Phädra in einer auffällig christlichen Terminologie als »weder ganz schuldig noch ganz unschuldig«. Und der große Literaturkritiker des 19. Jahrhunderts, Charles Augustin Sainte-Beuve, bringt die christliche Aussage des Stückes auf den Punkt, wenn er Phädra »eine Heilige« nennt, »der die Gnade nicht zuteil geworden ist«.

Phèdre ist 1677 Racines neunte ›weltliche‹ Tragödie. Dass der Autor die klassischen Regeln der Einheit von Raum, Zeit und Handlung minutiös respektiert, bedarf keines besonderen Nachweises. Wichtiger ist, dass er das Bühnengeschehen möglichst nahe am Krisenpunkt beginnen lässt, um auf diese Weise ein Höchstmaß an seelischer Intensität zu erreichen. Seine *Phèdre* fängt daher gleichsam mit dem Ende an, dem von Œnone in Szene I 2 verkündeten Todeswunsch Phädras, ein Wunsch, den diese nach dem Geständnis ihrer Liebe zu Hippolyte am Ende der folgenden Szene bestätigt. Hier nun greift Racine zu einem dramaturgischen Trick, dessen er sich bereits in anderen Tragödien bedient hatte: Er lässt die Dienerin Panope den angeblichen Tod des Theseus verkünden, setzt also das dramaturgische Hindernis außer Kraft. Damit steht Phädras Liebe zu Hippolyte und dessen Liebe zu Aricia nichts mehr im Wege. Psychoanalytisch und theologisch gesprochen ist das Über-Ich eliminiert und Gott für tot erklärt. Über fast genau zwei Akte und fünfhundert Verse lässt Racine seine Protagonisten ihre innersten Wünsche offenbaren: Phädra kann Hippolyte und Hippolyte Aricia ihre nun nicht mehr verbotene Liebe gestehen. Racines dramaturgische Meisterleistung in *Phèdre* besteht darin, dass er die Rückkehr des tot geglaubten Theseus genau in der Mitte des Stückes verkünden lässt und danach die Katastrophe breit ausgestalten kann. Wenn

»Tochter des Minos und der Pasiphaë«

Fotos: Ros Ribas, Odéon-Théâtre de l'Europe

es in der letzten Szene von Phädra heißt »Sie stirbt«, vollstreckt dieser Vers die Ankündigung Œnones »Sie stirbt in meinen Armen« aus dem 1. Akt (Szene 3). Mit dem Unterschied allerdings, dass zwischen diesen Polen eine Läuterung stattgefunden hat, denn am Ende ist alles gesagt: Alle Verstrickungen sind Wort geworden und gesühnt. Aufgrund seiner formalen Vollkommenheit und des Gewichts seiner Aussage gilt *Phèdre* als einer der Höhepunkte des klassischen Dramas in Frankreich.

Patrice Chéreau setzt mit seiner Inszenierung hoch ein. Die Zuschauer haben kaum Platz genommen, da stürmt schon Hippolyte durch einen schmalen Gang unter der rechten Tribüne in die Arena. Dieser dramatische Auftritt gibt den Ton für den Abend. Hippolyte schleudert die Verse nur so aus sich heraus, will sich auf die Suche nach seinem Vater Theseus machen, will es ihm gleichtun und muss doch im selben Atemzug seine verbotene Liebe zu Aricia, der Staatsfeindin, gestehen. Wie der Zuschauer später sehen wird, besteht zwischen Hippolyte (Eric Ruf) und Theseus (Pascal Greggory) eine verblüffende Ähnlichkeit, wobei der Sohn den Vater fast um Kopfeslänge überragt. Diese physische Ähnlichkeit, der kurz geschorene Kopf, das scharfe Profil, die massige Körperlichkeit, verleiht den Auseinandersetzungen zwischen beiden ein besonderes Pathos: Ein Vater weiht sein Ebenbild dem Tod. Die Phädra der Dominique Blanc wirkt demgegenüber zart und zerbrechlich. Auf dieser Schauspielerin ruht die Last des Abends. Bei ihrem ersten Auftritt trägt sie ein dunkles Abendkleid und hüllt sich zusätzlich in eine weiße Decke. Doch bald legt sie die schützende Decke ab, stellt sich den Gefahren. Das blasse Gesicht, die ausdrucksstarken Hände, der zierliche Körper, die alle Register umfassende Stimme – alles wird sie im Verlauf des Abends zu einem intensiven Spiel einsetzen; sie wird Œnone, ihre Vertraute, innig umarmen oder heftig von sich stoßen, im Geständnis ihrer Liebe wird sie Hippolyte umtänzeln und, in Erwartung seiner Strafe, sich auf einen Stuhl werfen und ihm mit entblößter Brust zugleich auch ihren Schoß darbieten: eine von der Liebe besessene und überwältigte Furie. Wenn sie in der Schlussszene, schon vom Gift gezeichnet, zu ihrem letzten Geständnis ansetzt, läuft ihr der Geifer aus dem Mund, und noch im Tode, nachdem Theseus ihren Leichnam bereits mit ihrer Jacke bedeckt hat, bleibt eine Hand ausgestreckt: nach Hippolyte, nach Liebe, nach Vergebung?

Kaum weniger pathetisch setzt sich das junge Liebespaar in Szene: Hippolyte und die Aricia der Manna Hands. Wenn sie sich verzweifelt ihre verbotene Liebe gestehen, sagen ihre Körper mehr als Wörter. Mit ihren wie gefesselt wirkenden Händen, mit ihren hastigen Bewegungen, ihren schnellen Schritten, erweckt Aricia den Eindruck eines scheuen Rehs. Dann, am Boden hockend, nähern die Liebenden sich ängstlich einander an, berühren sich leicht, umfassen die Hände, um sie gleich wieder loszulassen. Als Theseus später das Urteil der Verbannung spricht, wollen sie nur noch fliehen, wollen leben – sie sind erwachsener, zielbewusster geworden. Am Schluss versagt Chéreau Aricia den Trost, den Racine für sie bereithält: Die letzten Verse, in denen Theseus auf ausdrücklichen Wunsch des sterbenden Hippolyte Aricia als Tochter annimmt, streicht der Regisseur und verdunkelt das Ende der Tragödie. Aricia steht abseits, deutlich isoliert von den Trauernden. Die junge Liebe scheitert.

Chéreau verlässt mehrfach den heiligen Boden einer dreihundertjährigen Phèdre-Interpretation, zumeist, um seiner Vorlage zusätzliches Pathos zu verleihen. Seine Inszenierung zielt ins Monumentale. So wirkt der Auftritt des Theseus wie die Epiphanie eines überirdischen Wesens: Aus der Tiefe des dunklen Raumes majestätisch sich nähernd, umschreitet er den Lichtkegel, der ihn aufnehmen sollte, grüßt huldvoll durch ›Handauflegen‹ die im Halbdunkel auf dem Boden kauernde Dienerschaft, danach Hippolyte, um schließlich von Phädra abgewiesen zu werden. Als Theramenes seinen Botenbericht beendet hat, lässt Chéreau den blutüberströmten Hippolyte auf einem Katafalk hereinfahren: ein krasser Verstoß gegen die ›klassische Regel der Schicklichkeit‹; Phädra will sich auf ihn stürzen, wird aber von Theramenes und den

Dienern unter dramatischem Körpereinsatz daran gehindert. Das Schlussbild zeigt Theseus, wie er sein Gesicht mit dem Blut seines toten Sohnes beschmiert und zusammenbricht. Und schließlich Phädra selbst. Wie alt darf der Regisseur sie machen? Für viele Regisseure war Phädra nur wenig älter als Hippolyte. Bei Chéreau ist sie eine reife Frau, die einem jungen Mann verfallen ist, der dem Abbild ihres längst treulos gewordenen Ehemannes gleicht.

Die Œnone der Christiane Cohendy steht dem Pathos der Phädra in nichts nach. Die Vertrauten sind bei Racine vielfach die Doubles ihrer Herrschaft, Inkarnationen ihrer unsagbaren Triebe. Entsprechend kommt es zwischen den beiden Frauen, der Amme und ihrem Mündel, zu oft leidenschaftlichem Körperkontakt: zärtliche Umarmungen, harsche Zurückweisungen, heftige Auseinandersetzungen, schließlich die endgültige Verstoßung. Wie die Figur der Œnone ist auch Theramenes eine der großen Rollen des klassischen französischen Theaters, ganz auf den Botenbericht hin angelegt. Michel Duchaussoy gibt ihn zunächst ohne jedes Pathos; die Verse klingen wie Alltagsprosa; doch in dem Maß, wie die Katastrophe kosmische Dimensionen annimmt, steigert sich die Diktion ins Hochpathetische. Duchaussoy macht den Botenbericht zu einem deklamatorischen Meisterwerk und zeigt zugleich, wie Chéreau den Alexandriner aufbricht: Die oft klappernden Paarreime verschwinden, die klanglichen und rhythmischen Qualitäten der Sprache treten stattdessen hervor.

An der Magie des Abends hat die Jahrhunderthalle entscheidenden Anteil. Eine riesige Felswand, aus der ein Burgportal herausragt, beherrscht die Stirnseite, auf die an den Längsseiten tribünenartig gestufte Sitzreihen sich verjüngend zulaufen. Die so gewonnene etwa dreißig Meter lange und zwischen sieben und zwölf Meter breite Arena ermöglicht den Zuschauern eine intensivere Teilhabe an dem Spiel als jede Guckkastenbühne. Die Figuren treten durch das Burgportal, von der gegenüberliegenden Rückwand der Halle oder auch durch einen schmalen Gang unter der rechten Zuschauertribüne auf. So durchmisst Theseus den ganzen Raum aus dem rechten hinteren Dunkel bis zu dem im Spotlight erstrahlenden Burgportal; wenn Hippolyte auf dem Katafalk hereingefahren wird, ergibt sich eine Längsachse von dem an der Rückwand errichteten Lastenaufzug bis zum Burgportal. Die oft langen Tiraden, die zu körperlicher Statik verleiten, werden durch Raumbewegungen aufgelockert. Entsprechend der Nähe oder der Distanz, die der Text zwischen die Figuren legt, gehen sie aufeinander zu oder legen immer größer werdende Räume zwischen sich. Am faszinierendsten ist die Raumnutzung in dem langen Botenbericht des Theramenes, der ihn von der linken hinteren Rückwand bis in die Mitte der Arena führt.

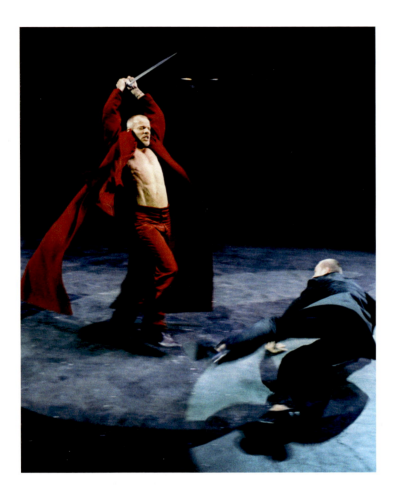

Chéreaus Bühnenbildner Richard Peduzzi und die Kostümbildnerin Moidele Bickel bedienen sich sparsamster Mittel und vermeiden jedes konkrete Detail. Einzig das aus dem Fels herausgeschlagene Burgportal mit seinen Säulen, dem Giebel, auf dem ein Adler sitzt, und dem Giebelfeld mit zwei Schlangen evoziert ein fernes Griechenland. An der unteren Fassade hat der Zahn der Zeit bereits sichtbar Spuren hinterlassen. Doch in das enge Portal gelangt man nur über einen schäbigen Laufsteg, der durch vier längliche Betonsteine abgestützt wird, die aus einem Baumarkt stammen könnten. Ansonsten ist die Spielstätte im vorderen Bereich kahl und leer; jenseits der Mitte stehen ein paar Stühle, zusammengewürfelt und offensichtlich unbequem, wie man sie früher in Schulen finden konnte. Dazu eine einfache Holzbank. Und als einziges sonstiges Requisit dient das Schwert des Hippolyte, das Phädra ihm entreißt und das Theseus später tragen wird. Ähnlich heterogen wirken auf den ersten Blick die Kostüme. Zwar zeigt sich Theseus in einem langen roten Mantel, der königliche Würde zu assoziieren vermag; Phädra hingegen werden alle königlichen Attribute verweigert. Sie trägt nacheinander ein schulterfreies dunkles Abendkleid, ein großzügig ausgeschnittenes Kostüm, ein langes geschlossenes Kleid mit einer blauen Jacke. Auch Hippolyte trägt einen langen hellen Mantel auf nackter Brust – wie Theseus. Gedämpfte Farben also und eine Betonung der Vertikale. Allein Aricia trägt ein langes türkisfarbenes Kleid und darüber in der Schlussszene einen langen cyanblauen Mantel.

Die Heterogenität des Dekors und der Kleidung sind zweifellos Ausdruck der Schwierigkeiten, vor denen der Regisseur stand, als er sich entschloss, auf Bitten seines Freundes Mortier die *Phèdre* zu inszenieren. In Frankreich war die Inszenierung in den Ateliers Berthier, einer der Bochumer Jahrhunderthalle vergleichbaren Fabrikhalle nahe der Porte de Clichy, monatelang ausverkauft. In Interviews hat Chéreau mehrfach betont, dass seiner Meinung nach das klassische französische Theater nicht mehr in der Lage sei, Antworten auf heutige Fragen zu geben. Die ›klassische‹ Lösung einer historisierenden Inszenierung ist für Chéreau also indiskutabel; die dekonstruktivistische Alternative angesichts des sakrosankten Charakters des Textes aber offensichtlich auch. Aus diesem Dilemma geht eine Inszenierung hervor, die das eine nicht tut, also ›Klassik‹ vorführen, aber auch das andere nicht lässt: das Aufbrechen des Textes. Doch geschieht dies so kunstvoll und umsichtig, dass ein heutiges Publikum sich mit Phädra identifizieren kann. Das Wunder dieser Inszenierung besteht darin, dass sie, nach entsprechender Konditionierung durch Presse, Rundfunk und Fernsehen, auch ein deutsches Publikum in Begeisterung zu setzen vermag, dem trotz Simultanübersetzung ein Großteil des schwierigen Textes vermutlich verschlossen bleibt.

Premiere bei der Ruhrtriennale: 30. April 2003 / Regie: Patrice Chéreau / Bühnenbild: Richard Peduzzi / Kostüme: Moidele Bickel / Mit: Dominique Blanc, Pascal Greggory, Eric Ruf, Marina Hands, Christiane Cohendy, Michel Duchaussoy, Agnès Sourdillon, Nathalie Bécue, Nicolas Krebs, Simon Berghane

Der Traum der Ingenieure
La Fura dels Baus inszeniert die *Zauberflöte* in der Jahrhunderthalle Bochum

Guido Hiß

Auf der Bühne steht ein gewaltiges Bett. Darin liegt ein Mann und beginnt, die *Zauberflöte* zu träumen. Am Ende erwacht er auf nackter Bühne. Dazwischen war er Tamino. Wir erleben in den drei Stunden, die diese Inszenierung dauert, keine »szenische Interpretation« einer klassischen Oper und schon gar kein Konzert in Kostümen, sondern ein surreales Traumspiel. Mit hohem technischen Aufwand spinnt das katalanische Theaterkollektiv La Fura dels Baus die Mozart-Partitur visuell weiter (Konzeption: Jaume Plensa, Regie: Alex Ollé und Carlos Padrissa). Die Bühne wird dabei zum Hauptakteur. Zwölf gewaltige, transparente Gebilde, nahe Verwandte von Luftmatratzen, bilden eine (innere) Welt – im Zusammenspiel mit vielfältigen Projektions- und Lichteffekten. Während Dirigent Minkowski versucht, mit seinen Musiciens du Louvre einen Temporekord für Mozart-Ouvertüren aufzustellen, markieren die luftigen Segmente ein Bett, das fast die ganze Fläche der Bühne einnimmt. Auf das angestellte Kopfteil der Matratze wird ein Gehirn projiziert. Wir haben es also mit zerebralen Vorgängen zu tun. In seinem Riesenbett wirkt der einsame Schläfer wie ein Kind. Es träumt von Schlangen, Göttinnen, Zaubergegenständen, Löwen, Mohren und Zauberern. Da es aus unserer Zeit kommt, mischen sich immer wieder technische Bilder unter die traditionellen Motive: Ikonografie des Computerspiels. Da dieses Kind zugleich auch ein Erwachsener (und die andere Betthälfte unbewohnt) ist, geht es auch um Visionen von Liebe und Sex.

Es liegt in der Logik des Traums, Elemente lang zurückliegender Eindrücke mit Tageserinnerungen zu verschmelzen. Dieser Träumer verbindet eine (kollektive) Erinnerungsspur namens »Zauberflöte« mit seinem allerletzten Wacheindruck, nämlich der Matratze, auf die er sich bettete. Im Traum können die Superpolster einfach alles. Wenn die drei Damen auftauchen, werden sie auseinandergeschoben – aus dem Bett wird eine felsige Landschaft, durchzogen von Gängen. Übereinander gelagert wie tektonische Platten, markieren sie ein gebirgiges Riff, auf dem Sarastro seinen Priestern predigt. Ihren Selbstmordvorstellungen gibt sich Pamina auf einer Matratzenpyramide hin. Zusammen-

Probenbilder: Ursula Kaufmann

geschoben und blau beleuchtet, formen die Segmente ein wogendes Meer, auf dem die Protagonisten die Wasserprüfung bestehen. Rot beflammt wird ein Lavafeld daraus. Die Segmente besitzen Ösen, die auf himmlische Seilzüge warten. So erspielen sie schwerelos die Vertikale. In filmischer Geschwindigkeit – und immer auf offener Bühne – bilden sich Säulengänge, Tempel und Höhlen. Sogar im Inneren lassen sich die genialen Gebilde bespielen: Als Papageno und Pamina aus Sarastros Reich fliehen wollen, klettern in den hochgestellten Segmenten spinnenartige Wesen empor. Der Höhepunkt der traumatischen Verschiebung von Bettbestandteilen wird im zweiten Akt erreicht. Pamina singt ihre maßlose Enttäuschung heraus, von Tamino ignoriert worden zu sein. Plötzlich fällt der Prinz aus einem Schlauch heraus, der unten aus einer Matratze heraushängt. Ein (Wunsch-)Prinz aus der Retorte.

Die zweite Säule dieser imaginären Welt bilden Dia- und Videoprojektionen, die über Bühnenwände und magische Matratzen gleiten: Einlösung der alten symbolistischen Visionen von einem Theater, das allem falschen Kulissenzauber entsagt, zu Gunsten einer Szenografie des Lichts. Ein »bezaubernd schönes Bildnis« verdichtet sich aus einem Gittermuster, das sich in einem fast unmerklichen ›morphing‹ in das Gesicht Paminas verschiebt. Ihre Verzweiflung illustriert ein herumfliegender Sarg; blutige Tränen wandern entgegen der

Schwerkraft die Wände hinauf. Alle Bilder laufen in extremer Vergrößerung über die Wände.

Die Traumbühne wird von unzähligen Gestalten bevölkert: Schwarz gekleidete Bühnenarbeiter sind für den Tanz der Matratzen zuständig. Gymnastinnen bewohnen das Innere der Segmente. Weiß gekleidete Männer bilden einen Chor, der eher an Wissenschaftler oder Techniker als an Priester erinnert. Die Protagonisten sind qua Kostüm klar gruppiert: Pamina (Genia Kühmeier) und Tamino (Matthias Klink) haben gelbe Haare, tragen ein gelbes Wams sowie Knieschoner. Die Königin der Nacht (Erika Miklosa) und ihre Damen erinnern an Lara Croft: lange schwarze Perücken, silberne Overalls, die Brüste und die Genitalzone geheimnisvoll beleuchtet. Die ›Chefin‹ trägt darüber einen Mantel mit silbrigen, hell leuchtenden Pailletten: »sternflammende Königin«. Papageno (Christian Gerhaher) und Papagena (Anne Cambier) stecken in rotem Leder, Monostatos (Burkhard Ulrich) in schwarzem. Sarastro (Kwangchul Youn) trägt Frack und Fliege und eine überlange graue Mähne.

Die traumatischen Aktionen haben es bisweilen in sich, auch wenn das Körperspiel nie an die Radikalität früherer Fura-Spektakel heranreicht. Am Anfang verwenden die drei Damen den ohnmächtigen Prinzen als Sexpuppe. Das Quintett, mit dem man die magischen Objekte feiert (»Silberglöckchen« und »Zauberflöte«), illustriert ein kleines Showtänzchen. Der Träumer hat schon mal ein Musical erlitten. Wenn Pamina Sarastro den mütterlichen Mordplan gesteht, verrutscht alles zur Zaubernummer: Der Oberpriester wird, in eine kegelartige Konstruktion gehüllt, auf die Bühne geschoben, nur sein Kopf ragt heraus. Während er von »heiligen Hallen« singt, entnimmt Pamina – stellvertretend für der Mutter Dolch – aus einem Ständer lange Schwerter, um sie unverzüglich durch den Kegel zu schieben. Der Zauber misslingt: Es fließt Blut. Ein Highlight bilden die schwebenden Knaben. Mit Fernsteuerungen bringen sie (Puppen-)Kolleginnen der drei Damen, die an kranartigen Flugmaschinen hängen, zum Kreisen. Als der »Mohr« sich Paminen unsittlich nähern will, fallen enorme Mengen bunter Styroporkugeln vom Himmel, und zwar exakt in einen mittigen Metallkäfig. Die beiden hüpfen vergnügt ins Ikea Kinderparadies. Monostatos geht unter. Papageno erscheint und hüpft begeistert ins Kugelbad. Der »Mohr« taucht wieder auf, gegenseitiges Erschrecken: »Das ist der Teufel sicherlich.« Dann ergießen sich die Kugeln auf die Bühne, vorbereitend den unbeholfenen Zwangstanz, zu dem Papagenos Glockenspiel die Sklaven (des Weisheitstempels) zwingen wird.

Für die gedankliche Substanz der Inszenierung wird die Verschiebung Priester/Forscher wichtig. Schon Taminos erster Kontakt mit Sarastros Welt weist die Richtung: Während der Prinz mit einem körperlosen Priesterkopf disku-

Der Traum der Ingenieure

tiert, wird die Fensterfront, welche die Rückwand der Bühne durchspannt, durchsichtig. Sie gibt den Blick auf einen gewaltigen, in rotes Licht getauchten Labor-Saal frei, in dem sich die Mitglieder des Chors aufhalten, die Bühnenvorgänge genau beobachtend. Man macht sich Notizen. Dies ist kein Isis- und-Osiris-Heiligtum, sondern eine anthropologische Forschungsanstalt, die Liebes-, Moral- und Machtexperimente vornimmt, am offenen Herzen und ohne Betäubung. Mit dem Aufleuchten der roten Schaltzentrale verliert der Traum seine kindliche Unschuld. Die Laborsituation übersetzt die Grausamkeit des Initiationsritus in eine psychische Vivisektion. Eine Besonderheit der dramaturgischen Bearbeitung verdeutlicht noch das schmerzhafte Experiment: Der Abend gibt von der Originalpartitur nur die Arien, also die Schlaglichter des Seelenzustands. Alle Rezitative, alle gesprochenen Passagen sind durch Fremdtexte aus dem Off ersetzt. Auf die Arien konzentriert, erleben wir die Hoch- und Tiefpunkte einer emotionalen Achterbahnfahrt – von ausgestellten Versuchsobjekten. Was diese Laboranten betreiben, ist *Big Brother* auf diabolischem Niveau.

Man kann die Engführung von Priestern und Forschern weiterdenken: Liegt nicht in der aufklärerischen Heilslehre, die Sarastro vertritt, schon die Keimzelle jener »instrumentellen Vernunft«, die sich zur Menschheitsbedrohung weiterentwickeln sollte, gerade auch durch Industrialisierung? Als ehemaliges Prestigeobjekt industrieller Architektur ist auch der Spielort des Traumspiels, die Bochumer Jahrhunderthalle, in die problematische Konsequenz der technischen Rationalität verstrickt. Die Ruhrindustrie gewährleistete bekanntlich die Rüstungsproduktion für drei verheerende Kriege von 1871 bis 1945. Der entscheidende Gewinn dieser *Zauberflöte* mag darin liegen, dass sie es auf intelligente Weise vermag, ihre Träume in einer Realität zu verorten, die durch den postindustriellen Spielort selbst gegeben ist.

Die Inszenierung realisiert die Oper als Multimedia-Event. Das Ineinanderspiel von Matratzen, Projektionen, Körpern, Chören und Tönen läuft mit einer Perfektion ab, welche noch die aufwändigste Musicalproduktion in den Schatten stellt. Doch diese Produktion vermittelt mehr als Show, indem sie, was sie zum Funkeln bringt, zugleich hinterfragt, eben das forciert Technische, das die Figuren zu Gunsten der entfesselten Bühne ebenso entmächtigt wie Sarastro seine Versuchsfiguren. Die Sängerdarsteller agieren nur noch als Zahnrädchen dieser szenischen Supermaschine: die Bühnentechnik feiert sich als *prima donna*. Das visuelle Feuerwerk reduziert auch das Orchester: Wie bei der Filmmusik wandert die Tonspur ins rezeptiv Unbewusste. Dieses Spektakel vermittelt eine vitale Freude an der Bilderwelt des Computerspiels, die sich problemlos dem visuellen Archiv des alten Zaubertheaters anverwandelt. Zugleich liegt seine Multimedia-Magie genau in der Kiellinie jener mit Sarastro gemeinten technischen Rationalität. Szenische Verzauberung erweist sich als Produkt der technischen Entzauberung der Welt. Was aufklärungskritisch bekämpft wird, gerät zum Motor des Spiels. Feind aller Technik, agieren die Furisten als perfekte Ingenieure theatralischer Wirkung.

Premiere bei der Ruhrtriennale: 7. September 2003 / Regie: La Fura dels Baus und Jaume Plensa / Musikalische Leitung: Marc Minkowski / Bühnenbild und Kostüme: Jaume Plensa / Video: Franc Aleu und Urano / Texte: Rafael Argullol / Licht: Albert Faura / Mit: Kwangchoul Youn, Matthias Klink, Olaf Bär, Erika Miklosa, Genia Kühbauer, Dorothee Jansen, Marie-Belle Sandis, Mirijana Mijanovic, Anna Cambier, Burkhard Ulrich, Sebastian Kausch, Raymond Leist, Paul Komusidi, Solisten des Knabenchores der Chorakademie Dortmund, Burkhard Fritz, Bernd Hoffmann, Martin Busen, Thomas Ebenstein, Dörte Lyssewski, Kazimiera Czakanski

»Ehrlich gesagt, mag ich gar keine klassische Musik. Ich bevorzuge Black Sabbath«
Alain Platel inszeniert *Wolf* im Landschaftspark Duisburg

Kim Stapelfeldt

Die zweite Spielzeit von Gerard Mortiers Intendanz öffnete mit Alain Platels *Wolf* in der Duisburger Kraftzentrale. Dreizehn Darsteller, drei Sängerinnen und die Musiker des Wiener Klangforums nahmen sich in einer zweistündigen Inszenierung Mozart vor. Der Abend wurde ein Erfolg. Viele Gastspiele folgten, etwa beim Berliner Theatertreffen 2004, beim Kunstenfestivaldesarts in Brüssel und bei den Zürcher Festspielen. Die Kritik reichte von Euphorie (»wunderbares Herz-Muskel-Training«, Deutschlandfunk) bis zum vernichtenden Verriss (»beliebig, sinnlos, ärgerlich«, Der Spiegel). Für Mortiers Triennale markierte *Wolf* nach einer schwierigen ersten Spielzeit einen Wendepunkt. Dem Hochkulturfestival gelang es allmählich, sich im Pott zu verankern und ein Publikum zu gewinnen, das die Ruhrtriennale lange skeptisch als einen Fremdkörper betrachtet hatte.

Den Rahmen von Platels *Wolf* liefert das Bühnenbild von Bert Neumann. Die Bühne präsentiert sich als das Innere eines zweistöckigen Einkaufszentrums, das seine besten Tage lange hinter sich gelassen hat. Oben, hinter einem geschlossenen Gitter, sitzt das Orchester. Hinter weiteren Gittern befinden sich ein Ramschladen, eine Spielhalle, eine Karaoke-Bar und ein Ausgang, über dem ein großes Schild den Weg zu C&A weist. In einer Wand ist ein Bildschirm eingelassen, auf den Videoszenen aus den Ladenzeilen projiziert werden. Einige der unvermeidlichen Neumannschen Plastikstühle stehen herum. Das Bühnenbild vermittelt bereits viel von dem, was im Spiel der Darsteller, den Bewegungen der Tänzer dann erlebbar wird: Elend, Brutalität und Verzweiflung, aber auch ein derber Humor, triebhafte Erotik und ein unbedingter Wille zur Selbstbehauptung.

Das Stück startet nicht mit Mozart, sondern mit einer grauenhaften Karaokeversion von ABBAs *Dancing Queen*. Dann tönt ein damals aktueller Chart-Hit von Celine Dion durch den Saal (*A new day has come*). Die Fallhöhe des Abends wird markiert. Was folgt, ist eine hochkomplexe Nummernrevue.

Immer wieder verdichtet sich die szenische Darstellung, etwa mit Blick auf die Arie einer Sängerin, auf ein Tanzsolo oder eine gemeinsame Choreografie des Ensembles. Diese Momente stechen heraus, gerade weil der eigentliche Modus des Abends ansonsten im Nebeneinander von Bühnenhandlungen besteht. Fünfzehn Hunde bevölkern fast durchgängig die Bühne und werden zuweilen zu den eigentlichen Protagonisten von *Wolf*.

Die Performer erinnern an »Vorstadtdesperados« (Die Zeit), »Geschöpfe am Rande der Gesellschaft« (NZZ). Zwei von ihnen sind gehörlos und werfen eine der bestimmenden Fragen des Abends auf: »Ich will verstehen, was Musik ist!« Diese Forderung kennzeichnet den Zugang, den Platel zur Musik Mozarts freilegen will. Es geht nicht um Kennerschaft, gesucht wird das Erleben beim ersten Hören des Klassikers: »Es ist eine naive, kindliche und absolut sentimentale Weise. Sie lebt vom ersten Eindruck, vom ersten Gefühl«, präzisiert Alain Platel in einem Gespräch mit Michaela Schlagenwerth für die *Berliner Zeitung*. Mozarts Musik, kongenial von Sylvain Cambreling bearbeitet und für die Inszenierung neu arrangiert, wird zuweilen gezielt dilettierend unterspielt: Begleitmusik für die akrobatisch-tänzerischen Höchstleistungen, mit denen sich Platels Darstellerensemble immer wieder verausgabt.

Ein Tänzer (Segre Aimé Coulibaly) entledigt sich zum Adagio aus dem Klarinettenkonzert KV 622 seiner Kleider. Was als Stepptanz beginnt, wird schnell zu einer Lockerungsübung, einem energiegeladenen Workout. Er lacht sich selbst aus, springt, boxt und gerät dabei in einen immer stärkeren Kontrast zu der langsamen und zarten Musik. In diesem Kontrast wird die körperliche Aneignung der Musik durch die Tänzer zum Thema. Man erlebt eine Suchbewegung, ein Forschen, welches für das Verhältnis von Tanz, Darstellung und Musik prägend ist. Darüber hinaus wird diese Aneignung aber auch als ein Recht proklamiert, den Gehalt der Musik ungefiltert von Bildungsschablonen und Hörgewohnheiten wahrzunehmen und ausleben zu dürfen.

Das Verhältnis zwischen Musik und szenischer Handlung, an dem sich die Kritik entzündete, ist aber keineswegs stabil oder einseitig (»Mozart und seine Musik als Köder für zwei verwegene Tanzstunden zu missbrauchen, ist nichts als Bauernfängerei«, Der Spiegel). Gerade in den Gesangspassagen der Inszenierung wird die Musik zur dominierenden, zentralen Ausdrucksebene, der auch ausreichend Raum gelassen wird. Dies gelingt erstaunlicherweise gerade dadurch, dass der Abend so sehr von Unruhe und Unübersichtlichkeit geprägt ist, wozu nicht zuletzt die fünfzehn Hunde beitragen, die zuweilen ins Spiel eingebunden werden, meistens aber frei über die Bühne streunen. Der Blick des Zuschauers mäandert über ein sich ständig veränderndes Tableau von Bewegungen und Begegnungen, während die vorzügliche Musik

»Ehrlich gesagt, mag ich gar keine klassische Musik ...«

Probenbild: Chris Van der Burght

kontinuierlich den Soundtrack liefert. Da die Akteure auf der Bühne ähnlich unprätentiös auftreten wie die Hunde, fühlt man sich nie zu einer bestimmten Blickweise genötigt. Die Wahrnehmung der Zuschauer, ihre Emotionen, Assoziationen entfalten und verknüpfen sich frei.

Dennoch hat die Inszenierung ihre thematischen Zentren. Kurz nach dem beschriebenen Solo Coulibalys formiert sich das Ensemble zum ersten Mal chorisch. Zu einer nur gesummten Version der »Internationale« legen sie eine wilde Mischung aus Schuhplattler und Cancan auf das Parkett. Dieser Abend handelt nicht nur von Mozart, und *Wolf* steht nicht nur für Wolfgang. Es geht auch um den Menschen selbst und das, was er dem anderen sein kann: *homo homini lupus*. Die Frage nach dem menschlichen Naturzustand, seiner Triebhaftigkeit und Gewalttätigkeit bricht sich immer wieder szenisch Bahn. Die Darsteller schlagen sich und kopulieren, begehren und verstoßen einander, ringen um ihre Position, führen und werden geführt, artikulieren ihre Sehnsüchte und verzweifeln. Derbe Komik und eine gewisse Lust an der affektierten Pose prägen den Umgang der Darsteller untereinander. Die Hunde betonen ironischerweise gerade die Dimension des Menschlichen. All dies korrespondiert wunderbar dem Kosmos von Mozarts Musik. Zum Schluss legt das Ensemble zu Paminas »Ach, ich fühl's« aus der *Zauberflöte* kollektiv

die Hand aufs Herz. Ein Schuss fällt, alle sind getroffen, stürzen und verlassen nach und nach die Szene. Nur den Letzten beißen die Hunde.

Platels *Wolf* war durch Neumanns Bühnenbild, aber auch durch die Kostüme und Spielweisen von einer für die erste Dekade des neuen Jahrtausends im Theater nicht unüblichen Unterschichtsästhetik geprägt. Dieser »Look«, das zeigte sich auch am internationalen Erfolg der Produktion, war aber gerade nicht vom Ort der Premiere inspiriert. Keineswegs spielte die Inszenierung direkt auf das Ruhrgebiet und seine Milieus an. Dennoch passte die Inszenierung ideal in die Rahmenbedingungen eines jungen Festivals, seiner Spielorte und seines Publikums. *Wolf* popularisierte seine Inhalte nicht. Es ging nicht um die effekthafte Ausschlachtung eines Namens oder eines Milieus. Der unprätentiöse, eigenwillige Umgang der Inszenierung mit ihren Themen und der Musik lag diesseits (oder jenseits) der damaligen Hochkulturdebatte in der Region.

Mortier, der Platel erst zu *Wolf* verführen musste, gelang mit dieser Produktion eine plausible Einlösung seines »Kreationen«-Konzepts. *Wolf* war, abhängig von der Wahrnehmung des Betrachters, gleichermaßen Musik- und Tanztheater, Performance und Konzert. Es gab keine Hierarchie der Ausdrucksebenen. Jeder avancierte Kennerblick aus der jeweiligen Sparte hat vermutlich weniger zu sehen bekommen, als derjenige, der sich unbelastet auf das Ineinanderfließen der verschiedenen Ausdrucksdimensionen einließ. Die Synthese der Künste vollzog sich bei Platels *Wolf* im Modus des Understatements. Das Ganze beanspruchte nicht, mehr als die Summe seiner Teile zu sein. Doch vielleicht war es deshalb so groß?

Premiere bei der Ruhrtriennale: 1. Mai 2003 / Konzeption und Regie: Alain Platel / Musik: Wolfgang Amadeus Mozart / Musikalische Bearbeitung: Sylvain Cambreling / Dramaturgie: Hildegard de Vuyst / Bühnenbild: Bert Neumann / Choreografie: Gabriela Carrizzo / Mit: Quan Bui Ngoc, Franck Chartier, Serge Aimé Coulibaly, Raphaelle Delaunay, Lisi Estaras, Grégory Kamoun Sonigo, Necati Köylu, Samuel Lefeuvre, Michael Lumana, Juliana Neves, Simon Rowe, Kurt Vanmaeckelberghe, Serge Vlerick, Ingela Bohlin (Sopran), Aleksandra Zamojska (Sopran), Marina Comparato (Mezzosopran)

»Nie ein Stück Himmel«
Johan Simons und ZT Hollandia zeigen *Sentimenti* in der Jahrhunderthalle Bochum

Philipp Blömeke

Anthrazit: Die Jahrhunderthalle in Bochum atmet schwer unter dieser Farbe. 48.000 Steinkohlebriketts bilden die Bühne für ein Vergegenwärtigungstheater, in dem das Publikum der eigenen Regionalgeschichte begegnet – dargestellt am Lebensvollzug des Protagonisten Simon Wess (Jeroen Willems), der anlässlich der Beerdigung seiner Mutter Liesel (Elsie de Brauw) noch einmal in die Grube seiner Familiengeschichte steigt.

Johan Simons zeigt mit *Sentimenti* seine erste Inszenierung für die Ruhrtriennale. In Zusammenarbeit mit seiner Theatergruppe ZT Hollandia und an der Seite von Gerard Mortier (Dramaturgie) formt er den Ruhrgebietsroman *Milch und Kohle* (Ralf Rothmann) in ein Musiktheater mit dreizehn Arien Guiseppe Verdis – arrangiert von Paul Koek.

Zwischen den sorgsam gestapelten Briketts tritt Simon Wess hervor, ein erwachsener, gut gekleideter Mann, der heimgekehrt ist, um der Beerdigung seiner Mutter beizuwohnen. Wir erfahren nichts über seinen Beruf, Familienstand oder Wohnort. In der Ecke hinten links sitzen bereits die Musiker auf ihrem Platz. Am vorderen Bühnenrand steht ein Plattenspieler, an dem Simon schon während seiner Jugend saß. Er schafft die Verbindung als musikalischer Synchronisierungsapparat, der durch die Erzeugung der »Sentimenti«, der melancholischen Erinnerung an vergangene Zeiten, einen Übertritt des jugendlichen Simon in die Welt des Erwachsenen gestattet und umgekehrt. Dieser Übertritt wird dabei nicht durch eine Figurenverwandlung vollzogen, sondern durch Verdopplung: Bereits kurz nach Beginn betritt auch der junge Simon (Fedja van Hut) die Bühne, teilt sich *einen* Ort mit dem Mann, der aus ihm geworden ist.

Die Mutter, zu der er eine tiefere Verbindung hat, kommt als Schwerkranke auf die Bühne – geleitet von einer stummen Krankenschwester und einer Sopranistin. Durch einen Kostümwechsel verwandelt sich Liesel zurück in die junge, lebenslustige und kokette Frau, die den jungen Simon aufgezogen und auf das beschwerliche Leben in der verarmten Bergarbeitersiedlung vorbereitet hat. Mit ihrer Verwandlung wird endgültig klar, dass wir in den kommen-

»Nie ein Stück Himmel«

Foto: Ursula Kaufmann

den 150 Minuten zu Betrachtern eines vergangenen Ortes werden; wir schauen in die Erinnerungswelt des erwachsenen Simon – wer von den zahlreichen Figuren »heute« noch lebt, zu wem er noch Kontakt unterhält, was aus ihnen geworden sein mag, ist nicht Gegenstand des Abends. Simon zeigt uns die eingefrorene und seltsam zeitlose Welt seiner Jugend. Hier lebt er mit seinen Eltern und seinem suizidalen und nihilistischen Bruder Thomas in einer Arbeiterwohnung, beengt, bedrückt und vom eigenen Milieu fast erstickt. Der Vater (die Arbeit unter Tage hat ihn wortkarg gemacht) züchtet Kanarienvögel, meidet jeden emotionalen Kontakt zur Familie. Die Mutter versucht, ihre Söhne irgendwie durchzubringen und sich in der Tristesse ihrer Umgebung eine letzte Lebensfreude zu bewahren, die allein im wöchentlichen Nähen eines neuen Kleides für den samstäglichen Tanzabend in der Nachbarschaftskneipe »Maus« besteht. In diesen bescheidenen Alltag bricht Gino ein, ein Gastarbeiter aus Neapel, der Liesel mit seiner Kochkunst und dolce vita-Philosophie aus ihrer festgefahrenen Lebensrealität reißt und Verdis Sentimenti in die Wirklichkeit überführt. Während eines Krankenhausaufenthaltes des Vaters nach einem Grubenunglück entfaltet sich die Bekanntschaft zu einer Affäre, in deren Folge auch der letzte Zusammenhalt der Familie zerbricht. Der Vater entdeckt den Betrug. Im Affekt versucht er, Liesel zu erwürgen – jegliches Glück, und sei es auch das bescheidenste, ist unwiederbringlich verweht. Auch die Jugend endet jäh – Simon und Thomas fordern ihre Mutter auf, die Familie zu verlassen. Durch den erneuten Kleiderwechsel verwandelt sie sich zurück in die Kranke: Wir schauen nun wieder in die Gegenwart, in der der Vater bereits fast ein Jahr unter der Erde und die Mutter im Sterben liegt. Die letzten Gespräche im Krankenzimmer verkümmern, jeder Glanz ist verloren. Die Mutter stirbt, Simon geht ab – mit einem letzten Duett verklingen Jugend, Erinnerung, Geschichte und Gegenwart, das Licht erlischt.

Johan Simons inszeniert mit *Sentimenti* das Gedächtnis als begehbare Erinnerung. Wir dürfen dem Protagonisten dabei zusehen, wie er Stationen seiner Jugend bezieht, mit ihr in Kontakt tritt. Die Musik ermöglicht den Zugang. Sie wird ge- und zerbrochen, reißt jäh ab, kommt aus weiter Ferne, steigt auf und verklingt; berühmte Melodien – Arien, Duette und Chöre – werden bloß angespielt, andere dürfen in voller Länge ertönen. Auf der Suche nach dem Gedächtnis der Gefühle finden die Figuren in der Musik eine schmerzliche Erfüllung: Verdis Klänge bringen sie zurück in die Zeit (oder die Zeit zurück zu ihnen). Die ansonsten im Hintergrund zu hörenden, ständig zerfallenden Klangflächen, Soundscapes, atmosphärische Klänge und verzerrten Verdi-Tracks bleiben leise, aber stetig präsent; es gibt wenig nicht musikalische Stellen. Es scheint, als sei zwischen dem Geräuschlärm der Arbeitswelt, den Klängen des Alltags, den dunklen Sounds eines bedrückenden Lebens und den seltenen feierlichen Verdi-Zuständen kein Zwischenmaß möglich. Licht und Bühne verhalten sich statisch, es gibt wenige Requisiten – dies ist symptomatisch für den Inhalt: die Umgebung ist alles, die gegenständliche wie die soziale.

Der ältere Simon ist der einzige, der zum Publikum spricht, der kommentiert, was wir sehen; er überblickt als einziger eine große Zeitspanne, während die anderen Figuren ausschließlich ihre erzählte Zeit kennen (können). Damit wird er zu einer Erzählinstanz, die uns aus zwei Zeitebenen berichten kann. Auch ist er der einzige, der mit den Musikern auf der Bühne in direkten Kontakt tritt, der einzige schließlich, der die Theatersituation reflektiert und den Blick auf sie zurücklenkt. Neben der Szenografie der vielen Orte und Zeiten an *einem* Ort und der technischen Ausstattung (Headset-Funkstrecken, programmierte Elektronik, akusmatische Musik, also eine Musik ohne sichtbaren Ursprung) ist der erwachsene Simon als Kommentator das wesentliche erzählende Element.

Der erwachsene Simon Wess geistert durch seine eigenen Erinnerungen, vielleicht auf der Suche nach Handlungsmacht; er wohnt den Figuren seiner Geschichte bei, versucht, sie zu entziffern, sich ein letztes Mal zu vergegenwärtigen, woher er kommt und wieso die Dinge geschahen, wie sie geschahen. Dennoch bezeugen die *Sentimenti* keine psychologische Innenschau, sondern vermitteln Erinnerungsarbeit. Indem wir Simon dabei zuschauen und zuhören, wie er sich umgibt mit seinen Vergangenheiten, den Figuren und Stimmungen, wie er eintaucht in dieses Sentiment aus Musik, Klang, Gespräch und Erzählung, vollziehen wir nach, wie man sich seine eigene Geschichte macht. Simon durchschreitet sein Familienalbum. Er ist eine Figur, die von nirgends auftritt und ins Nirgendwo abgeht: Er hat wenig Gegenwart, er zeigt nur, woher er kommt. Was *Sentimenti* letztlich leistet, ist die durchdachte, komponierte und sorgsam erzählte Darstellung einer Vergegenwärtigung und die Thematisierung ihres Prozesses. Die an Sentiment reiche Musik Verdis hilft dabei. Der Bergarbeitersohn Simon steigt in seine Geschichte hinab, und Verdi ist seine Grubenlampe: Dort unter Tage, so prophezeite ihm einst sein Vater, sei »nie ein Stück Himmel«.

Uraufführung am 18. Juni 2003 / Konzeption Johan Simons, Paul Koek und Jeroen Willems / Regie Johan Simons, Paul Koek / Musik: Giuseppe Verdi / Musikalische Bearbeitung: Paul Koek und Anke Brouwer / Dramaturgie: Gerard Mortier und Paul Slangen / Buhnenbild: Geert Peijmen und Leo de Nijs / Kostume: Greta Goiris / Mit: Elsie de Brauw, Gaby van Dorens, Aus Greidanus jr., Krijn Hermans, Fedja van Huêt, Manouchka Kraal, Tibor Lukacs, Hadewych Minis, Giys Naber, Chris Nietvelt, Adri Overbreeke, Jeroen Willems, Elzbieta Szmytka (Sopran), Carol Wilson (Sopran), Dagmar Peckova (Mezzosopran), Hector Sandoval (Tenor)

Raum des Klangs, Klang der Farben
Olivier Messiaens *Saint François d'Assise* in der Jahrhunderthalle Bochum

Susanne Goldmann

Es ist ein Ereignis aus Klang, Licht und Farben, das am 13. September 2003 in Bochum Premiere feiert. Durch die stählern gerahmten Scheiben der Jahrhunderthalle scheint warm die Nachmittagssonne. Sie erhellt die riesige Kuppel des Installationskünstlers Ilya Kabakov, die aus kunstvoll arrangierten und gleichzeitig einfachen Fensterchen besteht und die gesamte Bühne dominiert. Zunächst ist nicht so genau festzustellen, was alles zur Bühne gehört – dieser alte Industriebau glänzt mit seinen Reizen. Der Raum stellt hier seine ganz eigenen Bedingungen und darf sie auch stellen. Unter der Kuppel, im Zentrum des Geschehens, sitzen Orchester und Chor; um diese herum verläuft ein schmaler Steg, auf dem sich die Sänger bewegen werden. Statt die Musiker zur Aufwertung der Illusion in einen Graben zu sperren, werden sie nun zum Mittelpunkt des Abends. Kommunikation zwischen Sängern und Orchester wird hier auf sehr organische Weise möglich gemacht. Und mehr noch: es ist die Musik selbst, die nun alles – Raum, Licht, Farben, szenische Anlage – miteinander verbinden wird.

»Ich habe das gewählt, was Farbe enthalten könnte, einen Sinn für das Geheimnisvolle und Vogelgesang«, notiert der französische Komponist Olivier Messiaen im Juni 1976 in seinem Tagebuch über das Libretto. Er verbringt gerade einige Zeit in Florenz, wo er sich die Gemälde Fra Angelicos ansieht, die ihm als Inspiration, besonders für die Gestaltung des Engels in seiner Oper dienen. Denn Messiaen ist ein Komponist der Farben und der Bilder, die in seinen Händen zu Klängen werden. Seine Tagebücher quellen regelmäßig über vor Enthusiasmus, hat er gerade eine besonders schöne Blume im Garten entdeckt, eine weitere Vogelstimme aufgezeichnet oder auch ein ihm bis dahin unbekanntes Gericht probiert. Es ist dieses Flüchtige der Farben und der Atmosphären, die Messiaen vor allem anderen interessiert und die er mit großer Exaktheit in seinen Werken abzubilden versucht. Für ihn scheint alles miteinander verbunden. Ende April 1976 unterzeichnet Messiaen den Vertrag über ein Auftragswerk für die Pariser Oper. Acht Jahre arbeitet er nach eigener Aussage an diesem Monumentalwerk über den heiligen Franz von Assisi,

Foto: Michael Kneffel

immer wieder unterbrochen durch andere Verpflichtungen, Auftragsarbeiten und Reisen, aber auch durch Krankheiten und Nervenkrisen. Messiaen schreibt sowohl das Libretto, als auch die Musik und hätte am liebsten auch die Inszenierung selbst übernommen. Dabei ist ihm wie so oft seine Frau, die Pianistin Yvonne Loriod eine wichtige Unterstützung. Er hat sehr genaue Vorstellungen, schreibt immer wieder um, verbessert von einer Arbeitsphase zur nächsten und baut ungewöhnliche Effekte ein. So lässt er zum Beispiel den Vogelgesang im sechsten Bild außerhalb des Tempos spielen und für eine besonders authentische Darstellung des Turmfalken in Bild fünf soll der Kontrabasstubist das Rohrblatt eines Fagotts benutzen. Die Uraufführung findet schließlich am 28. November 1983 vor ausverkauften Rängen im Palais Garnier statt. Die Begeisterung des Publikums wächst mit der Zahl der Aufführungen, während die Presse durchwachsen reagiert. Den Vorstellungen in Paris folgen vor allem konzertante Aufführungen, was wohl vor allem der benötigten Zahl an Sängern und Instrumentalisten geschuldet ist, die den Repertoirebetrieb der meisten Opernhäuser überfordert. Erst 1992, in Messiaens Todesjahr, findet die zweite szenische Realisierung bei den Salzburger Festspielen statt – unter der Intendanz von Gerard Mortier und mit Peter Sellars als Regisseur.

Susanne Goldmann

Dass Mortier 2003 eines seiner Herzensprojekte des 20. Jahrhunderts mit ins Ruhrgebiet nimmt, entspricht seinem Credo als Intendant: Dieser habe es sich zur Aufgabe zu machen, bisher selten gezeigte Werke an anderen Orten und mit anderen Menschen wieder zur Aufführung zu bringen. Gerade moderne Werke müssten an anderen Spielstätten gezeigt und weitergedacht werden, damit sie nicht unmittelbar nach der Uraufführung in Vergessenheit geraten. Nur so könne die Oper in Bewegung bleiben und laufe nicht Gefahr, zu einer von Sängerstars dominierten Kunstform zu verkommen. Von der Presse wird Mortiers Einstellung, die er hier durch »seinen« *Saint François* erneut verwirklicht, nicht immer verstanden: Der Komponist habe für sein Thema »die bildersüchtige, genießerisch-sündige Form der Oper gewählt«, schreibt Klaus Spahn in der ZEIT vom 18. September 2003 vorwurfsvoll, so als sei allein mit dem Namen der Gattung alles gesagt. Dabei ist er mit dieser Beschreibung weit entfernt von dem tatsächlichen Geschehen in der Jahrhunderthalle. Denn es wird bei dieser Aufführung viel mehr auf Schlichtheit gesetzt als auf Aufwand. So übernimmt Giuseppe Frigeni lediglich die »szenische Gestaltung«, statt einer ausgearbeiteten Regie. Hinter diesem Verzicht auf einen renommierten Regisseur steckt ein wohlüberlegtes Konzept: Diesmal gilt es, mit dem »Geist des Ortes« zu arbeiten, die ursprüngliche Form des Raumes soll nicht überdeckt werden – denn Spielorte wie die Jahrhunderthalle brauchen »eher Installationen als Dekorationselemente«, wie Mortier in seiner *Dramaturgie der Leidenschaft* betont.

Die Zusammenführung verschiedener Künstler für Mortiers Projekt »Oper« wird im *Saint François* der Ruhrtriennale sehr deutlich. Dabei steht das zentrale Element des Genres hier auch szenisch im Mittelpunkt. Die Oper als ein Theater, in dem der Schwerpunkt auf der Musik liegt, während sich die übrigen Elemente – das Licht, die Sprache, das Bild – darum positionieren. Kein postdramatisches Regietheater, in dem Raum und Werk auf Biegen und Brechen dem Willen und der Vision eines Einzelnen unterworfen sind, sondern das Werk verschiedener, gleichberechtigter Künstler, geeint durch das Kernelement der Gattung: die Musik. Das erklärt auch die schlichte »Bebilderung«, die so unaufdringlich daherkommt. Das natürliche Licht, das zu Anfang noch von draußen hereinscheint und von künstlichem unterstützt wird, ist eine Hommage an das griechische Theater, in dem ebenfalls der Lauf der Sonne in die Aufführungen einbezogen wurde – auch das ein Traum Mortiers, der nun in der Bochumer Jahrhunderthalle Gestalt annimmt. Das schwindende Licht vor den Fenstern macht den Innenraum nach und nach enger. Die steigende Dunkelheit rundum konzentriert diesen Raum auf alles, was unter der und um die Kuppel herum stattfindet und gibt dem Geschehen auch auf bildlicher

Ebene einen mystischen Anklang. Dabei bleibt die Musik das erzählende Element, wobei in dem riesigen Saal Orchester und Chor unter Sylvain Cambrelings Leitung ebenso feingliedrig wie gewaltig, flimmernd, zart und über den Dingen schwebend in Erscheinung treten. Das Orchester kommentiert nicht, sondern verschmilzt mit den Sängern zu einem gleichberechtigten Ensemble. Der vokale Klang wird vom Orchester getragen, während die großartige Akustik der Halle dem Ganzen einen Hauch von Transzendenz verleiht, ganz im Sinne Messiaens – schwebend, glockenhell, rund und klar.

Alles erscheint als eine Weiterführung der musikalischen Motive, und niemals stellen sich die szenischen Bilder über die Musik. Auch erscheinen die singenden Darsteller nie artifiziell, denn Gesang ist ganz einfach ein weiteres Ausdrucksmittel innerhalb dieser Kunstform. So natürlich wie die bunt erleuchteten Glasfenster der kabakovschen Kuppel, die schwindenden Strahlen der Sonne oder die synthetischen Klänge der Ondes Martenot im Orchester.

Premiere bei der Ruhrtriennale: 13. September 2003 / Musikalische Leitung: Sylvain Cambreling / Installation: Ilya Kabakov / Szenische Gestaltung: Giuseppe Frigeni / Licht: Jean Kalman / Mit: WDR Rundfunkchor Köln, Danish National Choir DR, SWR Sinfonieorchester Baden-Baden und Freiburg, José van Dam, Heidi Grant Murphy, Kenneth Riegel, Stéphane Degout

Ruhrtriennale, Ausstattung

Aufbau der Kuppel von Ilya Kabakov. Fotos: Martin Reiter, Joachim Janner, Wolfgang Silveri

Aufbau der Kuppel von Ilya Kabakov

Der Überlebenskampf als ästhetisches Erlebnis
Ariane Mnouchkine und das Théâtre du Soleil gastieren mit *Le dernier caravansérail (Odyssées)* in der Jahrhunderthalle Bochum

Nikolaus Müller-Schöll

Noch hält er sich. Klammert sich ans Deck, fängt den Sturz aus dem Kamm der Welle in die Tiefe ab, trotzt Regen, Sturm und den Sprüngen des kleinen Bootes auf der aufgepeitschten See, hält inne, wird auf den nächsten Gipfel getragen, ins nächste Wellental geworfen, dann kehrt Ruhe ein, der Steuermann kann durchatmen. Aus den Fenstern unter Deck strecken die seekranken Männer, Frauen und Kinder ihre Köpfe und übergeben sich. Das Flüchtlingsschiff hat den Angriff der Sturmflut überstanden, das Ufer ist in Sicht, ein lautes Knattern kündet die Ankunft eines Helikopters der Küstenpatrouille an. Eine Stimme meldet sich von oben, fordert zur Umkehr auf: Die Flüchtlingsbarkasse ist in Australien nicht willkommen, man bietet ihr Geld an, eine Prämie für den Weg zurück ins Meer. Von dort naht die nächste Sturmwelle, ein weißer Schleier, der das Boot unter sich begräbt.

Das Meer ist ein großes Laken aus Seide, eine Schar teils sichtbarer, teils unsichtbarer Helfer bringt es in Wallung, fabriziert Seegang und Sturmflut im Takt des Synthesizers, der das Spektakel mit drohenden Bässen untermalt. Die Barkasse ist ein kleiner Holzkasten. Der auf ihr liegende »Steuermann« wird getragen von den »Boatpeople« und begleitet von einer ausgestopften Möwe, die ein Mann an langem Draht darüber flattern lässt. Am Ende, wenn die dramatische Szene vorbei ist, bleibt der Leichnam einer namenlosen Flüchtlingsfrau zurück, effektvoll drapiert auf einem Brett mit Rollen, das von flinken Helfern weggeschoben wird.

Mit ungefähr hundert Szenen wie dieser erzählen Ariane Mnouchkine und das Théâtre du Soleil in *Le dernier caravansérail (Odyssées)* vom weltumfassenden Elend der Flüchtlinge. Mag das Thema der unzähligen Odysseen auch traurig sein, der Abend ist es nicht. Das Théâtre du Soleil begreift Theater als Fest, spart nicht an Zeit und Kräften, um für eine Nacht die Jahrhunderthalle in Besitz zu nehmen, in ein Serail, einen orientalischen Palast, zu verwandeln, in dem man en passant gemeinsam speist und feiert. Die Odysseen beginnen,

Der Überlebenskampf als ästhetisches Erlebnis

Fotos: Ursula Kaufmann

wenn noch die letzten Sonnenstrahlen durchs Dach der Halle fallen. Sie enden bei Sonnenaufgang. Eine Nacht lang wird die Bühne der großen Halle, wie der Titel es ankündigt, zum Versammlungsplatz. Etwa 35 Schauspieler, dazu Musiker, Techniker und Arrangeure, eine multinationale Truppe, in der 22 Sprachen gesprochen werden, drückt dem fremden Ort ihren unverwechselbaren Stempel auf. Wie in ihrem Pariser Domizil, der Cartoucherie, servieren die Spieler in voller Schminke zum Thema des Abends passende Speisen, zwischen den einströmenden Besuchermassen legen sie letzte Hand an Maske und Kostüm in ihrer offenen Garderobe, die sie zwischen den Aufgängen zur Zuschauertribüne aufgebaut haben: Auf Orientteppichen bereitet sich ein buntes Volk in Haar-, Bart- und Kleidertracht aus allen Windrichtungen der Erde auf den Abend vor.

Schon aufgrund dieses gastfreundlichen Empfangs ist es schwer, Mnouchkine und ihrer Truppe die Zuneigung zu versagen. Man kann kaum anders, als dieses Theater als Institution zu bewundern. Wie wenige andere Truppen in der gesamten westlichen Theaterwelt hat das Théâtre du Soleil sich die Ideale bewahrt, mit denen einst das »freie Theater« der siebziger Jahre den Aufbruch aus den Häusern gewagt hatte. Das Theater als andere, bessere Welt, das ist der Traum, in den das Théâtre du Soleil seine Zuschauer versetzt, den es lebt. Und da liegt auch das Problem.

Denn das Théâtre du Soleil appelliert durchweg und ausnahmslos an die Gefühle seines Publikums, es hört, schaut und spielt für die Zuschauer und nicht mit ihnen. Es lullt sie ein. Das Publikum schaut frontal auf das weite, beinahe leere Viereck der Bühne. In seiner Mitte ist auf dem Boden ein Kreis angedeutet. Es wird so der Ort eines Zeltes in der Wüste, einer Karawanserei, evoziert. An ihrem Rand, hinter einer Gaze, sind die Synthesizer und allerlei Musikinstrumente aufgestellt. Die Akteure werden von virtuosen Helfern, die an die Puppenspieler des Bunraku-Theaters erinnern, auf Rollbrettern mit großer Geschwindigkeit hereingefahren. Eine den Abend tragende Metapher: Wie die Migranten, die sie darstellen, sehen wir sie nur auf der Durchreise, flüchtig. Sie setzen niemals den Fuß auf festen Boden. Kaum da, werden sie schon wieder weggeschoben. Alle Szenen kommen mit wenigen markanten Details aus, die, effektvoll eingesetzt, im Handumdrehen die Illusion des vollständigen Bildes erzeugen. Musik, Geräusche und Requisiten werden durchweg als Hilfsmittel zur Erzeugung dessen eingesetzt, was man gerne »Dichte« nennt: Von Eindrücken, bei denen sich ohne Umschweife das Wiedererkennen einstellt, weil nichts darin auftaucht, was uns nicht bereits aus den Abendnachrichten, Illustrierten und Spendenaufrufen der Hilfsorganisationen längst bekannt wäre. Dem Théâtre du Soleil geht es dabei wie dem König Midas –

was immer es mit seiner Kunst bearbeitet, das wird am Ende zu Gold, zum glänzenden Spektakel. Was das Elend der Welt konsumierbar macht, ist dabei, dass die Fronten bei allen Erzählungen so klar gezogen sind wie im Western. Es gibt Verfolger und Verfolgte, die Bösen und die Guten, und man kann deshalb in jedem Moment guten Gewissens nur einen einzigen Standpunkt einnehmen. Das Theater verwandelt sein Publikum hier in eine homogene Masse. Wir sind alle afghanische Flüchtlingsfrauen.

Das ist das Resultat einer an Stanislawski, Strasberg und Barba geschulten Spielweise der Einfühlung. Die Spieler schlüpfen in die Haut der Flüchtlinge, sie stellen die Armut dar, wie es die Armen selbst niemals könnten. Sie machen aus dem Überlebenskampf ein ästhetisches Erlebnis, sprechen anstelle derer, die eben gerade dadurch definiert sind, dass sie in der Sprache ihrer unfreiwilligen Gastgeber nichts zu sagen haben. Es ist ein Theater, das durch seine exotisierende Repräsentation des Anderen, Fremden dessen Fremdheit versteckt und damit letztlich die Begegnung unmöglich macht, die es sich auf die Fahnen schreibt. Der »dernier caravansérail« ist tatsächlich – entgegen der Behauptung, die das Bühnenbild erhebt – kein Zirkuszelt, sondern vor allem die letzte Absteige für die Idee des Bildertheaters, wie das 18. Jahrhundert sie ersann. Was von ihr bleibt, ist vor allem die Bereitschaft, sich von anderen die eigene Gefühlswelt bestimmen zu lassen. Was uns der menschenfreundliche Gestus und die bewundernswerte Virtuosität der Darsteller eine Nacht lang beinahe vergessen lassen, ist vor allem die Komplizenschaft des »schönen« Theaters mit der Ästhetisierung des politischen Lebens. Traumkitsch von dieser Art ist letztlich nur die andere Seite der Erhaltung und Verstetigung des Status quo der »Festung Europa«, die die Fremden mit immer perfekteren Ausschließungsmechanismen von uns fernhält. Was von der nächtlichen Flut der Bilder des Théâtre du Soleil am nächsten Tag zurückbleibt, ist deshalb vor allem die Ahnung, dass irgendwo die Leichen jener Flüchtlinge liegen, deren Geschichten zu armselig waren, um als packendes Drama erzählt zu werden.

Premiere bei der Ruhrtriennale: 8. Juni 2004 / Regie: Ariane Mnouchkine / Musik: Jean-Jacques Lemêtre / Bühnenbild: Serge Nicolai und Duccio Bellugi-Vannuccini / Kostüme: Marie-Hèléne Bouvet, Nathalie Thomas, Annie Tran und Elisabeth Jacques / Mit: Shaghayegh Beheshti, Duccio Bellugi-Vannuccini, Virginie Bianchini, Charles-Henri Bradier, Sébastien Brottet-Michel, Juliana Carneiro da Cunha, Hélène Cixous, Virginie Colemyn, Olivia Corsini, Delphine Cottu, Eve Doe-Bruce, Maurice Durozier, Sarkaw Gorany, Astrid Grant, Emilie Gruar, Pascal Guarise, Jeremy James, Marjolaine Larranaga y Ausin, Jean-Jacques Lemêtre, Sava Lolov, Elena Loukiantchikova-Sel, Vincent Mangado, Jean-Charles Maricot, Judith Marvan Enriquez, Stéphanie Masson, Fabianna Mello e Souza, Serge Nicolai, Seietsu Onochi, Mathieu Rauchvarger, Francis Ressort, Edson Rodrigues, David Santonja-Ruiz, Andreas Simma, Nicolas Sotnikoff, Koumarane Valavane

Jürgen Flimm

2005 | 2006 | 2007

Die Säule der Erinnerung
Ein Gespräch mit Jürgen Flimm

Guido Hiß und Nikolaus Müller-Schöll

Wie schätzen Sie die Theater-, bzw. Kulturszene im Ruhrgebiet ein?

Ich kann mehr über die Theaterszene reden, die Kulturszene im Allgemeinen kenne ich nicht so gut. Die Theaterszene hier ist immer sehr fröhlich und sehr gut und sehr bunt gewesen. Also etwa Oberhausen, Klaus Weise, wie toll der das gemacht hat! Und das Bochumer Theater! Da hat ja Peter Zadek inszeniert, mit einem wunderbaren Publikum. Und das reicht ja bis Dortmund und Moers, also ich finde das eine sehr tolle Theaterlandschaft.

Wird es eine Verflechtung der Triennale mit der regionalen Szene geben? Sehen Sie das auch als Ihre Aufgabe?

Eine Verflechtung mit der regionalen Theaterszene sollte nicht stattfinden, weil die Triennale möglichst etwas Eigenständiges sein sollte. Wir machen etwas, das die Theater gar nicht machen können. So ein Projekt wie *Nächte unter Tage* mit der Breth, mit Boltanski, Kalman und den Schauspielern Jens Harzer, Udo Samel, Cynthia Haymon, Elisabeth Leonskaja und einer Pianistin – so ein Projekt kann ein Stadttheater mit Abonnementstruktur gar nicht realisieren. Die haben andere, auf ihre Städte bezogene Aufgaben: Krefeld macht das Theater für Krefeld, Punkt. Und das sollen die machen, das machen die auch sehr gut. Es gab übrigens eine Untersuchung der Bochumer Uni, in der festgestellt wurde, dass das Publikum, das zur Triennale von Dr. Mortier kam, gar nicht das traditionelle Theaterpublikum war, sondern ein ganz anderes. Das hat mich erstaunt, das wusste ich nicht. Ich glaube, dass wir eher die freien Museumsbesucher erreichen. Die These, die einmal formuliert wurde, dass das Publikum weggehe, stimmt ja nicht. Im Gegenteil: Der Theaterbesuch in der Region ist angestiegen.

Mortier hat auf markante Weise ein Festival des Musiktheaters entwickelt, gerade dadurch, dass er neue Wege gegangen ist mit Blick auf die »Kreationen«, also mit Blick auf eine freie, assoziative Kombinatorik musikalischer, tänzerischer, räumlicher und sprachlicher Dimensionen. Gehen Sie diesen Weg weiter?

Die Säule der Erinnerung

Mnozil Brazz beim Eröffnungsfest 2005. Foto: Ursula Kaufmann

Das wollen wir fortführen, allerdings nicht speziell mit Blick auf das Musiktheater. Da hat Mortier mehr Vorlauf als ich. Er kommt ja vom Musiktheater. Ich komme vom Schauspiel, ich denke da ein bisschen anders. Aber das System der »Kreationen« führen wir ja fort. Wir sind noch einen Schritt weitergegangen. Wenn man sich das Breth/Boltanski-Projekt *Nächte unter Tage* ansieht, wird klar, dass wir versucht haben, die Bildende Kunst direkter mit einzubeziehen. Das gab es früher auch schon, ist im Prinzip nicht so neu. Ich mache *Wilhelm Tell* und frage den Maler X: »Machst Du mir bitte dazu ein Bühnenbild?« Hier ist es ganz anders. Wir haben diese besonderen Räume und haben zum Beispiel gefragt, was fällt Dir, Breth, zu einem bestimmten Thema ein? Und was fällt dir, Boltanski, zum Thema ein? Dann haben wir die beiden zusammengeführt. Und da gab es eine ganz wunderbare Mischung zwischen den Reaktionen von Boltanski und Breth. Das ist interessant, vom Probenprozess her: Boltanski hat die Räume fertiggestellt und beleuchtet. Und jetzt probiert die Breth schon in der fertigen Installation. Bei Alvis Hermanis' Sorokin-Projekt *Eis* ist es ähnlich. Der hat Monika Pormale geholt, die in Riga eine berühmte Künstlerin ist. Die macht etwas Ähnliches. Auch so ein seltsames Prozessionstheater, durch Räume, die sie gestaltet hat. *Steine und Herzen*, *Seltsame Sache* und *Schumann, Schubert ...*, das sind dagegen normale Kreationen, wo es ja immer um Musik und Theater geht.

Also Versuche, das Musiktheater aus der strengen, jahrhundertealten Partiturfixierung herauszuholen?

Ja, völlig anders. Das machen wir im nächsten Jahr auch weiter. Das ist ja auch angenehm. Ich bin im Stadttheater mit Abonnementszwängen aufgewachsen: So, was machen wir denn jetzt? Ach, machen wir den neuen Botho Strauß. Ach, der ist schon weg? Ah, dann machen wir eben den Handke. Oder vielleicht doch einen Shakespeare? Weil wir doch die siebente Produktion fürs Abo brauchen. Das fällt ja Gott sei Dank weg. Diese Kreationen sind für Theaterleute ein wunderbarer Paradigmenwechsel. Aus den Zwängen herauszukommen und frei arbeiten zu können. Als hätte man am Anfang des Jahres ein leeres Buch, das man langsam vollschreiben kann. Und dir wird nicht gesagt: Auf Seite 17 muss die Produktion 9 kommen. Und was machen wir im kleinen Haus? Gibt es keine Uraufführung? Hat der Mayenburg ein neues Stück geschrieben? Alles das findet hier nicht statt und das ist produktiv.

Nun gibt es doch aber auch bei Festivals einen vergleichbaren Rahmen. Bekannt sind die Klagen der Rezensenten, die von Festival zu Festival reisen, wonach die Koproduktions-Programme im Grunde eine Art von Austauschbarkeit herstellen, die »Festivalitis« um sich greife. Wie wollen Sie das besondere Profil der Triennale im Vergleich zu anderen Festivals schärfen?

Wir sagen erst einmal: »We are a producing festival«. Im Wesentlichen produzieren wir selbst. Das ist die Kreations-Schiene. Aber es gibt auch Gastspiele. Leider sind Koproduktionen ein Fetisch der Kritiker. Letztes Jahr habe ich mit Falk Richter in Salzburg *Die Möwe* gemacht. Und dann haben wir uns überlegt: Mit wem koproduzieren wir das? Denn die Inszenierung sollte nicht nach zehn Mal in Salzburg verschwunden, sondern auch noch anderswo zu sehen sein. So vereinbarten wir eine Zusammenarbeit mit der Schaubühne und dem Züricher Schauspielhaus. Es war überall ausverkauft. Wo kann da ein Problem sein?
Ein anderes Beispiel: Wenn man ein Projekt mit Johan Simons plant, hat man mit einem ganz anderen Begriff von Theater zu tun. Das Denken unserer Kritiker ist ein Stadttheaterdenken und nicht eines von freien Theatern, wie etwa in Holland, Belgien, Italien. Diese Theater können nur existieren, wenn sie mehrere Partner haben. Die haben nicht diese Subventionen, diese großen Apparate. Also ist es völlig normal, dass Johan Simons oder auch Alain Platel Partner brauchen. In der Zusammenarbeit können tolle Aufführungen entstehen, wie etwa Platels *Wolf*. Das sind auch strukturelle Fragen. Der Koproduk-

tionsfetisch greift einfach zu kurz. Die Kritiker fahren herum und sehen etwas dann dreimal, aber das Publikum fährt ja nicht mit. Kritiker haben mir vorgeworfen, dass wir ein Gastspiel von Alvis Hermanis eingeladen haben, den *Revisor*, eine hervorragende Aufführung. Dann habe ich gesagt: »Entschuldigung, wer fährt denn hier von unserem Publikum nach Riga?« Keiner!
Also wir sind mehr ein »Producing«-, als ein »Inviting-Festival«. Das hat auch mit unseren Themensetzungen zu tun. Im Gespräch mit Tobias Moretti kamen wir darauf, dass es eine sehr interessante Reibung gibt zwischen der deutschen Hochromantik und der ersten Phase der Industrialisierung. Auf der einen Seite besangen sie den Baum und das Bächlein und das Rauschen in den Wipfeln, auf der anderen Seite sind sie unter die Erde gegangen und haben die besungene Natur gleichzeitig ungemein verletzt. Wirklich auf ewig verletzt, wie man sieht, wenn man durchs Ruhrgebiet fährt. So haben wir uns dieses Thema, Romantik und Industrialisierung, gesetzt. Und im zweiten Jahr wollen wir über die Lügen der Heilslehren arbeiten, also das barocke Thema. Gerade im Wahlkampf flirren die Heilslehren ja wie Fledermäuse durch die Luft. Und im letzten Jahr gehen wir noch einen Schritt zurück, zu den deutschen Mythen, also ins Mittelalter. Dadurch sind wir ziemlich unverwechselbar und schleudern nicht auf dem Karussell des Festivalzirkus herum. Das stringente Nachdenken über ein Thema ist auch gut für uns und die Künstler, mit denen wir arbeiten, das diszipliniert den Kopf.

Noch einmal zum Thema Romantik. Tobias Moretti und das Kammerorchester »moderntimes« werden eine Produktion beitragen: Der Seelen wunderliches Bergwerk nach Johann Peter Hebels Kalendergeschichte Unverhofftes Wiedersehen. In diesem Zusammenhang steht wohl auch E. T. A. Hoffmanns verwandte Novelle Die Bergwerke zu Falun, welche die Welt unter Tage als symbolischen Raum für das Unbewusste, ja das Archetypische instrumentiert. Ein Bergwerk wäre demnach immer mehr als ein Bergwerk. Ich vermute, dass sich diese Inspiration, das romantische Ausloten von Abgründen, auch in anderen Produktionen wiederfinden lässt, etwa in Breth/Boltanskis Nächte unter Tage. Haben Sie sich für dieses fast schon psychoanalytisch anmutende Motiv des Grabens im Untergründigen besonders interessiert?

Und für die Anamnese. Das sind ja beides Texte über Anamnese. Und das ist ein zeitgenössisches Thema. Darüber haben wir lange diskutiert: was diese Gesellschaft an Anamnese aushält, aushalten muss, an verdrängter, ausgelöschter Erinnerung. Das werden wir bei der nächsten Wahl wieder erleben: Die Anamnese der Agenda 2010. Keiner hat damit etwas zu tun. Alle haben es mitbeschlossen, aber auf einmal ist es Bäh. Ich fand die Anamnese im Zusammenhang mit der Industrialisierung so interessant. Da wird einfach vergessen, was die hier angestellt haben. Kennen Sie dieses wunderbare Buch: *Die Skandale der Republik*? Wenn Sie da mal nachlesen: Die ganzen Sauereien, das ist alles vergessen, da kommen Sie nicht mehr hinterher. Ces Noteboom sagt: »Die Erinnerung ist wie ein Hofhund, der sich hinlegt, wo er will.« Und das kann man genauso über den Fortschritt sagen.

Deshalb auch Walter Benjamin, die ihm gewidmete Oper Shadowtime? *»Die Geschichte gegen den Strich bürsten?«*

Nein, die Walter-Benjamin-Geschichte hat damit erst einmal nichts zu tun. Ich sollte das inszenieren und hatte dann keine Zeit. Dann kam Peter Ruzicka, der gleichzeitig neben Salzburg ein Festival in München macht, und hat gefragt, ob wir das nicht koproduzieren wollen mit der Triennale. Und ich kenne den Ferneyhough gut, das ist ein schönes Buch. Deshalb habe ich gesagt: Wir koproduzieren das.

Sie haben in ihrem Programm zwei pädagogische Angebote: Die Kinderakademie und das Programm für Jugendliche. Was ist aber mit der Generation, die der Schule gerade entwachsen ist? Jene Generation, die heute ihre Erfahrungen macht, von der keiner etwas wissen mag. Die überall erfahren: Ihr seid zu viele, der Arbeitsmarkt ist ohnehin überlastet. Also die Leute, mit denen wir es an der Uni zu tun haben. Wie bringt man sie dazu, dass sie sich äußern? Wie kommen die zu ihrem Festival? Ist das eine Gruppe, die man erst einmal abschreibt und die sich dann irgendwann wieder einstellt? Gibt es da eine Vorstellung, wie man mit denen arbeiten könnte?

Das ist natürlich schwer für uns. Wir müssen aufpassen, dass nicht zu viel gruppenspezifisch wird. Es ist eine Legende, dass man das Publikum wirklich kennt. Zumal ich es hier auch noch gar nicht kenne, weil ich hier noch nie gearbeitet habe außer als Regisseur, damals bei Zadek in Bochum, und das ist lange her. Gerade die Studenten sind schwer für uns einzuschätzen, weil die ja besonders unordentlich sind – im positiven Sinne –, weil die in einer großen Orientierungsphase sind. Solange man auf die Schule geht, ist ja noch alles geregelt. Das weiß ich von mir. Als ich von der Schule in die Uni kam, brach erst einmal das Chaos über mir zusammen. Nicht das der Universität, sondern das eigene Chaos: Wo willst du hin, was willst du wissen? Und da ist so schwer einzugreifen. Da können wir nur Angebote machen. *Century of Songs* ist zum

Beispiel so ein Angebot. Patti Smith ist ja nun ein Weltstar. Da kann man nur hoffen, dass sie sich für uns interessieren, dass sie sich für *Die Tiefe des Raumes* interessieren oder für *Steine und Herzen*. Das ist ja eine Produktion, die lustig und schräg und witzig ist.

Wie kommen Sie mit dem Geld klar? Ist die Finanzierung gesichert? Wie hat sich das seit der Mortier-Ära entwickelt?

Wir sind ja seit der Mortier-Ära um zehn Prozent heruntergekürzt worden. Darüber können wir lange lamentieren, das nützt aber nichts. Wir wissen, wie wenig Geld wir haben und man kann froh sein, dass die Politik eine so geschickte Mischfinanzierung hingebracht hat. Deshalb ist auch dieser alte Vorwurf der Theater, wir nähmen ihnen das Geld weg, völlig absurd. Das ist nicht das Geld aus deren Etat. Wenn man die Triennale schließen würde, ginge das Geld nicht in die Theater, das ging an Europa zurück oder in irgendwelche Strukturtöpfe. Also, wir haben zehn Prozent weniger und wir haben lange herumgerechnet, ehe ich den Vertrag unterschrieben habe.
Die neue Regierung gibt Finanzsicherheit für die zweite Triennale, und die wird es auch für die dritte Triennale geben. Rüttgers hat mir vor einem dreiviertel Jahr versprochen, dass die Triennale erhalten bleibt, wenn er die Wahl gewinnt. Das war für die Mitarbeiter hier eine wichtige Nachricht. In der FDP war ja immer mal wieder im Schwange, dass man sagt: Weg mit dem Kram, weil der Vesper ihr natürlicher Feind war, als Grüner sozusagen. Aber davon ist keine Rede mehr. Da habe ich keine Bedenken, und das finden wir auch schön.

Nun gibt es ja, wenn man genau hinschaut, einen halb verborgenen, halb offenen Österreich-Schwerpunkt.

Ach ja, gibt es das?

Ja, viele österreichische Autoren, die Alpensaga Steine und Herzen ... *Was weiß der Süden vom Norden oder was wissen die Berge vom Bergbau?*

Die Berge sind ja der umgedrehte Bergbau oder der Bergbau ist der umgedrehte Berg, die Negativerscheinung des Berges. Was oben wächst, wird unten ausgeschabt.

Um die Frage zu akzentuieren: Man kann ja sagen, das Ruhrgebiet ist der Osten im Westen – das war die These von Castorfs »Ostbahnhof West«. Man kann sagen, das Ruhrgebiet ist das einstige Herz, das jetzt nicht mehr schlägt. Wo liegt das Ruhrgebiet für Sie, wenn Sie diese Art von Verknüpfung herstellen?

Nein, da hat kein Mensch drüber nachgedacht. Diese Berge, diese Alpen kamen herein, weil ich mit dem Bechtolf lange geredet habe – er war ja Schauspieler bei mir, ein wunderbarer, hochbegabter, witziger Kerl, ein Multitalent, und da kam er an und erzählte: »Hast du gewusst, dass genau zu der Zeit der Alpinismus entdeckt wurde?« Zu der Zeit haben sie angefangen, im Namen eines merkwürdigen Fortschrittes die Berge zu entzaubern. All die Yetis und Hexen, den ganzen Aberglauben, gab es früher auch in den Alpen. Und zu dieser Zeit haben sie begonnen zu vernünfteln und deshalb haben wir jetzt diese schrecklichen Seilbahnen und den industrialisierten Tourismus.

Naturbeherrschung oberhalb und unterhalb der Erde?

Ja, absolut, so ist es. Und das fand ich bemerkenswert. Und dann hat er das Stück geschrieben, das sehr witzig ist. Das war nicht so, dass wir gesagt hätten, wir müssen jetzt einen Südschwerpunkt machen, so wie Castorf einen Ostschwerpunkt gemacht hat. Was haben wir denn eigentlich an Süd-Dingern. Jonke, Mnozil Brass, ja es stimmt, aber das ist mir nie aufgefallen.

Andrea Breth hat jetzt lange in Wien produziert.

Andrea Breth hat lange in Bochum produziert, wenn ich daran erinnern darf. Sie war doch bei Steckel der Superstar und war am schnellsten ausverkauft, wohl weil sich viele Leute noch an sie erinnern!

Reizt Sie eigentlich bei der Triennale auch die Möglichkeit, an den ehemaligen Industriestandorten zu spielen? Mortier war davon wirklich begeistert.

Wenn Sie ihr Leben lang in diesen Theatern aufgewachsen sind, wo die Leute vor einem Vorhang sitzen, der dann aufgeht und den Blick frei gibt in ein Zimmer oder in eine Landschaft … Gestern hat Andrea Breth eine wunderbare Geschichte von Stanislawski erzählt, der ein ganz tolles Haus auf die Bühne gebaut hat. Und in der Nacht war er dann endlich fertig und so stolz und hat zuerst niemanden gefunden, der das bewundern konnte. Also ist er zum Pförtner gegangen und hat gesagt: »Kommen Sie mal mit, wie finden sie das?« Und dann hat der geantwortet: »Warum bauen Sie ein Haus in ein Haus?« Eine sehr intelligente Bemerkung zur allgemeinen Theaterästhetik.

Und wenn Sie damit aufgewachsen sind, dann sind natürlich diese Jahrhunderthallen befreiende Orte für so einen alten Kutscher, der hunderte Inszenierungen gemacht hat. Befreiung! Und diese Orte zwingen ja zu einem anderen Denken, dazu, die Parameter durcheinander zu werfen.

Der Ort spielt also mit?

Flimm: Ja sicher, der Ort spielt in der grundlegenden Ästhetik mit. Und ich weiß noch, als Luk Perceval hier war, ist er in die Kraftzentrale in Duisburg gegangen und hat nur zwei Worte gesagt: »Penthesilea. Pferde.« Das zündet sofort. In den Regisseuren, die ja wirkungssüchtige Menschen sind, schaltet sich das sofort durch. Und so geht es mir auch. Die Orte spielen eine bestimmende Rolle. Das Festival wäre ja nicht annähernd so spannend, wenn wir diese einzigartigen Orte nicht hätten.

Warum hat gerade eine Landschaft, die vom Niedergang ihrer Industrie schwer gezeichnet ist, für Künstler ein solches Inspirationspotenzial?

Wegen der Geschichte! Wegen dem Erinnerungswert. Die Künstler sind ja an Erinnerung immer interessiert gewesen. Das liegt an dem unvorstellbaren Batzen Geschichte, die in den Räumen nistet. Das riechen sie, wenn sie reingehen. Da ist Blut, Schweiß, Tränen. In jedem dieser Räume ist die gesamte Geschichte des Kapitalismus – und sein Scheitern. Der Dezernent Peter Rose aus Gelsenkirchen hat mir einen Brief geschrieben: »Lieber Jürgen, pass mal auf, dass Du nicht so viel von Kathedralen redest. Das sind keine Kathedralen. Das waren Orte der brutalen Ausbeutung.« Das muss man wissen. Und wenn Sie das wissen und gehen da rein, dann läuft es ihnen ja kalt den Rücken herunter. Hier, Gelsenkirchen, Rhein-Elbe … Wir sitzen da und drüben war der Schacht, da ging's runter. Da sitzen wir drauf. Ich habe eine kleine Wohnung hier um die Ecke, da ist der Boden so *(zeigt mit seinen Händen einen Knick)*. An anderen Orten stehen die Häuser schon schief, weil sich der Boden absenkt. Sie wohnen hier auf einem unglaublichen Schatz von Erinnerung. Es gab mal von Walter de Maria in München eine Installation, bei der ein ca. fünfzig Meter langer Stab in den Boden versenkt war, den sah man natürlich nicht. Oben war nur diese kleine Platte. Und wenn man auf dieser Platte stand, hat man diesen Stab mitgedacht. Weil man wusste, der geht jetzt so weit herunter. Und genauso ist das hier: Wenn Sie auf so einem Boden stehen in so einer Halle, dann stehen Sie genau auf so einer Säule von Erinnerung. Und das ist natürlich einzigartig.

Alfred Biolek im Gespräch mit Jürgen Flimm. Foto: Ursula Kaufmann

Nicht weit von der Bochumer Jahrhunderthalle steht die Ruhr-Universität. Welche Rolle spielt diese Universität in Ihrer Wahrnehmung als Professor und Theatermacher oder welche Rolle würden Sie ihr vorschlagen?

Meine Erfahrung mit der Hochschule war, dass ich in Hamburg das Regieinstitut gegründet habe, mit dem Germanisten Brauneck zusammen. Das war eine überfällige Gründung, weil die Filmhochschulen dem Theater die Begabungen wegnahmen und wir diese wieder konzentrieren mussten. Es gab bis dahin nur zwei, drei kleine Miniklassen von Regie, im Max-Reinhardt-Seminar zum Beispiel zwei, drei Regiestudenten. Wir haben das damals auf eine gute Basis gesetzt. Wir haben auch gute Leute da rausgebracht. Das ist meine eigene Wahrnehmung von Universität, diese ästhetische Erziehung. Und das tut ja wirklich Not. Ich habe neulich eine Diskussion gehabt mit jungen Menschen, mit Alumni eines Stiftungspreises, in dessen Kuratorium ich sitze. Und dann habe ich festgestellt, dass die »schönen Künste«, aber auch die Belletristik gar nicht mehr im Bewusstsein sind. Das heißt, die intensive Sicht auf Ästhetik und auf die schönen Künste ist untergegangen. Die ästhetische Erziehung ist ziemlich flach geworden. Und da ist eine Uni natürlich aufgerufen, dem Widerstand zu leisten.

Wieder geht es um Erinnerung?

Ja, sicher. Es geht um das Bewahren von Fortschritt, das Bewahren von alter, heller Literatur, in der sozusagen die Zukunft nistet. Dass man Schrägdenker wie Kleist behält. Man hat immer das Gefühl, die rinnen einem alle wie Sand durch die Hand. Wenn ich mit den jungen Leuten über Kleist rede, dann gucken die. Wenn ich dann sage, eines der besten Stücke, das es überhaupt gibt, ist *Der Zerbrochene Krug*, dann gucken die. Und dann bekommt man Angst: Jetzt bin ich 64, irgendwann bin ich siebzig, einmal falle ich in die Grube und ich habe die Angst, dass die Gefährten meiner langen Reise durch die Theater irgendwann da liegen bleiben und dass ich nicht in der Lage war, sie weiter zu transportieren, also die Büchners und die Kleists. Das ist auch eine komplizierte und sehr, sehr schwere Aufgabe für die Universität. Natürlich sollten wir auch gemeinsam daran arbeiten. So eine Festival-Institution kann natürlich mit der Uni toll zusammenarbeiten, wenn man gemeinsame Programme entwickelt. Ihr müsst mit euren Bedürfnissen mal zu uns kommen. Und sagen: »Passt mal auf, wir haben das und das Problem. Können wir das nicht gemeinsam machen?« Gibt's ein Seminar parallel zu unseren Sachen? Gibt's ein Seminar über Andrea Breth zum Beispiel? Müsste es doch geben; sie ist eine so bedeutende und, wenn man so will, auch altmodische Regisseurin, die noch über Textexegese arbeitet – und die den alten mühsamen Weg geht, den schönen Weg also.

Das Gespräch mit Jürgen Flimm führten Guido Hiß und Nikolaus Müller-Schöll Anfang August 2005 in Gelsenkirchen.

Im »Eismeer der Geschichte«
Andrea Breth, Christian Boltanski und Jean Kalmann inszenieren *Nächte unter Tage* in der Zeche Zollverein in Essen

Guido Hiß

Essen, Zeche Zollverein, Anfang September 2005. Die Ruhrtriennale steht in der ersten Spielzeit, die Jürgen Flimm als Intendant vertritt. Unter der Überschrift »Romantik« sollen gleichermaßen die Wege in die Abgründe der Seele und der Erde zum Thema werden. Angekündigt ist eine »Szenische Installation« mit Namen *Nächte unter Tage*. Dem Programmzettel kann man wenig mehr als ein paar bekannte Namen entnehmen:

> Erstmalig trifft Regisseurin Andrea Breth mit Christian Boltanski, einem der wichtigsten Protagonisten der internationalen Kunstszene, zusammen. In der atemberaubenden Industriearchitektur der Kokerei Zollverein in Essen werden sie mit dem Lichtkünstler Jean Kalman und dem Dramatiker Albert Ostermaier eine Reise in die mysteriösen Innenwelten der Romantik unternehmen.

Die Reise durch die Kokerei beginnt auf einer Lore. Sie fährt die Gäste der Nacht durch einen langen Tunnel zum ersten Spielort der Installation. Er liegt ganz oben in der turmhohen Kokerei. Früher transportierte hier ein Förderband einen anderen Rohstoff: Kohle. Der Reisende landet in einem hohen Raum, in dem eine schwarze Sängerin sowie hundert Mäntel warten. Sie hängen an Bügeln und fahren langsam durch den Raum. Doch wo sind die Menschen, denen diese Mäntel gehören?

Wir machen uns auf die Suche und beginnen den Abstieg, eine Treppe hinunter. Ein riesiger, roher Raum öffnet sich, der wohl die gesamte Grundfläche der Kokerei einnimmt, ein Fußballplatz passte wohl hinein. Am Eingang sitzen drei Männer an alten Bürotischen, die in antike Schreibmaschinen hacken, was ihnen ein herumwandernder Chef diktiert: Fragmente aus einem Text über das japanische Pachinko-Spiel (das mit den Nägeln und den fallenden Kugeln). Verteilt im riesigen Raum ragen zehn gewaltige Kleiderhaufen. In der

Fotos: Bernd Uhlig

Mitte klafft ein Loch, durch das ein Mann eifrig Kleidungsstücke nach unten schaufelt. Der Wanderer schaut vorsichtig hinab, die Welt ist ein Abgrund. Die Gewänder segeln gemütlich in einen gigantischen Schacht, der sich nach unten trichterartig verjüngt. Ganz unten verschwindet alles in einer dunklen Öffnung; früher war es vermutlich die Kohle.

Wir treiben in ein groteskes Treppenhaus, das sich an den Innenwänden der gewaltigen Anlage nach unten rankt wie eines der absurden Labyrinthe von M. C. Escher. Der Wanderer ist darauf gefasst, sich selbst zu begegnen, mit dem Kopf nach unten. Er begegnet immerhin Udo Samel. Der Schauspieler steht, wo die Treppe in eine kahle Zwischenetage mündet und redet pausenlos: lauter Weisheiten, Aphorismen und prätentiöse Sentenzen. Nachdenken über Welt und Mensch: »Wenn die Affen es dahin bringen, Langeweile zu haben, so könnten sie Menschen werden.« Mit dem Abstieg wird es tiefgründig! Wir retten uns an Samel vorbei.

Die Zwischenetage besteht aus fünf Räumen. Große Aussparungen geben den Blick auf den zentralen Schacht frei. Man kann den herabschwebenden Kleidungsstücken zusehen und beobachten, wie der finale Trichter sie gelassen verschluckt. In jedem dieser Zwischenräume sitzt ein Schauspieler. Einer liest in einem Buch, einer sitzt neben einer Weinflasche, über ihm tickt eine

Guido Hiß

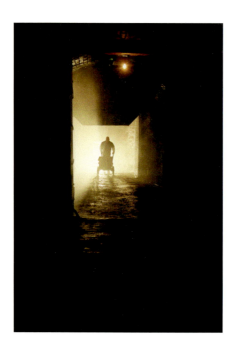
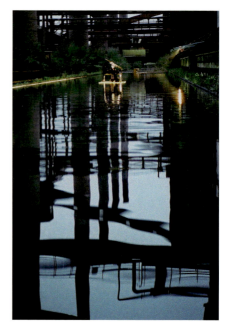

Uhr. Der Besucher hört ihm eine Weile zu: ein Bericht über einen Alptraum, der einen erlebten Sturz ins Grab zum Thema hat, ein Verschwinden in der Erde. Die Schreibstube im Nebenraum beruhigt uns. Obwohl sie, insbesondere durch zwei Reihen von schwarzen Bänken, eher wie eine Trauerkapelle aussieht. Anstelle von Gebetbüchern liegen schwarze Hefte herum. Irgendwo sitzt ein fleißiger Dichter und kritzelt eifrig in eines der Hefte. Der Sucher findet darin Kopien von alten Zeitungsartikeln, in denen es um ein Grubenunglück, eine »Schlagwetterexplosion«, von 1941 geht. Langsam dämmert ihm, wo die Menschen geblieben sind, denen die Kleidungsstücke im Eingangsbereich gehörten.

Plötzlich ertönt Geschrei von nebenan. Samel und zwei weitere Bewohner der Tiefe hauen sich leidenschaftlich Sentenzen um die Ohren; das hat keinen Zusammenhang, allenfalls im Zusammenhanglosen. Zurück in die Kapelle! Jedes der schwarzen Hefte enthält handschriftliche Spuren der Arbeit des fleißigen Dichters, wiederum Aphorismen und mehr oder weniger gewichtige Sentenzen. »Wenn die Affen es dahin bringen, Langeweile zu haben, so könnten sie Menschen werden.« Aha! »Ich werfe eine Flaschenpost ins Eismeer der Geschichte.« Genial? »Der Gedanke ist die unsichtbare Natur, die Natur der unsichtbare Gedanke.« Die »mysteriösen Innenwelten der Romantik« wohnen offensichtlich hier unten.

Zurück ins Treppenhaus! Langsam verliert der Wanderer sein Zeitgefühl. Es geht tiefer und tiefer hinunter, Reise zum Mittelpunkt der Erde, Reise in den Abgrund des Unbewussten. Wiederum öffnet sich ein gigantischer Raum, fußballfeldgroß. Irgendwo in der Ecke quäkt eine melancholische Quetschkommode. Einige Zuschauerinnen stehen reglos wie Statuen, vom Anblick des spärlich beleuchteten Environments gefesselt. Man kann sich nur unsicher bewegen, denn der Boden ist über und über mit Kleidungsstücken bedeckt. Hier landen die alten Klamotten, regnen aus einem gewaltigen Stutzen herab, der aussieht wie ein umgedrehter Kegel. Das wirkt atemberaubend fremdartig, völlig absurd und vermittelt sich zugleich in einer unverschämten Selbstverständlichkeit. Als ob es genauso sein müsste, als ob es immer so gewesen sei – wie im Traum.

Es geht noch weiter hinunter. Die gewaltigen Räume verschlucken die Menschen. Der Reisende stößt auf fünf alte Männer vor einem eisernen Wandregal. Es ist so dunkel, dass man sie zunächst kaum wahrnimmt. Auf dem Regal liegen seltsame Walzen. Die Männer schichten die Objekte nach einem geheimnisvollen Plan um. Was geht hier vor? Was ist das: der Einstig ins industrielle Purgatorium? Die ewige Reproduktion sinnentleerter Arbeit? Das Totenreich der Ruhrindustrie? Es ist unerträglich heiß: Wir wandern schon weit unter Tage. In Dürrenmatts Erzählung *Der Tunnel* rast ein Zug unrettbar ins Innere der Erde.

Endlich Licht! Ein beleuchteter Verschlag wartet in einem riesigen Raum. Er erinnert an einen alten Bahnhof-Wartesaal. Der Verschlag hat ein Fenster, davor stehen ein paar Stühle, ein weiterer Wanderer sitzt herum und beobachtet gelassen, was in der Kabine passiert: nichts. In der Wartestube stehen sechs Stühle, an den Wänden verteilt. Auf einem sitzt eine alte Frau in Trauerkleidung, daneben ein uraltes Radio. Die Schlagwetterexplosion von 1941, das Unglück von Lengede: Die Tiefe verbirgt furchtbare Geschichten, vergrabene Katastrophen.

Die nächste Station ist zunächst die schlimmste. Der Irrfahrer stolpert in einen Nebelsee. Nur sein Kopf ragt noch über die Wolkenfläche. Der Kopf ist vom Körper getrennt. Ein Gefühl völliger Verunsicherung, von unten ertönen schnaufende Geräusche. Ein kurzer Tauchgang klärt die Lage: alles halb so schlimm, eine Nebelmaschine grunzt vor sich hin. Der Eindruck einer milchigen Wasseroberfläche wird durch Spotscheinwerfer erweckt, die links und rechts auf Schulterhöhe angebracht sind und aus dem Nebel eine Fläche herausschneiden. Der Reisende beobachtet fasziniert die Wolkenbildung. Er breitet die Arme aus und beginnt herumzufliegen – durch den Äther der Unterwelt. Es sieht zum Glück niemand zu.

Wir treffen auf einen tristen Raum mit Akkordeonspieler und einer Frau in Schwarz. Er führt in eine mannshohe Röhre, in der Wasser steht, am anderen Ende wartet ein gewaltiger Ventilator. Vorsichtig wagt sich der Wanderer durch diese Ballung weiblicher Traumsymbolik und wird dafür wacker beregnet. Endlich hindurch, wartet der nächste Schrecken: Mit enormem Getöse schiebt ein Arbeiter eine riesige Schubkarre durch den schmalen Gang. Der Traum wird langsam zum Alptraum. Weiter! Der Dulder stolpert in einen Raum, von dessen Decke schwarze Schuhe wie Totenvögel hängen. Durch eine Luke sieht man einen Mann in einer Badewanne ohne Wasser liegen, ist er tot?

Der Reisende ersehnt das Licht des Tages, doch es geht noch weiter nach unten. Endlich kommt die letzte Tür. Aus dem Dunkel schälen sich ein paar trübe Funzeln heraus. Der Wanderer landet in einer Schatten-Kneipe, auf den Tischen stehen Krüge mit Wasser, Körbe mit trockenem Brot und Oliven, jemand geistert herum, füllt nach, arrangiert um. Doch keiner der wenigen Gäste dieser Hades-Restauration bedient sich, alle starren in eine Richtung. Wir sitzen im Freien! Vor uns erstreckt sich ein atemberaubendes Bild. Rechts ragt die gigantische Stahlwand der Kokerei in den Himmel der Nacht. Bis zum Horizont schwimmt ein See in einem metallenen Bett. In der Mitte, auf einer Insel, brennt ein Feuer. Dahinter markieren enorme Stahlskelette den Horizont, ein postapokalyptischer Anblick von düsterer Wucht.

Es wäre dieser wunderbaren Installation würdig, sie genauer auf das angespielte romantische Potenzial zu untersuchen, den nächtlichen Verweisen nachzugehen, von Novalis' *Hymnen an die Nacht*, über Schopenhauers Todesmetaphysik bis hin zu Wagners *Tristan und Isolde*. Die *Nächte unter Tage* bilden eine der wenigen Produktionen, die dem romantischen Motto dieser Spielzeit wirklich gerecht werden. Die Frage ist, ob diese Inszenierung auch einem anderen Anspruch entspricht, der tief in der Programmatik des Festivals wohnt und die Köpfe der Revier-Politik und der hiesigen Intelligenzija seit Jahren bewegt hatte. Gemeint ist das Projekt einer künstlerischen Neuerschließung von Standorten der untergegangenen Schwerindustrie, insbesondere ihre szenische Revitalisierung, womöglich ihre Weihung zum Tempel der Arbeit. Dass deren »Pathos […] sich antiken Tempelresten an die Seite stellen lässt«, steht in einem programmatischen Text von Konrad Schilling im Rahmen des »Perspektivplans Kulturmetropole Ruhr« von 2006.

Es ging und geht der Ruhrtriennale um die Begegnung einer szenischen Gegenwart mit einem architektonischen Erbe. In historischen Anlagen spielend, muss sie sich der Geschichte der Orte stellen. Doch viele Inszenierungen, Koproduktionen zumal, ignorieren die semantische Eigendynamik der Orte. Viele staunen, zeigen sich fasziniert, aber wissen nichts mit den bizarren Spielorten anzufangen. Nur wenige und herausragende Produktionen stellen sich der Geschichte des Gemäuers, integrieren den *genius loci* in den *genius ludi*. Doch keine einzige der Inszenierungen, die sich ins »Eismeer der Geschichte« wagten, verbanden damit mythisierende Absichten.

Die von der Industrie verlassenen Produktionsorte sind keinesfalls unschuldige Räume; wer sie zu mythischen Orten deklarieren will, zu Weihestätten eines »Mythos Ruhr«, übersieht ihre dunkle Geschichte. Hier hat zum Beispiel die Firma Krupp Kanonen produziert, für drei entsetzliche Kriege. In diesen Produktionsstätten haben sich nicht nur deutsche Arbeiter zu Tode geschuftet. Wer wissen will, wie die Arbeitsbedingungen in der Montanindustrie aussahen, kann sich ihre Rekonstruktion ansehen, etwa im Bochumer Bergbaumuseum. Das Horrorszenarium reicht von der Staublunge über die Situation der lebendig Begrabenen bis zur tödlichen Schlagwetterexplosion.

Die großen Inszenierungen der Ruhrtriennale, *Nächte unter Tage* zumal, belegen die kritische Kraft des Ästhetischen. Diese Installation bringt die Kokerei nicht als Tempel der Arbeit ins Spiel oder als Abenteuerspielplatz eines regionalen Marketingkonzepts (»Verbesserung der Außenwahrnehmung«). Sie gräbt sich in die Geschichte des Gebäudes ein, legt das fatale Fundament frei, das menschliche Unglück, das die historische Realität der Industrieruinen maßgeblich prägte. Die *Nächte unter Tage* vermitteln die verdrängte Seite der Ruhr-Geschichte als eindringliche ästhetische Erfahrung. Breth, Boltanski und ihr Team unterlaufen das mythische Muster, verweigern sich jeglicher Instrumentalisierung für einen außerkünstlerischen Zweck. Das Gedächtnis eines problematischen Raums sondierend, liefert die Installation zugleich Beispiel für eine Kunst, die gerade nicht über den Dingen schwebt, sondern sich, szenisch forschend, in sie hineingräbt. Die ästhetische Konsequenz dieser Installation macht die historische Nacht zum Tage – ein Höhepunkt des Festivals, weit über Flimms Intendanz hinaus.

Premiere bei der Ruhrtriennale: 25. August 2005 / Künstlerische Leitung: Andrea Breth, Christian Boltanski und Jean Kalmann / Texte: Albert Ostermaier / Musik: Elena Kats-Chernin / Sounddesign: Markus Aubrecht und Alexander Nefzger / Mit: Jens Harzer, Cynthia Haymon, Elisabeth Leonskaja, Udo Samel

»Es geht um die Zerstörung von Körpern«
Christian Boltanski über *Nächte unter Tage*

Dina Netz

Christian Boltanski, geboren 1944 in Paris, ist einer der bekanntesten internationalen Künstler. Seit den sechziger Jahren spürt er in seinem vielfältigen Werk den Spuren der Erinnerung, den Abgründen des Herkommens und den dunklen Seiten des Lebens und der Geschichte nach – in Filmen, Fotografien, Rauminstallationen. Für die Ruhrtriennale 2005 bereitete Boltanski zusammen mit der Regisseurin Andrea Breth und dem Lichtdesigner Jean Kalman eine »szenische Installation« vor mit dem Titel *Nächte unter Tage*, die in der Mischanlage der Kokerei auf der Essener Zeche Zollverein zu sehen war. Vor der Premiere sprach Dina Netz mit dem französischen Künstler.

Da Ihre Kunstwerke oft temporär sind, passt das Theater eigentlich gut zu Ihrer Arbeit ...

Ja, ich arbeite schon seit langem fürs Theater. Mich interessiert daran, eine Form zu finden zwischen der künstlerischen Installation und dem Spiel. Doch diese Projekte unterscheiden sich alle von üblichen Theaterprojekten. Einerseits dauern sie lange, oft vier oder sechs Stunden; andererseits kann man rein- und rausgehen, wann man will, das ist also wie bei einer Kunstausstellung. Es ist mir wichtig, dass die Zuschauer über ihre Zeit verfügen. Außerdem lege ich Wert darauf, dass man nicht vor einer Darbietung sitzt, sondern in etwas involviert ist – der Zuschauer muss einen Weg zurücklegen, sich bewegen.

Sie haben betont, dieses Projekt als Team zu leiten – heißt das, alle sind für alles zuständig?

Ich weiß nicht, was das ist: ein Bühnenbildner. Dieser Beruf erscheint mir vollkommen lächerlich. Ich habe das ein paar Mal gemacht, und es ist meist ziemlich schiefgegangen. Hier handelt es sich wirklich um eine gemeinsame Arbeit, die wir zu dritt prägen, ohne dass einer von uns besonders hervorsticht.

Fotos: Bernd Uhlig

Wie genau muss man sich vorstellen, was in der Kokerei der Zeche Zollverein passieren wird?

Es gibt einen Ablauf, einen Weg, und dieser Weg hat keine exakt definierte Zeit. Während der Aufführung geschieht eine Reihe von Dingen, die so etwas sind wie Stationen auf dem Leidensweg Christi. Diese Ereignisse können Schauspiel, Musik, aber auch Sinneseindrücke sein – zum Beispiel dass man auf etwas drauftritt, von etwas geblendet wird, im Dunkeln steht, sich verläuft. Ich versuche meine Arbeit immer mit einem Beispiel zu erklären (und hier spreche ich nicht unbedingt für Andrea Breth): Stellen Sie sich vor, Sie kommen an einer Kirche vorbei. Sie sind nicht besonders gläubig, aber weil Sie einfach Lust dazu haben, betreten Sie die Kirche. Dort läuft eine Zeremonie ab, die Sie nicht verstehen. Der Pfarrer hebt die Arme, Weihrauch, Musik, Menschen, die aufstehen und sich wieder setzen, die Sonne scheint durch die Fenster. Sie erfassen nicht genau, was geschieht, aber Sie wissen, dass es von Bedeutung ist. Und dann treten Sie wieder hinaus ins Leben. Das ist die beste Definition, die ich von meiner Arbeit für die Ruhrtriennale geben kann.

Als thematischer Ausgangspunkt dient die Erzählung Die Bergwerke zu Falun *von E.T.A. Hoffmann. Der Protagonist Elis Fröbom reist darin nicht nur in den Berg, sondern – als guter Romantiker – auch in sein eigenes Inneres. Ist das das Ziel dieses Weges?*

Ja, das ist auf jeden Fall auch darin enthalten. Diese Reise hat sehr viel mit dem Raum zu tun. Man fährt mit der Seilbahn auf das Dach – man bricht also auf Richtung Himmel –, und dann steigt man hinab in die Tiefen der Erde. Dazwischen liegen verschiedene Ebenen und Stationen. Ich verstehe das auch ein bisschen so, dass am Anfang Körper stehen und am Schluss Seelen; also ist dieser Weg der vom Körper zur Seele. Zu Beginn gibt es eine größere Menge menschlicher Kleidungsstücke, die die Körper repräsentieren, und diese Kleidungsstücke zerfallen immer weiter, sodass am Ende nur noch die Seelen übrig sind.

Wie verbinden Sie Ihre Aufführung mit dem Ort, der Kokerei?

Auf der einen Seite gibt es diese Idee des Hinabsteigens, ins Zentrum von etwas vorzustoßen. In E.T.A. Hoffmanns Text steht im Zentrum ja schließlich das Licht. Also steigt man immer weiter hinab und kann in den Tiefen das Licht finden. Außerdem arbeiten wir auch mit dem Begriff der Transformation, in Analogie zur Zeche, die die Gestalt der Kohle verändert.

Spielt das Ruhrgebiet nur durch den Ort oder auch inhaltlich eine Rolle?

Ich glaube, man muss die ehemaligen Bergarbeiter in das Projekt einbinden. Denn die Zechen sind prachtvolle Bauwerke, die für die Erinnerung unbedingt bewahrt werden müssen. Gleichzeitig glaube ich aber auch, dass es für einen Bergmann, der nach 20 Jahren seine Arbeit verloren hat, schmerzhaft sein muss zu sehen, dass der Ort, der ihm gehörte, seine Zeche, sein Arbeitsplatz, jetzt ein Ort für die Reichen ist. Denn auch wenn das Museum für alle geöffnet ist, gibt es eine kulturelle Barriere – sie fühlen sich dort nicht mehr zu Hause. Deshalb wollen wir ehemalige Bergarbeiter an *Nächte unter Tage* beteiligen.

Kehren wir zurück zu den Romantikern: Novalis oder E.T.A. Hoffmann zum Beispiel begeisterten sich durchaus für den Bergbau – das Innere der Erde als Tor zum eigenen Inneren. Natürlich haben sie sich aber auch mit den entfremdeten und zerstörerischen Aspekten des Bergbaus auseinandergesetzt. Spielt diese ambivalente Sichtweise der Romantiker in Nächte unter Tage *eine Rolle?*

Wir legen für unsere Aufführung eher den Akzent auf die zerstörerischen Aspekte. Aber es gibt tatsächlich diese zwei Elemente: die Fabrik als Zerstörerin des Menschen und gleichzeitig der Weg zur Erkenntnis in der Erde. Vieles von dem, was wir zeigen werden, wird extrem schwer erträglich sein, nicht physisch, aber moralisch, denn es geht um die Zerstörung von Körpern. Das ist kein Zeitvertreib, das ist eine Reise der Beklemmung, die aber am Ende tatsächlich zu einer Art göttlichem Licht führen kann.

Hat unsere Zeit nicht ziemlich viel mit dem 19. Jahrhundert gemeinsam: auf der einen Seite eine entfesselte Ökonomie, auf der anderen Seite die Suche nach Sinn, der Rückzug ins Private, die Respiritualisierung?

Ich denke häufig, dass unsere Epoche der romantischen Periode in Deutschland sehr ähnelt. Man kann die deutsche Romantik nur verstehen, indem man das vollständige Scheitern der Französischen Revolution sieht, was Napoleon und Hunderttausende Tote zur Folge hatte. Deshalb konnten sie keiner kollektiven Utopie von der Veränderung der Welt auf politischem Wege mehr Glauben schenken. Die deutschen Romantiker lebten in einer konservativen Welt, in der sie nicht glücklich waren. Aber sie wussten, dass eine politische Utopie extrem schwierig umzusetzen ist. Und daher haben sie sich auf eine individuellere und mystischere Utopie zurückgezogen. Was ich jetzt sage, ist nicht sehr originell: Meine Generation war ebenfalls sehr stark mit der politischen Utopie verbunden – wir haben durch die unzähligen Toten Stalins und das Scheitern des Kommunismus gelernt, dass die Utopie zu Katastrophen führt. Daraus resultierten Ablehnung und Angst vor der Utopie und eine Rückkehr der Skeptiker, Spötter und Individualisten. Aber es ist nicht möglich, ohne Utopie zu leben. Und deshalb gibt es jetzt nach dieser sehr unglücklichen utopielosen Zeit vielleicht wieder eine Rückkehr der Utopie. Man spürt heute das noch schwache Beben einer neuen Utopie, die vielleicht eine mystische oder eine andere politische Form annehmen wird. Und so nähern sich die Epoche der Romantiker und unsere einander an.

Dina Netz führte das Interview mit Christian Boltanski vor der Uraufführung 2005.

Ein »Raumschiff des Geistes«
David Pountney inszeniert Zimmermanns
Die Soldaten in der Jahrhunderthalle Bochum

Thomas Böckstiegel

Ein Novum. Erstmals nimmt die Ruhrtriennale 2007 mit Bernd Alois Zimmermanns *Die Soldaten* eine Produktion wieder auf. Zu schade sei es, einer solch aufwendigen Inszenierung nur fünf Aufführungen zukommen zu lassen. Tatsächlich sprengt dieses Werk die Möglichkeiten herkömmlicher Häuser – allein das Schlagwerk füllt einen durchschnittlich bemessenen Orchestergraben. Dazu kommt die Besetzung von 22 Solisten. Gute Kritiken, eine mit dem Preis der Schallplattenkritik ausgezeichnete DVD-Produktion (Bildregie: Hannes Rossacher) sowie die Einladung ins New Yorker Lincoln Center sorgten dafür, dass sämtliche Karten lange vor Spielzeitbeginn ausverkauft waren.

Schon vor der Premiere 2006 wurde mit Berichten über den Aufwand geworben, den diese Produktion in technischer Hinsicht bereitete. Massive Eisenbahnschienen wurden in die zweckentfremdete Gebläsehalle verlegt, auf die ein gigantischer Tribünenaufbau gesetzt wurde, um das Publikum durch den länglichen Teil der Jahrhunderthalle über eine Strecke von 120 Metern zu fahren. Angesichts einer Berichterstattung, die davon wie von der neuen Attraktion eines Vergnügungsparks für Kulturbegeisterte erzählte, fiel es schwer, sich in Erinnerung zu halten, dass dieser Aufbau eigentlich nur Mittel zum Zweck der Inszenierung war. Oder wurde die Opernaufführung instrumentalisiert, um zu zeigen, welche technischen Möglichkeiten das Festival hat?

Die Festivalmacher proklamierten stets die idealen Bedingungen der Jahrhunderthalle für eine Inszenierung dieser Oper: Schließlich fordere der Komponist ein Lossagen vom konventionellen Opernhaus hin zum »omnimobilen, absolut verfügbaren architektonischen Raum«, einem »Raumschiff des Geistes«. Zimmermann verlangt für die »Zukunft der Oper« einen totalen Theaterraum, wie man ihn von den Visionen Piscators kennt.

Die Partitur der Soldaten enthält einen immensen Anteil szenischer Anweisungen, zu denen auch der Einsatz von Tonbandeinspielungen und Filmprojektionen zählen. Diese sollen die Handlung an verschiedenen Stellen szenisch verdichten. So soll die Wahrnehmung der Rezipienten auf multiplen Wirkungsebenen beansprucht werden, um die musiktheatrale Umsetzung der Lenzschen »Komödie« über die junge Marie Wesener erlebbar zu machen, die durch den Kontakt mit den Soldaten aus ihrem bürgerlichen Umfeld gerissen und schließlich als Hure an den Abgrund der Gesellschaft getrieben wird. Überraschend angesichts der Überwältigungsästhetik, der David Pountneys Regiekonzept verpflichtet scheint, ist der Verzicht auf die Projektionen. An ihre Stelle rückt die fahrbare Tribüne, die wie das Medium Film zu Zeiten der Uraufführung (1965) für die Opernbühne eine neue Theatererfahrung darstellt. Durch die Inszenierung des gesamten Hallenabschnitts spielt Pountney nicht nur mit der Tiefe des Bühnenraums, wenn er verschiedene Parallelaktionen, die den Zuschauer zur Selektion zwingen, auf einem Steg reiht. Vielmehr inszeniert er die ganze Halle, indem die Architektur stets präsent gehalten wird und z. B. die Decke mit einem eigenen Lichtkonzept versehen ist, welches durch verschiedene Lichtstimmungen einen Bezug zum dramatischen Bühnengeschehen bildet.

Die u-förmige Zuschauertribüne besteht aus zwei langen Seitenteilen, die parallel zum Steg verlaufen, und einem Mittelteil mit ansteigenden Sitzreihen. Durch ein Loch in der Tribünenmitte führt der Bühnensteg, welcher nur wenige Meter breit ist. Dieser ist mit verschiedenen Bodenbelägen ausgestattet, die sich in der Länge des Stegs abwechseln und je eine viereckige Fläche bilden. Durch die szenischen Aktionen wird klar, dass hiermit Räume bzw. Handlungsorte geschaffen und voneinander abgetrennt werden. Für die gesamte fahrende Tribüne bedeutet das aber nicht nur, dass durch die Fahrt szenische Handlungsorte erschlossen werden, sondern vor allem, dass der Raum ähnlich einer Ziehharmonika – je nach Fahrtrichtung – größer bzw. kleiner wird. Schließlich bildet die Tribüne eine optische Rückwand des schlauchartigen Hallenabschnitts.

Immer deutlicher wird es, wer im Mittelpunkt dieser Inszenierung steht: Es ist die Halle selbst. Sogar die Kostüme verweisen auf das industrielle Ungetüm aus der Gründerzeit und ordnen die Inszenierung damit in einen ästhetischen Rahmen der Wende zum 20. Jahrhundert ein. Von aller Technik entschlackt und in einen herkömmlichen Opernraum versetzt, würde die Bildästhetik dieser Inszenierung in ihrer Konventionalität an werktreu anmutende Inszenierungen à la MET erinnern. In der Jahrhunderthalle wird sie dagegen zur historischen Referenz. Selbst die psychoanalytische Figurenanalyse, welche die stückimmanente Dramaturgie stark simplifiziert, kann als Verweis auf die Gründerzeit der Psychoanalyse bewertet werden. Vor dem Hintergrund, dass die Jahrhunderthalle im Ersten Weltkrieg als Produktionsstätte für Panzer- und Waffenteile genutzt wurde, sind weitere Bezüge zwischen Stück und Halle konstruierbar.

Foto: Ursula Kaufmann

Pountneys Regie erreicht damit das, was die Ruhrtriennale sich seit ihrer Gründung auf die Fahnen geschrieben hat: eine Synthese zwischen Hoch- und Industriekultur. Bedenklich ist diese Art der Anpassung an den Raum aber trotzdem, da durch eine derart authentische Historisierung des Visuellen die Oper in eine ästhetische Schutzhülle gepackt wird, ohne einen bildhaften Gegenwartsbezug zu kreieren. Andererseits wurde aber das Konzept der sensuellen Stimulation, ein wesentlicher Bestandteil dieser Komposition, modernisiert und so funktional revitalisiert. Dies macht den Abend nichtsdestotrotz zu einem für die Zuschauer – in zweifacher Hinsicht – bewegenden Erlebnis.

Premiere bei der Ruhrtriennale: 5. Oktober 2006 / Regie: David Poutney / Musikalische Leitung: Steven Sloane / Bühnenbild: Robert Innes Hopkins / Kostüme: Marie-Jeanne Lecca / Choreografie: Beate Vollack / Mit: Claudia Barainsky, Andreas Becker, Bernhard Berchtold, Robert Bork, Adrian Clarke, Helen Field, Kathryn Harries, Peter Hoare, Christoper Lemmings, Frode Olsen, Claudio Otelli, Katharina Peetz, Jochen Schmeckenbecher, Hanna Schwarz, Michael Smallwood, Dieter Suttheimer, Adrian Thompson, Beate Vollack, Robert Wörle und den Bochumer Symphonikern

Fotos: (l.) Matthias und Clärchen Baus, (r.) Ursula Kaufmann

Andreas Wilink

Herzstücke und Denkspiele
Johan Simons probt Calderóns *Das Leben ein Traum*. Ein Besuch in Gent

Andreas Wilink

Wenn man vor dem NTG, dem Niederländischen Theater Gent, steht, das seit einer Saison Johan Simons leitet, der den Ruhm von Flandern mit der von ihm umgekrempelten, verjüngten und vitalisierten »Utopiefabrik« mehrt, wird der Blick auf den historischen Stadtplatz dominiert von der Sint-Baafs-Kathedrale. Ihr berühmtestes Kunstwerk, Van Eycks *Lamm Gottes* von 1432, auf dem der Weltkreis die aus wolliger Brust in einen Kelch blutende sanfte Allegorie Christi anbetet, vertraut noch einer vom Heiligen Geist überstrahlten Harmonie und Symmetrie, Ordnung und Einheit, auch wenn sich links aus einem Gebüsch schon die Inquisition halb hervortraut.

Beinahe exakt 200 Jahre später – 1635 erscheint Calderón de la Barcas *Das Leben ein Traum* – sieht das Abendland nach Luther, Bildersturm und Gegenreformation, Bauernkrieg, Bartholomäusnacht und Autodafés, Konflikten zwischen Katholischer Liga und protestantischer Allianz ganz anders aus.

Die Ruhrtriennale 2006 widmet sich dem Zeitalter des Barock und untersucht Heils-Konstruktionen in einer heillosen Zeit. Wenn das kein aktuelles Thema ist – auch jenseits von Guantánamo oder der Hinwendung zu tempi passati. Für Johan Simons zumal, der als Regisseur Stoffe auf ihre Gegenwärtigkeit überprüft. Vor drei Jahren etwa hat er an den Münchner Kammerspielen Heiner Müllers Shakespeare-Kommentar *Anatomie Titus Fall of Rome* inszeniert und das krude Blutstück in protestantischer Ästhetik mit wenigen Zeichen und luzidem Formbewusstsein zum grandiosen Denkspiel geklärt.

Für Jürgen Flimms zweiten Festival-Zyklus kehren zwei Künstler ins Revier zurück, die Gerard Mortier bereits eingeladen hatte: Alain Platel, dessen Tanztheater *Wolf* Mozart in den Suburbs lokalisierte, mit einer Monteverdi-Vesper. Und Simons mit Calderón, der noch in einem weiteren Sinn an die Mortier-Ära erinnert, als sie Paul Claudels Großes Welttheater *Der seidene Schuh* produziert hatte – ein Werk, das ohne das Vorbild Calderón nicht denkbar gewesen wäre. Flimm ist von Simons derart angetan, dass er ihn inoffiziell zum »Oberspielleiter« befördert, und überhaupt animiert vom reellen, unkapriziösen

Genter Kreativ-Klima: »Ihr seid so anders«, flapste er – vermutlich eingedenk deutsch-österreichischer Kunst- und Künstler-Blähungen.

Calderón, Hofkaplan, der für Madrid Fronleichnamsfestspiele verfasste, und Priestersoldat, der 1625 bei der Schlacht von Breda dabei war, als die Festung der Oranier fiel, ließe sich als katholischer Shakespeare bezeichnen. Wie passt dieser »Dichter der Etikette« (Alfred Kerr) zu Simons, dem nüchternen Niederländer? Vielleicht insofern, als die Versuchsanordnung des Stückes ein Menschen-Experiment durchführt. Ein Thema, das Simons beschäftigt: etwa in seiner Roman-Adaption von Houllebecqs *Elementarteilchen* 2004 in Zürich. Die Frage nach dem »Neuen Menschen« – bei Houllebecq am Endpunkt von Individualität und Sexualität angelangt, für Calderón im 17. Jahrhundert noch ein frischer Utopie-Entwurf. Bei seiner Umsetzung von Houellebecq habe er für die Figuren der Brüder Bruno und Michel die Fragilität von Giacometti-Plastiken vor Augen gehabt, erläutert Simons. Und an die Malerei der holländischen Alten Meister gedacht, auf deren Gemälden oft nur am unteren Bildrand das Gewimmel der Welt existiere, während darüber viel Luft, viel Leere, viel Freiraum sei.

Bei Calderón werde es anders aussehen, »wilder«, vermutet Simons, dessen letzte Arbeiten sehr »kahl« gewesen seien, sodass er nun gern »große Bilder« entwerfen würde.

Auch das habe mit Spanien zu tun. Bei Calderón denke er stets an Buñuel, in dessen Filmen dem Kultivierten jederzeit Bedrohung, Auflösung, Gewalt inne wohnt.

Das Leben ein Traum handelt von Vater und Sohn: vom König von Polen, dem die Sterne einst weissagten, dass sein Sohn zum Mörder an ihm werde und ein Monstrum. Also lässt er den Knaben wegsperren. Erwachsen geworden, wird Sigismund frei gelassen – auf Bewährung und inthronisiert. Er erfüllt zunächst die arge Prophezeiung, wird erneut in den Turm verbannt – und erhält eine zweite Chance.

Ihre kondensierte Fassung, so Simons, wolle zeigen, dass »das Dunkle nötig sei, um ins Licht zu gelangen«. Den zweiten Teil hätten sie übertitelt mit »Der Sündenbock« und den Schluss-Akt »Der Kampf mit sich selbst« genannt. Prinz Sigismund verwandelt sich gewissermaßen vom Ödipus zum Parsifal, überwindet sich selbst. Er, dem Schlimmes angetan wurde, wähle nicht die Rache, sondern die Menschlichkeit, und etabliere ein neues Menschenbild, sagt Simons. Philosophisch sei das zwar nichts Neues gewesen. Dennoch: »Vergebung« stehe am Ende und schaffe damit einen Anfang. Theater fungiert als Hoffnungs- und Glaubensort.

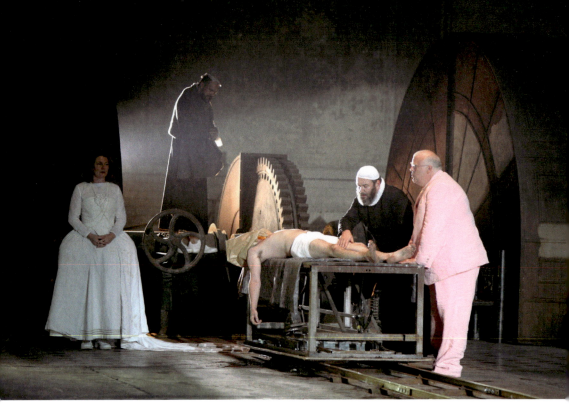

Fotos: Ursula Kaufmann

Der Gott seiner Kindheit, sagt der 1946 in einem Dorf bei Rotterdam geborene Simons, hat »meine Angst vergrößert und war zugleich trostreich«. Er erinnere sich an halbstündige Abendgebete, an Zwiegespräche. Sehr evangelisch. Keine katholische Formeln, sondern Dialog. Ein Gott, mit dem man von Du zu Du redet – und streitet.

Wie die Triennale-Produktion *Sentimenti* 2003 von Simons/Paul Koek und *ZT Hollandia* wird das neue Projekt eine musikalische Struktur haben: Peter Vermeersch lässt sich dafür von Johann Sebastian Bach inspirieren.

Wiederum ein Kontrastprogramm. Technik der Gegensätze. *Sentimenti* – nach Ralf Rothmanns Roman *Milch und Kohle* – löste sich auf durch die und in die Opernmusik Verdis. Rothmann erzählt von Aufbruch und Abschied und den Fliehkräften der Jugend. Eine Familie in den sechziger Jahren zwischen Essen-Borbeck und Oberhausen-Osterfeld, als die Gute-Hoffnungs-Hütte noch nicht Symbol des Niedergangs war. Anders als die musikalische Sozialisation der Hauptfigur Simon Wess, der die *Stones* und *Beatles* hört, unterstützt hier Verdi die Szenenfolge mit Arien und Duetten als Beschwörungsformeln und emotionalen Verstärkern, die aber nie illustrierend wirken, sondern gegen das Süffige revoltieren und Fülle des Wohllauts einschmelzen.

Wenn für Calderón, den Dichter katholischer Liturgien, der deutsche Komponist der Passionen und überwältigenden Choral-Gesänge – salopp gesagt – den Sound liefert, wird und soll sich Reibung herstellen. Solche »komplizierte Dramaturgie«, die den linearen Ablauf in Parallelaktionen gliedert, die repetiert, arretiert und reflektiert, interessiert Simons. »Die Musik muss selbstständig sein. Da bin ich streng und hatte meine Erziehung durch meinen Partner Paul Koek.« Die beiden arbeiten seit 20 Jahren zusammen.

1985 gründete sich die legendäre Gruppe *Hollandia*, mit der allein Simons in eineinhalb Jahrzehnten über 40 Inszenierungen geschaffen hat. Sein künstlerischer Beginn reicht noch ein paar Jahre weiter zurück. Damals lautete die Vorgabe, das Theater zu den Menschen zu bringen. Das war so in Holland, wo »das Theater keine einzige Wirkung hat«, wie die Kritikerin einer Amsterdamer Zeitung harsch urteilt. Gruppen bereisten wie fahrendes Volk die Lande, spielten in einem Zirkuszelt – als Teil des Modells Regiotheater und sogenannten Werktheaters. Eines der Ensembles um Simons nannte sich *Wespe* – wie das Insekt, das sticht und dann fix die Fliege macht. Ein Mitarbeiter aus dieser frühen Phase sagt: »Johan ging weg, um berühmt zu werden.« Das Ziel hat er erreicht. Soeben hat er bei Gerard Mortier an der Pariser Oper sein Musiktheater-Debüt mit Verdis *Simon Boccanegra* gegeben, wofür ihn die französische Presse abgekanzelt, die deutsche Kritik indes belobigt hat.

Wieder war er seinem Prinzip gefolgt, einen Stoff »mit Realität zu begründen«, zumal da er das Grundthema Macht und Politik in sich trägt. Das gilt für Verdi wie Calderón, für dessen Schlusstableau der Regisseur bereits ein Bild im Kopf hat: Wie bei einer südamerikanischen Revolutionsfeier pflanzen sich die Herrschenden auf dem Balkon vor Mikrofonen auf und präsentieren sich dem Volk.

Realitäts-Begründungen – dafür braucht es nicht viel. Einen Erdhaufen, eine Halle, die nicht aufgerüstet sein muss wie die Jahrhunderthalle, wo *Sentimenti* auf einem aus Briketts geschichteten Feld spielten, oder wie der Landschaftspark Duisburg, wo Simons *Fall der Götter* nach Visconti gezeigt hat. Es reicht eine einfache Spielfläche, Podien, eine schrundige Brandmauer. Oder ein Autofriedhof und Hühnerhaus – Schauplätze von *Hollandia*-Produktionen. Für Simons ist das Triennale-Engagement – der Calderón wird in der Maschinenhalle Zeche Zwickel in Gladbeck eingerichtet – eine Art Rückkehr zur Frühzeit von *Hollandia*: Spiel in offenen Räumen, die Freiheit, Dinge zu machen, die ein Theater in seinen Umgrenzungen nicht erlaubt.

Oft haben sie damals deutsche Dramatiker, Achternbusch, Dorst, Kroetz, Laederach und auch Büchner aufgeführt – Stücke von unten, Volksstücke, Milieu-Studien. »Die Schwerheit des Deutschen erkenne ich auch bei mir«,

begründet es der Gastarbeiter in Belgien, einem Land, das er mental mehr dem Süden zurechnet.

Die Wirklichkeit kleiner Leute in ihrem Alltag stand am Anfang von *Hollandia* – und wurde zuletzt in *Sentimenti* wieder zum ästhetisch überhöhten Ereignis. Im Juni gastiert der wunderbare Abend beim Holland-Festival in Amsterdam. Wäre es nicht sinnig – Johan Simons stimmt zu!, *Sentimenti* jedes Jahr bei der Triennale zu haben, quasi als Bochumer *Jedermann*, vielleicht als Selbstfeier, ohne falsches Pathos, wohl aber durchflossen von einem »Gefühlsstrom«? Anders als vor allem jüngere Kollegen, hat er keinen Vorbehalt gegenüber der Emotion auf der Bühne: »Weinen im Theater ist eine Befreiung«, sagt Simons: »Der Gedanke muss eine Emotion verursachen. Statt dass Gedanken klopfen, soll das Herz klopfen.« Bei dem stabilen, stämmigen Mann, den man fälschlich für grob halten könnte, ist hinter der bäuerlichen Physiognomie ein sensibler Charakter spürbar. Er bewegt sich, als würde sich sein Körper in einem Ruhepunkt konzentrieren und spannen. Simons' Vater war Bäcker – und hat gezockt beim Pferderennen.

Herzstücke und Denkspiele

2005 hat der Sohn in Berlin bei Castorf am Rosa-Luxemburg-Platz Dostojewskis *Spieler* inszeniert. Autobiografie ist's immer. Jemand aus seiner Umgebung sagt von ihm, er besitze die große Qualität, Leute an sich zu binden – wie Elsie de Brauw und Betty Schuurman, Jeroen Willems und Fedja van Huêt. Und sei dabei »sans gêne«, hemmungslos.

Der Künstler als Ausbeuter, der sich vom Blut des Schauspielers nährt. Berufskrankheit – vielleicht eine Mangelerscheinung. Simons betont das »kreativ-manipulative Vermögen« des Regisseurs. Er setze auf die »Intelligenz« des Schauspielers; auch auf Intuition, die existiere als »körperliche Erinnerung«, nicht so sehr auf Instinkt, lacht er, das wäre wieder »katholisch«. Schwierig sei es, »die Sprache vom Papier zum Mund des Schauspielers zu bringen«. Schauspieler hätten auf der Bühne kein anderes Leben zu haben und zu zeigen als auch sonst, außerhalb des Spielraums: »Alles, was man denken kann, muss man benutzen. Muss alles weit machen und reich, damit und wodurch ein Dasein entsteht.« Er fordert »ein Sagen des Schauspielers über das Ganze«. »Hier und jetzt« ist für Johan Simons die Welt des Theaters – in Amsterdam, Gent oder Bochum, bei Aischylos, Calderón oder Houellebecq.

Premiere bei der Ruhrtriennale: 25. August 2006 / Regie: Johan Simons / Musik: Peter Vermeersch / Dramaturgie: Stefanie Carp und Koen Tachelet / Bühnenbild: Johan Simons, Luc Goedertier und Freddy Schoonackers / Kostüme: Greta Goiris / Mit: Kristof Van Boven, Frank Focketyn, Aus Greidanus Jr., Sanne den Hartogh, Katja Herbers, Servé Hermans, Christoph Homberger, Wim Opbrouck, Betty Schuurman, Steven Van Watermeulen, Piet Van Steenbergen (Gambe), Eriko Semba (Gambe), Dirk Moelants (Gambe), Pedro Guridi (Klarinette), Floris De Rycker (Laute), Jurgen De Bruyn (Laute), Thomas Baeté (Gambe), Anne Bernard (Gambe)

Pfeile der Sehnsucht
Willy Decker inszeniert *Le vin herbé* von Frank Martin in der Gebläsehalle des Landschaftsparks Duisburg-Nord

Uwe Schweikert

Schon während der Aufführung hätte man die sprichwörtliche Stecknadel fallen hören können. Als sich am Ende, nach knapp zwei Stunden, die Bühnenrampen zu beiden Seiten des rund umlaufenden Podests in der Gebläsehalle des Duisburger Industrieparks senkten und, bei langsam verlöschendem Licht, alle Mitwirkenden wie in einen schwarzen Sarkophag einschlossen, herrschte lange gebannte Stille, bis endlich der Beifall einsetzte. Ein Bann der Traumverlorenheit, die von diesem einzigartigen Stück ausging, aber auch ein Bann des strengen Glücks einer (fast) vollkommenen Aufführung.

Der Welschschweizer Frank Martin (1890–1976) gehört zu den großen Unzeitgemäßen unter den Komponisten des 20. Jahrhunderts. Abseits von allen Schulen hat er ein Lebenswerk geschaffen, das die Zeitgenossenschaft zwar nicht leugnet, aber doch alle Anregungen – Impressionismus, Neoklassik, Zwölftonmusik – zu einem eigentümlich zwischen Archaik und Moderne changierenden Stil verschmilzt. Hört man mit unkonzentriertem Ohr hin, so glaubt man, in Martins suggestivem, zwischen lyrisch ausdifferenziertem Serialismus und modalen Ostinati gleitendem Legendenton einer hybriden Mischung aus Debussy und Orff zu begegnen.

Mit dem Mut des Außenseiters hat Martin in den Jahren 1938–41 zu einem Stoff gegriffen, von dem man geglaubt hätte, dass er durch Wagners *Tristan und Isolde* ein für allemal jeder weiteren Bearbeitung entzogen wäre. Aber Martin lässt sich erst gar nicht auf einen Vergleich mit Wagners romantischer Passion und ihrer symphonischen Liebesraserei ein. Seine »Pfeile der Sehnsucht nach dem anderen Ufer« – um ein Wort Nietzsches zu übernehmen – entstammen einem anderen Köcher: dem auf mittelalterliche Quellen zurückgehenden Tristan-Roman des französischen Mediävisten Joseph Bédier. Und sie sind aus kühlerem Ton gewoben als Wagners aufrauschende Musik, die die Sehnsucht der beiden Liebenden ins Unendliche dehnt.

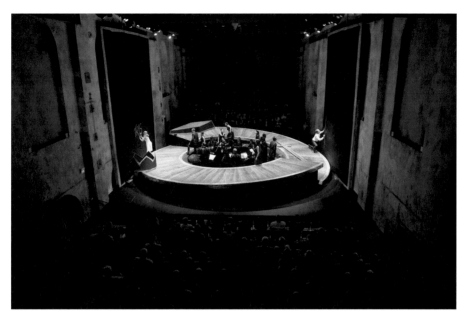

Foto: Matthias und Clärchen Baus

Martin hat sich aus Bédiers *Tristan et Iseut* drei Kapitel herausgebrochen und den unverändert übernommenen Prosatext zu Tableaux verdichtet, die von der Überfahrt Iseuts zu Marc, der Verwechslung des Zaubertranks, der Entdeckung der Liebenden durch Marc und ihre Flucht in den Wald von Morois, schließlich vom Tod der beiden berichten. In vielen Details wie dem hochherzigen Verzicht der Liebenden nach der Entdeckung, im Verzeihen Marcs oder der Heirat Tristans mit einer zweiten Isolde, Iseut aux Blanches Mains, deren Eifersucht schließlich zur Katastrophe führt, unterscheidet sich Martins Handlungsführung von der Wagners.

Entscheidend aber ist die distanziert epische Erzählhaltung, die an die Spiele des Mittelalters erinnert, und das gibt Martins *Vin herbé* seinen einzigartigen Rang. Martins Musik kennt weder Arien noch Rezitative, sondern verwendet eine fließende, den Text Silbe für Silbe vertonende Deklamation, die sich eng ans französische Sprachmelos anschmiegt und viel dem Vorbild von Debussys *Pelléas et Mélisande* verdankt. Nur an wenigen Stellen lockert Martin die monochrome Askese – der polyphonen Chor-Klage nach dem Tod Tristans oder den beiden hochexpressiven melismatischen Ausbrüchen Iseuts. Entsprechend karg, ja geradezu streng ist auch die Besetzung dieses weltlichen Oratoriums. Zwölf chorisch agierenden Stimmen, die auch die solistischen Passagen übernehmen, treten acht Instrumente – sieben Streicher sowie ein Klavier, dem zumeist perkussive Aufgaben zufallen – zur Seite. Die Instrumente bleiben stets im Hintergrund, verstärken mit ihrem colla-parte-Spiel aber den suggestiv beschwörenden Tonfall, der sich ins Unterbewusstsein der Zuhörer brennt.

Martins Ausnahmewerk bedarf nicht der Szene, obwohl es seit der Uraufführung bei den Salzburger Festspielen 1948 des Öfteren auf der Bühne zu sehen war. Die Szene allerdings vermag der Suggestivkraft der Musik eine Dimension der Ausweglosigkeit hinzuzufügen, die sich im Konzertsaal nicht einstellt, das hat die Duisburger Aufführung bewiesen. Allerdings nur dann, wenn man das Stück dem Guckkastentheater entzieht und in einer Art imaginären, antirealistischen Szene ganz seiner epischen Erzählweise vertraut, wie hier geschehen.

Willy Decker und sein Bühnenbildner Wolfgang Gussmann haben die langgestreckte alte Industriehalle geteilt und alle Mitwirkenden, Sänger wie Instrumentalisten, zwischen die beiden Zuschauerblöcke in einer Versenkung platziert, um die ein runder Bühnensteg gezogen war. Das Geschehen, das sich bei Martin in vielfältig abgestuften musikalischen Formen des Erzählens – Bericht, Kommentar, Reflexion, erlebte Rede, monologische bzw. dialogische Vergegenwärtigung – abspielt, bestimmte den szenischen Ablauf. Mit verhaltener Gestik und wenigen, oftmals nur angedeuteten Bewegungen ließ Decker den Chor auf dem schmalen Rund agieren – rituelle Übersetzung innerer, nicht äußerer, illusionistisch nachgestellter Vorgänge. Als zeichenhafte Versatzstücke mit im Spiel: ein Boot, das auch als Bank dienen konnte; ein kreisrunder grauer Mühlstein, der, zerbrochen, eine überdimensionierte Krone, aber auch den Becher darstellte, aus dem Tristan und Iseut den Zaubertrank tranken; ein Schwert, das, auf die Klinge gestellt, ein Kreuz andeutete; schließlich der Flügel, der Iseut und Tristan im Zauberwald von Morois Zuflucht bot.

Aus dem chorischen Kollektiv lösten sich immer wieder einzelne Mitwirkende, vor allem Sinéad Mulhern (Iseut) und Finnur Bjarnason (Tristan) – aber nicht als Darsteller einer dramatischen Handlung, sondern als Versuchspersonen, deren Spiel die Figuren gleichsam nur andeuten sollte. Deckers konzentrierter, völlig uneitler Personenführung gelang auf diese Weise das Kunststück, die Zuschauer zugleich ins Spiel mit einzubeziehen und doch auch wieder auf Distanz zu rücken, indem er die Darsteller nach allen Seiten, damit aber auch in keine bestimmte Richtung agieren ließ. Von diesem Spiel ging eine Sogwirkung aus, die zugleich jede emotionale Einfühlung abwehrte und das entsprach damit aufs Genaueste Martins jeder Erklärung und aller Psychologie abholden Dramaturgie. So mündet das Ende denn auch in keine sakrale

Todeserotik, sondern in eine naturhafte Metapher – den Brombeerstrauch, der vom Grab Tristans zu dem Iseuts hinüberwächst: Sinnbild der schuldlosen Schuld der Liebenden, das auf höchst poetische Weise Unruhe wie Ruhe in sich fasst. Decker rührte hier an ein Theater des Schweigens, in dem das Eigentliche nicht mehr sagbar ist, aber gerade darin zur beredten Chiffre wird.

Vollkommen wurde das Glück des Abends, weil die musikalische der szenischen Interpretation in keinem Moment nachstand, ja weil beide – was im Musiktheater selten genug ist! – im gestischen Ausdruck ineinander arbeiteten. Anders als die klanglich bestechende CD-Neuaufnahme des Werks durch den RIAS-Kammerchor beim Label harmonia mundi, die Martins klare Anweisungen durch Verdopplung der Chorstimmen und Isolierung der Solisten aufweicht, hielt sich die von Friedemann Layer mit knapper, aber präziser Zeichengebung geleitete Duisburger Aufführung strikt an die Vorschriften der Partitur – ein Mut, der sich auszahlte, weil die durchweg aus Opernsolisten gebildete Truppe einerseits zu einem absolut homogenen, oftmals geradezu betörend singenden Chorensemble verschmolz, andererseits aber auch im andeutenden szenischen Spiel in jedem Augenblick zu überzeugen vermochte. Bewundernswert schließlich die kammermusikalisch abgetönten Instrumentalisten der Jungen Deutschen Philharmonie, die Martins orchestralen Klanggrund gleichermaßen mit Präsenz wie mit Zurückhaltung realisierten.

Premiere bei der Ruhrtriennale: 2. September 2007 / Regie: Willy Decker / Musikalische Leitung: Friedemann Layer / Bühnenbild und Kostüme: Wolfgang Gussmann / Mit: Antje Bitterlich, Sinéad Mulhern, Astrid Weber, Karolina Gumos, Susanne Blattert, Ursula Hesse von den Steinen, Mark Adler, Finnur Bjarnason, Michael Smallwood, Boris Grappe, Harry Peeters, Frank van Hove und den Mitgliedern der Jungen Deutschen Philharmonie

Zersetzungsparty im Märchenkosmos
Jan Fabres theatralische Totenmesse *Requiem für eine Metamorphose* in der Jahrhunderthalle Bochum

Dorothea Marcus

Eigentlich ein Wunder, dass sich Jan Fabres Werk nicht früher explizit mit dem Tod beschäftigt hat, denn seine Bilderwelten weisen seit Jahren auf diese letzte aller Körpermetamorphosen hin: Immer wieder tauchen Insekten, Puppen, Larven, Totenköpfe, Kreuze, Särge, Skelette und tote Tiere in den Arbeiten des Choreografen, Zeichners, Bildhauers und Theatermachers aus Antwerpen auf. Ein vielseitig einsetzbarer Werkzeugkasten aus pompösen, schillernden und morbiden Symbolen.

Auch die heulenden Babies, die in seiner letzten Inszenierung von 2005, der *Geschichte der Tränen*, von ihren Pflegern umgebracht werden, wirken im Nachhinein wie der Gegenpol und die logische Vorstufe zu den Toten in seiner neuen Produktion *Requiem für eine Metamorphose*. Zweimal, schreibt Fabre im Programmheft, habe er schon selbst im Koma gelegen, kurz vor der Inszenierung sind innerhalb kürzester Zeit seine Eltern gestorben, und ohnehin bringe er sich für seine Kunst um, da er ihr ja seine Lebenszeit opfere.

Grund genug also, sich endlich des Todesthemas auf der Bühne anzunehmen. Die Jahrhunderthalle Bochum duftet nach Weihrauch und Schnittblumen wie eine Gedenkhalle. Die Musiker tragen schwarzen Mundschutz, es könnten auch Geruchsmasken sein. Denn als die Blumengestecke von den Särgen fallen, weil die nackten, jungen Tänzerinnen wie lebende Tote herauskriechen, bildet sich auf dem Boden ein zentimeterhohes buntes Blumenmeer, das im Laufe des Abends zertreten, geworfen, durchwühlt wird – und im Zersetzungsprozess immer fauliger riecht.

Zersetzung überall: Für Fabre ist der Tod nur ein Durchgangsstadium auf dem Weg ins große Unbekannte, eine Station von vielen auf der Veränderbarkeitsskala des Körpers. Er hat für ihn offenbar keinerlei Schrecken. Im Gegenteil, Fabre feiert genüsslich einen mittelalterlichen Totentanz mit wuchtigen Bildern aus seinem obszönen, immer wieder furchtbar kitschigen und klischeehaften Märchenkosmos.

Dorothea Marcus

Fotos: Ursula Kaufmann

Wie ein Requiem hat er den Abend in acht Stationen aufgeteilt, in jedem steht eine Figur im Mittelpunkt, die professionell mit dem Tod zu tun hat: Sargmacher, Palliativpfleger, Friedhofsgräber, Blumenverkäufer, Priester, Toten-Visagistin: Reisebegleiter zum Tode. Sie nehmen Teil am Fabre-Reigen der Geschmacklosigkeiten, die aber so naiv, kindlich und wie selbstverständlich zelebriert werden, dass sie uns normal vorkommen wie im Traum: Da kann man Tänzerinnen zwischen die nackten Beine sehen, werden Körper in Schlangentänzen mit Darmwürsten gebogen, baumeln Eingeweide aus zerklüfteten Bäuchen, kopuliert eine Frau mit einer Riesenspinne aus Stoff.

Fabre choreografiert die körperliche Grenzüberschreitung wie immer so schockierend wie möglich und plant seine Exzesse so minutiös durch, dass sie ein Glaubwürdigkeitsproblem haben und den Zuschauer merkwürdig kalt lassen. Jan Fabre, Urenkel des berühmten Insektenforschers Jean-Henri Fabre, stilisiert sich sonst gerne als einsamer Krieger mit Schildkrötenpanzern und goldenen Insektenlarven. Doch das Lieblingsinsekt an diesem Abend ist eindeutig die Raupe, die zum Schmetterling wird – ein Auferstehungssymbol von Bilderbuchqualität.

Mit glitzerndem Goldkostüm taucht der Schmetterling aus dem Blumenteppich auf, tollt mit großen Seidenflügeln zwischen all den Todessymbolen

herum und wird dann und wann neckisch von Wespen in übergroßen gelben Hemden und schwarzen Hosen von hinten bestäubt. Ständig erzählt er schlechte Witze über Hitler, Osama Bin Laden oder Rinderwahnsinn, um »die Toten zum Lachen zu bringen«.

Das wirkt genauso albern wie das so krampfhaft ernste poetische Philosophieren der Tänzer über den Tod, das immer wieder in Poesiealbumsprache kippt: »Lerne zu sterben und du wirst lernen zu leben«. Zwischendurch sprechen Nachrichtensprecher auf Französisch Details von Kriegen, dem Völkermord in Ruanda, Terrorismus und Tsunami ein – abstrakte Todesinformationen, die uns nicht berühren können und auch über den Tod nichts aussagen, der an diesem Abend so unfassbar bleibt wie sonst auch.

Doch die kindlich-klischeehafte Todesparty ist vergessen, sobald die Tänzerinnen schweigen und zu ihren seltenen, großen Massenszenen anheben: Wie sie sich zur Musik des flämischen Komponisten Serge Verstockt, die zwischen Gregorianik und Partybeats changiert, wälzen und über das Blumenmeer rasen und rollen, ist fantastisch. Als bliebe im Angesicht des Todes eben doch keine andere Möglichkeit, als die Vergänglichkeit der Schönheit exzessiv zu feiern und sich zu verausgaben in einem verzweifelten Kampf um das Leben.

Dorothea Marcus

Und so kommt unter der sich selbst erstickenden Bilderflut doch auch immer wieder eine eigenartige, authentische Kraft und todesferne, tröstliche Leichtigkeit zum Vorschein. Jan Fabre ist Jan Fabre – man kann ihm kaum das Werk, mit dem er berühmt geworden ist und in dessen Kontext er sich seit Jahrzehnten treu bewegt, zum Vorwurf machen. Innerhalb seines Kosmos ist dieser Abend jedenfalls einer seiner gelungensten.

Premiere: 5. September 2007 / Regie, Bühne, Choreografie, Licht: Jan Fabre / Musik: Serge Verstockt / Dramaturgie: Luk Van den Dries, Miet Martens / Kostüme: Pol Engels, Katrien Strijbol, Andrea Kränzlin / Mit: Linda Adami, Lie Antonissen, Manon Avermaete, Christian Bakalov, Katarina Bistrovic-Darvas, Dieter Bossu, Dimitri Brusselmans, Maarten Buyl, Sylvia Camarda, Kristof Deneijs, Ann Eysermans, Marusa Geymayer-Oblak, Ivana Jozic, Marina Kaptijn, Tassos Karachalios, Beatrice Kessi, Kazutomi Kozuki, Marinko Les, Clarice Braga Barbosa Lima, Frano Maskovic, Yutaka Oya, Aleksander Pavlin, Elsemieke Scholte, Tom Tiest, Geert Vaes

Ohne Bewegung keine Musik
Eine doppelte Konzertinszenierung von Xavier Le Roy im PACT Zollverein Essen

Yseult Roch

Beim Einlass des Publikums sitzt schon eine Handvoll Techniker im Zuschauerraum hinter ihren Computern. Es gibt kein Bühnenbild, keine besonderen Lichteffekte; nichts soll ablenken von der Konzentration auf die Musik. Auf dem Programm steht zuerst *Salut für Caudwell. Musik für* zwei *Gitarristen* (1977) von Helmut Lachenmann (geb. 1935), der in der Tradition von Karlheinz Stockhausen und Luigi Nono steht. Ernste Musik also. Nach der Pause ist Strawinskys *Le sacre du printemps* angekündigt. Aber in den kleinen Saal passt in keinem Fall ein Orchester! Und jetzt?

Vier Personen stellen Stühle im Viereck auf die Bühne, danach vier Notenpulte und zwei Paravents, hinter denen zwei Gitarristen Platz nehmen: Gunter Schneider und Barbara Romen. Die Akteure Tom Pauwels und Günther Lebbing setzten sich auf die beiden freien Stühle und spiegeln mit verblüffender Präzision auf ihren Luftgitarren, was hinter den Paravents real gespielt wird, nämlich die komplette Partitur Lachenmanns in ihrer bekannten Komplexität.

Dabei baut Le Roys heutiges Experiment auf dem gestrigen von Lachenmann auf. Dessen »musique concrète instrumentale« der siebziger Jahre, die das Geräusch als integralen Teil des Klangs betrachtet, scheut sich nicht vor einer Zweckentfremdung der bekannten Instrumente und stellt den visuell vorgeführten Prozess der Tonerzeugung in den Vordergrund. Auch wenn dies längst nicht mehr so avantgardistisch wirkt wie damals, stellt es die Hörgewohnheiten des Publikums bewusst in Frage und lenkt die Wahrnehmung von Spielern und Hörern auf die Struktur der Klänge, was Le Roy gewiss inspirierte.

Der Franzose führt den Ansatz Lachenmanns fort, indem er die angelegten szenischen Eigenschaften des Werkes buchstäblich sichtbar macht: in der »Inszenierung eines Konzertabends«. Le Roy lässt die Luftmusiker ihre sehr akribische, gewissenhafte Zupfarbeit quasi notentreu ausüben, ohne zunächst auf das Terrain der Parodie zu geraten. Durch die Simulation des Gitarrenspiels wird aus der musikalischen Leistung eine choreografische. Der Umgang mit einem fiktiven Gegenstand, der bei Pantomimen wie auch bei

Yseult Roch

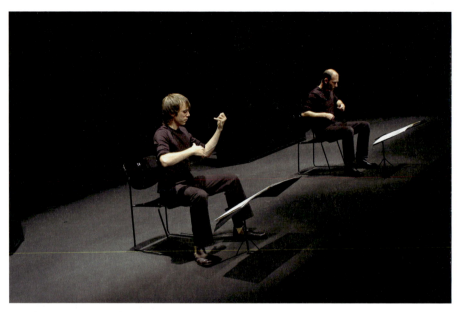

Salut für Caudwell. Musik für zwei Gitarristen. Foto: Reinhard Werner

Tanzkreationen ein übliches Mittel ist, wird hier deshalb so interessant, weil beide Luft-Gitarristen ganz in dem versunken sind, was sie gerade tun. Diese zugespitzten Gesten, ja dieses Händeballett, das an die Beschleunigung der Bewegungen des Fließbandarbeiters in Chaplins Film *Moderne Zeiten* erinnert, wirken nur wegen ihrer Tonlosigkeit überzeichnet.

Die Entkoppelung von Klang und Bewegung lässt sich nicht auf den Überraschungscoup des Anfangs reduzieren. Sie führt Darsteller und Zuschauer in eine experimentelle Situation, in der die Wahrnehmung an Schärfe und an Bewusstsein gewinnt. Man fängt an, mit dem Auge zu hören und mit dem Ohr zu sehen. Man beginnt unerwartete Diskrepanzen zwischen Sicht- und Hörbarem zu bemerken, etwa wie komplexe Rhythmen körperlich antizipiert werden. Wenn die sichtbaren ›Musiker‹ beginnen, ihre Gitarren in anderen Haltungen zu bespielen, etwa wie ein Klavier oder eine Geige, lauscht man mit gesteigerter Aufmerksamkeit, ob sich dies im Klang niederschlägt. Ob die Handbewegungen in der Partitur vorgegeben sind? Und welche Rolle spielt das Notenlesen, das Hör- bzw. Körpergedächtnis in einer so komplexen Darstellung? Die Duett- bzw. Quartettkonstellation führt uns dazu, den musikalischen Dialog mit dem körperlichen zu vergleichen.

Und was erzeugt was? Die Bewegung die Musik, oder umgekehrt? Wenn man zu der zentralen Fragestellung kommt, hat sich die Choreografie vom musikalischen Erfüllungszwang längst befreit und experimentiert mit verschiedenen Dissoziationen zwischen Musik und Tanz. Die Luft-Gitarristen unterbrechen ihr Spiel, als hätten sie den Faden der laufenden Musik verloren. Umgekehrt stoppt bisweilen die Musik, während der Luftgitarrentanz ungerührt weitergeht, wie bei einem Tonausfall. Der Verlust der Synchronie verschafft dem Tanz mehr Raum. Wenn die Klänge an Mückensummen erinnern, beginnen die beiden Akteure sich zu kratzen. Später werden die Luftgitarren beiseitegelegt, um den Dialog mit der Musik pantomimisch zu regeln – fast schon Slapstick.

Le Roys zweite Kreation des Abends ist eine Arbeit über das geschichtsträchtige und wegweisende Werk *Le sacre du printemps*. Die Uraufführung der Musik Strawinskys für die Ballets Russes von Sergei Djagilew im Théâtre des Champs-Elysées (Paris, 1913) ist der prominenteste Skandal der Musik- und Tanzgeschichte überhaupt. Das Symbolstück für den Aufbruch des modernen Tanzes ist im 20. Jahrhundert zum Meilenstein der choreografischen Kunst geworden. Immer wieder scheint es, mit Neuinterpretationen Paradigmenwechsel in der Tanzästhetik anzukündigen.

In knallrotem T-Shirt und Jeans betritt Le Roy die großflächig ausgeleuchtete Bühne. Er stellt sich breitbeinig ins Zentrum, den Rücken zum Publikum, atmet Stille ein und gibt mit dem Arm den Einsatz zu Strawinskys *Sacre*: Wir hören es vom Band. Ein Dirigent ohne Taktstock, ohne Pult und ohne Noten vor einem imaginären Orchester. Wenig später dreht er sich um, die Arme leicht im Takt schwingend. Das Orchester sind jetzt wir, die Zuschauer, das gedimmte Licht auf der Tribüne ermöglicht den Blickkontakt mit dem Dirigenten, und über Instrumente verfügen wir auch: Unter den Sitzreihen liegt eine Vielzahl an Lautsprechern, aus denen, entsprechend der realen Aufteilung eines Orchesters, jeweils nur die einzelnen Stimmen der Instrumente zu hören sind; wir werden also in Streicher, Holz- und Blechbläser sowie Schlaginstrumente eingeteilt.

Bis auf diese aufwändige Klangeinrichtung (von Peter Böhm) ist die Ausgangssituation gewagt einfach. Die konventionell frontale Konzert- und Theatersituation wird gleichzeitig beibehalten und umgekehrt, die Trennung zwischen Bühne und Zuschauerraum von einer Sekunde zur anderen ins Wanken gebracht, Darsteller und Publikum in eine neue Rolle versetzt. Mit seinen langen, fliegenden Armen setzt Le Roy Akzente, hebt Tonfolgen hervor, gibt Einsätze. Sein ganzer Körper ist tief in die nuancen- und abwechslungsreiche Kommunikation mit uns Musikern versunken. Ohne musizieren zu müssen

Le sacre du printemps. Fotos: Vincent Cavaroc

bzw. zu dürfen, werden wir zu Voyeuren des exzentrischsten Klangkörpers, den es bei der Entstehung von Musik gibt, nämlich dem des Dirigenten.

Wiederum verkehren sich Ursache und Wirkung: Bewegungen, die zur Musikherstellung bestimmt sind, scheinen von der Musik selbst hervorgebracht zu werden. Allerdings spielt in *Le Sacre* ein Tänzer den Dirigenten, der in seiner Tätigkeit aufgeht und sich selbst zu vergessen scheint, während vor der Pause die Musiker bei ihrer üblichen Tätigkeit choreografisch inszeniert waren. Eine weitere mögliche Verkörperung der Musik wird jetzt eine Repräsentationsebene höher erlebbar.

Die geniale Idee der choreografischen Darstellung eines Dirigats entstand nach Le Roys Aussage, als er Sir Simon Rattle und die Berliner Philharmoniker bei den Probenarbeiten mit Strawinskys *Sacre* erlebte, in Szenen aus der Filmdokumentation *Rhythm is it!* von Thomas Grube. Ohne jegliche musikalische Ausbildung eignete sich der Tänzer in einem langwierigen und aufwändigen Prozess die Körpersprache des berühmten Orchesterleiters an – und dazu Grundkenntnisse des Notenlesens und des Dirigierens. Die Gestik des Dirigenten fungiert wie ein Gestenalphabet und gleichzeitig wie die Verkörperung einer Interpretation der inneren Partitur. Dem Werk Strawinskys, einer Feuerprobe auch für echte Dirigenten, hat sich der Laie Le Roy mit scho-

Ohne Bewegung keine Musik

nungsloser Konsequenz gewidmet. Über vierzig Minuten lang ein Orchester von 120 Musikern zu fesseln, stellt eine beträchtliche Leistung dar. Auch wenn das mit dem Publikum versucht wird.

Der eingesetzte Fundus an Bewegungsmaterial spiegelt die vielschichtige Herausforderung des Dirigierens wider: Einsätze rhythmisch antizipieren, Strukturen und Wendungen hervorheben, mit ermunternden oder drohendem Blick den Einzelnen anleiten. Aber nur, wenn es notwendig ist. Sonst gilt es, stillstehend zu hören, mit der Hand am Ohr, dem Blick nach oben, oder gar vom Bühnenrand aus, weit vom imaginären Pult – das Orchester schafft es auch allein. Eine Unterbrechung signalisiert, dass es sich hier um eine Probe handelt. Den neuen Einsatz gibt Le Roy allerdings, nachdem er mental zurückgeblättert hat, ohne jeglichen verbalen Kommentar. Aber die üppigen, überschwänglichen Grimassen verweisen auf die Vorgeschichte der intensiven Auseinandersetzung mit Werk und Orchester. Zu spüren ist auch das bedingungslose, ja intime Vertrauen, das den Dirigenten mit uns verbindet: Eine Voraussetzung für die exzentrisch-kitschige körperliche Hingabe, in die Le Roy nun verfällt und an der er mit Selbstironie Gefallen findet: Eher als an Sir Simon Rattle denkt man jetzt an Roberto Benigni.

Wie ein mit entfesselten Rhythmen vollgesogener Schwamm verliert der Dirigentenkörper am Ende die Kontrolle und muss sich entladen. Ist die Trance auf die Rituale zu Ehren des Frühlings zurückzuführen oder auf den Rausch des Dirigierens? Jedenfalls scheint der hingerissene Dirigent jetzt Pult und Orchester komplett vergessen zu haben – um des ekstatischen Tanzens willen. Der ausbrechende Ausdruckstanz, der auch an die Allmachtsgesten von Chaplins Diktator erinnert, ist das humorvolle Endergebnis dieser Reise in die Erzeugungswelten der Musik und des Tanzes.

Der gelernte Wissenschaftler – Xavier Le Roy hat in Molekular- und Zellularbiologie promoviert – weiß die gängigen Aufführungskonventionen zu enthüllen und zu durchleuchten, zentrale Fragen nach Repräsentation neu zu stellen und das Thema des Tanzes, den Umgang mit Musik, konzeptuell zu erforschen. Über dieses theoretische Fundament hinaus überzeugt dieser Abend durch die Sinnlichkeit der Aufführungen. Sir Simon Rattle erzählt in *Rhythm is it!*, dass er sich für das Dirigieren entschieden habe, um die Musik am besten durch sich hindurchfließen lassen zu können. Xavier Le Roy würdigt heute Abend die Musiker, die ihm, ob als Choreograph oder als Tänzer, Bewegungslust einflößen. Und auch uns!

Premiere: 25. September 2007, PACT Zollverein
Salut für Caudwell, Auszug aus: *Mouvements für Lachenmann. Inszenierung eines Konzertabends.* Choreografie: Xavier Le Roy / Musik: Helmut Lachenmann: *Salut für Caudwell. Musik für zwei Gitarristen* (1977) / Gitarren: Gunter Schneider, Barbara Romen, Tom Pauwels, Günther Lebbing / Dramaturgie: Bojana Cvejii, Berno Odo Polzer
Le sacre du printemps. Konzept, Performance: Xavier Le Roy / Musik: Igor Strawinsky / Klangregie: Peter Böhm / Künstlerische Mitarbeit: Bojana Cvejić, Berno Odo Polzer / Aufnahme: Berliner Philharmoniker unter der Leitung von Sir Simon Rattle

Die Geburt der Komödie aus dem Geist der Musik
Christoph Marthaler inszeniert *Sauser aus Italien. Eine Urheberei* in der Zeche Zweckel Gladbeck

Guido Hiß

Im Januar 1993 feierte eine Inszenierung Christoph Marthalers an der Berliner Volksbühne Premiere: *Murx den Europäer! Murx ihn! Murx ihn! Murx ihn ab!* Traumlogisch inspiriert, verzichtete die Inszenierung ganz auf Handlung. Zwölf ältliche Geschöpfe an elf Tischen vollzogen seltsame Rituale in Zeitlupe, gefangen in einem gewaltigen Raum (gestaltet von Anna Viebrock), in dem sich viele Räume überlagerten: Anstalt, Kantine, Wartesaal. Wiedererkennbar wurden die einzelnen Insassen durch gestische Leitmotive: Servieren, Beinstellen, Dumme-Witze-Erzählen. Durch Repetitionen und Variationen dieses Materials erwuchs im Überblick eine vielschichtige Komposition, die eine alte Utopie einlöste: »mit den Mitteln der Bühne musizieren« (Arnold Schönberg). Die musikalische Inspiration fand ihren Höhepunkt in chorisch gesungenem deutschem Liedgut aus drei Jahrhunderten, das zugleich als Leitstrahl für das assoziative und disparate Bühnengeschehen fungierte. Es ging um deutsche Geschichte, die im Posthistoire der Marthalerschen Anstalt zu einem absurden Stillstand gebracht wurde. Das Modell eines weder drama- noch partiturgebunden, alle szenischen Dimension neu durchmischenden Musiktheaters wanderte durch Europa, inspirierte eine Generation junger Theatermacher und wurde schließlich von Gerard Mortier auf den Namen »Kreation« getauft: musikalisches Theater jenseits der Oper – ein Kernanliegen der Ruhrtriennale bis heute.

Sauser präsentiert nur noch acht Personen und fünf Tische in einem gewaltigen Bühnenbau von Duri Bischoff, in dem sich ein italienisches Hotel, eine Bibliothek, eine Konzerthalle und eine Komponisten-Gedenkstätte diskret überlagern. Ebene eins zeigt (von links nach rechts) ein Büro mit Tonbandgerät, das Hotel-Café sowie einen glänzenden Konzertflügel. Im Hintergrund wartet ein Musikarchiv auf Besucher. Die zweite Ebene bildet eine gewaltige Terrasse, beidseitig flankiert von hohen Erkern, die Einblicke in altmodische Zimmerinterieurs vermitteln und damit eine Vielzahl von Auftrittsmöglichkeiten. *Sauser* zitiert das *Murx*-Modell auch in der Organisation der Abläufe. Wiederum gibt es keine Handlung, allenfalls traumlogisch verschobene Anspielungen auf die Vita des italienischen Komponisten, Grafen und Buddhis-

Fotos: Michael Kneffel

ten Giacinto Scelsi, der nur improvisatorisch (auf Band) komponierte, abseits von den Mainstreams der fünfziger und sechziger Jahre des vorigen Jahrhunderts. Ein Exzentriker, der die Mühen der Notensetzung großzügig an seine Mitarbeiter delegierte – mit fatalen Folgen für die »Urheberei« seiner Werke. In den Worten des Programmhefts: »Die vage Hoffnung, möglicherweise am Ruhm des […] Komponisten teilhaben zu können, trieb dessen langjährigen Mitarbeiter Vieri Tosatti bereits kurz nach Scelsis Beerdigung zur Veröffentlichung folgender Aussage: ›Giacinto Scelsi – das bin ich!‹«

In weniger als einer halben Stunde ist man mit den Akteuren vertraut. Ein junger Mann (Raphael Clamer) mit Weste zeigt eine deutliche Vorliebe für Tonbänder, die er einmal sogar mit Stäbchen zu essen versucht (Bandsalat). Bisweilen bügelt er Noten und bedient die übrigen Gäste. Wer will, kann ihn als traumverschobenen Wiedergänger jenes fatalen Scelsi-Mitarbeiters deuten. Ein spießiger Wäschefetischist (Lars Rudolph) hantiert mit einem gelben Eimer und enormen Wäschestücken. Der polyglotte dürre Mann im blauen Anzug (Graham Valentine) lamentiert beständig über die Verspätung seines Flugzeugs. Ein melancholischer Herr mit gewaltigem Körper und Hornbrille (Josef Ostendorf) erlebt Musik mit bebender Inbrunst, auch den Damen erscheint er nicht abgeneigt. Die robuste Frau in Schwarz (Bettina Stucky) erweist sich als rührender

Die Geburt der Komödie aus dem Geist der Musik

Tollpatsch, unvergesslich bleibt ihr verzweifelter Kampf mit einem Sitzsack. Die dünne Dame im weißen Kleid (Olivia Grigolli) philosophiert mehrfach über das Thema ›Skepsis‹. Die Schwangere (Sasha Rau) schleppt sich in roten Strümpfen über die Bühnen, dauernd auf der Suche nach Sitzgelegenheiten. Die langmähnige »Spanierin« (Katja Kolm) im rosa Tüll ist die Schönste im ganzen Land.

Die Repetitionen und Variationen der diversen Marotten, Spleens und Sprüche (»In einer Welt ohne Melancholie würden die Nachtigallen anfangen zu rülpsen«) etablieren, wie schon in Murx, leitmotivisch das formale Großarrangement. Eingebettet sind wiederum virtuose Slapstick-Elemente: Mit nassen Wäscheteilen, Tonbändern oder altmodischen Antennen lässt sich wunderbar spielen. Auch die Unterschiede zu Murx sind evident. Die Reise nach Italien tut dem Ensemble gut, man agiert frischer, gepflegter, individueller. Die Murx-Mechanik erscheint aufgelockert, die Figuren durchstreifen sogar selbstständig die Räume. Vielleicht wohnen wir der Vorgeschichte des Berliner Elends bei. Und nicht in Chorliedern artikuliert sich der rudimentäre Zusammenhalt der Gruppe, sondern in gemeinsamen Bewegungssequenzen. Man lächelt, gähnt, wedelt mit den Händen oder lutscht kollektiv am Daumen. Den choreografischen Höhepunkt markiert eine hochkomische Tango-Dekonstruktion zu absolut unrhythmischer Musik.

Die Verschiebung der kollektiven Aktionen vom Gesang zum Tanz hat wohl mit der anderen Grundthematik zu tun; nicht um Geschichte geht es, sondern um die besondere Musik. Sie wird hier nicht von den Schauspielern selbst intoniert, sondern von den wunderbaren Instrumentalisten des »Klangforum Wien«. Wobei die implizite Musikalität der Marthalerschen Kreation dem Konzert ideal korrespondiert. Das gemeinsame Dritte liefern minimalistische Anlagen, am deutlichsten im bizarren Tanz zweier kreisender Tischventilatoren und eines im Wind schwankenden Bäumchens zu einem Trompetensolo. Beethovens Neunte Sinfonie eskalierte chorisch in Schillers Ode *An die Freude*, Scelsis Musik in Marthalers schrägen Körper-, Raum- und Bildfindungen. Bestes Beispiel für diese besondere Geburt des Komischen aus dem Geist der

Musik liefern die Bewegungschöre, die allesamt aus rhythmischen Körperreaktionen erwachsen. Vielfach agieren die spleenigen Gäste als Marionetten der Musik.

Scelsis faszinierende Klänge stehen im Mittelpunkt, und zwar so deutlich, dass die Bühnenaktionen bisweilen fast einfrieren, um sie zur Geltung zu bringen. Die Hotelgäste mutieren dabei (wie die Zuschauer) zum Konzertpublikum. Besondere Heiterkeit erregt der Auftritt eines Gitarristen, der sein Instrument mit einem Schraubstock am Tisch befestigt und als Schlaginstrument benutzt – fast eine Zither. Zehn Stücke des Komponisten bilden das musikalische Rückgrat des Abends, aufgeführt in unterschiedlichen Besetzungen vom Solo bis zum Tutti. Angereichert wird die überwiegend atonale, flächige Musik jenes »Fundamentalisten des wesenhaft vereinzelten Tones« (Hans-Klaus Jungheinrich) mit musikalischem Material, das von einem Lehrer Scelsis stammen soll – Sequenzen, die an pathetische Filmmusik der fünfziger Jahre erinnern. Am Schluss versammeln sich die acht Figuren in Abendkleidung zum Sektempfang auf der Terrasse, untermalt von schweren Pucchini-Klängen – ein ironischer, opernhafter Schluss.

Marthalers Raumschiff der musikalischen Obsessionen landet in der Maschinenhalle der Gladbecker Zeche Zweckel, ohne sich um die Potenziale des Spielortes zu kümmern. Genauso wenig interessiert sich die Inszenierung für das Mittelalter-Motto der Ruhrtriennale 2007. Uraufgeführt wurde *Sauser* im Rahmen der großangelegten Scelsi-Konzertreihe der damaligen Salzburger Festspiele, mit denen diese Kreation koproduziert wurde. Marthaler hat damit die Ruhrtriennale bereichert. Zu wünschen wäre für die Zukunft eine deutlichere Beziehung auf die regionalen Besonderheiten, auf die ehemals industriellen Spielorte. Ab 2018 dürfte dieser Wunsch in Erfüllung gehen.

Premiere bei der Ruhrtriennale: 4. September 2007 / Regie: Christoph Marthaler / Dramaturgie: Malte Ubenauf / Bühnenbild: Duri Bischoff / Kostüme: Sarah Schittek / Mit: Raphael Clamer, Olivia Grigolli, Katja Kolm, Josef Ostendorf, Sasha Rau, Lars Rudolph, Bettina Stucky, Graham F. Valentine, Klangforum Wien

Marie Zimmermann | Jürgen Flimm

2008

Die Familie als subversive Kraft
Im Gedenken an Marie Zimmermann:
Carl Hegemann spricht über unrealisierte Pläne
für die Ruhrtriennale 2008 bis 2010

Ulrike Haß und Nikolaus Müller-Schöll

Ein Glücksfall für die Ruhrtriennale, aber auch für das Ruhrgebiet und seine Theaterlandschaft: So wurde zwischen Rhein und Ruhr im März 2006 die Ernennung Marie Zimmermanns zur neuen Intendantin der Ruhrtriennale für die Jahre 2008 bis 2010 kommentiert. Ein Jahr später, am 18. April 2007, nahm sich Zimmermann das Leben. Sie hatte geplant, Carl Hegemann als Dramaturgen ans Festival zu binden. Hegemann, seit 2006 Professor für Dramaturgie in Leipzig, hatte zuvor als Dramaturg der Berliner »Volksbühne« deren theoretisches wie praktisches Profil maßgeblich mitgeprägt.

Sie waren Chefdramaturg am Bochumer Schauspielhaus, Dramaturg in Recklinghausen und sind auch nicht weit von hier aufgewachsen, haben also eine intensive Verbindung zur Gegend zwischen Rhein und Ruhr. Was waren die Ideen, die Sie für diese Region mit Marie Zimmermann in den Vorgesprächen ausgeheckt hatten?

Ich muss dazu ein bisschen ausholen. Ich habe mit Marie früher am Schauspielhaus Freiburg sehr intensiv und lustvoll zusammengearbeitet, bevor ich an die Volksbühne gegangen bin. Wir haben dort auch zwei sehr besondere Theaterfestivals (»Lust auf Hölle«, »Virtuelle Rituale«) gemacht. Es war eine großartige Zusammenarbeit. Als Marie Leiterin der Ruhrtriennale wurde, hat sie mich noch am selben Tag angerufen und gesagt, das wäre doch jetzt eine schöne Gelegenheit, noch einmal etwas zusammen zu machen und an die alten Erfahrungen anzuknüpfen.

Mit ihrer Berufung als dritte Intendantin nach Mortier und Flimm war ja die Idee verbunden, dass sich damit am Charakter dieses Festivals grundlegend etwas ändern sollte, was waren ihre Vorstellungen?

Sie hatte, ähnlich wie ich, auch eine soziologische Vorstellung von Theaterarbeit, vom Eingreifen in soziokulturelle Zusammenhänge. Und in diese Richtung gingen unsere Überlegungen. Wir haben uns einmal mit dem Produktionsteam in Wien bei ihr getroffen, danach ab und zu telefoniert. Die Begegnung, bei der es richtig losgehen sollte, als sie mich in Berlin besuchte, war ein Abschiedsbesuch. Das ist mir allerdings leider erst hinterher klargeworden. Ich habe einfach gedacht: Das ist jetzt die Unruhe, bevor man öffentlich sagen muss, wie es sein soll. Da schwimmt einem zunächst einmal erst alles weg und man gerät in eine fürchterlich desolate Lage. Sie hatte sich möglicherweise in eine Situation getrieben, die am Ende so unübersichtlich wurde, dass man sich ihr nicht mehr entziehen aber auch nicht mehr mit ihr umgehen konnte. Wenn wir ein Gespräch in memoriam Marie Zimmermann führen, müsste man überlegen, ob man nicht ein Festival über Selbstüberforderung, Überkomplexität und Fremdüberforderung machen könnte. Über Perfektionismus und mörderischen Erfolgszwang. Das wäre allerdings für die Ruhrtriennale nicht das Thema, das müsste man in einem anderen Zusammenhang machen. Offenbar kann man sich in einer bestimmten Situation als erfolgreiche Frau – aber für die Männer trifft das mindestens genauso zu – Schwäche und wie auch immer kreative Dysfunktionalität nicht erlauben. Es sei denn, man heißt Lars von Trier und rafft sich dazu auf, in der Öffentlichkeit zu sagen, dass man unter Depressionen leidet, was ein Selbsttherapieansatz sein könnte.

Kommen wir zurück auf Ihre Pläne …

In der ersten Sitzung hatte Marie ein politisches Konzept über Europa vorgeschlagen. Sie dachte, man könne ein Manifest unter einem Titel wie »Vergesst Europa« publizieren, wobei wir uns dann nicht einig wurden, ob es so heißen müsste, weil wir die Festung Europa nicht wollen oder weil wir die Vereinigten Staaten von Europa für illusorisch halten. Das ist ein weites Feld ohne konkrete Ruhrgebietsanbindung. Uns schien dann in Verbindung mit dem Ruhrgebiet die wichtigste von den gegenwärtigen Zentralfragen die nach der Familie in einer zunehmend aus atomisierten Individuen bestehenden Gesellschaft zu sein. Dieses Thema hat sie sehr interessiert, nicht zuletzt, weil sie ja auch ein ausgeprägter und begeisterter Familienmensch war. Historisch gibt es in der Logik der kapitalistischen Entwicklung nach Marx nicht nur die Auflösung der Vaterländer, sondern auch die Auflösung und das Ende der Familie. Mit diesem Phänomen haben wir in Zeiten sich intensiv und extensiv totalisierender Märkte zu kämpfen.

Warum ist das ein spezielles Ruhrgebietsthema?

Dazu kommen wir gleich. Es geht um die Entwicklung der mehrere Generationen umfassenden Großfamilie, die unter einem Dach lebte, zur Kleinstfamilie, zu den Alleinerziehenden. Ich erfahre das gerade auch ein Stück weit selbst. Man gerät in eine Zerreißsituation: Auf der einen Seite rät einem die Gesellschaft, dass man auf seinen Vorteil bedacht sein und kurzfristige Investitionen tätigen soll, die sich schnell amortisieren und für mich nur Vorteile haben. Wenn etwas nicht passt, tauscht man es um und kauft sich was Neues. Die langfristige Investition in ein Kind ist unter diesem Aspekt betrachtet völlig absurd. Die rechnet sich nicht. Und wenn es einem nicht gefällt, kann man es nicht umtauschen. Da gibt es, sehr verkürzt gesagt, einen offensichtlich großen Widerspruch in den Konstitutionsgrundlagen der Gesellschaft. Auf der einen Seite muss sie sich über Kinder reproduzieren. Auf der anderen Seite sind Kinder definiert als Güter, die nicht den herrschenden Regeln entsprechen, denn diese lauten, dass wir nur nehmen, was wir auch wollen und dass wir jederzeit umdisponieren können müssen, um unsere Marktchancen zu wahren. Gerade bei der entscheidenden Frage der gesellschaftlichen Reproduktion geht das nicht. Die Familie ist also ein Prototyp nicht marktmäßig organisierter Verbände und hat deshalb in der Marktwirtschaft etwas Anachronistisches, Inkompatibles. Hier liegt der Bezug zum Ruhrgebiet und seinen städtisch-ländlichen Strukturen, etwa diesen fürsorglichen Unternehmensstrukturen, die zu Zeiten des intakten Ruhrgebiets vor einem grauenhaften Hintergrund etabliert wurden: Alle wussten, die unter Tage arbeitenden Familienväter sterben früh und so hat man versucht, außerkapitalistische Organisationsprinzipien und mit feudalen Resten versehene hierarchisch-patriarchalische Strukturen zu erhalten, Verantwortung über die pure Verwertungsrationalität hinaus zu übernehmen. In der modernen Unternehmenstheorie gelten solche Ansätze heute wieder als vielversprechend, weil die Leute die nur nach dem Markt organisierten Arbeitsvorgänge als solche nicht aushalten. Deshalb und auch wegen der vielen Migranten ist die Familie im Ruhrgebiet, anders vielleicht als in Berlin, tatsächlich ein relevantes Thema. Die Auflösung aller Grenzen bezieht sich nicht nur auf die Expansion des Marktes sondern auch auf den einzelnen Menschen, der als isoliertes Individuum gute Marktchancen braucht, um sich kaufkräftig seine Bedürfnisse mehr oder weniger vollständig über den Markt zu erfüllen. Alles was früher außerhalb des Marktes stattfand, wird zunehmend Gegenstand des Verwertungsprozesses. Diese Tendenz des Kapitalismus haben wir »intensive« Globalisierung genannt, d. h. die Ausdehnung der Märkte nach innen auf die Ganzheit der vereinzelten Einzelnen.

Wovon sprechen Sie, wenn Sie von Familie sprechen? Von der klassischen bürgerlichen Kleinfamilie: Vater, Mutter, Kinder?

Wenn ich von Familie spreche, spreche ich von der Tendenz zur Auflösung von Familie. Sie passt nicht in eine zweckrationale Gesellschaft, in der sich isolierte Individuen über den Markt reproduzieren. Was machen Menschen, die sich als autonome selbstverantwortliche Wirtschaftssubjekte verstehen, wenn sie von ihren Kindern genervt sind und glauben, ihr eigenes Leben und ihre Identität der Kinder wegen zu verlieren und Marktchancen einzubüßen? Und die verlieben sich dann plötzlich. Und weil man als disziplinierter Mensch lernt, Unpassendes zu verdrängen, um lebens- und arbeitsfähig zu sein, auch wenn man starke Belastungen hat, feiern die ihren Honeymoon, während das Kind, und das gibt es auch bei relativ intelligenten Müttern, buchstäblich in der Wohnung verhungert. Das Kind wird einfach ausgeblendet. Das wäre ein letztes Resultat dieses Prozesses, dass niemand mehr sich für etwas Anderes verantwortlich fühlt als für seine eigene Selbstverwertung. Als ich mir um mein Kind nach dem Tod der Mutter Sorgen machte, sagten mir immer alle: Natürlich müssen Sie sich um das Kind kümmern, aber der Beruf geht vor.

Wer sagt das?

Therapeuten, Sozialarbeiter, alle, an die man sich mit der Bitte um Rat wendet. Dass der Beruf vorgeht, heißt natürlich, wenn man es ernst nimmt, dass das Kind dann eben vor die Hunde geht, wenn man keine anderen Familienangehörigen hat, die einsteigen könnten. Meine damalige Freundin hat in dieser Situation auf die Konkurrenz durch das Kind mit einem Ultimatum reagiert, verkürzt zusammengefasst: Das Kind habe ich nicht gekauft, ich trenne mich von dir. Oder du trennst dich von dem Kind. Eine solche Reaktion stößt bei Traditionalisten auf tiefes Unverständnis, aber auch bei mindestens genauso vielen Leuten auf völliges Verständnis. »I am no fool and I don't take what I don't want«, sangen die Beatles. Das ist der Kern des Problems und den halte ich für relevant. Der hat eine Sprengkraft. Hier konkretisiert sich ein unlösbares gesellschaftliches Problem. Das ist letztlich auch die Frage des freiwilligen Opfers. Ist so etwas wie Selbstaufopferung noch ein relevanter Begriff oder ist dieser Begriff wie etwa Žižek sagt in einer rationalen Gesellschaftsorganisation einfach nur widersinnig?

Familie meint für Sie also nicht Familienideologie, sondern steht für ein unökonomisches Verhalten, das im Verschwinden begriffen ist?

Ja. Damit ist auch schon das Stichwort für die subversive Tendenz gefallen, die dieses Thema künstlerisch interessant macht. Familie ist im Theater immer als Zwangs- oder gar Terrorzusammenhang thematisiert worden, dem man entkommen muss, schon bei den alten Griechen. Auf der anderen Seite bildet Familie heute als außer- oder antiökonomische Instanz einen Lebensentwurf, der subversiv die tiefsten Grundregeln unserer Form des Lebens in Frage stellt. Das wäre eine Arbeitshypothese, und so weit haben Marie und ich das gesponnen.

Sie haben vom Opfer gesprochen. In der Entwicklung gibt es eine Asymmetrie, die immer zu Lasten oder auf Kosten derer geht, die eigentlich Schutz bräuchten, während die Auflösung, die sicherlich durch sehr viele Faktoren zustande kommt, von denen vorangetrieben wird, die eigentlich Entscheidungen zu tragen und zu verantworten haben ...

Die Schutzbedürftigen haben keine Lobby. Deshalb sind auch alle Strategien gesellschaftlicher Emanzipation darauf gerichtet, Hilfe zur Selbsthilfe zu geben. Man bekommt Geld, aber man soll sich damit so qualifizieren, dass man in Zukunft ein kompetenter Marktteilnehmer wird, der etwas Geldwertes anzubieten hat. Der Markt reicht tatsächlich bis in die tiefsten Poren, und was ihm nicht passt, ist prekär oder obsolet. Das Unverkäufliche gehört auf den Müll. Früher hätte ich das Problem an der Liebe festgemacht, deren Verkäuflichkeit sie beschädigt, jetzt mache ich es auch an der speziellen Familienliebe fest. Da wird selbstverständlich noch vorausgesetzt, dass im Zweifelsfall irgendeine Mutter oder Großmutter einspringt. Aber selbst die ältere Generation sagt heute: ›Leckt mich doch am Arsch, ich fahre nach Mallorca oder nach Marokko. Da ist meine Rente mehr wert als hier.‹ Ich glaube, dass in diesem Thema richtiger Sprengstoff liegt. Es gibt auch theatergeschichtlich extrem viele Anknüpfungspunkte. Ich werfe dem gegenwärtigen Theater vor, dass es sich bisher fast nirgends mit diesem Problem auseinandersetzt, gerade so als gäbe es diese neue Tendenz gar nicht.

Gibt es Ausnahmen?

Karin Henkels *Medea* zum Beispiel. Sie hat, obwohl das bei Grillparzer gestrichen ist, weil es so geschmacklos erscheint, von Euripides die Stelle aufgegriffen, in der Medea sich beim König von Athen Aegeus erkundigt, ob sie, wenn sie jetzt ihre Kinder wegschmeißt, danach mit ihm noch mal neue machen kann. Es ist genau dieses Kalkül, das unsere Gegenwart trifft: Man macht völlige tabula rasa, rächt sich an dem Alten, bringt die Kinder um, um dann, befreit von allen Altlasten, sich für die Anschaffung eines Neuwagens präpariert zu haben.

Dann gibt es in Halle dieses Stück *Opferpopp* von Mirko Borscht: Da nagelt ein Kind seinen Alkoholikervater im besoffenen Zustand ans Kreuz, stellt das Kreuz dann auf, und danach fangen alle an darüber zu diskutieren, wer hier das Opfer ist. Dieses Stück würde ich sofort einladen, denn es behandelt, fast zum ersten Mal, diesen Vorwurf der Kinder: ›Warum setzt ihr Kinder in die Welt, die Euch gleichgültig sind und die, wenn sie nicht euren Erwartungen entsprechen, einfach sich selbst überlassen werden?‹ Mirko Borscht hat dieses Stück mit Kids aus Problemgegenden und deren Eltern erarbeitet.

Es gibt derzeit eine politische Rhetorik, der zufolge die Kinderbetreuung ausgebaut und die Gesellschaft kinderfreundlicher werden muss, indem man die Strukturen verbessert. Ist da das Problem nicht schon in ganz guten Händen?

Wenn die CDU sagt, wir müssen flächendeckend Kindertagesstätten bauen und die Mütter entlasten, damit sie arbeiten können, dann zeigt das, auch wenn es politisch und ökonomisch noch so richtig ist, die Tendenz, die Gleichgültigkeit gegenüber Schwächeren zu fördern. Deshalb trifft Bischof Mixa dummerweise schon einen Punkt. Die Rationalität des Bürgerlichen und des Marktwirtschaftlichen hat hier wirklich ein ungelöstes Problem. Mit dieser Rhetorik, diesen ganzen Aktionen und Investitionen wird im Grunde nur bestätigt, dass dieses Problem besteht und dass es nicht auf der Ebene von Verantwortlichkeit und Privatinitiative gelöst werden kann – ganz anders als so viele andere Probleme, die heute privatisiert werden. Der Staat, der die Bedingungen für reibungslose Produktion und Marktfunktionieren bereitstellt, hat sich um den Nachwuchs zu kümmern, weil das eine Investition ist, die sich nicht rechnet und die deshalb privatwirtschaftlich nicht zu lösen ist. So wie Straßenbau oder Müllabfuhr. Diese Tendenz bestätigt und verstärkt das Problem. Es gibt eine Menge Material, das zu bebildern und zu behandeln und politisch zu wenden.

Was hieße es für die Ausrichtung einer Ruhrtriennale, so ein Thema oder Problem ernst zu nehmen?

Von einer praktischen Festivalseite her wäre zunächst zu fragen: Was ist los mit dem Ruhrgebiet? Ich selber komme zwar nicht aus dem Pott, aber aus der Nähe. Früher habe ich gedacht, dass ein großes Ziel erreicht wäre, wenn sich

das ganze Ruhrgebiet darauf einigen könnte, sich als eine Stadt mit vielen Stadtteilen zu begreifen, so wie New York oder Berlin, es wäre dann die größte Stadt Europas. Nur ist das wegen der Kirchturmpolitik, die allerorten betrieben wird, nicht möglich. Aber möglicherweise auch anachronistisch: Warum muss es in einer dezentralen, zersplitterten Gesellschaft, die ja auch ihre Vorteile hat, eine Glocke und einen Oberoberbürgermeister geben? Es geht nicht um Zentralisierung, sondern um Dezentralisierung und um eine nicht hierarchische Verbindung oder Vernetzung in dieser verkehrsmäßig extrem verbundenen Region. Zum Beispiel geht es um ein Bewusstsein davon, dass das Theater Essen nicht weiter vom Bochumer Schauspielhaus entfernt ist als die Deutsche Oper vom Deutschen Theater in Berlin. Dass man diese Region als einen Kulturraum begreift, der durchlässig ist, in dem man sich bewegen kann, finde ich ganz wichtig. Daher würde ich am liebsten zuerst einmal ein Schiff auf die Ruhr setzen, dass während der ganzen Festspielzeit die Ruhr hoch und runter fährt, wo man an jeder Stelle ein- und aussteigen kann und es rund um die Uhr überall etwas gibt. Das wäre eine symbolische Verbindung.
Neben dem familiär-inhaltlichen Desiderat müsste der Anspruch sein, nicht nur ein bildungsbürgerliches Publikum zu erreichen. Man muss sich Dinge ausdenken, die über den herkömmlichen Theaterraum hinausgehen. Es reicht dazu nicht, ab und zu mal ein Volksfest zu machen. Es müsste Aktionen geben, die dezentral sind und sich aus den üblichen Kulturtempeln entfernen. Die müssen natürlich alle auch bespielt werden, aber das Entscheidende wäre, wie man vermeintlich außerkulturelle, außerkulturinstitutionelle Bereiche integriert. Das heißt, man müsste etwas entwickeln, das den Alltag einer ganzen Region auf eine bestimmte Weise beeinflusst, und zwar so, dass es den Leuten in ihrem Alltagsleben unübersehbar im Wege steht und sie gleichzeitig Spaß daran haben. Ich habe Marie vorgeschlagen zu versuchen, alle Kaufhäuser, Läden, Drogerien, Supermärkte, (wohl auch Bahnhöfe) aufzufordern, der Ruhrtriennale auf ihren Beschallungsanlagen täglich mindestens eine Stunde oder dreimal 20 Minuten zur Verfügung zu stellen, und zwar nicht zur Werbung, sondern damit die Leute zu Dingen aufgefordert werden und mit Sachen konfrontiert werden, die sie sonst aus diesen Anlagen nicht hören. Eine Vorstellung wäre, eine Gruppe von mobilen Freiwilligen zu bilden, die im ganzen Ruhrgebiet dann in diesen Läden, aber auch außerhalb, auf der Straße an den Verkehrsampeln zum Beispiel, die Leute dazu aufzufordern, ihre Lebensbedingungen auch körperlich zu reflektieren, einfach mal etwas Anderes zu machen, als das, was sie immer machen. Beim Warten an der Ampel etwa gemeinsam ein paar Gymnastikübungen oder Tanzschritte zu absolvieren,

mit unsichtbaren und sichtbaren Animatoren, Schauspielern, Puppenspielern solche und andere Interventionen und Begegnungen zu organisieren. Das scheint mir komisch zu passen. Ich glaube, dass die Ruhrgebietler, wenn sie mit Spaß dazu animiert werden, so etwas machen würden. Das wären natürlich völlig freiwillige nicht ökonomisch überdeterminierte Angebote, die aber durch ihre Präsenz in möglichst allen Städten und durch die Beschallung in den halböffentlichen Räumen, wo man zwar privat hingeht, aber öffentlich anwesend ist, vielfältige Konsequenzen haben könnten in einer alternativlosen Gesellschaft mit unlösbaren Problemen. Man müsste überlegen, wie man mit Hilfe der marktmäßigen Institutionen kulturelle und politische Interventionen zustande bringt, künstlerische oder auch sozialtherapeutische Dimensionen erzeugt, an Orten, wo man nicht unbedingt mit ihnen rechnet. Das würde sich auf jeden Fall auch sehr gut mit dem Familienthema verbinden lassen. Ich bin immer in so einem komischen Zwiespalt, dass ich sage, wenn Kunst gut ist, kann sie sogar Sozialarbeit sein, nicht als der angestrebte Sinn dieser Kunst, aber als ihr absichtsloser Nebeneffekt. Wir waren beide angetan von diesem Gedanken.

Dieses Projekt der Triennale im Kaufhaus sollte unbedingt realisiert werden.

Wenn Marie es nicht vorgezogen hätte, einen anderen Weg zu gehen, ich glaube, wir hätten das zusammen schön hinbekommen, zumal sie nicht locker gelassen hätte, bis jede Kaufhauskette darauf angesprungen wäre.

Das Gespräch mit Carl Hegemann führten Ulrike Haß und Nikolaus Müller-Schöll 2007 in Bayreuth.

Dramaturgie der Sorge und Ästhetik des Pathos
Christoph Schlingensief inszeniert *Eine Kirche der Angst vor dem Fremden in mir* in der Gebläsehalle des Landschaftsparks Duisburg-Nord

Jasmin Degeling

Der Bühnenraum, der für die Ruhrtriennale 2008 in die Gebläsehalle im Landschaftspark Duisburg für die *Kirche der Angst* gebaut worden ist, stellt einen genauen Nachbau jener Oberhausener Herz-Jesu-Kirche dar, die lediglich sechs Kilometer entfernt an der damaligen Pacellistraße und heutigen Christoph-Schlingensief-Straße steht. In dieser Kirche war Christoph Schlingensief als Heranwachsender Messdiener. Schlingensief hat das Konzept der sogenannten ›Industriekathedralen‹ offenbar ernst genommen und diesen profanen Raum der Industriegeschichte in einer kunstreligiösen Inszenierung ausgestellt. Eine zentralperspektivisch platzierte Bühne im angedeuteten Kirchenschiff erscheint als Altar, flankiert von Videoscreens, die ihn dreiflügelig erweitern. Der Nachbau der Kirche erweist sich mit Blick auf die komplexe Dramaturgie des Abends als räumlicher Kommentar, vergleichbar den diversen Wagner-Zitaten, die dieser Inszenierung eine romantische Signatur verleihen. Die wörtlich genommene Industriekathedrale fragt auch nach der Verklärung des Strukturwandels der Region (»Mythos Ruhr«). Zugleich geht es um ein Ausloten der Möglichkeiten kathartischer Wirkung im zeitgenössischen (Musik)-Theater.

Überblendet wird die Geschichte dieses Ortes mit der einer Krankheit. Im Zustand des Schocks über seine Lungenkrebs-Diagnose hat Schlingensief der Inszenierung eine autobiografische Signatur gegeben – eine radikale ästhetische Bewältigungstechnik, die bis zu seinem Tod im Jahr 2010 seine künstlerische Praxis sowie seine öffentliche Wirkung beeinflusst hat. *Eine Kirche der Angst* verwebt dramaturgisch mehrere Ebenen: Die mit der Diagnose der Krebserkrankung entstandenen Tagebucheinträge, 2008 veröffentlicht unter dem Titel *So schön wie hier kann's im Himmel gar nicht sein,* wandern in den szenischen Raum. Sie strukturieren den Theaterabend mittels projizierter Texttafeln als szenisches Tagebuch. Die ›Selbstprotokolle‹ bilden eine wichtige Textgrundlage und werden flankiert von Homevideos aus Schlingensiefs

Kindertagen. Sie korrespondieren der zweiten relevanten dramaturgischen Ebene: Der Abend nimmt Elemente der Liturgie eines katholischen Trauergottesdienstes auf samt Abendmahl, Predigt, Litanei und verbindet sie mit (Gospel-)Chören, im Andenken an den »noch-nicht-Verstorbenen«, Schlingensief. Die Architektur dieser Inszenierung überblendet also autobiografische Motive mit einer künstlichen Kirche, der sogenannten ›Industriekathedrale‹.

Konsequent kontrastiert eine dritte Ebene diese Dramaturgie, typisch für die komplexe szenische Kompositorik der späten Arbeiten von Schlingensiefs Team. In einer Art szenischer Archäologie werden Arbeiten aus dem Kontext des Fluxus bzw. der Neo-Avantgarden nachgestellt: Peter Kennedys und Mike Parr's *Flux Film No. 36* (1970) sowie Ausschnitte aus einer Aktion Nam Jun Paiks mit der Cellistin Charlotte Moormann (siebziger Jahre) und Zitate der Fluxus-Ausstellungen von 1965. Zunächst filmisch projiziert, werden die Dokumente danach teilweise räumlich nachgestellt. Im Sinne eines Reenactments wird die Programmatik jener Arbeiten ausgestellt, ihre zeitgeschichtliche Signatur um '68, die sich maßgeblich in Wünschen nach Heilung der Gesellschaft ausdrückt. Insbesondere der Kurzfilm *Günter Brus Aktion*, den man heute noch im Internet auf den Webseiten der Peter-Deutschmark-Gallery findet, wird szenisch überblendet. Angespielt wird damit auf den Wiener Aktionismus – etwa auf Brus' berühmte *Zerreißprobe* von 1970. Die Fluxus-Reenactments erscheinen zugleich als absurde Karawanen wie als synkretistische Trauerprozessionen. Evoziert werden in dieser Gemengelage auch Bilder aus Herrmann Nitschs *Orgien-Mysterien-Theater*, das Theater als Ritual entwirft und als ›Bühnenweihfestspiel‹ die Wagner-Tradition einer kunstreligiösen Therapeutik nachleben lässt.

Die Selbstbeschreibung der *Kirche der Angst* als ›Fluxus-Oratorium‹ spielt mit der Überblendung von Liturgie, ritualistischer Performance und autobiografischem Material. Der Abend blendet ästhetische Therapeutik aus dem Kontext von Fluxus und Neo-Avantgarden ein und geht zurück bis zu Wagners kunstreligiösem Erlösungskonzept. Seit Schlingensiefs Bayreuther *Parsifal*-Inszenierung leben Versatzstücke von Richard Wagners *Parsifal* in den folgenden »Kreationen« nach und damit ein komplexes szenisches Kompositionsverfahren. Darüber hinaus werden Wagner-Fragmente mit weiteren Stücken spätromantischer Musik (z. B. von Gustav Mahler und Arnold Schönberg) verbunden. Die musikalische Gesamtkonzeption des Abends stammt von Michael Wertmüller, einem Vertreter der Neuen Musik.

In der komplexen Architektur spiegelt sich der Versuch, die Szene zum Medium autobiografischer Sorge werden zu lassen. Das Problem, das diese Inszenierung künstlerisch radikal behandelt, formuliert das Leitmotiv des Abends

als Beuys-Zitat: Kann, wer seine Wunden zeigt, geheilt werden? Wiederum wird Kunst als Medium der Erlösung und mithin als heilende Selbsttechnik ins Spiel gebracht

Eine Kirche der Angst stellt die Frage nach einer modernen Tragödie, der Möglichkeit moderner Katharsis im Sinne einer heilenden Transformation der Affekte. Im Sinn der Sorge um sich wird zugleich eine Übung in der Kunst des Sterbens probiert. So jedenfalls behauptet es Carl Hegemann, der für die dramaturgische Konzeption des Abends verantwortlich zeichnet. Im komplexen Rhythmus der Inszenierung wird sowohl das Erbe moderner Ansätze einer Heilung durch Kunst als auch die Praxis der Sorge um sich erlebbar.

Dabei reagiert Schlingensiefs Suche nach Heilung sensibel auf die ambivalente Geschichte ästhetischer Heilungsprogramme seit Wagner und den Avantgarden. Ist nun Ironie im Spiel, wenn ausgerechnet Beuys' Texte für die Predigt und das Credo geliehen werden? Man mag es als Kommentar zu der These lesen, dass sich Beuys' ästhetisches Schamanentum letztlich im katholischen Erbe verortet. Die Inszenierung bleibt diesem Erbe treu und fügt sich damit allzu gut in das Setting der Industriekathedrale.

Uraufführung: 21. September 2008 / Regie: Christoph Schlingensief / Dramaturgie: Carl Hegemann / Bühnenbild: Thomas Goerge und Thekla von Mülheim / Kostüme: Aino Laberenz / Video: Heta Multanen / Mit: Margit Carstensen, Angela Winkler, Anne Tismer, Mira Partecke, Komi Mizrajim Togbonou, Stefan Kolosko, Karin Witt, Horst Gelonnek, Kerstin Grassmann, Norbert Müller, Achim von Paczensky, Klaus Beyer, Friederike Harmsen, Ulrike Eidinger, dem Gospelchor Angels Voices und dem Kinderchor des Aalto-Theaters

Dreharbeiten für die Projektionen in *Eine Kirche der Angst vor dem Fremden in mir*.
Fotos: Christoph Schlingensief

Gespräch mit Alain Platel

Vom Risiko des Mitgefühls
Alain Platel im Gespräch über *pitié! Erbarme Dich!*

Verena Cornely Harboe

Vorbemerkung
Platel folgt dem dramaturgischen Bogen der Leidensgeschichte Christi, setzt jedoch andere Akzente: *pitié!* überträgt die Rolle des Christus einem Sänger und einer Sängerin und stellt den mütterlichen Schmerz ins Zentrum. Während die Rolle der Mutter in der *Matthäus-Passion* in dieser Weise nicht existiert, dient sie dem Choreographen Alain Platel und dem Musiker Fabrizio Cassol dazu, der Frage nachzugehen, ob unser Einfühlungsvermögen zu mehr als Mitleid reicht. Die Inszenierung wird zur Suche nach einer Ausdrucksweise, welche die Aspekte des Mitleids und des Mitgefühls, jenseits aller moralischen Besetzungen, in eine gelebte Suche zu übersetzen vermögen. Die Passionsgeschichte wird zum Ausgangspunkt einer Befragung der menschlichen Voraussetzung, körperlich und damit verletzlich und bedürftig zu sein. Gleichzeitig wird sie zur Suche nach einer Bewegungssprache, die es vermag, die Einsamkeit des Einzelnen für einen Moment zu durchdringen und zu überschreiten.

Der Tod ist in *pitié!* stets präsent. Von der Decke der Bühne (Peter de Blieck) hängen Kuhhäute, die an geschlachtete, vielleicht geopferte Körper denken lassen. Im Hintergrund der Bühne stehen zwei riesige Holzaufbauten, durch Leitern miteinander verbunden, auf dem niedrigeren ist das Orchester, das Ensemble von Aka Moon, platziert. In barock anmutenden *Tableaux vivants* schichten die Darsteller ihre Körper zu imposanten Bildern. Sie zeigen Schmerz und Verzweiflung, aber auch Aufruhr und Revolte in pathetischer Übersteigerung. Mit emporgereckten Armen und Fäusten, mit Mündern, zum stummen Schrei aufgerissen, nehmen sie anklagende, verzweifelte, aber auch siegesgewisse Posen ein, wechseln, an Altarbilder gemahnend, in die Rolle Christi und erinnern an berühmte Bilder der Revolutionsgeschichte und der politischen Geschichte des 20. Jahrhunderts.

In der »Szene des Todes« werden Momente des größten Schmerzes in kleine, zuckende Bewegungen übersetzt. Nicht nur die Verlassenheit erscheint hier abgründig, es entsteht auch die Ahnung einer Möglichkeit von Erleichterung. »Einzeln gemeinsam erscheinen« (Nancy) bezeichnet die Form, in der die Tänzer immer wieder zusammenfinden.

Der Komponist Cassol verwendet Bachs Komposition, um sie zu zerlegen und neu zusammenzusetzen. Bisweilen wird die Musik auf ihre kleinsten Elemente reduziert, bis nur noch der einzelne Ton, der vom Akkordeonbalg erzeugte Lufthauch bleibt, gleichsam das Material, aus dem sich im nächsten Moment etwas Neues entfaltet. Im Spiel und Gesang des Flötisten Magic Malic begegnen sich darüber hinaus Orient und Okzident, finden zueinander in einer ganz eigenen Mischung. Sein Spiel macht den animalischen Laut, das kreatürliche Keuchen und den Atem hörbar. Ähnlich wie die Musik Malics entsteht unter den Tänzern ein Material, das zwischen Schreien und an Tierlaute erinnernden Geräuschen pendelt und wiederum von den Musikern aufgenommen wird, das momenthaft Strahlkraft und Fülle erlangt, um unmittelbar darauf wieder zu zerfallen.

Platel und sein Ensemble schaffen auf der Bühne ein Spektakel, das Auge und Ohr schwindeln macht, das jedoch in seiner ganzen Bewegtheit auch leise, verstörend und aufwühlend ist und das von Verzweiflung und Hoffnung handelt.

Das Interview
In manchen Momenten hatte ich den Eindruck, dass die Musik in ganz kleine Stücke zerlegt wird, bis nur noch einzelne Töne, Vibrationen, Atemgeräusche übrigbleiben, Bruchstücke, die zugleich die Basis einer neuen Kreation bilden.

Es ist das zweite Mal, dass ich mit Fabrizio Cassol zusammengearbeitet habe. Nach *vsprs* hatte ich große Lust weiterzumachen, weil es eine starke Erfahrung war. In der Komposition ist er sehr nahe an dem geblieben, woran wir gearbeitet haben: Er hat komponiert, während er das, was im Studio geschah, beobachtet hat. Es ist ein großes Geschenk, dass er die Töne der Tänzer benutzt hat und umgekehrt, dass sich die Tänzer von der Musik haben inspirieren lassen.

Pitié zeigt die Einsamkeit des Einzelnen, die Unmöglichkeit, die Grenzen, die ihm mit seinem Körper, mit seiner Haut gegeben sind, zu überschreiten. Aber zugleich gibt es Szenen, Momente, die Gemeinsamkeit betonen und damit etwas Versöhnliches haben.

Die Haut als Grenze und die Einsamkeit in einer Gruppe sind zwei Elemente, an denen wir gearbeitet haben. Das Individuum kann extrem einsam sein, vor allem wenn es mit vielen Menschen zusammen ist. Selbst wenn eine Gruppe auf der Bühne ist, die man als stark und verbunden empfindet, spürt man dennoch eine grenzenlose Einsamkeit. Das ist existenziell, das hat mit dem Leben zu tun.

Die Idee mit der Haut ist mir gekommen, als wir angefangen haben, an dieser Passion zu arbeiten. In einem Film über die Passion Christi sagt die Mutter: »Du bist Fleisch von meinem Fleisch.« Dieser Satz hat mich berührt, und es war schnell für mich klar, dass ich nicht die Geschichte von Christus erzählen wollte. Ich wollte über die Fragen von Leben und Tod im Kontext der *Matthäus Passion* sprechen. In den Proben habe ich gemerkt, dass die Tänzer Lust hatten, vom Fleisch zu sprechen und damit zu arbeiten. Das war sehr berührend, weil es von der ganzen Fragilität zeugt. Auch wenn man Körper auf der Bühne sieht, die schön und stark sind, bleiben sie doch extrem fragil. Es ist zu sehen, dass Menschen Säcke mit Knochen und Flüssigkeiten sind, was mit dem Tod verschwindet. Ich fand es wesentlich, dies mit den großen Themen der Passion Christi zu konfrontieren, anstatt von ihm selbst zu erzählen.

Pitié handelt von Fragen des Fleisches, der Haut (von der Decke hängen Kuhhäute), des Opfers, der Einsamkeit, des Todes, doch in keinem Moment hatte ich den Eindruck, dass es sich um ein pessimistisches Stück handelt, ganz im Gegenteil.

Die ursprüngliche Idee für die Bühne bestand darin, an einen Schlachthof zu erinnern. Ich glaube, dass der eindrücklichste, aber nicht der beste Passions-Film der von Mel Gibson ist. Er zeigt vom Anfang bis zum Ende nichts als Blut. Genau das passiert, wenn man die Geschichte nicht idealisiert. Man kann die Grausamkeit betonen, aber man kann auch etwas anderes hervorheben. Von einem bestimmten Moment an wollte ich vom »Erbarme Dich« sprechen, von Mitleid und Mitgefühl. Damit hat sich das Bühnenbild in etwas viel Wärmeres verwandelt. Das Holz ist viel neutraler, wärmer. Die Häute sind von der alten Idee des Schlachthofs geblieben. Sie passten für mich sehr gut zu dem, was ich auf den Proben in Bezug auf die Haut wahrgenommen habe: Manchmal kann man sie auch als etwas sehen, in das man sich einhüllen kann.

Die Musik wird in pitié *in immer kleinere Teile zerlegt, was einem Charakteristikum des Barock entspricht. Hinzu kommen außereuropäische Einflüsse. An einigen Stellen wird etwas hinzugefügt, an anderen etwas weggenommen.*

Es geht um den Versuch, die gefühlvolle Seite der Musik hervortreten zu lassen und sie mit Bildern zu konfrontieren, die sie verstärken. Fabrizio hat in *pitié* wirklich mit der Musik gearbeitet, manchmal hat er sie vollständig zerlegt, um diese nackte Haut der Musik zu erhalten, wo man nichts hört als die

Grundmelodie und manchmal hat er das Gegenteil getan. Manchmal hat er sich sehr weit von Bachs Musik entfernt, um in eine völlig andere Welt zu gelangen, die mit seinen Erfahrungen in Afrika, Indien, dem Nahen Osten oder Palästina, zu tun hat. Umgekehrt hat er seine Erfahrungen genutzt, um bei Bach anzukommen. Das ist seine Art, mit der Musik zu arbeiten. Meine ist wesentlich die emotionale Seite. Damit war er einverstanden, weil er auch von dieser Sichtweise fasziniert ist.

In Ihren Arbeiten kehrt eine Bewegungssprache wieder, die an Filme von Jean Rouch erinnert, in denen afrikanische Tranceerituale mit »Besessenen« gezeigt werden.

Jean Rouch nähert sich diesem Universum so intensiv an, wie ich es in keinem Dokumentarfilm zu diesem Thema jemals wiedergefunden habe. In *pitié* gibt es einen Jungen, Louis-Clément Da Costa, der einen Vater aus dem Benin und eine französische Mutter hat. Er ist sehr jung, einundzwanzig Jahre alt, und hat seine klassische Ausbildung in Frankreich erhalten. Er kommt also wirklich aus einem europäischen Umfeld, aber seit einigen Jahren reist er immer wieder in den Benin, um seine Wurzeln zu erkunden. Ich wusste, dass er Lust hatte, in seiner Bewegungssprache eine Verbindung zwischen dem klassischen Ballett und der Welt von Benin zu finden. Ich habe einige Filme von Jean Rouch mit ihm zusammen gesehen und ihm gesagt, dass er dieses Material nutzen könne. In diesem Zusammenhang ist ein sehr chaotischer Tanz entstanden mit vielen Bewegungen, die durch diese Dokumentarfilme inspiriert sind.

Was die Filme dokumentieren, steht in starkem Widerspruch zur abendländischen Tradition der Trennung von Körper und Geist ...

Ich bin dabei zu erforschen, ob es heute, 2008, möglich ist, eine Körpersprache zu finden, die uns etwas Wesentliches über das Leben und den Tod sagen kann. Ob es möglich ist, menschliche Gefühle in eine Bewegung auf der Bühne zu übersetzen. Wenn ich mit den Tänzern arbeite, bitte ich sie häufig, einen körperlichen Ausdruck für ihr inneres Erleben zu suchen. In *pitié* geschieht dies die ganze Zeit über. Der Tanz, jede Bewegung in diesem Stück, ist eine Suche danach, wie das Innere eines Menschen körperlich ausgedrückt werden kann. Es ist nicht so sehr das Band zwischen Afrika und Europa, das ich suche, aber ich merke, dass Filme wie die von Jean Rouch für Tänzer sehr inspirierend sein können – jedoch eher in dem Sinn, wie ein körperlicher Ausdruck für etwas gefunden werden kann, das man fühlt.

Sie sagen, es sei nicht so sehr eine Frage der Verbindung von Afrika und Europa. In pitié *gibt es jedoch Tiergeräusche, Gesang und die Musik von* Magic Malic, *die sehr stark Afrika hervorrufen.*

Und es gibt Serge Kakudji, den Countertenor, der aus Kinshasa kommt und seit anderthalb Jahren in Europa ist. Es gibt diese ganze Geschichte in ihm. Ich war im ersten Moment sehr erstaunt darüber, einen schwarzen Jungen zu hören, der so ausgezeichnet Barockmusik singt, zumal er es nicht studiert hat. In unserer Zusammenarbeit habe ich bemerkt, dass er zudem ein hervorragender Tänzer ist, der Afrikas Geschichte in seinem Körper trägt.
Ich habe immer sehr verschiedene Gruppen gesucht, zwischen denen eine Konfrontation möglich war. Für mich handelt es sich dabei auch um eine politische Wahl, gerade heute, wo wir mit der Tatsache konfrontiert sind, dass die Welt sich in jeder Beziehung mischt, während zugleich die Tendenz besteht, die Grenzen in Europa wiederzubeleben. Ich glaube, es ist unabdingbar, Mischungen einzugehen. Aber ich glaube, dass diese Aspekte sich in meinen Stücken zwischen den Akteuren ereignen, wie sie sich auf der Bühne bewegen, wie die Tänzer singen und die Sänger tanzen.

Mit den Tiergeräuschen kommt der Verrat durch Petrus ins Spiel (»Ehe der Hahn dreimal kräht«), aber auch die Frage nach der Grenze zur Kreatur.

Wir wollten wirklich diese animale oder tierische Seite ins Spiel bringen, etwas sehr Elementares. Wir haben auch vom Verrat gesprochen, aber für uns ist es eher Teil des gesamten Komplexes der Haut, des Zurück-zu-den-Wurzeln. Auch wenn ich es nicht näher erläutern kann, es geht um diesen ganzen Bereich der Dinge.

Zu Beginn gibt es Bilder, Tableaux vivants, mit einer komplexen barocken Ikonografie...

Es gibt barocke Bilder, doch wenn man genau hinschaut, bemerkt man auch mit einem kleinen Augenzwinkern eingefügte Bilder von kommunistischen Monumenten oder dieses sehr bekannte Bild vom Ende des Zweiten Weltkrieges in Amerika, auf dem alle diese Soldaten mit Fahnen zu sehen sind.

Sie zeigen Bilder mit einem kleinen Augenzwinkern, aber zugleich bleiben Sie in ihrem Ausdruck immer sehr ernst.

Wir haben die anfängliche Tendenz, diese Geschichte zu ironisieren oder zu relativieren, schnell aufgegeben, um zu sehen, was passiert, wenn wir aufgeklärten Europäer dieses heikle Gefühl des Mitleids zulassen und spüren, was es mit uns macht. Es gibt im Publikum viele Menschen, die für diese Gefühle sensibel sind und keine Angst haben, sie an sich herankommen zu lassen und sie mit den Tänzern zu teilen. Ich habe auch einige Kritiken gelesen, die wirklich wütend reagierten: »Das ist billige Gefühlsduselei. Ein paar gute Bilder, schöne Musik und man bringt uns zum Weinen.« Ich glaube, dass man als Zuschauer wirklich mit seinen eigenen Gefühlen konfrontiert wird, und es ist sehr angenehm, dass die Mehrheit des Publikums dafür empfänglich ist.

Das Gespräch fand im Rahmen der Ruhrtriennale 2008 in Bochum statt und wurde von Verena Cornely Harboe aus dem Französischen ins Deutsche übersetzt.

Premiere bei der Ruhrtriennale: 2. September 2008 / Regie: Alain Platel / Musik: Fabrizo Cassol / Dramaturgie: Hildegard De Vuyst / Musikdramaturgie: Kaat de Windt / Bühnenbild: Peter De Blieck / Kostüme: Claudine Grinwis Plaat Stultjes / Mit: Quan Bui Ngoc, Louis-Clément Da Costa, Mathieu Desseigne Ravel, Lisi Estaràs, Emile Josse, Juliana Neves, Hyo Seung Ye, Romeu Runa, Elie Tass, Rosalba Torres Guerrero, Laura Claycomb, Melissa Givens, Claron McFadden, Monica Brett-Crowther, Maribeth Diggle, Cristina Zavalloni, Serge Kakudji, Magic Malik, Fabrizio Cassol, Stéphane Galland, Michel Hatzigeorgiou Airelle Besson, Tcha Limberger, Alexandre Cavalière, Michael Moser, Lode Vercampt, Krassimir Sterev, Philippe Thuriot

»Vergessen diese Frage, nächster Moment!«
Schorsch Kamerun inszeniert Texte aus Rolf Dieter Brinkmanns *Westwärts 1 & 2* als begehbaren Ausnahmezustand in der Zeche Zweckel Gladbeck

Mike Hiegemann

Die »Rückbezüge müssen aufhören, und das heißt, die Verklammerung von Dingen und Menschen«, schreibt Rolf Dieter Brinkmann 1974/75 in einem »unkontrollierten Nachwort«, das den Gedichtband *Westwärts 1 & 2* beschließt. Brinkmann sprengt Gattungskorsette durch Textblöcke, Strophen, Zitateinschübe, Songs und Fotografien, denen inhaltlich Momentaufnahmen, Erinnerungen und unauflösbare Widersprüche zur Seite stehen. Dieses Schreiben ist ein Schreiben gegen die Sprache mit der Sprache. Es trägt einen Konflikt zwischen Form und Inhalt aus, der in einem besonderen und genauen Verhältnis zur ihn umgebenden Gegenwart steht.

Der mit dem Eingangszitat verknüpfte Begriff des Vergessens erhält in diesem Zusammenhang eine doppelte Funktion: Einerseits ist das Vergessen geeignet, Platz zu schaffen, wenn es sich gegen »Metaphernschwulereien, aftertiefe Gedanken in der Prosa, tendenzlose Modernität, Hausfrauenlyrik & Plüschatmosphäre von Oma & Opa« richtet, gegen Sprachkonventionen also, die zur Stabilisierung von gewohnten Vorstellungen beitragen. Andererseits ermöglicht das Vergessen eine Dynamik und entsprechende künstlerische Verfahren, die einer veränderten Wirklichkeitswahrnehmung adäquat sind. Brinkmann erschien eine reflektierte Orientierung an den seinerzeit aktuellen Wirkungsästhetiken und Techniken des Pop unabdingbar: Songs, Filme, Fotografien, Collage- und Cut-Up-Methoden bildeten die medialen Koordinaten, an denen sich Sprache auszurichten hatte, wollte sie noch relevant erscheinen – jedoch ohne auf affirmativen Massenappeal abzuzielen. *Westwärts* bewegt sich demgemäß zwischen Kontinuitätsbrüchen und Rausch und ist schon im Schriftbild von einer Simultanität getragen, die jedes Lesen aufs Neue herausfordert.

Die Inszenierung dieses Materials durch Schorsch Kamerun im Rahmen der Ruhrtriennale vermeidet auf angemessene Weise jede Deutungsvorgabe. Anstatt die Zuschauer frontal vor eine Bühneninterpretation zu setzen, wird ein

offenes Raumkonzept für die Maschinenhalle der ehemaligen Zeche Zweckel in Gladbeck entworfen. Das einzige von dem Maschinenpark übrig gebliebene Gebäude, 1909 durch seinen königlich-preußischen Auftraggeber im historistischen Stil erbaut, wirkt wie ein Fremdkörper in einer leeren Umgebung und erinnert an ein Gedicht aus *Westwärts*: »Zerstörte Landschaft mit / Konservendosen, die Hauseingänge / leer, was ist darin?«

In der Maschinenhalle führt der Weg durch ein Tunnelsystem aus Plexiglaswänden. Auf der anderen Seite der milchigen Wände sind insgesamt 150 ortsansässige Darsteller – Braut, Bräutigam, Rentner, Kinder, Turnverein usw. – wie Stichproben einer Gesellschaft verteilt. Man geht vorbei an stummen Szenen, in denen Handtücher gefaltet oder Pflanzen angebaut werden. Menschen sitzen in Büros oder Ämtern. Kinder spielen, wieder andere ruhen sich einfach nur aus. Stets jedoch scheint es, als bereiteten sie sich auf etwas vor, als erwarte sie etwas. Über Lautsprecher begleitet das Publikum serielle Musik (Carl Oesterhelt) und die Stimme der Schauspielerin Sandra Hüller, die Auszüge aus *Westwärts* spricht oder singt. Auf kleinen Überwachungsmonitoren, die in die Tunnelwände eingelassen sind, flimmern wechselnde Aufnahmen der verschiedenen Szenen.

Umgeben vom Tunnelsystem mit seinen Abzweigungen befindet sich im Zentrum der Halle eine Art Lazarett, seitlich davon ein Aufnahmebüro, an dessen Schreibtisch akribisch Papiere geprüft werden, bevor die Anstehenden den großen Raum betreten, sich frei bewegen oder die darin befindlichen Pritschen benutzen können. Die Szenerie lässt an eine Quarantänestation vor einer anstehenden oder bereits eingetretenen Katastrophe denken. Verstärkt wird dieser Eindruck durch eine Tribüne, einen Überwachungsraum, von dem aus man den Lazarettsaal und fast alle Szenarien hinter den Tunnelwänden (über Monitore) überblicken kann.

Schnell wird jedoch klar, dass auf keine Entwicklung zu warten ist. Die Darsteller gehen ohne erkennbares Ziel ihren Aufgaben nach, die Musik spielt weiter, die Texte werden weiter vorgetragen: »Die Geschichtenerzähler machen weiter. / Die Autoindustrie macht weiter. / Die Arbeiter machen weiter. / Die Regierungen machen weiter.« Wo eine vorgegebene Zeitdramaturgie aussetzt, ist es jedem Besucher selbst überlassen, sein eigenes Zeitmaß für das Betrachten und Zuhören einzurichten. Einige nehmen selbst nach und nach Rollen ein. Was mit dem Impetus eines eifrigen Museumsspaziergangs beginnt, zerfällt mit der Dauer. Einige halten sich auf der Tribüne auf, andere besetzen den Gang um die Raumkapsel, in der Band und Sprecherin untergebracht sind. Wieder andere sind ständig in Bewegung, als wollten sie nicht zur falschen Zeit am falschen Ort sein.

Model: Constanze Kümmel & Merle Katrin Seibert / Ruhrtriennale 2008

Nach etwa einer Stunde versammeln sich die Darsteller im Lazarett, Flugblätter werden verteilt, es bilden sich Menschentrauben, alle anderen Räume stehen plötzlich leer. Es scheint, als spitze sich eine Situation zu, als entlade sich gleich eine Spannung, die sich bis dahin unmerklich angestaut hat. Die Szene läuft jedoch ins Leere, und die Darsteller verteilen sich wieder. Nach einer Weile verstummen Stimme und Musik, die Halle wird abgedunkelt. Sandra Hüller betritt den Lazarettraum, der jetzt einer Wartehalle gleicht, in der alle Darsteller versammelt sind. War ihre Stimme bis zu diesem Punkt durch kühle bis aggressive Artikulation geprägt (»Ich schlage euch nieder, / ich weiß nicht, ob aus Wut, / dann kommen die Lieder / besonders gut«), so spricht sie nun fast zärtlich zu den sie Umgebenden. Ihr Monolog, den sie, die Menge durchschreitend, immer wieder an Einzelne richtet, ist aus Vorbemerkung und Nachwort zu *Westwärts* montiert. Er versammelt Momentaufnahmen von Reisen ins Jenseits des lustfeindlichen Status quo von Gesellschaft, Staat und Sprache. Und so endet die Aufführung mit den Worten »(warum das Langzeitgedächtnis pflegen?), ist dieser Mensch da vor mir, wie er da angetan ist mit

Kleidung, nichts als eine Formulierung mit Kleidung? Vergessen diese Frage, nächster Moment«.

Ebenso wie das Vergessen ist auch der daran geknüpfte Begriff des Weitermachens bei Brinkmann doppelt belegt: Es gibt ein Weitermachen bestehender Ordnungen, aber auch eines, das zu ihrer Überwindung drängt. Letzteres übersetzt die Inszenierung in einen raumzeitlichen Reflexionsprozess. Die vermeintlich objektiven Maßverhältnisse und Kriterien von Raum und Zeit werden dissoziiert; permanent wird dem Zuschauer die Entscheidung für den »nächsten Moment« überantwortet: Es steht ihm frei, sich den Texten zu widmen oder einzelne Szenen genauer zu betrachten. In diesem Sinne erscheint der Abschlussmonolog als Bewusstmachung dessen, was vorher als möglich erfahren oder erlebt wurde: das Spiel mit dem Aussetzen von Erwartungen und Assoziationen, die Brinkmann als vergessenswert oder verseucht erschienen.

Premiere bei der Ruhrtriennale: 20. September 2008 / Idee, Konzept: Katja Eichbaum, Schorsch Kamerun / Regie: Schorsch Kamerun / Musikalische Leitung: Carl Oesterhelt / Dramaturgie: Gabriella Bußacker / Bühnenbild: Constanze Kümmel / Kostüme: Daniela Selig / Mit: Sandra Hüller, Christian Brachtel, Sachiko Hara, Jost Hecker, Mathis Mayr, Carl Oesterhelt, Juan Sebastina Ruiz, Gertrud Schilde, Nancy Sullivan und einem Bevölkerungsquerschnitt bestehend aus garantiert 100 ortsansässigen Darstellern

Im Zerfall wohnt die Zeit
Ein Gespräch mit Anna Viebrock über ihre Schleef-Mozart-Arbeit *Die Nacht* in Essen

Fabian Lettow und Mirjam Schmuck

Es gibt ein schönes Zitat von Ihnen: »Mich interessieren Orte, an denen Geschichte stattgefunden hat, die jetzt verlassen sind«. Das ist ein ganz einfacher Satz, aber sehr weitreichend für Ihre Inszenierung von Schleefs Mozart-Material Die Nacht. *Sie sind mit den Studenten der Produktion nach Sangerhausen und Halle gereist, hatten Premiere in München und haben jetzt den Umzug mit der Produktion auf das von der Industrie verlassene Zechengelände nach Essen gemacht.*

Das gemeinsame Reisen ist für mich sehr wichtig. Die Darsteller und ich, wir kannten uns alle gar nicht, und ich bin ein bisschen schüchtern. Wir hatten ein unglaublich strenges Programm in Sangerhausen. Die beiden Herren vom »Arbeitskreis Einar Schleef« ließen uns gar nicht aus ihren Fängen. Sie haben uns überall rumgeführt. Das ist schon sehr interessant, die beiden kannten ihn noch. Der eine war sein Lehrer, der andere Bürgermeister. Das ist total schön, wie man das dann alles so kapiert. Auch wie man dort versucht, Einar Schleef zur Fremdenverkehrsattraktion zu machen. Dann hat uns der Bürgermeister den Friedhof gezeigt und hat uns gesagt, er sei das Aushängeschild einer Stadt. Es war wirklich einer der schönsten Friedhöfe, den ich je gesehen habe, riesig, voll Blumen. Dann denkt man, das sind auch alles die alten Bergarbeiter, die da in Rente sind und mehr ist da nicht. Und die pflegen die Gräber. Ich habe auch einen Schriftzug entdeckt und konnte meinen Augen gar nicht trauen. Wir sind auf dem Weg nach Halle immer dran vorbei gefahren, und da steht: »Räder müssen rollen für den Sieg, unnötige Reisen verlängern den Krieg«. Das ist wirklich noch von der Wehrmacht. Es ging darum, dass die Leute nicht mehr privat die Reichsbahn benutzen sollten. Aber dass das den Sozialismus über die ganze Zeit da hing, finde ich einfach unglaublich. Für mich war es wieder ein Beweis, dass das nicht vergangen ist.

Wie ist es zu dieser Inszenierung gekommen?

Da will ich mal ehrlich sein: ich bin für diese Inszenierung gefragt worden. Ich habe mir das nicht ausgedacht. Allerdings kannte ich Schleef. Ich habe 1983 seine Inszenierung *Berlin. Ein Meer des Friedens* ausgestattet. Nach der Anfrage habe mich vor allem darauf gefreut, mich noch mal intensiver mit Schleef zu befassen. Ich habe mich aber auch darüber gefreut, dass die jungen Leute Schleef kennen lernen. Die 20-Jährigen kennen ihn ja alle nicht. Sie haben nie was gesehen. Es ist auch ganz schwer verständlich zu machen, was Schleef gemacht hat.

Es gibt das Problem bei jungen Studenten, dass das Geschichtsbewusstsein heute oftmals ein anderes ist. Wie arbeitet man konkret mit den jungen Darstellern an den politischen, historischen Materialien?

Ich finde, die Themen der Texte, also Verrat und Einsamkeit, Schleef schreibt ja immer wieder, z. B. wie er sich verrät, wie er die anderen verrät, als Künstler, die Empfindsamkeit dafür und immer dieses »sich außerhalb der Gesellschaft« oder der Gruppe befinden, das kennen die jungen Leute alle. Dass er sagt, der Krieg sei nicht vorbei, dass die Dinge nicht vorbei sind, das würde ich versuchen zu vermitteln. Es gibt eine Notwendigkeit, sich mit Geschichte zu befassen. Aber es herrscht vielleicht eine gewisse Lustlosigkeit.

Und auch eine gewisse Orientierungslosigkeit. Aber dann ist es eine tolle Arbeitsweise, mit den Leuten an die konkreten Orte zu fahren, damit sie eben Gestalt annehmen.

Wir können auch erst mal ausgehen von dem Jetzt. Natürlich sind da diese komischen, verlassenen Orte, wo man sich überlegen muss, ob man sagt, die sterben einfach aus und da lässt man alles zusammen fallen und man macht was Neues. Mich interessiert es ja total, auch faktisch, was passiert denn dann, beim Zerfall. Ich will eigentlich mal ein Bühnenbild hinstellen, um zu sehen, wie es echt vermodert. Ich finde einfach die Tatsache, dass man sich nicht dafür interessiert, was aus den Dingen wird oder was war, merkwürdig. Darüber könnte man sprechen. In Sangerhausen wird alles so geputzt. Da wird viel Geld rein gesteckt und alles sieht so putzig und schön aus, es ist aber verlassen. Ich finde das ein bisschen eine Ausflucht, immer in die großen Städte zu gehen und da ist es dann wie überall in der Welt.

Fotos: Robin Junicke

Das Verlassen spielt beim Exilanten Schleef eine gewichtige Rolle, politisch und historisch. Interessant in Ihrer Inszenierung ist, dass aber besonders die andere Seite sichtbar wird, das Verlassensein, die Einsamkeit, das Thema der unglücklichen Liebe. Das berührt eine stillere, zartere Seite an Schleef, die sonst kaum Beachtung findet.

Das kommt aus seinem Text, aus den zwei Seiten, die er geschrieben hat. Da geht es tatsächlich hauptsächlich um unglücklich Verliebte. Ein ungewöhnliches Thema bei ihm. Ich habe während des Lesens seiner Texte Stellen angestrichen, bei denen ich dachte, die bieten sich für viele an. Es ging auch darum, aus den Schauspielern und Sängern eine Gruppe zu machen. Die arbeiten sonst nie zusammen und werden ganz anders ausgebildet. Und ich dachte, wenn es etwas Chorisches gibt, dann muss es etwas sein, was alle betrifft. Der Unglückliche sind eigentlich alle. Und Schleefs Text *Zuhause* ist natürlich das Konzentrat: »Zuhause das sind die Eltern, der Vater, die Mutter, der Schulweg, das Kino, die Dörfer, das Gestrüpp, die Stadt, die man sein Leben lang nicht loswird. Nie mehr zurück, das verwinden, fliehen bis man ein eigenes Zuhause hat, was einen erstickt und auffrißt.« Es ging immer wieder darum, wie man diese Texte ausspricht. Und ich muss sagen, Schleefs Ansatz, dass man Texte referieren soll, finde ich total gut.

Und das kann man natürlich auch auf den Gesang und die Oper übertragen: Wenn der Sänger das Lied fühlt und sich emotional in die Musik reinlegt, als würde dieses Lied zum ersten Mal gesungen und jetzt gerade erfunden, wird es weder der Musik noch dem Text gerecht. Und das ist in »Die Nacht« anders. Die Lieder werden vorgetragen, referiert, in Notenbild und Text.

Ich habe oft gemerkt, dass es da eine Tradition gibt, die falsch ist und verlogen. Bei Mozarts »Lied der Trennung«, einem endlos langen Lied, mit vielen Strophen, ist es so, dass man denkt, es ist immer wieder das Gleiche. Das stimmt aber überhaupt nicht. Gerade die feinen Veränderungen in einem so langen Ding sind spannend. Der Mann des Liedes ist eigentlich am Rande des Wahnsinns und das Lied kippt in eine Stalker-Geschichte. Das wird sonst total übergangen, weil es bis auf kleine Änderungen immer gleich klingt. Und das ist ein richtig harter Brocken, dass sich die Sänger immer wieder klarmachen müssen, was sich darin abspielt und wie sich am Ende die Sache verschärft. Natürlich haben viele bei dem Lied gesagt, da müsse man etwas rausschmeißen. Es wird normalerweise nie ganz gesungen. Und ich habe gedacht, jetzt geht es darum, wie lange man so ein Lied eigentlich erträgt. Da merkt man auch, dass man den Leuten nichts zumutet, selbst wenn Mozart das Lied so geschrieben hat und Schleef genau das interessiert.

Der Gebrauchswert von den Sachen, das Alltägliche daran, das ist sehr schön in der Inszenierung und das stimmt ebenfalls für den Bühnenraum. Es ist ein Raum, in dem es verschiedene Orte gibt und diese Orte sind im Gebrauch: sie sind konkret, alltäglich, man weiß, warum man in sie reingeht. Kirche, Kino, Kleinkunstbühne, Telefonzelle, Dorfplatz. Und andererseits verfallen diese Orte zu Ruinen, und man merkt, dass man den Verfall nicht aushält, dass man vertrieben wird. Das Vertriebensein oder das Verlassenmüssen von Orten.

Der Darsteller läuft am Anfang, ein bisschen wie eine Schleef-Figur, über den Stadtplan von Sangerhausen auf dem Bühnenboden, dazu kommt der Originalton von Schleef, und der Gedanke war, dass alle immer wieder versuchen nach Hause zu kommen, wenn sie zu diesem Stadtplan gehen und sich dann immer wieder umkehren. Jeder Darsteller hat einen eigenen Weg auf dem Stadtplan. Sie stehen dann am Ende alle singend auf dem Stadtplan. Und gleichzeitig ist die ganze Bühne Sangerhausen und sie wollen weg von dort,

werden aber immer wieder zurück gejagt. Für andere war dieser Stadtplan eher wie eine Gräberlandschaft und wie der Friedhof. So kann man es natürlich auch sehen, es macht beides Sinn. Für mich war es sehr schön, dass man das Bühnenbild, das eigentlich aus Marthalers *Die zehn Gebote* stammt, noch mal verwenden konnte. In der Volksbühne stand es nämlich anders, der Dorfplatz war geöffneter und man sah nur durch eine rechteckige Öffnung in die Kirche. Es gab nur eine eingeschränkte Einsicht in die Kirche. Und deshalb konnte man nie, wie jetzt, sehen, dass es eigentlich keinen Altar gibt. Durch die Bänke und ihre Ausrichtung gibt es die Erinnerung an das Beten oder an das Beichten. Gleichzeitig kann man sich fragen, wo ist der Altar geblieben. Ich habe erst überlegt, ob es noch Reste von einem Altar gibt. Ich habe mich aber dagegen entschieden, weil es vielleicht nie eine Kirche gewesen ist und man nimmt es nur an. Wenn sich die Jungs verkehrt herum auf die Bänke setzen oder der Raum zum Kino wird, kann man auch sagen, es ist eine Mehrzweckhalle. Man könnte aber auch einfach sagen, dass es immer wieder etwas Anderes ist. Das kann man im Theater machen. Man kann es immer wieder anders beleuchten und dann ist es wieder etwas völlig Anderes. Und dann sitzt man einmal da und betet und dann ist alles andere total tabu und wenn es dunkel ist und ein Film läuft, kann man da rumknutschen, obwohl man auf denselben Bänken sitzt. Es ist ja auch die Frage, wie man von einem Raum konditioniert ist. Wenn man das Vorspiel des ersten Liedes des Abends hört, denkt man, es sei ein Kirchenlied, es ist aber in Wahrheit ein unglückliches Liebeslied. Bei den Bänken ist es auch einfach toll, dass man im Rücken der Darsteller sitzt. Es ist teilweise viel stärker, wenn man die Mimik nicht sieht, sondern nur die Körperhaltung. Man muss sich auch noch mehr auf das Sprechen konzentrieren, wenn man mit dem Rücken zum Publikum steht. Und ich wollte, dass man möglichst dem Anspruch, den Schleef an das Sprechen hat, folgt. Ich wollte aber nicht, dass alle ganz gleich sind, sondern dass man sich auf bestimmte Dinge einigt. Die Wiederholung des Textes *Zuhause* sollte schon ein Gebet sein, das eine gewisse Leier hat, aber auch eine Wut und es sollte auch nicht stur immer das gleiche sein. Es ist ja auch die Frage, ob ein gemeinsames Sprechen wie ein Drill ist oder wie ein Gemeindegesang oder Gebet.

Es existiert eine Parallelität zwischen Ihrer Arbeit und Schleefs Arbeit, die vielleicht mit dem Bühnenbildnerdasein zu tun hat. Schleef ist in seinen Arbeiten immer sehr konkret. Das, was er schreibt oder inszeniert, lässt sich sehr gut beschreiben, aber im nächsten Schritt wird es kompliziert, die Texte und Bilder entziehen sich, wenn man sie deuten will. Und das ist bei Ihren Bühnen ähnlich: Die sind konkret und zunächst leicht zu beschreiben, und dann verflüchtigen sie sich oder werden wieder fremd.

Das kommt tatsächlich auch von einer Haltung, die man hat, wenn man Maler oder Bühnenbildner ist: Man ist einfach viel konkreter. Wenn man über das Bühnenbild ans Theater kommt, denkt man sofort viel konkreter. Man denkt vielmehr: Wie macht man das, wie setzt man es um. Man informiert sich sofort über die realen Gegebenheiten vor Ort. Das hat mit den konkreten Ausgangspunkten zu tun. Das Schöne am Theater ist ja, dass man auf verschiedenen Schienen arbeitet: Man studiert den Schleef, man liest ganz viel, es gibt eine dramaturgische und wissenschaftliche Art, dann gibt's die Art, wo man alles einsickern lässt und man schaut, was dann passiert. Dieser Methode traue ich inzwischen irgendwie. Genau daran arbeite ich, dass man sagt: Das sind alles konkrete Dinge, da fühlt sich jeder gleich ein bisschen sicher und aufgehoben und denkt, das kenne ich doch, das ist eine Kirche, das ist ein Telefon. Wenn es nur eine Kopie von einer Kirche wäre, wäre es total langweilig und spannend wird's, wenn man konkrete Dinge vor sich hat, die sich einem immer mehr verflüchtigen. Ich denke mir, warum kann man nicht mal ein Haus in einem gewissen zerfallenen Zustand erhalten. Das haben die in Berlin später auch gemerkt, dass man nicht mal mehr genau weiß, wo die Mauer stand und dass man Teile hätte stehen lassen können. Man soll sich an nichts erinnern, nicht merken, dass die Zeit vergeht.

Das ist ja ein Prinzip in Ihren Arbeiten, wie z. B. bei Murx *die Buchstaben nach und nach von der Wand fallen, wie das Verflüchtigen tatsächlich stattfindet. Bei Schleef ist das auch so. Da marschieren Darsteller auf der Bühne, stampfen oder machen einen Schritt. Dann muss man erst mal beschreiben, marschieren sie wirklich oder joggen sie, wie gehen sie. Schleef hat ja ewig damit zugebracht zu gucken, wie jemand auf der Bühne geht oder spricht oder steht. Das sind die Grundelemente, von wo aus sein Theater sich öffnet, und dann wird es schwierig zu beschreiben, was diese Öffnung oder diese Verflüchtigung ist.*

Was ich so empfinde, ist auch diese Art zu sprechen, da fühle ich mich ihm sehr verbunden. Ich finde, man kann alles nur aus dem holen, was man kennt, was man selber erlebt hat, was einen beeindruckt hat. Und so finde ich die Art nachvollziehbar, wie er geübt hat zu sprechen mit dem Sprachfehler, das Einbimsen und Trainieren und dass man einfach nicht locker lässt mit bestimmten Dingen, z. B. sie begreifen zu wollen. Und wenn man dazu dann mal stampft, das finde ich auch total einleuchtend. Das Stampfen oder das Marschieren, das ist eine Erfahrung, die er noch hatte als Jungendlicher in der DDR. Das kennt man heute so wenig, und es ist dann eher albern, das Theater von jemandem nachzumachen. Dieses sich Austoben oder Erschöpfen ist daher bei uns der Tanz. Das ist das einzige, wo wir gedacht haben, einmal muss es so was geben, dass man so richtig was bis zur Erschöpfung macht. Und das ist das Tanzen, und das kennen wirklich alle. Und deswegen ist das auch so wichtig, dass man dann die Körper hat, die atmen. Diese körperliche Geschichte, dass man hinterher nicht mehr kann. Und eine Weile nur noch schnauft. Da kommt es vielleicht seinem Theater nah, aber ohne dass man es äußerlich einfach kopiert.

Das Gespräch führten Mirjam Schmuck und Fabian Lettow 2008 in Essen.

Willy Decker

2009 | 2010 | 2011

Auf der Suche nach dem Wort
Ein Gespräch mit Willy Decker über seine Intendantenrolle

Mareike Möller und Tanja Martin

Nach Gerard Mortier und Jürgen Flimm übernahm der Musiktheaterregisseur Willy Decker die Intendanz der dritten Ruhrtriennale (2009–2011). Damit wurde das Festival erstmals von einem Intendanten geleitet, der sich selbst mehr als Künstler denn als Festivalmanager versteht. Willy Decker eröffnete seine erste Spielzeit mit einer eigenen Inszenierung von Schönbergs Oper *Moses und Aron*. Sein Programm für die drei Jahre lief unter der Überschrift *Urmomente* und verstand sich mit den Stationen *Aufbruch – Wanderung – Ankunft* als Weg, der, nach Kafka, beim Gehen entstehe. Im Zentrum jeder Spielzeit stand dabei die Beschäftigung mit einer großen Weltreligion, beginnend mit dem Judentum unter dem Titel »Aufbruch – die Suche nach dem Wort«.

Herr Decker, Sie inszenierten 2007 Le Vin herbé *von Frank Martin für die Ruhrtriennale und nun leiten Sie nach Gerard Mortier und Jürgen Flimm das Festival. Wie kam es zu dieser Entscheidung? Gibt es vielleicht ein Schlüsselerlebnis, das Sie mit der Triennale verbinden?*

Das war die Begegnung mit der Gebläsehalle in Duisburg als gastierender Regisseur mit *Le Vin herbé*. Es kam für mich vollkommen unerwartet: ein Schlüsselmoment oder sogar Urmoment, um unser Thema aufzugreifen. Zuvor hatte ich als Regisseur in allen großen Häusern der Welt immer von einem Fixpunkt aus inszeniert, und plötzlich war ich davon befreit. Ich stand in einer Halle, die eigentlich nicht für Theater gedacht war. Sie stellte sich mir als leerer Raum zur Verfügung, befragte und provozierte mich zugleich im positiven Sinne. Dieser Raum wartete auf Antwort. Das fand ich extrem befreiend. Zum anderen gab es dort diese Atmosphäre einer schlummernden Kraft, die auf etwas Neues wartet. Das ist schwer zu beschreiben. Außerdem spürte ich die Atmosphäre von konkreter Arbeit. Man geht als Regisseur morgens durch ein Fabriktor in ein ganz sachliches, aber auch poetisches Klima. Das ist so ganz anders als die funktionale Atmosphäre des Theaters, in dem alles seinen Platz hat: Dort ist das Proszenium, da ist der Schnürboden, hier sind die Scheinwer-

Johan Simons: *Hiob* (2009). Foto: Ursula Kaufmann

fer, dort der Orchestergraben. Alles ist definiert. Und hier ist nichts definiert. Das war für mich wunderbar. Es hat mich in meinem Selbstverständnis als Künstler noch einmal in eine andere Richtung geschubst und meine Blickrichtung verändert. Ich wollte nie Intendant werden, alle Anfragen hatte ich bisher immer verneint. Doch auf einmal dachte ich:»Ja, das möchte ich machen!« Gerade auch, weil es durch die drei Jahre klar umrissen ist. Es ist ein dreijähriger Zyklus und danach ist es vorbei. Das ist mir ganz wichtig. Ich bin Regisseur und Künstler und möchte keine Intendantenkarriere machen.

Es hängt also sehr stark am besonderen Charakter der Ruhrtriennale, dass Sie diese Intendanz angenommen haben?

So ist es. Ich würde kein festes Haus übernehmen, auch keine anderen Festivals, sondern nur genau das hier. Ausgelöst durch dieses sehr persönliche Erlebnis. Alles andere wäre undenkbar. Es ist schon schwierig, mich als Regisseur mit dieser Aufgabe zu koordinieren. Wenn ich das Gefühl hätte, dass mein Künstlersein dadurch gefährdet wäre, dann würde ich mich nicht mehr wohlfühlen. Ich brauche die kreativen Möglichkeiten und die Ruhrtriennale bietet mir diese. In einem festen Haus ist man viel mehr Zwängen unterworfen.

Das klingt ein wenig nach den Anfängen der Ruhrtriennale bei Gerard Mortier. Er hat auch immer betont, dass ihn diese Hallen besonders inspiriert haben. Er sei dort hineingegangen und ihm sei klar gewesen, dass er das machen möchte.

Ich erlebe das sehr häufig. Wenn wir Künstler einladen, machen wir zu Beginn immer unsere berühmte Hallen-Tour, und die Reaktionen sind immer die gleichen, von Jordi Savall bis Christoph Schlingensief. Ich habe noch niemanden erlebt, der hierhergekommen ist und nichts gespürt hätte. Die Räume entzünden jeden Einzelnen. Ich versuche, dies dann im weiteren Verlauf künstlerisch einzufordern. Die Künstler sollen sich dem Raum stellen. Leider gelingt das nicht immer. Ich kann an dieser Stelle nicht dogmatisch eine offene Lösung für den Raum einfordern, sondern muss mich eventuell auch mit einer konventionelleren zufrieden geben.

Dazu fällt mir aktuell Der zerbrochne Krug *von Andrea Breth im Salzlager der Zeche Zollverein ein, dessen Bühnenbild den Kontext der alten Industriehalle völlig ignorierte.*

Ja, das ist wahr. Aber Andrea Breth ist nun einmal eine große Regisseurin, die man einfach machen lassen muss. Man kann zwar versuchen, hier und dort ein wenig zu lenken, aber ich wollte ihr nichts vorschreiben. Und letztendlich ist es eine fantastische Aufführung geworden, und das ist das Wichtigste.

Die diesjährige Triennale zeigt, im Gegensatz zu den letzten Spielzeiten unter Jürgen Flimm, wieder mehr selbst produzierte Inszenierungen als Gastspiele. Wieso?

Das ist doch der eigentliche Sinn dieses Festivals. Wenn ich Produktionen einlade, verpflanze ich nur die Ästhetik der Stadttheater in einen anderen Raum. Aber wenn ich hier selbst produziere, wie zum Beispiel *Moses und Aron* oder *Autland,* hat das sehr viel mehr mit den Räumen zu tun. Wir wollten grundsätzlich keine Ansammlung von Produktionen haben, die bereits andernorts stattgefunden haben. Ich habe dieses Jahr den grandiosen *Hiob* von Johan Simons eingeladen. Aber das selbst Produzierte muss das Entscheidende sein, was immer auch ein Risiko bedeutet. Bei einer guten Produktion, die ich gesehen habe, weiß ich, dass sie wunderbar angekommen ist. Aber so einfach sollte man es sich nicht machen. Vielleicht geht dann etwas daneben und tut weh, aber das gehört dazu. Ein produzierendes Festival zu sein, gehört zum Selbstverständnis der Ruhrtriennale, darin liegt auch ihr Sinn.

Auch diese Aussagen erinnern an Mortier. Haben Sie sich Gedanken dazu gemacht, welche Dinge Sie von ihm bzw. Jürgen Flimm fortführen und von welchen Sie sich abgrenzen wollen? Wie positionieren Sie sich in der Intendantenreihe der Ruhrtriennale?

Ich weiß nicht genau, was Gerard Mortier und Jürgen Flimm gemacht haben. Ich hab einfach mein Programm gemacht. Das hat vielleicht mehr Affinität zu dem einen als zu dem anderen. Ich kann mich da selbst nicht einordnen. Es gibt Gedanken von Mortier, von denen ich weiß, dass sie mir nah sind, aber ich habe sicher keine bewusste Fortführung von irgendeinem vorigen Programm gemacht.

Verglichen mit den letzten Jahren ist das Programm weniger umfangreich, es gibt weniger große Produktionen, weniger Vorstellungen. Welche Gründe gibt es für diese Verkleinerung?

Der Eindruck ist nicht ganz richtig. Wir haben eine wesentlich höhere Auslastung als jemals zuvor bei der Triennale. Natürlich spielt die finanzielle Situation auch eine Rolle, das will ich nicht leugnen. Die Finanzkrise hat uns alle erwischt. Wir haben keinen Hauptsponsor mehr, und die Höhe des Budgets für die Ruhrtriennale ist schon seit langer Zeit nicht mehr gewachsen. Einen neuen Sponsor bei der momentanen Wirtschaftslage zu finden, ist schier unmöglich. So mussten wir Konsequenzen ziehen. Wenn ich mit dem gleichen Etat und ohne Hauptsponsor die Zahl der Vorstellungen hätte gleich halten wollen, hätte ich entscheidende Abstriche an der Qualität machen müssen. Die Qualität ist das Entscheidende, nicht die Quantität.

Im diesjährigen Triennale-Programm laufen nur drei Inszenierungen in der Kategorie »Kreationen«. Was ist der Grund dafür, dass den »Kreationen« im Gesamtprogramm ein untergeordneter Stellenwert zukommt? Warum ist die Filmadaption Teorema *den »Kreationen« zugeordnet, ein außergewöhnliches Projekt wie* Autland *jedoch nicht?*

Natürlich ist *Autland* im klassischen Sinn, wie Mortier das formuliert hat, eine Kreation. Aber es sollte dezidiert unter dem Programmpunkt *Heimweh nach Zukunft,* dem Programm für junge Künstler, laufen. Kreation ist sicherlich ein problematischer Begriff. Schließlich kann man die Auseinandersetzung mit einem Stück und die Zusammenführung vieler Aspekte im Theater auch als Kreation bezeichnen. Die Grenzen zwischen den Künsten sind in Bewegung, lösen sich auf. Die klassischen Begriffe von früher existieren in dem Sinn nicht mehr. Ich glaube, dass die Kreationen die Zukunft sind. Es gibt doch kaum noch ein Schauspiel ohne Musik. Bei *Teorema* zum Beispiel ist das Streichquartett im Raum ein wichtiges Element, das sehr gut funktioniert hat.

Sie schreiben im Vorwort des Spielzeitheftes, dass die Worte das Hindernis auf dem Weg in eine andere Wirklichkeit sind. Ist dies eine Erklärung für den Zuwachs an musikalischen Produktionen bei der diesjährigen Triennale? Ist die Musik für Sie der Schlüssel in eine andere Wirklichkeit?

Ja, schon. Natürlich erklärt sich das auch rein biografisch. Ich bin Musiktheaterregisseur, das spielt eine Rolle. Ich denke, dass die Musik andere Dimensionen öffnet und ein Stück damit weitergehen kann als nur mit Sprache. Auf der anderen Seite: Wenn ich die Sprache von Kleist höre, ist auch diese fähig, Räume hinter der Sprache zu öffnen. Vielleicht ist es Klang oder das Nicht-Artikulierte, ich weiß es nicht. Es ist schwer zu umschreiben. Deswegen bin ich immer froh, wenn man darüber reden kann und es nicht in knappe Schlagworte fassen muss. Die sind immer gefährlich und missverständlich.

Ivo van Hove: *Teorema* (2009). Foto: Jan Versweyveld

Im Vorwort ist ferner zu lesen, dass sich das Festival mit der Frage nach dem Ursprung, der gemeinsamen Quelle von Kunst, Religion und Liebe auseinandersetzt. Außerdem gehe es um die Beziehung der Künste und der Künstler zum Urmoment des Religiösen. Ist dies als eine Art Rückkehr zum gemeinsamen Ursprung von Kunst und Religion im Ritual zu verstehen? Laufen Sie nicht Gefahr, die Kunst mit der Religion gleichzusetzen und sie damit zu etwas zu machen, was sie nicht ist?

Man muss vorsichtig sein, wenn man von Kunst und Religion spricht. Ich habe oft in Interviews damit zu kämpfen. Man muss sich zuerst einmal darüber verständigen, was Religion überhaupt ist. Es geht um einen transzendentalen Urimpuls, den jeder Mensch erlebt. Man erfährt diesen Impuls sehr oft im Erleben von Kunst, bei Dingen, die nicht in intellektuellen Kategorien zu fassen sind und die uns in einen anderen Raum hineinbewegen. Ich habe in meiner Praxis festgestellt, dass das erste Moment des Kreativen ganz eng verknüpft ist mit dem des Religiösen, Spirituellen oder Transzendenten. An dem Punkt, an dem ich jenseits von Formulierungen, Sprache und Konzepten einfach in einen Raum hineinfalle, da entsteht spontan Kreativität. Nicht im Raum der Sprache. Ich bin in einem Zustand, der mich über mich selbst hinaushebt. Es geht nicht um diese historische Verbundenheit von Kunst und Religion, dass man sagt, die Kunst ist aus dem Ritus entstanden. Aber natürlich war die Kunst immer Mittel, das zu formulieren, was nicht ausdrückbar ist. Man kann sagen, dass dies auch das erste Moment des Religiösen ist. Man bewegt sich aber auf riskantem Boden, wenn man versucht, diese beiden Schlagwörter miteinander zu verbinden: Kunst und Religion. Ich will sie nicht miteinander verbinden, es geht mir viel mehr darum, nach diesen Urmomenten Ausschau zu halten. Das ist auch schon wieder so ein Schlagwort. Es geht weniger um die Wörter, sondern um die Zustände, die man durch die Kunst erreicht. Ich bin während meiner Arbeit viel herumgefahren und dachte, ich werde tolle Sachen sehen. Aber wirklich gute Sachen gibt es ganz selten. Wenn man Glück hat, erlebt man einen herausragenden Moment. Aber das ist leider nicht so häufig, wie es bei der Fülle von Kultur, die produziert wird, den Anschein hat. Ich kann solche Momente an einer Hand abzählen, daher muss man sich immer weiter bemühen. Kunst lässt sich ja nicht konfektionieren. Ich habe kein Interesse mehr an diesem Konzepttheater, das vielleicht gut durchdacht und intellektuell anspruchsvoll ist, aber bei dem man nichts spürt und das nicht unter die Haut geht.

Sie sagen, dass es Ihnen nicht einfach um die Auseinandersetzung mit der Institution Religion geht. Dennoch wird sich die Triennale in den nächsten drei Jahren mit den Weltreligionen Judentum, Islam und Buddhismus beschäftigen. Wieso haben Sie gerade diese drei Glaubensrichtungen ausgewählt? Warum klammern Sie das Christentum aus dieser Betrachtung aus?

Es gibt einen banalen Grund und einen tiefergehenden Grund. Der banale liegt auf der Hand: Ich habe drei Jahre und wenn es vier wären, gäbe es vielleicht das Christentum, aber da bin ich mir noch nicht mal sicher. Mir war es wichtig, nicht nur drei monotheistische Religionen zu betrachten, sondern sich auch mit einer Religion auseinanderzusetzen, die nicht theistisch ist und sich durchaus alternativ zu den Dingen im Judentum oder im Islam verhält.

Sie verbinden Ihre Triennale auch mit den Leitmotiven Aufbruch, Wanderung und Ankunft. In welchem Zusammenhang stehen die ausgewählten Religionen zu diesen Begriffen?

Es sind die Stationen eines Weges, den wir in den drei Jahren bei der Triennale zurücklegen wollen. Aufbruch verbindet man mit der Entstehung des Judentums. Er ist substanziell für diese Religion: das Immer-unterwegs-sein, das stetige Aufbrechen, das nie wirklich Ankommen. Die Wanderung im Islam: Diese

Religion ist sehr stark nomadisch bestimmt, auch Pilgerschaft ist zentral. Die Ankunft bedeutet im Buddhismus eine Art von »Zur Ruhe Kommen« und ist ein ganz zentraler Punkt.

Die erste Spielzeit der Ruhrtriennale neigt sich dem Ende zu. Sind Sie zufrieden mit der Umsetzung Ihrer Ideen? Wie beurteilen Sie das Programm? Ist Ihnen der Aufbruch gelungen?

Ich bin erstaunt darüber, wie groß das Interesse an diesem Thema war. Ich hätte mit vielmehr Widerstand oder Befremden gerechnet. Im Gegenteil, die Neugier des Publikums ist erstaunlich. Es gab Momente, in denen das Konzept inhaltlich aufging, leider nicht bei allen Produktionen. Unsere Zahlen sind glänzend für diese Spielzeit und die Presse war wunderbar. Insofern ist es nach außen hin ein absoluter Erfolg. Aber ich frage mich immer wieder, wie weit wurde eingelöst, was ich mir vorgestellt habe und da fallen meine Antworten sehr unterschiedlich aus. Am Ende der Spielzeit geht das nun in eine massive Selbstkritik über. Die kommenden Spielzeiten sind ja nicht einfach nur Wiederholungen. Man muss sich überlegen, wie man tiefer eindringen kann. An diesem Punkt bin ich momentan. Die Außenwirkung ist sehr positiv, zumindest was bei mir ankommt. Insofern bin ich zufrieden, aber nicht restlos. Es gibt Dinge, die für meine ganz eigene Programmatik nicht bewältigt worden sind. Daher muss ich weiterdenken, weiterarbeiten. Ich bin noch lange nicht an dem Punkt angelangt, dass ich mich zurücklehnen und sagen kann: Das ist es!

Mareike Möller und Tanja Martin trafen Willy Decker kurz vor Ende seiner ersten Spielzeit 2009 in Gelsenkirchen.

Fotos: Paul Leclaire

Kraftzentrale Ruhrtriennale
Eine persönliche Betrachtung

Eva-Maria Voigtländer

Sechs Jahre sind vergangen, seit ich das Team Willy Deckers und damit die Ruhrtriennale verlassen habe. Sechs Jahre sind in einem Theaterleben, welches von ständigem Wechsel der Arbeitsstätten, der Kollegen geprägt ist, eine Ewigkeit.

Und dennoch bleibt die Erinnerung an diese Zeit klar, die Verbundenheit mit der Triennale stark. Woran kann es liegen?

Alle Artikel, Äußerungen, Gespräche über dieses einzigartige Welt-Festival heben einen Punkt hervor: die alten Spielorte, die Hallen, Mischanlagen, Kraftzentralen.

Eine Kraftzentrale ist das gesamte Festival. Kraftzentrale für jeden Künstler, der hier arbeitet. Als Kraftzentrale haben wir in der Zeit von 2009 bis 2011 diese Orte begriffen und erfahren.

Willy Decker, bekennender Zen-Buddhist, hat diese Kraft spirituell gedeutet. Religionen rückten ins Zentrum unseres Nachdenkens, unserer Forschungen, Planungen. Nicht die Religionen der Institutionen, der organisierten Vertreter und Sprecher, der Glaubensbekenntnisse, sondern die URMOMENTE religiöser Erfahrung sollten uns leiten.

Religio heißt Rück-Bindung an einen ›größeren Zusammenhang‹ – an Schöpfung, Kreativität, Erleben von Kunst.

Drei Jahre URMOMENTE, Jahre vom AUFBRUCH über die WANDERUNG zum JETZT, der Ankunft. Der AUFBRUCH sann jüdischen Traditionen nach, die WANDERUNG islamischen, die ANKUNFT buddhistischen.

Diese Themenstellung war kühn: Wie erzählt man von spirituellen Vorgängen, Erfahrungen, Gedanken, ohne in verschwurbeltem Kitsch zu landen? Wie gewinnt man ein Publikum, das mitgehen mag auf diesem Weg?

Das Publikum
Die Kraftzentralen der untergegangenen Industrie halfen, diese Orte, das gesamte Ruhrgebiet, seine Bewohner.

Kraftzentrale Ruhrtriennale

Sechs Mönche streuen ein großes Sandmandala aus der Drugpa-Kagyü-Schule des bhutanischen Buddhismus in die Jahrhunderthalle Bochum. Foto: Paul Leclaire

Jeder Intendant, der bisher im Ruhrgebiet gearbeitet hat, preist diesen Schaffensraum als einzigartig. Ich kenne nur Kollegen, die am liebsten sofort wieder für die Ruhrtriennale arbeiten würden.

Nicht nur in der Bochumer Jahrhunderthalle, auch in den anderen Spielstätten, besuchten uns Zuschauer außerhalb der Spielzeit, unabhängig davon, ob Vorstellungen liefen. Stolze Ruhrgebietler, die Kindern, Enkeln, Gästen zeigen wollten, wo ihr Großvater oder Vater gearbeitet hatten. Der Malocherstolz zeigte sich in der dritten und vierten Generation, auch wenn viele der ehemaligen Arbeiter inzwischen in Rente oder arbeitslos waren.

Aber auch zu den Aufführungen der sogenannten »Hochkultur« kamen diese Zuschauer, ein sehr selbstbewusstes, gebildetes Publikum, ohne Scheu oder gar falsche Ehrfurcht. Ich hatte vorher zwei Saisons bei den Salzburger Festspielen gearbeitet, inmitten einer Atmosphäre der Hochfinanz und des Glamours und war erleichtert und beflügelt, als ich die Bürgerinnen und Bürger des »Potts« erleben durfte. Kritisch durchaus, kenntnisreich, schwer zu verführen, aber treu und oft entflammt.

Dieses Festival atmet einen Geist, der vorurteilsfrei und offen umgeht mit der Kunst. Auch wenn selbst uns, den Machern, manches fern erschien

(Derwisch-Tänze, Shakuhachi-Spiel, Qawwali-Gesang, um nur weniges zu nennen) – die Zuschauer, Zuhörer ließen diese Kunst nah an sich heran, so neugierig begleiteten sie unsere Expeditionen.

Ein gemeinsames Erleben fand statt, eine Feier. Um dieses Publikum ist die Triennale wirklich zu beneiden. Auch, wenn es Sturm läuft, wenn eine Aufführung nicht den Erwartungen entspricht – die klare Kritik, auch Empörung, war immer nachvollziehbar und zu diskutieren.

Die Künstler
Die Ruhrtriennale, als Festival der Kreationen von Gerard Mortier gegründet, hat bis heute ihren besonderen Ruf eben durch diese besondere Kunstform, die weder Oper, Schauspiel, Tanz noch Literatur meint, sondern eine je neu gefasste Verbindungen dieser Felder. Die Kreationen fordern eine eigene, noch unerprobte Kreativität von den Künstlern. Mit Routine, Gewohntem, Gelernten ist den Spielorten, den Anforderungen nicht beizukommen. Für jeden Raum, jedes Projekt wird der Künstler wieder auf den Anfangspunkt seines Schaffens und Denkens zurückgeworfen, um sich (und seine Kunst) neu zu erfinden.

Ich werde nie vergessen:

Wie der Welt-Dirigent Kyrill Petrenko bei seinen Proben zu *Tristan und Isolde* das Pult verlassen hat, dem Klang ›nachgelaufen‹ ist, ihm nachgespürt hat durch die gesamte Jahrhunderthalle. Immer wieder innehaltend, lauschend, neu beginnend.

Wie Luk Perceval, als er die Maschinenhalle in Zweckel betrat, nur ein Wort sagte: »Macbeth«. Damit hatten wir eine Aufführung im Spielplan, die kongenial nicht nur mit dem Raum, sondern auch mit dem zur Vorstellungszeit stattfindenden Sonnenuntergang spielte.

Wie Edith Clever, die letzte »große Tragödin« des deutschsprachigen Theaters, in der Gebläsehalle in Duisburg dem Nachhall der von ihr zum Leben gebrachten Worte von Herodot und Friedrich Hölderlin nachsann – sie ausklingen ließ wie einen Gesang.

Wie die jungen migrantischen Schauspieler des Stückes *Verrücktes Blut* sich allen Klischees entgegenwarfen und, sie mit Chuzpe bedienend, einen großartigen Theaterabend gestalteten, der zum Berliner Theatertreffen eingeladen wurde. Er steht immer noch auf dem Spielplan in Berlin.

Wie nicht zuletzt Willy Decker, der damals als erster Intendant selbst inszenierte, sich ›hineinwarf‹ in diese Hallen, verunsichert und beflügelt. Wie er

Nurkan Erpulat: *Verrücktes Blut* (2010). Foto: Paul Leclaire

sich den Raum erkämpfte, ihn sogar ganz verschwinden ließ, etwa in dem grandiosen Anfangsbild von *Moses und Aron*.

Die Schlusssätze dieser persönlichen Betrachtungen sollen den Mitarbeitern der Triennale gelten: Wechselnde Teams wurden um eine Kernmannschaft engagiert und arbeiteten nicht nur hochprofessionell miteinander, sondern in e i n e m ›Geist‹, Hand in Hand. Maskenbildner, Tontechniker, Schneider, Kostümmaler, Beleuchter, Techniker, Requisiteure, Marketing- und Pressemitarbeiter, Fahrer und andere mehr.

Das oft zitierte und auch missbrauchte Wort der ›Theaterfamilie‹ – bei der Ruhrtriennale gibt es sie. Eine Familie aus Künstlern, Arbeitern und Publikum.

Eine Familie, die sehr oft umziehen muss, manchmal gnadenlos streitet, sich trennt und wieder zusammenfindet. Eine Kraftzentrale.

Eva-Maria Voigtländer war von 2007 bis 2011 Dramaturgin der Ruhrtriennale.

»Oh Wort, du Wort, das mir fehlt!«
Willy Decker inszeniert Arnold Schönbergs *Moses und Aron* in der Jahrhunderthalle Bochum

Hanna Höfer-Lück

»[…] ich konnte sogar eine ganze Oper, Moses und Aron, auf einer einzigen Reihe basieren lassen; und ich fand, daß ich […] Themen um so leichter von einer Reihe abzuleiten vermochte, je vertrauter ich mit ihr wurde.« (Arnold Schönberg, Komposition mit zwölf Tönen, 1935)

Eine der strukturellen Besonderheiten der Oper *Moses und Aron* ist die Reduktion, die Ableitung der Komposition aus einer musikalischen Reihe. Diese Grundreihe, von der es verschiedene Modi wie ihre Umkehrung gibt, besteht aus allen zwölf Halbtönen der Oktave, die gleichberechtigt genau ein Mal in einer melodischen Sequenz vorkommen. In Willy Deckers Inszenierung für die Ruhrtriennale wird das Mittel der Reduktion von der Musik auf den Raum ausgeweitet. Wenn der Zuschauer den Saal 1 der Jahrhunderthalle in Bochum betritt, scheint es die abgegrenzte klassische Bühne nicht zu geben. Die fast 1000 Zuschauer sitzen sich auf zwei gewaltigen aufsteigenden Tribünen gegenüber. Ein separierter Bühnenraum entsteht erst, wenn die Tribünen auseinanderfahren und sich ein schmaler Steg zwischen ihnen zu einer Spielfläche öffnet. Die Bewegung der Zuschauertribühne bzw. das Bewegen der menschlichen Körper auf dieser eröffnet also einen Raum (Bühne: Wolfgang Gussmann), den Raum, in dem im Folgenden die Geschichte der göttlichen Gesetzgebung erzählt wird. Es ist die Geschichte Moses' (Dale Duesing) und Arons (Andreas Conrad), des Exodus, der Götter bzw. des Gottes des Volkes Israel, das vom ChorWerk Ruhr dargestellt wird. Es ist die Geschichte des göttlichen Wortes und Gesetzes, des Wandels vom Polytheismus zum Monotheismus. Und aus der Reduktion auf die eine musikalische Reihe, den einen Gott, die Suche nach dem Wort, entsteht ein enormer Reichtum: Eine Klarheit, die, ist sie erst entdeckt, eine vielfältige Varianz eröffnet.

Zu Beginn der Inszenierung sitzen die Mitglieder des ChorWerks Ruhr im Publikum. Ihre Kleidung ist schlicht und in verschiedenen Grautönen gehalten. Einzelne Personen sind so kaum erkennbar, sie scheinen verborgen in der Masse. Auch Moses tritt erst hervor, als er von Gott berufen wird. Decker nimmt die in der Oper angelegte Thematik des dritten Gebots – »Du sollst dir kein Bildnis machen« – auf und stellt sie in den Vordergrund. Immer wieder greift er auf leere Flächen zurück, zeigt, wie bildlos das Volk mit diesem neuen, einzigen Gott konfrontiert ist und zeigt den drängenden Wunsch nach dem Sichtbarem, dem Konkreten sowie die Angst vor einem Glauben, der auf dem Glauben allein beruht.

Die Oper erzählt vom hadernden Denker und Empfänger des Wortes Gottes, Moses, der die Sprache nicht findet, dem Volk die göttliche Existenz und Gesetzgebung zu vermitteln, und von seinem Bruder Aron, der dies als sein Botschafter übernimmt. Moses' Zweifel und Unwillen visualisieren sich in den ersten Minuten: Er schreitet den Mittelgang der Tribüne barfuß hinunter und wieder empor, um dann zu seinem Sitzplatz zurückzukehren. Wieder steht er auf, geht in Richtung des schmalen Stegs zwischen den Tribünen, zieht sich aus, steht fast nackt vor dem Steg, der sich nun zu der Bühnenfläche öffnet. Mit ihr entsteht – Symbol der Suche nach einem Ort, einem Land – auch ein Raum für den Chor. Moses' Stab ist, wie der biblische Stab, Zeichen der Macht: Er schafft Wunder und fungiert auch als schreibender Stift. So zeichnet Aron einen Davidstern auf die weiße und leere Bühnenfläche. Der Chor betritt diese Fläche; ein großer rechteckiger Käfig aus weiß-durchsichtigem Material, der als Projektionsfläche dienen kann, wird heruntergelassen und umschließt ihn.

Decker arbeitet mehrfach mit filmischen Bildern. Sie eröffnen eine andere, distanzierte Erzählebene. So wird beispielsweise die Begegnung Moses' und Arons in der Wüste auf vier Projektionsflächen gezeigt, die Verkündung der Gottesbotschaft wieder auf der Bühne inszeniert. Der Wunsch des Volkes nach einem Bildnis des neuen Gottes bleibt wie in der Bibel versagt. Es gibt kein Bild und wird auch keines geben. Decker lässt Moses leere, weiße Blätter Papier verteilen. Das Volk zerreißt sie und lehnt eine Befreiung durch diesen fremden, unerklärlichen Gott ab. Es bedarf der (sichtbaren) Wunder, um überzeugt zu werden.

Der zweite Akt beginnt im Dunkeln, Licht gibt es keines. Das Volk ist furchterfüllt und ratlos, da Moses nicht aus der Wüste zurückkehrt. Die Empfängnis der zehn Gebote ist dargestellt als eine Wanderung, auch eine Textwanderung. Die Schrift wird fortschreibend auf die Innenwände des Bühnen- und Zuschauerraums projiziert. Der Gebotstext Gottes umschließt Zuschauer wie Darsteller. Auch die Szene des Tanzes um das goldene Kalb spielt mit der Verknüpfung von Schrift und Bild: Deckers und Gussmanns Kalb ist ein Plastiktier, das so weiß wie die leeren Blätter ist, im Gegensatz zu diesen allerdings beschrieben werden darf: mit »*Gott*« oder »*Liebe*« oder auch »*Gnade*«. Entgegen der in diesen Vokabeln angezeigten Sehnsüchte wird dem neuen Gott gehuldigt: Das rote Blut der vier geopferten Jungfrauen verteilt sich bei Decker über menschliche Leiber, den Kalb-Gott, den Boden. Die teils nur angedeutete, teils plakativ inszenierte Orgie endet in einem imposanten ›tableau vivant‹ der ineinander verschlungenen, blutverschmierten und nackten Körper.

Die Inszenierung endet mit dem zweiten Akt – Schönberg hat den dritten nicht vollendet. Das Volk zieht mit Aron los, das Land zu suchen, in dem »Milch und Honig« fließen. Zurück bleibt ein verzweifelter Moses: »Oh Wort, du Wort, das mir fehlt!«

Moses und Aron ist die Geschichte der Reduktion auf das Wort, das dem Bild entgegengestellt wird – und doch benötigt eine Aufführung Bilder. Das Besondere bei Decker ist ihre Intensität, sogar die Musik Schönbergs scheint sich in das Sichtbare einzugliedern. Die Bilder sind von besonderer, sich einprägender Schlichtheit. Durch den akzentuierenden, aber meist zurückhaltenden Einsatz von Farben, etwa das rote Blut, durch die klaren Formen und die schlichte Ausstattung, kann das Wenige umso präsenter bleiben. Es ist eine Inszenierung der produktiven Reduktion. Die Bilder dieses *Moses und Aron* entwickeln, wie das Wort auch, erst im temporären Verlauf ihre ganze Wirkung.

Premiere bei der Ruhrtriennale: 22. August 2009 / Regie: Willy Decker / Dirigent: Michael Boder / Bühnenbildner: Wolfgang Gussmann / Kostüme: Wolfgang Gussmann, Susana Mendoza / Dramaturgie: Stefan Poprawka / Choreografie: Jo Siska / Video: Johannes Grebert / Orchester: Bochumer Symphoniker / Chor: ChorWerk Ruhr / Mit: Finnur Bjarnason, Andreas Conrad, Dale Duesing, Ilse Eerens, Martin Gerke, Boris Grappe, Karolina Gumos, Constance Heller, Hanna Herfurtner, Renatus Mészár, Dong-Won Seo, Michael Smallwood

Die Natur des Nichts
Wim Vandekeybus und Ultima Vez zeigen *nieuwZwart* auf Pact Zollverein Essen

Robin Junicke

Schwarze Gaze verhängt den Bühnenraum, dahinter breitet sich eine düstere Landschaft aus. Schemen von Menschen sind im Dunkel zu erahnen. Plötzlich: ein Autounfall – musikalisch leise untermalt. Vor dem Vorhang steht eine Frau, ganz in Weiß, beobachtet das Geschehen auf der Bühne und wartet. Sie wartet darauf, dass die nackten Gestalten in der dunklen Mondlandschaft ihren Platz finden, wartet darauf, dass das Spiel beginnt.

Jeder Schritt im Inneren der Bühne hinterlässt eine akustische Spur, die gegen den schwarzen Vorhang brandet. Dann wieder: ein Autounfall – danach Stille. Die Frau beginnt zu sprechen, sie beschreibt ihren Weg durch die Natur. Im Hintergrund verschwindet die Gaze und gibt den Blick auf die unwirkliche Landschaft aus Goldfolie frei, die augenblicklich zum Leben erwacht, Hügel und Täler wandern durch den Raum. Ein Suchtrupp betritt, mit Taschenlampen und einem merkwürdigen Gerät bewaffnet, das Plateau. In Kostümen einer Zirkuskapelle erforschen sie den Klang ihrer Umgebung. Die Folie verschwindet, nackte Tänzer werden sichtbar. Der Schmerz, in diese leere Ödnis geworfen zu sein, schlägt um in Krämpfe und Zuckungen. Die Neugeborenen winden sich in ihrer Einsamkeit.

Im Rahmen der Ruhrtriennale 2009 gastierte Wim Vandekeybus mit seiner neuesten Kreation *nieuwZwart* (das neue Schwarz) auf PACT Zollverein. Die vom Regisseur und Choreografen selbst eingerichtete Bühne wird von einer riesigen Schiefertafel dominiert, die an der hinteren Wand aufgehängt ist. Der Tanzboden ist mit einer Kraterlandschaft bedruckt. Links begrenzen sechs Stahlplatten die Tanzfläche. Im hinteren Teil schwebt eine Plattform, auf der die Musiker, zwei Gitarristen und ein Perkussionist, ihren Platz finden. Davor entfaltet sich eine Spielwiese, bestückt mit Lichtelementen, Gerüsten und Seilen.

Die Musik stammt von Mauro Pawlowski, der vor allem als Gitarrist der belgischen Band dEUS bekannt ist, aber auch für Theateraufführungen und Filme komponiert. Die teils sphärischen, teils aggressiven Klänge erfüllen den Raum, evozieren Stimmungen und oftmals auch die Bewegungen der Tänzer. Die Musik wird zum Impulsgeber und gewinnt so eine enorme Präsenz.

Fotos: Pieter-Jan Pue

Eine Performerin trägt Texte von Peter Verhelst vor und erschafft damit eine Kartografie der Landschaft und Leidenschaft. Er beschreibt den Kampf mit sich selbst. Zeilen, die in ihrer poetischen Einfachheit anrühren, aber nie so recht in das Ganze passen wollen. Als Kommentar oder Assoziation umkreisen sie eher den Sog der Performance.

In *nieuwZwart* arbeitete Vanderkeybus erstmalig mit der Neubesetzung seiner seit über zehn Jahren bestehenden Gruppe Ultima Vez. Die drei weiblichen und fünf männlichen Performer, junge Absolventen aus ganz Europa, treten ein schwieriges Erbe an, lassen sich diese Last jedoch nicht anmerken. Ihre Performance präsentiert sich voller Energie, die den Zuschauer in den Strudel des Geschehens hineinzieht. Dennoch bleibt eine gewisse Befangenheit: So wirkt die für Ultima Vez typische, extreme Körperlichkeit in ihrer Ausführung oft allzu vorsichtig, als hätten die Darsteller Angst, sich gegenseitig zu verletzen. In diesen Momenten rückt die Form selbst in den Vordergrund

und lässt die Gewalttätigkeit der physischen Präsenz vergessen. Dennoch gelingt es, einen Bogen zu spannen, eine Geschichte über die Veränderung der Körper in ihrer Umgebung zu erzählen. Sie ertanzen sich ein Bild des Menschen mit all seinen Licht- und Schattenseiten.

Am Anfang liegen die Körper zuckend auf dem Boden und lernen erst mit der Zeit, sich zu bewegen und ihren Platz im Raum zu behaupten. Der menschliche Körper, seine physische Erscheinung wie auch seine Expressivität werden im Verlauf der Performance zunehmend domestiziert und in Form gebracht. Eine Wärmelampe unter der Plattform der Musiker dient als Rückzugsort, von dem aus der Bühnenraum erforscht werden kann. Die Lichtstimmung wird wärmer, nach und nach kommen wahllos Kleidungsstücke ins Spiel, die die Körper bedecken. Diese Hüllen sind einer steten Änderung unterworfen und werden zusehends zum Kostüm. Einzelne ziehen sich am eigenen Schopf aus der Bewegungslosigkeit der Gruppenchoreografie und werden dadurch zum Individuum. Es geht um Stärke, Macht und Abhängigkeit. Annäherungsversuche zwischen den Figuren laufen ins Leere – die Romantik des Animalischen. Ein jeder ist allein, auch in der Gruppe.

»This is where we walk in circles – this is where we learn to walk – left – right – left – on our knees.« In der Strukturierung liegt für die Bühnenfiguren die Möglichkeit, Schmerz und Ambitionen eine Grenze zu setzen und sie als Triebfedern des Menschlichen fruchtbar zu machen. Für die Choreografie bedeutet diese Domestizierung des animalischen Körpers, dass eine Formensprache aus der »wabernden Ursuppe« der Bewegung heraustritt und sichtbar wird.

Am Ende sind wieder Unfälle zu hören. Die Sprecherin schwingt an einem Seil durch den Raum und schreit vor Angst, die Tänzer liegen nackt am Boden in der hintersten Ecke der Bühne und versuchen, in der goldenen Rettungsfolie zu verschwinden. Die Musiker durchwandern das Feld. Am Ende bleibt nur noch die einsame Beobachterin zurück und versucht, sich selbst ins rechte Licht zu rücken. Dann ist alles wieder schwarz und still.

nieuwZwart kann in einer ersten Lesart als Allegorie der Menschheitsgeschichte verstanden werden. Wim Vandekeybus bringt den Kampf um die Zivilisierung der Instinkte auf die Bühne. Die Körper erlernen Bewegung genauso wie die Eindämmung von Aggressionen und Trieben. Wichtiger erscheint jedoch eine zweite, tanzimmanente Deutung: Präsentiert wird die langsame Geburt einer Formensprache. Vom liegenden Krampf bis hin zur Gruppenchoreografie spannt sich das Feld der Bewegungsmöglichkeiten. Im Zusammenspiel mit dem immer klarer werdenden Licht und den sich langsam zu einem Ganzen fügenden Kostümen ergibt sich das Bild einer sich aus dem schwarzen Nichts herausbildenden Einheit. Aus der Konfrontation erwächst

Die Natur des Nichts

etwas Neues. Den gegen Ende des Abends fallenden Satz »this is where we can forget everything« als Credo der Inszenierung zu verstehen, ist jedoch zu weit gegriffen, das Neue ähnelt zu sehr dem Alten. Es geht bei dem Projekt wohl eher um einen Jungbrunnen für das Altbewährte, als um eine Neuerfindung des Tanzes. Auf dem Plan steht im Kern die Prüfung der Tradition an ihren Wurzeln.

Vandekeybus und seine Performer experimentieren, geleitet vom Gedanken an Wechsel und Evolution, mit unterschiedlichen Formen der Körperlichkeit. Die Kreation erscheint, geleitet von der Musik, kraftvoll, manchmal unsicher, aber immer geradeaus und mit ganzem Herzen.

Premiere bei der Ruhrtriennale: 3. September 2009 / Regie, Choreografie, Bühne: Wim Vandekeybus / Komposition: Mauro Pawlowski / Kreiert mit und performt von: Tanja Marín Friðjónsdóttir, Dawid Lorenc, Olivier Mathieu, Máté Mészáros, Bénédicte Mottard, Ulrike Reinbott, Imre Vass / Livemusik: Elko Blijweert, Mauro Pawlowski, Jeroen Stevens (dEUS)

»Don't compare!«
Yael Ronen zeigt *Dritte Generation* auf PACT Zollverein Essen

Janina Amrath

»Our way of thinking and behaving nowadays is influenced by events which have happened over 60 years ago, even before our parents were born.« Dieser Satz der Regisseurin Yael Ronen beschreibt den Kern ihrer von der Ruhrtriennale eingeladenen Produktion *Dritte Generation*. Zehn junge Schauspieler deutscher, israelischer und palästinensischer Herkunft machen sich in diesem work in progress gemeinsam auf die Suche nach ihrer historischen und nationalen Identität. Die investigative Reise führt sie nach Tel Aviv genauso wie nach Berlin. Sie recherchieren wochenlang, indem sie Erinnerungsorte besuchen und sich mit Friedensaktivisten, Journalisten und anderen Beobachtern und Betroffenen des Konflikts zum Gespräch treffen. Jeder setzt sich mit der jeweils ›anderen‹ Kultur und Geschichte auseinander. Private Erfahrungen und Geschichten werden in Gegenwart eines Gruppentherapeuten ausgetauscht. Dabei stößt die Gruppe nach anfänglicher Höflichkeit schnell an die Grenzen der jeweils eigenen Liberalität. Diese durch hohe Emotionalität gekennzeichneten Gruppenerlebnisse sind der Baustoff, aus dem *Dritte Generation* besteht.

Dieses Material hat keine Verkleidung durch ein aufwendiges Bühnenbild nötig. Den Ausgangspunkt einer jeden Szene bildet lediglich eine Reihe von Stühlen. Als Kostüm genügen die roten T-Shirts, auf denen in schwarzer Schrift »3G« geschrieben steht. Die Schauspieler treten alle mit ihren echten Namen und ihren realen Biografien auf, bloß ihre Aussagen sind zugespitzt; die Übergänge zwischen realer Person und theatraler Überzeichnung sind also fließend. Bühnenbild und Kostüm gehen mit der privaten Atmosphäre sensibel um. Die Uniformierung verdeutlicht, dass die Gruppe bei allem Trennenden die Gemeinsamkeit hat, Teil der dritten Generation zu sein. Das ist ihre ›Rolle‹. Sie ist nicht selbst gewählt, sondern übergestreift. Mit dieser Situation muss die Gruppe nun gemeinsam umgehen.

Das Stück besteht aus einer Reihe von Szenen in deutscher, englischer, hebräischer und arabischer Sprache mit deutscher und englischer Übertitelung. Auf den ersten Blick scheint die Produktion nur den Konflikt zwischen

Fotos: Ursula Kaufmann

Nazi-Enkeln und der jüdischen Gemeinschaft und zwischen Israelis und Palästinensern zu thematisieren. Doch schnell wird deutlich, dass es um noch viel mehr geht: um Religionen, um Nationalitäten, um Ost und West, um den Konflikt per se. Wer das Wort haben will, steht von seinem Stuhl auf. Dann wird der eigenen Wut Luft gemacht, den Gefühlen freier Lauf gelassen oder einfach eine Geschichte aus der eigenen Welt erzählt. Der deutsche Schauspieler Nils Bormann lässt den Abend mit einer Reihe von Abbitten beginnen. »Sind Juden im Publikum anwesend? Ich möchte mich in aller Form bei Ihnen für den Holocaust entschuldigen.« Nach und nach geht er alle Bevölkerungsgruppen, die unter der Nazi-Herrschaft gelitten haben durch und bittet die Zuschauer persönlich für ein Verbrechen um Verzeihung, an dem er selbst nicht beteiligt war. Nils Bormann verkörpert das Klischee des oberflächlich politisch korrekten Deutschen, der ewig Täter und ewig schuldig ist. Er ist in seiner Rolle gefangen, wodurch ihm eine Auseinandersetzung mit dem Konflikt versagt bleibt. Dieses Schicksal teilt er mit seinen Mitspielern. Der christliche Palästinenser George Iskandar wird immer wieder Mohammed genannt. Die in der ehemaligen DDR aufgewachsene Judith Strößenreuter hingegen war in ihrer Hilflosigkeit lange davon überzeugt, dass sie Täter an ihrer Vorhaut erkennen würde, bis der erste christliche Araber und der erste Mann, der aus ästhetischen Gründen beschnitten war, ihr System scheitern ließen. Die dritte Generation ist trotz immer wieder beteuerter Liberalität voller Vorurteile, und die Gruppe hat den Mut, dies und damit auch sich selbst hemmungslos vorzuführen.

»Don't compare!« Das ist an diesem Abend das elfte Gebot, auch wenn es immer wieder gebrochen wird, weil es so verlockend ist. Die Deutschen vergleichen gern, damit sie von ihrer Verantwortung ablenken können. »They would like you to believe the Holocaust could have happened anywhere and by anyone, BUT in fact it didn't happen in Switzerland, or in Belgium.« Die Palästinenser vergleichen gern, weil sie so in die Opferrolle gelangen können, die bis dahin den Juden vorbehalten war. Die Juden vergleichen gern, damit sie ihre Opferrolle behaupten können.

Parolen werden hinterfragt. Die Vereinfachung komplexer Sachverhalte wird immer wieder thematisiert. So fordern zwei linke Demonstranten die »Gleichbehandlung aller Lebewesen« und stellen daraufhin fest, dass es doch einiger Einschränkungen bedarf: »Nicht alle Tiere sollten wählen dürfen und Frauen sollten nicht gemolken werden.« Sexuelle Offenheit als Prinzip wird ad absurdum geführt, wenn einer der Demonstranten nicht nur das Geschlecht seines potenziellen Partners irrelevant findet, sondern auch mit einem Käfer oder einer Pflanze durchbrennen würde, »wenn die inneren Werte stimmen«. Bitterböser Humor scheint die einzige Möglichkeit zu sein, diese Auseinandersetzung schadlos zu überstehen. Von ihrer Ernsthaftigkeit nimmt ihr die leichtfüßige Herangehensweise hingegen nichts; sie verhindert vielmehr, dass das Stück in die Sentimentalität abgleitet und wirkt auch innerhalb der Gruppe therapeutisch.

Die *Dritte Generation* bezieht keine Position. Das Publikum muss sich mehr Fragen stellen, als es Antworten angeboten bekommt. Aber genau darum geht es und nicht um die Vereinfachung komplexer Sachverhalte und die Vermittlung von Dogmen. Die *Dritte Generation* öffnet den Blick und wagt es, verschiedene Positionen nebeneinander stehen zu lassen. Die Produktion gibt jedem Beteiligten das Recht zu fühlen, was er fühlt.

Das Stück endet in der Katastrophe. Die Prügelei der Schauspieler ist ein scheinbar ernüchterndes Ende. Doch wahrscheinlich müssen die Fassaden eingerissen werden, damit eine wirkliche Auseinandersetzung stattfinden kann. Es geht bei der *Dritten Generation* um die Bereitschaft zu streiten. Die Gruppe selbst ist der Beweis, dass die Konflikte aus dem Weg geräumt werden können, wenn man einander zuhört und die Konfrontation nicht scheut. Allerdings zeigt sie auch ungeschönt, dass es ohne Schmerz nicht geht. Der Konflikt wird wohl nie enden, weil er uns allen durch die Geschichte einge-

»Don't compare!«

schrieben ist. Doch die Auseinandersetzung damit ist unerlässlich und oft komplex, voller Zynismus, Unverständnis und Wut. Und dabei sitzen alle in einem Boot, ob sie wollen oder nicht

Premiere bei der Ruhrtriennale am 19. September 2009 / Regie: Yael Ronen / Dramaturgie Amit Epstein und Irina Szodruch / Mit: Knut Berger, Niels Bormann, Karsten Dahlem, Roi Miller, George Iskandar, Orit Nahmias, Olai Noufi, Rawda, Ayelet Robinson, Judith Strößenreuter

Eine Koproduktion der Ruhrtriennale, der Schaubühne am Lehniner Platz und des Habima National Theatre of Israel

Die Suche nach dem Glück
Pierre Audi inszeniert Hans Werner Henzes *Gisela!* in der Zeche Zweckel Gladbeck

Uta Stevens

Der 86-jährige Hans Werner Henze, einer der großen Bühnenkomponisten des 20. Jahrhunderts, schrieb seine letzte Oper für ein junges Publikum und junge Darsteller. *Gisela! Oder: die merk- und denkwürdigen Wege des Glücks* entstand im Auftrag der Kulturhauptstadt RUHR.2010 und der Semperoper in Dresden für das *henze-projekt. neue musik für eine metropole*. Das Werk, zu dem Michael Kerstan das Libretto verfasste, wurde am 25. September 2010 unter der Regie von Pierre Audi im Rahmen der Ruhrtriennale in der Maschinenhalle Zweckel uraufgeführt.

Mit Figuren der Commedia dell'arte und eingeblendeten Märchenfragmenten erzählt *Gisela!* eine Geschichte von drei jungen Menschen. Im Mittelpunkt steht die Studentin Gisela, die mit ihrem Freund Hanspeter nach Neapel reist, sich dort in Gennaro verliebt und in ihrem Heimatort Oberhausen hofft, einen Platz für sich und Gennaro zu finden. *Gisela!* ist eine Geschichte über das Suchen, das Bestreben anzukommen und schließlich das Gefangensein an einem Ort im »Dazwischen«. Auch andere Werke Henzes widmen sich, wie Norbert Abels schreibt, »Suchenden, Irrenden, Scheiternden, Geopferten«. Bereits im Prolog äußert sich Gennaro, laut Henze ein »moderner Pulcinella«, als Suchender seiner eigenen Identität: »Ich bin Pulcinella, dem Columbusei der alten Komödie entsprungen, weiß manchmal nicht, ob ich Mensch bin oder eine Erfindung.« Mit diesem Prolog beginnt eine Reise, an deren Ende, wie Henze und Kerstan schreiben, die Figuren »gereift und berührt und ernster geworden sind.« Zur räumlichen Metapher der Reise wird der Bahnsteig. Ein Ort, der eher ein Nicht-Ort ist, an dem man ankommt und abreist, der aber nie Heimat werden kann und immer ein »Dazwischen« bleibt. Ein exemplarischer Raum für die Suchenden.

Ankommend am Bahnsteig in Neapel werden mit Gisela und Hanspeter zwei gegensätzliche Charaktere eingeführt: Gisela, für die Glück, wie sie selbst singt, »aus der echten Liebe, also aus Freundschaft und der daraus entstehenden seelisch-materiellen Geborgenheit« besteht, und Hanspeter, für den das Glück nur ein biochemischer Prozess ist. Während der kühle und rationa-

Fotos: Ursula Kaufmann

le Hanspeter eindeutig nicht zu den Suchenden dieser Geschichte zählt, erscheint Gisela noch nicht festgelegt in ihren Zukunftsplänen. Sie will Hanspeter auf der Reise besser kennenlernen und ihn nicht gleich heiraten, wie er es sich erhofft. In Gennaro scheint Gisela dann ihr Glück zu finden. Die Entwicklung dieser Liebe wird im Verlauf der Oper vom Chor a cappella kommentiert: vom ersten Verliebtsein bis zum Zusammenhalten in einer unsicheren Umgebung. Als Spiegelung der Dreiecksgeschichte zwischen Gisela, Hanspeter und Gennaro wird das Mimodram *Pulcinellas missratene Hochzeit* im ersten Teil der Oper eingefügt: Ein kleines Commedia dell'arte-Stück, in das Gennaro die Touristen nach deren Ankunft in Neapel führt. Pulcinella wird darin die Braut geraubt. Zusammen nach einem möglichen Heimatort suchend, wandelt sich der Sehnsuchtsort Italien durch Gennaros Schilderungen Neapels als gefährliche Stadt, die keine Zukunft bieten kann. Zum neuen Ort der Verheißung wird Giselas Heimatstadt Oberhausen mit seinen »zwei Kinos, drei Pizzerien, fünf Eisdielen«. Doch auch diese Hoffnung erfüllt sich nicht. Keiner will ihnen an der Ruhr »Herberge« geben.

    Die Musik zeigt sich »mit Pulcinella [alias Gennaro, Anm. d. Verf.] und Gisela solidarisch, mit ihnen einig, wie sie da frierend (und ›pennyless‹) einsam auf

dem Perron des Hauptbahnhofs von Oberhausen sitzen«, schreibt Henze in seinem Arbeitstagebuch zu *Gisela!*. Und während Hanspeters Part von durchdringenden Klängen der Blechbläser beherrscht wird, werden die Gesangsteile Giselas und Gennaros zumeist von sanften Melodien der Streicher begleitet. Ein Phänomen, das Jens Brockmeier schon in anderen Werken Henzes bemerkt hat: »Seine Musik steht immer auf der Seite derjenigen, die leiden. Sie bekommen die beste, die schönste, die raffinierteste Musik«.

Die beiden Suchenden verharren am Gleis und schlafen ein. Im zweiten Teil der Oper sind die Figuren ernster geworden. Der Gesangsanteil und damit die Worte verringern sich und die Figuren wirken in sich gekehrt. Alles scheint gesagt zu sein, es braucht nun nicht mehr das konkrete Wort. Drei in Videoprojektionen gezeigte Träume von Gisela dominieren diesen Teil des Stücks. Untermalt von neu arrangierten Bachschen Triosonaten, erscheinen diese Träume der ›realen Welt‹ im doppelten Sinn enthoben, denn die barocken Klänge stehen im starken Kontrast zu der modernen Musik Henzes. Träumt Gisela zunächst noch von Märchen, in denen das Mädchen seinen Prinzen trifft, werden die folgenden Träume von Tod und Gewalt beherrscht. Die Frage, ob es auch für ihre Liebe zu Gennaro ein märchenhaftes Ende geben kann, scheint sie (unterbewusst) mit einem klaren Nein zu beantworten. Als Gisela erwacht, zieht die Gewalt aus dem Traum in die Realität ein: Der eifersüchtige Hanspeter taucht auf und prügelt sich mit Gennaro, wobei er den Kürzeren zieht. Obwohl dieser Kampf eine für die Liebesgeschichte entscheidende Wendung zum glücklichen Ende bilden könnte, wird er hier zu einer zerstörerischen Kraft, die das operntypische lieto fine verhindert. Als Verbildlichung dieser Zerstörung bricht der Vesuv aus. Die Figuren der Commedia dell'arte treten als bloße Reminiszenz an *Pulcinellas missratene Hochzeit* auf. Wie Pulcinella die Braut nicht bekommt, werden auch Gisela und Gennaro kein glückliches Paar. Beide stehen zu weit auseinander, Gisela richtet ihren Blick in die Ferne. Ein Blick, der zeigt, dass die Suche nach dem Glück noch nicht zu Ende ist.

Gisela! sollte eine Oper für junge Erwachsene mit gleichfalls jungen Darstellern werden: Ein Stück, das sich mit der Problemwelt dieser Generation auseinandersetzt. Obwohl die Namen Gisela und Hanspeter veraltet wirken und auch die Sehnsucht nach Italien nicht mehr ganz zeitgemäß ist, bleibt doch die Suche nach dem Glück der Liebe ein menschliches Grundthema. Henze und Kerstan vereinen in diesem Stück unterschiedlichste, kaum zu vereinbarende Formen, Gestalten und Stile: Commedia dell'arte-Figuren, die den Süden verkörpern, Märchen, welche die innere Entwicklung von Gisela zeigen, und zusätzlich noch der Chor, der in der Art des antiken Theaters das Geschehen kommentiert. Henze beschreibt 1990 in seinem Buch *Die Chiffren. Musik und Sprache* seine Kunst in den Worten: »Es gibt [...] in meiner Klangwelt diese Hintergründe, Zentren, Vordergründe, Mischungen von Farben und Techniken. Aber es wären keine abstrakten Gemälde, wenn man sie auf Malerei übertragen würde, meine Kompositionen, es wären traumhafte, traumartige Bilder, surreal, könnte man annäherungsweise sagen.« Dieses Surreal-Bildhafte, dieser permanente Wechsel zwischen verschiedenen Ebenen findet sich auch in *Gisela!* wieder – eine Musik, die sich zwischen Schlagwerksoli, rhythmisiertem Sprechgesang, romantischem Duett und Bach bewegt. Auch die Handlung arbeitet mit der Überlagerung von Hintergründen, Zentren, Vordergründen. Sie ist erkennbar, aber nicht durchweg eindeutig. Immer ereignet sich etwas und immer wieder wird auf unterschiedlichste Themen angespielt. Dies kann irritieren, bietet aber auch viel Raum für Assoziationen. So sind es nicht nur die Figuren des Stückes, die suchen, sondern auch die Zuschauer.

Uraufführung: 25. September 2010 / Musikalische Leitung: Steven Sloane / Regie: Pierre Audi / Bühne und Kostüme: Christof Hetzer / Licht: Jean Kalman / Choreografie: Jill Emerson, Gail Skrela / Video: Martin Eidenberger / Studio musikFabrik – Jugendensemble des Landesmusikrats NRW / Jugend-Kammerchor der Chorakademie Dortmund / Michael Damen, Hanna Herfurtner, Fausto Reinhart / Studierende der Folkwang Universität Essen (Studiengänge Schauspiel und Tanz)

»Eigentlich ist es immer die eigene Geschichte«
Akram Khan über Spiritualität, Kathak-Tanz und seine Produktion *Vertical Road*

Nicole Strecker

Vertical Road *heißt Ihre neue Produktion, Sie wollen darin die Verbindungen zwischen dem Irdischen und Himmlischen suchen, eine Art Jakobsleiter zu Engeln, Göttern oder Gott. Sorgen Sie sich um unsere spirituelle Verfassung?*

Ich habe den Eindruck, dass es eine Absenz in unserem Leben gibt. Viele Menschen glauben nur noch an das Horizontale. Sie erledigen so vieles mit Routine, wie Roboter. Aber was fehlt ist eine Bedeutung, ein Glaube, Vertrauen. Besonders in der westlichen Welt ist das Vertikale erschüttert, aber auch in der östlichen Welt prallen das Vertikale und das Horizontale hart aufeinander. Die Religionen sind überall noch da, aber Spiritualität ist ersetzt durch Technologie.

Was bedeutet Spiritualität für Sie?

Es bedeutet Hoffnung. Wenn ich mit dem Tod konfrontiert werde, denke ich an das Spirituelle, an Gott, daran, was nach dem Tod kommt. Und dann habe ich Hoffnung. Aber die Frage, ob Gott überhaupt notwendig ist, wird immer häufiger gestellt, gerade von der jüngeren Generation. Wenn ich ohnehin alles habe, wenn Technologie alles möglich macht – wozu dann noch Gott?

Das liegt doch nicht nur an der Technik, sondern am Lebensstil allgemein, an der Rastlosigkeit, am Hedonismus…

Die Technologie ist das Zentrum unseres Lebens, sie beschäftigt uns permanent. Vor fünf Jahren hatte ich noch kein Mobiltelefon, da gab es Raum für mich, zu reflektieren und mich mit mir selbst zu konfrontieren. Kaum jemand steht noch an der Bushaltestelle und wartet einfach. Die Leute wollen sich nicht mehr mit sich selbst konfrontieren, deshalb wird jedes Warten angefüllt mit technischem Schnickschnack. Wir sind die Ich- und »I«-Gesellschaft: I-Mac,

I-Phone, I-Pad ... Und dabei können wir kaum noch bei einer Sache bleiben. Sofort sind wir gelangweilt.

Sie zeigen Ihr Stück im Rahmen der Ruhrtriennale, die mit der Intendanz von Willy Decker die Verbindung von Kunst und Spiritualität erforschen will. In diesem Jahr liegt der Fokus auf dem Islam. Sie sind als Moslem erzogen worden. Spielt das eine Rolle für Ihr Stück?

Ja, denn mein Konzept vom Vertikalen ist von meinen Erfahrungen mit dem Islam geprägt. Der zentrale Charakter in meiner Choreografie ist ein Sufi-Tänzer. Außerdem haben wir uns von Mythen aus dem Islam inspirieren lassen. Aber der eigentliche Ausgangspunkt unserer Arbeit sind die berühmten Terrakotta-Krieger aus dem frühen China. Mich faszinierte die Idee, dass der Kaiser eine exakte Kopie seiner Armee anfertigen ließ, um sich nach dem Tod verteidigen zu lassen. Die Statuen wurden sehr tief in der Erde vergraben und er wusste: Viele 1000 Jahre später werden Menschen diese Soldaten entdecken und dann werden sie durch sie weiterleben. Diese Szene ist Teil des Stücks. Die Bühne ist ein post-apokalyptischer Raum.

Eine verzweifelte Situation?

In gewisser Weise. Aber ob wir an eine spirituelle Macht glauben oder nicht: Bis zu dem Tag, an dem wir sterben, haben wir Hoffnung. Instinktiv.

Tanzen Sie selbst?

Nein, wenn ich mit einem Ensemble arbeite, tanze ich nicht mehr. Wir haben acht Tänzer, jeder von ihnen aus einem anderen Land, aus Ägypten, Spanien, Südkorea, Taiwan, Algerien ... Ich wollte einige Tänzer aus dem Nahen Osten haben, und manche von ihnen sind sehr spirituell.

Sie selbst sind ausgebildeter Kathak-Tänzer – eigentlich eine spirituelle Disziplin. Sie tanzen ihn hart, schnell, in der Anmutung von westlichem zeitgenössischen Tanz. Ist das noch ein Gebet des Körpers?

Für mich ist das Spirituelle nicht eine Qualität, sondern eine Denkrichtung, eine mentale Orientierung. Auch in einem Techno-Club kann man ein spirituelles Erlebnis haben.

»Eigentlich ist es immer die eigene Geschichte«

Wie sehen in Indien klassische Kathak-Tänzer Ihren Stil?

Ich weiß es nicht. Früher habe ich mir sehr viele Gedanken darüber gemacht und war sehr besorgt, ob sie es mögen würden. Heute bin ich selbstbewusster, aber ich versuche immer noch, so viel wie möglich von der Art, wie er in Indien getanzt wird, aufzunehmen. Ich habe mich nicht einmal bewusst dazu entschlossen, diesen speziellen Stil von Kathak zu tanzen. Mein Körper hat das entschieden und es ist für mich einfach die organische, natürliche Form Kathak zu tanzen. Mein Stil ist eigentlich sehr feminin, er hat die Stärke und Zerbrechlichkeit des Weiblichen. Aber es gibt auch eine starke männliche Qualität darin, gewaltige, kriegerische Bewegungen.

Sehen Sie sich als Teil der europäischen Tanzszene?

Mein Stil ist nicht wirklich europäisch, aber viele Länder sind sehr offen, gerade Deutschland. Pina Bausch hat vielen von uns den Weg geebnet, ich bin ein großer Fan von ihr. Aber wir im Westen sind auch sehr arrogant, es gibt eine elitäre Haltung, die ich hasse: Dass man smart sein muss, um Kunst zu verstehen, dass manche Künstler meinen, sie müssten beweisen, wie intellektuell sie sind. Das interessiert mich nicht, denn dann geht es nicht um die Kunst, sondern um die Person.

Sie haben mal gesagt, Ihr Körper wäre Ihre Heimat – eine Art Tempel?

Es ist zu schmutzig dort.

Wieso?

Ich rauche. Leider. Aber es kommt nicht auf die Wände an, sondern auf die Menschen, die darin wohnen. Und mein Körper hat begonnen, seine inneren Uhren auszutauschen. Früher folgte er der westlichen, christianisierten, linearen Zeit. Je älter ich werde, desto mehr folgt mein Körper dem Rhythmus der östlichen Zeit, den Jahreszeiten, dem Leben-und-Tod-Zyklus. Es gibt eine größere Skala, die wichtiger ist für unser Leben, als ein Sklave der Uhrzeit zu sein.

Interkulturelle Themen haben seit einigen Jahren Konjunktur in der Kunst. Sie sind in London geboren, haben Wurzeln in Bangladesh. War Ihr Migrations-Hintergrund für Sie hilfreich am Anfang Ihrer Karriere?

Fotos: Paul Leclaire

Ja und nein. Es stimmt, es gibt dieses Interesse am Multikulturalismus – aber das ist nur ein Trend, die Dinge werden immer austauschbarer heute. Und das Thema allein bedeutet ja nicht automatisch, dass es gute Kunst ist. Für mich war es einfach eine Notwendigkeit, Fragen nach der Herkunft zu stellen. Jede Arbeit spiegelt den Künstler. Manchmal merkt man es selbst erst sehr spät, dass man eigentlich von dem erzählt, was man selbst gerade durchmacht. Man erzählt Geschichten – aber eigentlich ist es immer die eigene Geschichte.

Welche Geschichte von Akram Khan erzählt Vertical Road?

Ich brauchte es, aus meinem eigenen System rauszukommen. Emotional und physisch. Ich hatte das Gefühl, gleichzeitig verletzlicher und stärker zu werden, und ich wollte herausfinden, warum ich frustriert bin. Dann kam die Frage nach dem Tod in mein Leben. Und sobald man über den Tod nachdenkt, wird ein Konzept von Gott notwendig.

Warum die Gedanken an den Tod?

Ich sehe meine Eltern älter werden. Als ich jung war, waren sie unbesiegbar für mich. Jetzt werden sie zerbrechlicher und sie halten plötzlich ganz stark an Gott fest. Religion ist für mich faszinierend und verstörend zugleich. Deshalb ist es ein sehr persönlicher Moment für mich, diese Fragen nach dem Vertikalen zu stellen.

Nicole Strecker führte das Interview mit Akram Khan im August 2010.

»From a Distance They Looked Like Birds«
William Forsythe zeigt *now this when not that* in der Jahrhunderthalle Bochum

Robin Junicke

Diese Inszenierung widersetzt sich nicht nur der Religionsprogrammatik der Triennale unter Willy Decker, sie konterkariert auch die Raumideologie des Festivals: Bei William Forsythes *now this when not that* wird die Industriekathedrale zum dekorativen Vorderhaus, die Kunst hingegen findet in einer Blackbox statt.

Es ist die neueste Arbeit und Koproduktion der Forsythe Company mit der Ruhrtriennale und die letzte Premiere unter der Intendanz von Willy Decker.

Der Weg zum Geschehen führt die Zuschauer ein Stück durch die Bochumer Jahrhunderthalle und lässt sie schließlich in einer Ecke vor einem schwarz abgehängten Bühnenraum ankommen. Eine lange Raumflucht erstreckt sich vor den Zuschauern, ausgelegt mit schwarzem Tanzboden. Eine Struktur von Leuchtstoffröhren in niedriger Höhe weckt Assoziationen an eine Lagerhalle oder ein großflächiges Labor. Zwei Tänzer versuchen, ihren Ort darin zu finden. Durch ihre Bewegungen entsteht ein dichtes Geflecht von Raumdurchmessungen, die eine Spielfläche definieren. Die Zuschauer scheinen die Tänzer bei dieser Arbeit nicht zu bemerken. Nachdem der Raum und die Bewegungsmuster etabliert sind, kommt eine Schauspielerin (Dana Caspersen) mit einem Textbuch hinzu und setzt sich auf einen Stuhl, den sie während der gesamten Aufführung nicht mehr verlassen wird.

Sie beginnt über den Anfang zu sprechen und erklärt, dass dieser übersprungen wurde und man nun direkt mit dem »Notfall« (the emergency) beginne, während immer mehr Tänzer hinzukommen und sich unter den Leuchtstoffröhren hindurchwinden. Manchmal reagieren ihre Bewegungen auf den Text, manchmal erscheint umgekehrt der Text auf ihre Bewegungen zu reagieren. An anderen Stellen wird eine solche Kausalität gänzlich unterlaufen. Entstehende Sinnzusammenhänge werden noch im gleichen Atemzug relativiert und beiseite gelegt.

19 Tänzer in grauen T-Shirts und farbigen Hosen ertanzen den Raum. Es entwickeln sich dialogische Strukturen. Nach und nach werden die Tänzer zu einer Gruppe, die, vom »Notfall« zusammengetrieben, schließlich als Einheit erscheint. In der Tiefe des Raums beziehen sie Stellung. Nur Einzelne treten

Fotos: Dominik Mentzos

aus der Gruppe hervor und initiieren eine Handlung, andere reagieren vielmehr, als dass sie agierten. Ein Tänzer schlägt mit einer Peitsche aus langen Fäden auf den Boden. Es entsteht eine Aura von Gewalt und Gefahr, welche die Gruppe zu einhelligen Bewegungen veranlasst.

Später versucht eine einzelne Tänzerin – sie wird von der Sprecherin als »restless« bezeichnet – gegen das kollektive Erstarren der Gruppe anzutanzen. Die Erzählung der Sprecherin handelt von Wünschen, Plänen und dem Versuch, sich die Umgebung zu unterwerfen, was indessen nicht vollständig gelingt, weil sich die »Natur« widersetzt. Neue Pläne werden entworfen, die erneut scheitern, sodass die Gruppe zu ihrem alten Vorhaben zurückkehrt, nur dass sich jeder Einzelne anders daran erinnert, was ihre Ziele waren. Dennoch, so erfährt der Zuschauer, habe es funktioniert. Um welche Pläne es sich dabei handelte und was da am Ende dennoch funktioniert habe, eine Gesellschaft, eine Arbeit oder eine Inszenierung, bleibt den Gedanken des Betrachters überlassen.

William Forsythe, der seit seiner Zeit als Chef des Frankfurter Balletts als einer der wichtigsten Choreografen des 20. Jahrhunderts gilt, gelangte durch sein Verständnis des Balletts als einer lebendigen Sprache zu einer neuen Verbindung von Tradition und zeitgenössischen Fragestellungen. Indem Forsythe

»From a Distance They Looked Like Birds«

den Tänzer aus seiner Fixierung auf den Zuschauer und den Zuschauer aus seiner Definition als Anspielposition löste, eröffnete er dem Tanz neue Räume und Bewegungsmöglichkeiten. In seinen offenen Arbeitsprozessen wird der Tanz nicht länger als eine Kunst der Repräsentation begriffen, sondern vielmehr als Aufführungspraxis in einer von Tänzern und Zuschauern geteilten, konkreten Situation.

Thematisierte Forsythe mit seiner im vergangenen Jahr bei der Ruhrtriennale gezeigten Arbeit *The Defenders* (2008) die Evolutionsgeschichte, scheinen nun die Konturen einer Zivilisation im Zentrum der Frage zu stehen. Die Erzählung der Sprecherin durchschreitet Jahrhunderte, ohne dass sich aus deren Geschehnissen eine deutliche Geschichte konstruieren ließe. Die choreografierte Gruppe folgt dabei eher dem Muster des Vogelschwarms als dem einer Gemeinschaft. Indem sich die Einzelnen nicht an der Gruppe, sondern eher an oder in ihrer direkten Umgebung orientieren, erscheinen sie lediglich Außenstehenden als eine Einheit, die in ihrer inneren Dynamik jedoch nicht gegeben ist.

Die Metapher des Vogelschwarms wird auch inszenatorisch etabliert: Nach einer Phase des Abtastens des Bühnenraums wechseln die Tänzer in schwarze Kostüme und beginnen, eng beieinander stehend, mit schwarzen Pompons zu flattern. Dazu werden Vogelgeräusche eingespielt, während die Erzählerin das Bild kommentiert: »and from a distance they looked like birds«. Kaum ist der Satz ausgesprochen, wird die Bühne dunkel, nur die Geräusche bleiben. Und es bleibt die Imagination der Bewegungen des Schwarms in der ausschließlich von Notausgangsschildern beleuchteten Halle. Ein Geräusch reicht, um diese Bewegung nachzuvollziehen.

Die Bewohner dieser seltsamen Bühnenwelt wünschen sich, so die Erzählung, sie könnten noch wünschen, was in der von ihr erzählten Welt als ein Scheideweg erscheint: Von hier aus kann entweder alles zerbrechen oder doch noch gut werden. In jeder Hoffnung liegt die Gewalt des Umbruchs. Die Bewegungen werden kräftiger, aggressiver. Bronzeglocken (Sutter/Schramm) werden über die Bühne getragen und angeschlagen, Gazevorhänge durchschneiden den Bühnenraum. Nach und nach verlassen alle Beteiligten die Bühne, bis sie völlig leer zurückbleibt. Die Gaze teilt den Raum in Segmente, das Licht dämmert blau und Vogelgezwitscher erklingt aus den Lautsprechern – nach einer Zäsur und der Überlegung, warum gerade eine leere Bühne das kraftvollste Bild eines Abends sein kann, setzt die Musik wieder ein. Mit ihr kehren auch die Tänzer zurück, die Gaze fährt hoch und gibt den Blick frei auf die Bühne, die von den Tänzern ein letztes Mal durchzwitschert wird – Stille – Text: »eight to ten thousand years past and everyone wakes up exactly where they are«.

Now this when not that ist kein leicht zugänglicher Abend. Obwohl alle Elemente der Choreografie zueinander passen, stimmig und kraftvoll arrangiert sind, hat man wie bei einem Lynch-Film stets das Gefühl, zwar alle nötigen Bausteine beisammenzuhaben, aber dennoch einem Geschehen zu folgen, das sich dem Verständnis entzieht und dadurch seinen beruhigenden Abschluss verweigert. Forsythe sagte hierzu in einem Interview mit der Journalistin Sarah Crompton: »Wenn man erwartet, dass sich Choreografie nach der Geschichte ausrichtet, dann gäbe es keine Evolution. Ich fand, dass es nur darum ging, Definitionen auszuweiten.« In *Now this when not that* folgt man Forsythe darin mit einem Schwarm von Möglichkeiten.

Uraufführung bei der Ruhrtriennale: 5. Oktober 2011 / Choreografie: William Forsythe / Musik: Thom Willems / Mit: The Forsythe Company (Yoko Ando, Cyril Baldy, Esther Balfe, Dana Caspersen, Katja Cheraneva, Brigel Gjoka, Amancio Gonzalez, Josh Johnson, David Kern, Fabrice Mazliah, Roberta Mosca, Tilman O'Donnell, Nicole Peisl, Jone San Martin, Parvaneh Scharafali, Yasutake Shimaji, Elizabeth Waterhouse, Riley Watts, Ander Zabala)

Die Darstellung einer nicht abbildbaren Welt
Willy Decker inszeniert *Tristan und Isolde* in der Jahrhunderthalle Bochum

Daniel Schinzig

Zwei weiße Flächen schweben im schwarzen Raum, scheinbar schwerelos, unwirklich, nicht von dieser Welt. Im Hintergrund hängt eine Kugel, die ein Planet sein könnte, eine Sonne, ein Todesstern – die Jahrhunderthalle als Schauplatz von märchenhaften Reisen durch das Weltall?

Tatsächlich entführt Willy Decker die Zuschauer im dritten und letzten Jahr seiner Ruhrtriennale-Intendanz in fremde Welten. Die Reise geht jedoch nicht in die unendlichen Weiten des Alls, sondern in die entgegengesetzte Richtung: in die eigentlich unfassbare, nicht abbildbare Welt zweier Liebender, die sich ineinander auflösen. Das Gefühl des Entschwindens, des Sich-Abkoppelns aus der alltäglichen irdischen Welt ist in Deckers *Tristan und Isolde*-Inszenierung stets visuell wahrnehmbar, und zwar durch die Bühnenkonstruktion, die inmitten der Jahrhunderthalle wie eine futuristische Maschine wirkt.

An eine Bühne erinnert erst einmal nur wenig: kein Vorhang, keine Kulissen, keine Requisiten. Ein Kontrast zu den beiden Flächen, die sich frei bewegen lassen, bildet lediglich die riesige Kugel. Sie fungiert als Bezugspunkt für die beiden Platten, wird gleichzeitig auch als Projektionsfläche für Videoeinspielungen genutzt. Sie zeigt das Meer, wenn sich Tristan, Isolde, Brangäne und Kurwenal im ersten Akt auf dem Schiff befinden. Auf ihr sind sich annähernde Gesichter in Großaufnahme sowie in Zeitlupe einstürzende Hochhäuser zu sehen, wenn sich Tristan und Isolde, die gerade den Liebestrank zu sich genommen haben, innig in die Augen blicken. Das Konzept kulminiert schließlich im berühmten Liebesduett des zweiten Aktes.

Die beiden von Anja Kampe und Christian Franz dargestellten Protagonisten liegen dabei auf der unteren Platte. Diese von jeglichen Requisiten befreite Bühnenkonstruktion ist zunächst so arrangiert, dass sie den Zuschauern Tristan und Isolde wie in einem Schaufenster präsentiert. Die beiden Liebenden halten sich an den Händen, beschwören ihre Liebe und die lang ersehnte Liebesnacht, sehnen sich gemeinsam nach dem Tod, der sie auf ewig vereinigen soll. Auf der im Hintergrund lauernden Kugel erscheinen Videoprojektionen von menschlichen Silhouetten, die unwirkliche Bewegungen vollführen,

Daniel Schinzig

Fotos: Paul Leclaire

in surrealer Schwerelosigkeit. Während sich Tristan und Isolde immer tiefer in ihre transzendente Welt hineinsteigern, scheint sowohl die Platte, auf der sie liegen, als auch jene, die über ihnen schwebt, an Masse zu verlieren. Beide Flächen werden dank ausgeklügelter Lichtregie immer kleiner und kleiner. Sie mutieren zu zwei Raumschiffen, die allmählich im dunklen Hintergrund entschwinden. Die irdische Welt, die bekannte Realität, löst sich auf, nicht nur für die Protagonisten, sondern auch für die Zuschauer. Einige Minuten lang erreichen die Besucher des Musikdramas in der Jahrhunderthalle gemeinsam mit den Charakteren einen Zustand der Auflösung, der Neugeburt. Tristan und Isolde scheinen im absoluten Nichts zu schweben. Sterne strahlen um sie herum, verstärken das Gefühl des Überirdischen noch.

So sehr die beiden Charaktere den Tod auch herbeisehnen: Für Intendant und Regisseur Willy Decker ist es keine Todessehnsucht, welche die Liebenden antreibt. Stattdessen geht es um das Verschwinden aus der äußeren Welt, um den Übergang vom Selbst zum Nicht-Selbst. Zwei Liebende, die erkennen, dass sie eins werden wollen. Es sind diese Elemente, in denen Decker die Nähe zum Buddhismus sieht, dem großen Thema der Spielzeit 2011.

Für den Theatermacher war die wohl größte Frage: Wie soll die metaphysische Welt, in die die beiden Liebenden verschwinden wollen, dargestellt wer-

den? Welches Bühnenbild würde Wagners hochkomplexem Stück, in dem die Handlung auf ein Minimum reduziert ist, gerecht werden? Bereits 1997 versuchte Decker, mit einer *Tristan*-Inszenierung in Leipzig eine Antwort darauf zu finden. Doch erst in der Ruhrtriennale gelang es ihm. Deckers Lösung für das Problem, das nicht Darstellbare darzustellen, lag darin, der Komplexität des Stückes mit Einfachheit zu begegnen.

Die beiden Platten der Bühnenkonstruktion changieren allenfalls in der Lichtintensität. Es wird keine Welt abgebildet, keine Schiffe, keine Höfe, keine Burgen. Die Schauspieler bewegen sich auf einer leeren, beinahe klinisch reinen Fläche, einer Innenwelt, die keinen irdischen Regeln folgt. Stattdessen reagieren die Platten auf Wagners Musik, symbolisieren die Verfassung von Tristan und Isolde, zeigen, wie nah oder weit entfernt sie von der angestrebten Nicht-Existenz (und sich) sind. Die Flächen können sich so berühren, dass der Blick hinter die Konstruktion nicht mehr möglich ist. Sie können sich bedrohlich den Schauspielern nähern, sie mit Freiraum oder Enge konfrontieren. Sie können aber auch gänzlich geöffnet sein.

Die Umgebung der Jahrhunderthalle tritt bei diesem Konzept unweigerlich in den Hintergrund. Der Star ist die Bühne, nicht die Halle, welche jedoch ihrer Größe wegen diese Konstruktion erst ermöglicht. Und dennoch weiß Decker auch die Mauern des Industriedenkmals einzusetzen: etwa im Sinn äußerster Desillusionierung, die dem Moment größtmöglicher Glückseligkeit folgt. Wenn Kurwenal das Liebesduett plötzlich unterbricht, um vor dem nahenden Marke zu warnen, verschwinden nicht nur die Sterne; die gesamte Dunkelheit und mit ihr die nicht enden sollende Nacht wird ausgelöscht. Die einsetzende Helligkeit lässt nicht nur die beiden Platten wieder erscheinen, sondern auch ihr Umfeld. Hinter der Konstruktion sehen wir nun deutlich eine Wand der Jahrhunderthalle. Nicht nur Tristan und Isolde werden durch den einsetzenden Tag aus ihrer Nachtwelt herausgeholt, auch die Zuschauer werden erbarmungslos aus der Szene gerissen: Industrieraum statt Nirwana.

Willy Decker sieht in einem wortwörtlichen Augenblick, der gar nicht Teil des Bühnengeschehens ist, die für den *Tristan* bedeutendste Handlung: Isolde erkennt in Tristan den Mörder ihres Verlobten. Sie will ihn mit seinem eigenen Schwert töten, doch Tristan blickt ihr in die Augen. Es ist ein Blick, der sie von ihrem Rache-Vorhaben abhält, der Mitgefühl und Liebe auslöst. Dieser Moment ist Teil der Vorgeschichte des Stücks. Die Zuschauer sehen ihn nicht auf der Bühne, er wird von Isolde im ersten Akt berichtet. Und dennoch trägt er letztlich für alles die Verantwortung, was folgen wird. Der Blick als *Urmoment*, der alles Weitere bedingt und letztlich dafür sorgt, dass Tristan und Isolde von der alltäglichen Welt in eine höhere Nicht-Welt übergehen wollen. Die innere Reise, das Pendeln zwischen den beiden Realitäten macht Decker durch seinen abstrakten Bühnenapparat sichtbar und integriert diesen in einen Ort, der selbst Zeuge eines Übergangs war: vom Bergbau zur Kultur.

Deutsche Premiere bei der Ruhrtriennale: 27. August 2011 / Regie: Willy Decker / Musikalische Leitung: Kirill Petrenko / Dramaturgie: Stefan Poprawka / Bühne: Wolfgang Gussmann / Kostüme: Wolfgang Gussmann und Susana Mendoza / Licht: Andreas Grüter / Orchester: Duisburger Philharmoniker / Mit: Christian Franz, Stephen Milling, Anja Kampe, Claudia Mahnke, Alejandro Marco-Buhrmester, Boris Grappe, Thomas Ebenstein, Martin Gerke

Gespenster der Angst
Luk Perceval liest *Macbeth* mit buddhistischem Blick in der Zeche Zweckel Gladbeck

Sarah Heppekausen

Was ist das für ein Menschenschlächter? Regungslos steht er da, der Kriegsheimkehrer, seine Hände in den Taschen vergraben. Wenn er spricht, dann ruhig und langsam. »Seht hin, wies unsern Freund zerreißt«, sagt Banquo. Aber dieser Macbeth zerreißt allenfalls innerlich. Es ist eine verhängnisvolle Leere, die über ihn hereingestürzt ist. Eine Leere, die ihn lähmt, bevor sie ihn zu weiteren mörderischen Untaten treibt. Luk Percevals Macbeth ficht einen Kopfkampf aus. Sein Darsteller Bruno Cathomas übersetzt ihn in reduzierte Körpersprache. Jeder schwergezogene Schritt ist die Spur eines zweifelnden Gedankens, jeder vorsichtig tänzelnde der Ausdruck vorübergehender Erleichterung.

Luk Percevals minimalistischer Inszenierung für die Ruhrtriennale, die in Koproduktion mit dem Hamburger Thalia Theater entstanden ist, reicht die kleine Geste. Äußerlich spektakulär hingegen ist die Bühne. Perceval nutzt die Länge der imposanten Gladbecker Maschinenhalle Zweckel. Bühnenbildnerin Annette Kurz hat das Industrieschloss mit einer Installation aus wirr gestapelten Tischen besetzt, auf dem Boden liegen unzählige Soldatenstiefel als Kriegszeugen. Durch die hohen Rundbogenfenster der Industriehalle leuchtet erst das reale Abendrot, später das künstliche Scheinwerferlicht im Breitbildpanorama.

So spektakulär die Bühne auch aussehen mag, so geheimnisvoll ist die Ruhe, die sie transportiert. Kein Tisch wackelt, niemand stolpert über Schuhe, kein Weinglas fällt klirrend zu Boden. Tänzerinnen mit fußknöchellangen Haaren winden sich extrem verlangsamt und traumbildartig durch die Tischskulptur. Diese Hexen sprechen nicht, sie verkrampfen lediglich, wenn Banquos Geist erscheint. Als wäre nicht genug Platz für alle in einem Hirn. Denn diese Hexen sind ebensolche Kopfgeburten, Geschöpfe der Einbildungskraft, Gespenster der Angst. Perceval spart mit ablenkenden Requisiten. Der flämische Regisseur verweigert sich einem Hexenzauber, einer Kunstblutorgie oder Dolchschau. Bei einem Mord ist bloß ein dumpfer Schlag zu hören.

Stille ist das vorherrschende Prinzip in dieser Inszenierung. Das gesprochene Wort rückt in den Hintergrund. Entsprechend hat Perceval Thomas Braschs Shakespeare-Übersetzung noch reichlich zusammengestrichen. Ihm geht es um das Vor- oder Unbewusste dieses Macbeths. Seinen Text muss er sich am Ende sogar soufflieren lassen.

Die Worte der Lady Macduff und ihres Sohns spricht Macbeth mit verstellter Stimme selbst. Wie ein nachhängendes Kriegstrauma spielt sich das Geschehen in seinem Kopf, aber mit (selbst-)zerstörerischer Wucht ab. Er bekommt nicht einmal mit, dass seine Frau in seinen Armen gestorben ist. Es ist das Psychogramm eines Mannes, der sein einziges Kind verloren hat und sich seiner Zukunftslosigkeit bewusst wird. Tötung dient ihm zur Selbsterhaltung.

Das Thema dieser Ruhrtriennale ist der Buddhismus. »Man könnte sagen, das Buddhistische an diesem Stück ist die antibuddhistische Haltung von Macbeth«, erklärt Perceval im Programmheft. Nicht nur Intendant Willy Decker, auch Luk Perceval ist praktizierender Buddhist. »Nur wo Leere ist, kann etwas Neues geschehen«, sagte der indische Philosoph und spirituelle Lehrer Jiddu Krishnamurti. Auch wenn Cathomas' Macbeth recht still kämpft, so kämpft er doch gegen die Leere. Er macht einen (mörderischen) Schritt, statt Stillstand zu akzeptieren. Das muss schiefgehen.

Macbeth als stillwütender, vom Selbsterhaltungstrieb genötigter und letztlich an der Sinnlosigkeit des Lebens zerbrechender Menschenmörder ist ein nachvollziehbarer und spannender Regieansatz. Und Maja Schöne ist eine sehenswerte Lady Macbeth, die Ängste, Gatten-Provokation und eine im Tangoschritt angedeutete Leidenschaft bis in den Wahnsinn vermengt. Aber warum lässt die Inszenierung trotzdem so seltsam kalt?

Die Figuren bleiben auf ihrer Seelenwanderung im eigenen Gefühlsstau stecken. Es sind mit Mikroports ausgestattete Skulpturen, auch wenn die Darsteller noch so sehr dagegen anspielen. Sie sind schön anzusehen in ihrem präzisen Spiel zwischen Distanz und Nähe, sind psychologisch ausgedeutet bis in die Fingerspitzen und bleiben dabei doch unnahbar.

Premiere: 2. September 2011 / Regie: Luk Perceval / Bühne: Annette Kurz / Kostüme: Ilse Vandenbussche / Musik: Lothar Müller / Choreografie: Ted Stoffer / Dramaturgie: Susanne Meister / Mit: Bruno Cathomas, Maja Schöne, Peter Maertens, Alexander Simon, Thomas Niehaus, Julius Feldmeier, Rabea Lübbe, Tänzerinnen: Cristina Czetto, Danielle Green, Angela Kecinski, Rabea Lübbe, Stefanje Meyer, Gabriele Pilhofer, Yvonne Rennert, Regina Rossi, Andrea Sander

Fotos: Armin Smailovic

Luk Perceval bei den Proben.

Heiner Goebbels

2012 | 2013 | 2014

Theater als Erfahrung
Die *Editorials* von Heiner Goebbels

2012
Manchmal spreche ich von Kunst als Erfahrung, denn mich interessiert Theater nicht als Instrument der Mitteilung. Darauf wird es allzu oft reduziert – schon allein, weil es auf Sprache basiert. »Everything which is not a story could be a play«/ »Alles, was keine Geschichte ist, kann Theater sein« – heißt es schon bei Gertrude Stein. Theater kann eben so viel mehr sein: eine Vielfalt von Eindrücken aus Bewegungen, Klängen, Worten, Räumen, Körpern, Licht und Farben. Und mit diesem ›mehr‹ kann das Theater uns vielleicht gerade da berühren, wofür uns (noch) die Worte fehlen. Das heißt, Kunst als Erfahrung steht auch für die Offenheit, das Geschehen auf der Bühne nicht immer unbedingt verstehen zu müssen, einer fremden Sprache oder einer uns unbekannten Musik zuzuhören, einem Bild zuzuschauen, für das wir keinen Begriff haben.

Die Räume der Industriekultur sind in ihrer Materialität die schärfsten Kritiker, wenn man ›nur so tut als ob‹. Fehlt der Rahmen einer Guckkastenbühne, einer Blackbox oder eines goldenen Portals, merkt man selbst noch in der letzten Reihe, ob auf der Bühne nur etwas vorgegeben wird. Mich interessiert Theater als eigene Realität, die eben nicht so tut, als würde sie nur auf eine andere verweisen. Gerade das gibt dem Zuschauer die Freiheit, das Theater mit der eigenen Realität und den eigenen Erfahrungen abzugleichen. Nähe und Ferne zwischen Theater und Realität sind nicht eine Frage der Interpretation des Regisseurs, sondern selbst zu entdecken – und wir halten die Zuschauer für weit cleverer als das kleine Team, das sich da vorne etwas ausgedacht hat.

In unserem medialen Alltag bekommen wir alles zubereitet und totalitär vorgesetzt. Fernsehmoderatoren starren uns an, Entertainer schreien uns an. Die meisten Filme sind exzellent gemachte Unterhaltungsmaschinen, die uns fesseln – aber nicht befreien. Die Möglichkeiten für unser individuelles Entdecken sind kleiner geworden, die Räume für unsere Vorstellungskraft enger. Hier kann die Kunst im Theater zu einem Schutzraum, zu einem Museum der Wahrnehmung werden, in dem all das wieder möglich ist.

Der Name Ruhrtriennale leuchtet leichter ein, wenn man jede Triennale als ein Statement für eine ›Ästhetik auf drei Jahre‹ ansieht. Zum Beispiel wird es in den nächsten drei Jahren kein Thema geben. Themen schränken aus meiner Sicht nicht nur den künstlerischen Leiter ein, sondern auch vehement den

Auftrag an die Künstlerinnen und Künstler – und nicht zuletzt den Blick des Publikums. Gute Kunstwerke – das ist in der darstellenden Kunst nicht anders als in der bildenden Kunst – haben viele Geschichten und geben nicht alle ihre Geheimnisse frei.

Der Tanz ist vermutlich die am wenigsten institutionalisierte Kunstform. Und es ist wohl kein Zufall, dass es ausgerechnet die Choreografinnen und Choreografen waren, die in den letzten zwanzig Jahren die Möglichkeiten der darstellenden Künste erweitert und uns zum Nachdenken gebracht haben. Nicht nur zum Nachdenken über Bewegung, sondern auch zum Nachdenken über das Verhältnis von Musik und Tanz, von Klang und Bild, von Hören und Sehen. Zum Nachdenken über unsere Körper und die Körper derer, die anders sind. Deswegen haben wir so großartige Choreografen eingeladen wie *Boris Charmatz, Tino Sehgal, Anne Teresa De Keersmaeker, Jérôme Bel, Lemi Ponifasio, Mathilde Monnier, Laurent Chétouane* – auch weil sie längst schon etwas anderes machen als Tanz: Kunst mit allen Mitteln.

Der Raum kann genauso wichtig sein wie das Werk. Vor Sonnenaufgang, früh morgens, zeigen wir in der Jahrhunderthalle eine zauberhafte Melange aus alter, aber sehr aktuell klingender Chormusik und den im Dunkeln zunächst kaum wahrnehmbaren Körpern der Tänzerinnen und Tänzer von *Rosas*. Ich verspreche Ihnen, so etwas haben sie vermutlich noch nicht erlebt. Oder sie hören klassische Musik mit weltberühmten Solisten nicht in einem Konzertsaal, sondern in dem ganz intimen, fast privaten Rahmen eines Maschinenhauses auf der Zeche Carl – und man kommt dabei der Virtuosität der Musiker so nah wie den Menschen in der Live Art-Ausstellung *12 Rooms*.

»No Education« – Kinder sind die Experten unserer Festivaljury, sind die ›enfants‹ bei Boris Charmatz, die Stars in *When the mountain changed its clothing*. Und zugleich sind sie die Protagonisten unserer No Education-Projekte: als visionäre Bauherren, als lebende Skulpturen, als Performer – weil Kinder uns Dinge zeigen können, die wir verlernt haben. In unserem Festivalcampus auf dem Gelände der Jahrhunderthalle Bochum tauschen sich Studierende und Dozenten aus ganz Europa mit den Künstlerinnen und Künstlern der Ruhrtriennale aus. Sie nehmen das Festival als lebendiges Laboratorium und diskutieren das Gesehene und Gehörte untereinander, mit uns und, wenn sie wollen, auch mit Ihnen.

›International Festival of the Arts‹ haben wir als Untertitel im Übrigen nicht erfunden – aber wir wollen ihn stärker machen: fremde Gäste willkommen heißen und Künstlerinnen und Künstler, die weltweit Bedeutung haben und mit ihren Arbeiten Aufsehen erregen, zum ersten Mal zur Ruhrtriennale einladen. Die Orte der ehemaligen Industrie werden zu Produktionsstätten für zeitgenössische Kunst: Theater, Tanz, Musik und Performance ›made in Ruhr‹ – und weltweit auf tour.

›Regional/International‹ ist bei uns keine Alternative. Viele der Künstler, die wir zur Ruhrtriennale eingeladen haben, bringen sie auf die Bühne: Experten, Young Professionals, Laien und Amateure aus dem Ruhrgebiet: als ›Assistenten‹ in *Europeras 1&2* von John Cage, als Darsteller in der *Prometheus*-Inszenierung von Lemi Ponifasio, als *FOLK.* bei Romeo Castellucchi und in dem off-off Musical des Nature Theatre of oklahoma, als Performer in *12 Rooms* im Museum Folkwang oder als Schlagzeuger bei *Boredoms*.

Ein Festival/zwei Opern – John Cage und Carl Orff – gegensätzlicher geht es vermutlich kaum: Für uns ist das auch als ein Statement für musikalische Offenheit und Breite zu sehen. Was beide verbindet, ist aber nicht nur die Tatsache, dass *Europeras 1&2* und *Prometheus* im Repertoire der Opernhäuser der Welt nicht vorkommen, sondern vor allem, dass diese beiden Werke auf unterschiedliche Weise radikal mit der Tradition brechen und damit eine Perspektive für die Zukunft des Musiktheaters anbieten. Beide erweitern die Oper auf ihre Weise, überraschen mit einer völlig unhierarchischen, dezentralen Struktur (bei Cage) oder lenken die Aufmerksamkeit weg vom Gesang hin auf die Musikalität der gesprochenen Sprache (bei Orff).

Und ›irgendwo‹ in der ästhetischen Vielfalt zwischen Cage und Orff präsentieren wir auch Charles Ives, die Kunst der Improvisation und die Ränder des Pop – da, wo sie zur Kunst werden: die rituelle Power der *Boredoms* und die Sounds von *alva noto* und *Ryuichi Sakamoto*.

Current heißt Energie/Strömung/im Fluss sein. Sechs Wochen lang können sie diese Ströme täglich auf den kohleschwarzen Mauern der Mischanlage der Kokerei Zollverein sehen. Wie im Bauch einer Pyramide, die auf dem Kopf steht. Und dabei gegenwärtige Menschenströme entdecken, mit denen die israelische Künstlerin Michal Rovner die unmenschliche Architektur der Mischanlage in einen sehr lebendigen Sog versetzt. Ist das noch eine Videoinstallation, bildende Kunst in Bewegung oder projiziertes Theater? Die Trennungen zwischen der darstellenden und der zeitgenössischen bildenden Kunst sind ohnehin immer weniger zu halten; das ist bei keiner Ausstellung so deutlich wie bei *12 Rooms*, in der bildende Künstler von Choreografen und Regisseuren nicht mehr zu unterscheiden sind. Ihre Menschenbilder werden auch unseren Blick auf die Bühne verändern.

2013

Ruhrtriennale als eine ›Ästhetik für drei Jahre‹ bedeutet auch eine Kontinuität der Zusammenarbeit mit internationalen Künstlerinnen und Künstlern, mit denen wir Sie bekannt machen möchten. Wir wollen ihre künstlerische Forschung mitverfolgen und Sie an ihrer Entwicklung teilhaben lassen. So finden sich neben vielen neuen Namen auch in diesem Jahr Künstler wieder wie Boris Charmatz, Romeo Castellucci, Anne Teresa De Keersmaeker, Robert Wilson oder Tarek Atoui.

Auch wenn unsere offizielle Festivaljury der Children's Choice Awards im ersten Jahr dieser Triennale meiner Lieblingsband THE BOREDOMS den Preis in der Kategorie »Die größte Qual für die Ohren« verliehen hat, wird es die Jury wieder geben. Unser ›No Education‹-Programm dokumentiert das unbedingte Vertrauen darauf, dass nicht nur unserem erwachsenen Publikum, sondern auch den von uns eingeladenen Kindern und Jugendlichen eine eigene, unvoreingenommene Erfahrung mit Kunst möglich ist. Wir glauben an die Erfahrung, dass die Welt auch ganz anders sein könnte. Mit den jungen Jurymitgliedern des ersten Jahres, die wohl mehr Kunst gesehen haben als die meisten Erwachsenen, planen wir für 2013 neue Kunstprojekte.

Wieder zeigen wir zwei Opernentwürfe, die auf ihre Weise das Genre herausfordern und trotz ihrer Einzigartigkeit selten inszeniert worden sind: zur Eröffnung *Delusion of the Fury*, das Meisterwerk des unangepassten, amerikanischen Komponisten Harry Partch. Für die musikalische Umsetzung seines eigenen Tonsystems hat Partch eine Vielzahl neuer Instrumente entwickelt, die wir gemeinsam mit dem Ensemble *musikFabrik* haben nachbauen lassen. Damit kann diese Produktion auch zu einem wegweisenden Auftakt werden, um in weiteren Aufführungen seine Musik voller Humor und poetischer Leichtigkeit in Europa bekannt zu machen. Als zweite große Oper produzieren wir *Das Mädchen mit den Schwefelhölzern* von Helmut Lachenmann, dem Meister einer »*musique concrète instrumentale*«, der Andersens Märchen in ein einzigartiges Klangerlebnis übersetzt hat. Der Regisseur und Lichtkünstler Robert Wilson wird es in einem besonderen Klang- und Raumkonzept in Szene setzen.

Unter einem erweiterten Begriff von Musiktheater kann man auch die neue, bilderreiche Arbeit des britischen Autors und Theatermachers Tim Etchells fassen, die er mit *Forced Entertainment* und dem libanesischen Klangkünstler Tarek Atoui entwickelt; und er gilt für die musikalischen Choreografien von Boris Charmatz und von Anne Teresa De Keersmaeker, die eine Uraufführung mit der Musik des französischen Spektralisten Gérard Grisey vorbereitet. Auch die performative Installation *Stifters Dinge* ist Musiktheater im Wortsinn. Der ästhetischen Breite zeitgenössischer Musik, die in unseren beiden Opernproduktionen zum Ausdruck kommt, entspricht auch unser Konzertprogramm mit Kompositionen von Witold Lutoslawski bis Arvo Pärt, von Gavin Bryars bis Jonathan Harvey und György Kurtag.

Ein Schwerpunkt 2013 ist das Verhältnis von Ton und bewegtem Bild: Der politische BBC-Dokumentarist Adam Curtis sucht zusammen mit *Massive Attack* nach Bildern für die Unsichtbarkeit politischer Machtverhältnisse. ACTUAL REMIX unterlegen dem Stummfilmklassiker Metropolis von Fritz Lang mit Klängen von Iannis Xenakis und Ritchie Hawtin einen aktuellen Soundtrack. Es sind sehr unterschiedliche Ansätze, die das Verhältnis von Ton und Bild, von Hören und Sehen auf jeweils andere Weise reflektieren: mal illustrativ, mal kontrastierend, mal unabhängig. Manchmal arbeitet das Bild dem Ton zu und dreht damit die Hierarchie eines meist prioritären Bildes radikal um – wie bei den Aminationsfilmern, den Quay Brothers, die der Musik von Stockhausen und Lutoslawski eine eigene, geheimnisvolle Bildwelt gegenüberstellen. All diese *Ciné-concerts* bestehen auf der Koexistenz zweier Medien: Musik und Film. Mal ist der Verhältnis von Ton und Bild auf unheimliche Weise synchron wie bei Ryoji Ikeda in der Kraftzentrale, mal durchdringt es sich gegenseitig wie in der neuen Arbeit von Douglas Gordon, die er eigens für die Ruhrtriennale in der Mischanlage filmt und inszeniert. Mitunter schlüpfen die Zuschauer selbst in die Rolle der Protagonisten – wie in den *Situation Rooms* von Rimini Protokoll oder werden zu Performern im bewegten Bild von William Forsythes *City of Abstracts*.

Auch in diesem Jahr setzen wir die Aufführungen an den Rändern des Pop fort: mit Massive Attack V Adam Curtis, die ein neues, experimentelles Konzertformat vorbereiten, mit dem DJ Material bei Metropolis und den digitalen Klangextremen von Ryoji Ikeda. Vielleicht steht die rhythmische Ästhetik der sechziger Jahre im Meisterwerk *Delusion of the Fury* ebenso an den Rändern des Pop wie Gavin Bryars, dessen Album *The Sinking of the Titanic* von Brian Eno produziert wurde: ein Erlebnis meditativen Hörens in einer anderen Zeitwahrnehmung.

Wahrnehmung und Erfahrung sind etwas sehr persönliches und auch im Theater ist man in den Momenten, die am stärksten berühren, alleine. Vielleicht haben wir auch aus diesem Grunde die selbstgewählten Begegnungen in unserem Programm verstärkt, in denen man entscheiden kann, wann man einen Raum betritt, wie lange man darin verweilen mag, wie schnell man ihn verlässt und ob man wiederkommt. Die begehbaren Installationen, die das ermöglichen, finden Sie in der Kraftzentrale (*testpattern, Stifters Dinge*), bei

PACT Zollverein (*Laughing Hole*), im Museum Folkwang (*Nowhere and Everywhere*) und wie im letzten Jahr in der Mischanlage (*Douglas Gordon*).

Wir wurden im vergangenen Jahr darauf angesprochen, dass es in den Aufführungen kaum Pausen gab. Das hat mit der Intensität zu tun, mit der zeitgenössische Künstler uns in komplexe Wahrnehmungsweisen eintauchen lassen, die nicht mehr der klassischen Einteilung in Akte entsprechen und an die man nach einer Pause nicht so einfach anknüpfen kann. Ästhetische Erfahrung ist – nach dem Philosophen Dieter Henrich – kein »passives Aufnehmen«, sondern »aktive Aufmerksamkeit, in der die Unmittelbarkeit, mit der wir die Welt uns aneignen, unterbrochen wird«. Diese Unterbrechung des Alltags ist die eigentliche Pause. Lassen Sie uns nach den Aufführungen wieder miteinander sprechen – wo auch immer: auf der Agora/Arena von Mischa Kuball, vor den Zeichnungen Dan Perjovschis, bei den Tischgesprächen und in den sonntäglichen *tumbletalks* mit den Künstlern des Festivals.

Gegenüber Politik auf der Bühne bin ich skeptisch. Mich interessiert ein Theater, das uns nicht belehren und einschüchtern, das uns nichts ›verkaufen‹ will, sondern das zu einer Erfahrung mit allen Sinnen einlädt. Vielleicht kann es uns dann, wenn die Sprache zurücktritt, sogar mit den Kräfteverhältnissen konfrontieren, die sich der Erkennbarkeit, Verfügbarkeit und Machbarkeit entziehen; Kräfteverhältnisse, die nicht greifbar und vor allem nicht personifizierbar sind. Das trifft für die Machtverhältnisse ebenso zu wie für die ökologischen Herausforderungen der Zukunft oder die ökonomischen Prozesse, die sich nicht voraussagen lassen. Auch damit hat unser Programm 2013 zu tun.

2014

Wenn unser Versuch, das Gesehene einzuordnen, nicht mehr greift, dann wird es spannend. Deswegen bietet unser Inhaltsverzeichnis zwar eine Orientierungshilfe, aber letztlich stimmen die Kategorien nur auf den ersten Blick. Sie geben vielleicht einen Hinweis auf die Kunstform, aus der die Künstlerinnen und Künstler kommen oder wohin sie gerade streben – nicht unbedingt auf das, was wir erleben werden. Vielleicht finden Sie eigene Begriffe dafür oder Sie genießen einfach, dass uns die Worte ausgehen.

Was die Ruhrtriennale auszeichnet, sind die Wechselwirkungen zwischen Künstlern und Räumen. Sie ermöglichen uns starke künstlerische Erfahrungen und haben für mich oberste Priorität; wo sonst hat man die Freiheit, kompromisslos etwas entstehen zu lassen. So hat es auch mit den besonderen ästhetischen Herausforderungen des Landschaftsparks zu tun, wenn am Eröffnungswochenende die große Präsenz des Festivals in Duisburg unübersehbar ist.

Musiktheater, das die Grenzen zu den anderen Künsten nicht mehr kennt: zum Theater, zum Tanz, aber auch zur Ästhetik der Installation und Performance, die uns in den letzten beiden Jahren besonders unerwartete Erfahrungen ermöglicht haben – darauf liegt der Schwerpunkt unseres Programms. Louis Andriessens erstes Musiktheaterwerk ist eine aufregende Ideen-Oper, die uns über das Verhältnis von Geist und Materie nachdenken lässt. Romeo Castellucci realisiert in der Gebläsehalle seine radikale Antwort auf Strawinskys *Le Sacre du Printemps* und setzt in der Jahrhunderthalle *Neither* von Morton Feldman in Szene. Und der junge Theatermacher Boris Nikitin lädt in die Maschinenhalle Zweckel zu einer Opernperformance; hier bieten uns drei außergewöhnliche Gesangssolisten einen raffinierten, biografischen Blick auf die Arbeit mit ihren Stimmen.

Zum Musiktheater – zum Tanz? zum Konzert? – gehört auch *Surrogate Cities Ruhr*, eine Choreografie von Mathilde Monnier zu einem Orchesterzyklus, den ich über die rasante und ambivalente Entwicklung von Urbanität in den Metropolen geschrieben habe. Die Vielstimmigkeit der Solisten, das maschinelle Klangmaterial und die architektonischen Strukturen der Musik sind auch Ausdruck für die polyzentrische Metropole Ruhr und inspirieren die französische Künstlerin zu einer großangelegten Bewegungsrecherche bei Menschen aller Altersstufen.

Bildende Künstler zeigen uns, welche Möglichkeitsräume der Film eröffnet – abseits dessen, was uns die Filmindustrie als Entertainment bietet. Und die Künstler haben dabei – und das ist nicht nur für die Region Ruhr ein vitales Thema – die Produktionsverhältnisse im 21. Jahrhundert im Blick: Mit *River of Fundament* inszeniert der amerikanische Künstler Matthew Barney ein bild- und klangstarkes Gesamtkunstwerk an den maroden Orten der amerikanischen Industriekultur. Und in den klaren Bildformaten, mit denen Harun Farocki uns in der ganzen Welt auf Arbeitsbedingungen schauen lässt, wird *Eine Einstellung zur Arbeit* sichtbar, die bei aller Entfremdung auf berührende Weise manchmal von großer persönlicher Liebe zum Detail erzählt. Boris Charmatz zeigt im Museum Folkwang eine filmische Inszenierung von *Levée des conflits,* die er im vergangenen Sommer auf der Halde Haniel vom Hubschrauber aus gedreht hat.

»No Education« ist 2014 mit dem Hauptprogramm noch stärker verbunden. Nicht nur aufs Neue mit den *Children's Choice Awards,* sondern auch durch die Mitwirkung von Kindern und Jugendlichen bei *Surrogate Cities Ruhr* und in der *freitagsküche.* Zugleich diskutiert das *ZEIT Forum Kultur* Fragen der direkten künstlerischen Erfahrung – wie sie durch unser Programm und die *No Education*-Projekte aufgeworfen werden.

Neben einer verblüffend direkten Arbeit von Tino Sehgal *(Ohne Titel) (2000)* wollen wir neue Arbeiten von Choreografen zeigen: von Anne Teresa De Keersmaeker, von Eszter Salamon, von Saburo Teshigawara, von La Ribot – die uns im vergangenen Jahr sechs Stunden lang zum Lachen brachte – und von Boris Charmatz, der sich auf das Thema des Essens und Verschlingens konzentriert. Nachdem Lemi Ponifasio mit Orffs *Prometheus* zum ersten Mal und eindrucksvoll eine Oper inszeniert hat, wird er sich mit *I AM* dem Theater nähern und mit Sprache arbeiten.

Mit dem Royal Concertgebouw Orchester aus Amsterdam – einem der besten Orchester der Welt – und dem *Requiem* von Ligeti werden wir in diesem Jahr ein umfangreiches, spannendes Konzertprogramm mit Musik des 20. Jahrhunderts beschließen: Kompositionen von Bernd Alois Zimmermann, Luc Ferrari, Olivier Messiaen, Edgard Varèse, Maurice Ravel u. v. a. werden mit dem *hr*-Sinfonieorchester und dem ChorWerk Ruhr zu hören sein.

Delusion of the Fury, Situation Rooms, The Last Adventures, Vortex Temporum, Playing Cards, Marketplace 76, Lecture on Nothing, When the Mountain changed its clothing, Twin paradox, Sacré Sacre, Disabled Theater und andere Produktionen, die in den vergangenen beiden Jahren von uns initiiert oder ermöglicht wurden, sind mittlerweile quasi als ›Tourtriennale‹ überall auf der Welt zu sehen und künden damit immer auch von diesem herausragenden Festival und der künstlerischen Produktivität dieser Region.

Dass das Festival mit einem niederländischen Komponisten beginnt und mit einem Orchester aus Amsterdam endet, ist natürlich Zufall – aber gerne heiße ich damit auch meinen Nachfolger Johan Simons willkommen. Viele festivalmachende Kollegen aus aller Welt beneiden uns nicht nur um die unverwechselbaren Räume und die Möglichkeiten, Kunst selbst produzieren zu können, sondern auch um unser Publikum. Sie hinterlassen bei allen großen Eindruck durch Ihre Neugierde, Offenheit, Ihren künstlerischen Wagemut und Ihre direkte Resonanz. Gäbe es einen internationalen Preis für das beste Publikum: Das Publikum der Ruhrtriennale hätte gute Aussichten auf Platz eins. Ich danke Ihnen dafür, dass Sie dieses subjektiv gewählte Programm angenommen haben und weiter annehmen.

»???!« oder eine Einladung zu »Kunst als Erfahrung«

Elisabeth van Treeck

Bochum, im August 2012. Vor der Jahrhunderthalle liegt ein roter Teppich. Zur Eröffnungspremiere der Ruhrtriennale unter der Intendanz von Heiner Goebbels werden besondere Gäste erwartet: die offizielle, unabhängige Jury des Internationalen Festivals der Künste, bestehend aus siebzig Kindern aus der Metropole Ruhr. Mit der Verleihung der *Children's Choice Awards* gehört die Kinderjury fest zum Programm dieser Ruhrtriennale, und zwar im Rahmen des Projekts *No Education*, einem »Laboratorium ästhetischer Erfahrungen«, das »in die eingespielten Verhältnisse zwischen Kunst, Kind und Bildung« Bewegung bringen soll.

Gewiss, man könnte einwenden, diesen jungen Menschen fehle ausreichend kritisches Bewusstsein für künstlerische Qualität, Kategorien und Kontexte, weshalb ihnen die Verantwortung über die Vergabe von Auszeichnungen an künstlerische Arbeiten nicht zugemutet werden sollte. Wenn Goebbels im Editorial des Programmhefts 2012 von »Kunst als Erfahrung« spricht, dann, weil er sich für sein Festival ein aktives und unbeschwertes Publikum, Erwachsene und Kinder gleichermaßen, wünscht. Er plädiert für eine möglichst unvoreingenommene und neugierige Auseinandersetzung mit Kunst jenseits von Vorerfahrung und Vorwissen.

Goebbels eigene künstlerische Arbeiten präsentieren sich daher ebenso wenig wie die der eingeladenen Künstler auf dem hermeneutischen Silbertablett. Die Kunstprojekte der Ruhrtriennale 2012 bis 2014 stellen traditionelle Genregrenzen, tradierte Interpretationsmechanismen und sprachliche Kategorien grundsätzlich in Frage – ganz im Geiste von Gerard Mortier, dessen Kreationen bereits auf diese Grenzüberschreitungen abzielten. Was dem geübten Publikum als Defizit erscheinen mag, ist keineswegs ein Manko, sondern ein Angebot. Wo die Vermeidung von Darstellungskonventionen Leerstellen offenbart, liegt es am »Zuschauer als Ort der Kunst« (Goebbels), eigenständig Zusammenhänge im Gesehenen und Gehörten zu erschließen und Begriffe dafür zu finden – oder eben nicht. Goebbels' Ruhrtriennale versteht sich als Einladung, aktiv, sinnlich und (vor)urteilsfrei Kunst zu erfahren.

Elisabeth van Treeck

Wer also sollte vor diesem Hintergrund für eine Festivaljury geeigneter sein als Kinder?

???!
Wer sagt, dass ein Festival, das junge Menschen einlädt, notwendigerweise ein Kinderprogramm mit dem Label »pädagogisch wertvoll« braucht? Dass komplexe Kunst für eine kindlich-jugendliche Wahrnehmung keineswegs automatisch Überforderung bedeutet, ist das Credo der kanadischen Performancegruppe *Mammalian Diving Reflex*, die das Projekt *The Children's Choice Awards* bereits bei unterschiedlichen Festivals realisiert hat. Im Mittelpunkt steht dabei »die Idee von einem kompetenten Kind«, das zweifellos zur Auseinandersetzung mit jeglicher Art von Kunst in der Lage ist, auch mit Musiktheater, das einer verbreiteten Auffassung zufolge nur in den seltensten Fällen kindgerecht anmutet.

Dass sich der Intendant beim Musiktheater gerade nicht für Neuinszenierungen von Repertoireklassikern mit traditioneller Operndramaturgie, virtuosen Arien und packenden Chorpassagen entscheidet, kommt in diesem Fall scheinbar erschwerend hinzu. Er wählt ausgerechnet Avantgarde-Experimente, die Gattungskonventionen der Oper grundlegend hinterfragen oder auflösen. Die Versuchsanordnungen von John Cage, Carl Orff, Morton Feldman, Helmut Lachenmann und Heiner Goebbels verweigern eine Synthese der Künste, ein harmonisch wirkendes Ganzes und arbeiten stattdessen gezielt darauf hin, Zusammenhänge aufzubrechen, sodass es zur Aufgabe der Zuschauer wird, ebensolche zu entdecken. Geradezu radikal rechnet beispielsweise John Cages *Europeras 1 & 2* mit der Gattungstradition Oper ab. Quasi ungebremst werden die charakteristischen Zutaten wie Arien- und Melodiefragmente, Kostüme, Dekorationen und Bühnenbilder als bruchstückhafte Einzelteile in die Publikumsreihen der Jahrhunderthalle geschleudert. In einem ununterbrochenen, neunzig Minuten andauernden Strom audiovisueller Reizüberflutung, muss sich der Rezipient ganz allein zurechtfinden. Das schafft auch die Kinderjury, welche die Produktion unter der Regie des Intendanten mit Awards in den Kategorien »Das beste Kostüm« und »Beste Dramatik« auszeichnet.

Ebenfalls weniger versteh- als erfahrbar ist Carl Orffs *Prometheus,* inszeniert von Lemi Ponifasio 2012 in der Kraftzentrale Duisburg. Um im dichten Klangnetz aus Orchestersound und Sprachduktus den Faden nicht zu verlieren, flüchtet sich so mancher Besucher vorab in eine Relektüre des Mythos. Der Verzicht auf deutsche Übertitel zum altgriechischen Text der Komposition unterläuft jedoch diesen Drang nach rationalem Verstehenwollen, wirft den

Boris Charmatz: *enfant*. Foto: Ariette Armella

Zuschauer auf den Klang der Sprache und damit auf eine Kunsterfahrung zurück, die irritiert. Es wirkt auf manchen offenbar zutiefst befremdend, wenn die Horizontverschmelzung des guten alten hermeneutischen Zirkels mangels Möglichkeit zum Erfahrungsabgleich ins Stocken gerät. Das heißt aber keineswegs, dass eine Auseinandersetzung versagt bleibt. Das Rezeptionsverhalten der Kinderjury jedenfalls zeigt Potenzial, das Erlebte zu beschreiben – ungeachtet der Frage, was der Autor damit sagen möchte. Orffs *Prometheus* wird mit dem Award in der Kategorie »???!« ausgezeichnet.

Repräsentative Rollendarstellung, Figurenrede und den berühmten roten Faden einer Geschichte unterlaufen 2013 auch Helmut Lachenmanns *Das Mädchen mit den Schwefelhölzern* (inszeniert von Robert Wilson) und Heiner Goebbels *Stifters Dinge* sowie 2014 *De Materie* von Louis Andriessen und *Neither* von Morton Feldman. Sie alle werden mit *Children's Choice Awards* geehrt: »Das gruseligste Make-up« und »Die langsamste Show« geht an Wilson, »Ich will das Ding haben!« für *Stifters Dinge*, »Das Schönste in dem Stück war deine Stimme« und »Die beste Ausstattung« an *De Materie* sowie die beiden Auszeichnungen »Die Bühne ist geil« und »Es war so verrückt, dass ich es nicht verstanden habe« an Feldmans *Neither*.

Ob es sich dabei um Oper oder gar Kunst handle, spielt für die Kinderjury offensichtlich keine Rolle. Ihre individuellen Urteile, die sich nicht innerhalb eines vorgegeben Rasters bewegen, sondern im Erfahrungsaustausch untereinander überhaupt erst hervorgebracht werden, heben die Schwerkraft der Gattungstraditionen auf. Die Formulierungen mögen umgangssprachlich und im Kunstkontext unkonventionell anmuten. Sie sind jedoch alles andere als naiv, sondern vielmehr aufrichtig, anerkennend und nicht zuletzt sehr treffend.

Die schönste Kreidebühne
Neben ihrer Jurytätigkeit werden Kinder im Rahmen von *No Education* auch zu Protagonisten künstlerischer Projekte und Workshops. So etwa in der 2012 in der Bochumer Jahrhunderthalle uraufgeführten Musiktheaterkomposition *When the mountain changed its clothing* von Heiner Goebbels, in der die Mädchen des Vocal Theatre Carmina Slovenica im Alter zwischen zehn und zwanzig Jahren den Übergang von der Kindheit zum Erwachsensein befragen. Genderkritische Diskurse im positivsten Sinne unberücksichtigt lassend, erhält das Stück den Award für »Die mädchenhafteste Show«.

Gleich drei Mal sucht der französische Choreograph Boris Charmatz die Begegnung mit Kindern. Etwa im Workshop *links*, der 2012 dazu einlud, mittels Bewegung den »Spannungsverhältnissen« nachzuspüren, »denen Kinder ausgesetzt sind und für die sie zugleich oft die Auslöser sind« (Charmatz). *links* erprobt die Synthese von Körperaktionen, die eigentlich nicht zusammen gehören. Schon das Kleinkind lernt, während des Essens nicht zu sprechen und während des Laufens nicht zu essen. Diese anerzogenen Bewegungen, die jeweils andere ausschließen, versucht Charmatz zu befragen und in der Workshoparbeit vorübergehend abzuerziehen. Das in *links* Erprobte führt der Choreograph in seinem Tanzstück *manger* fort, das bei der Ruhrtriennale 2014 mit vierzehn Tänzern zur Uraufführung gelangt. Dass dieses Hinterfragen von Anerzogenem bei den jungen Jurymitgliedern Regeln stört, die schon längst in ihre Körper eingeschrieben wurden, zeigt die Preiskategorie: An *manger* wird der Award »Sie sollten ihre Schrauben nachziehen« vergeben.

Charmatz' Tanzperformance *Enfant* im Rahmen der Ruhrtriennale 2012 trägt das Kind bereits im Titel. In dieser Choreografie entstehen Bewegungen der Tänzer sozusagen aus Kindern, die sie am Körper tragen und deren Körper sie mittels ihres eigenen bewegen. *Enfant* thematisiert, wie Körper unterschiedlichen Alters einander beeinflussen und was passiert, wenn sich Bewegungen von Erwachsenen und Kindern zusammenfügen und wie abhängig (oder unabhängig) sie überhaupt voneinander agieren können. Das

Tanzstück bekommt dennoch – oder gerade deshalb – den Award »Beste Teamarbeit«.

»Die schönste Kreidebühne« entsteht laut Festivaljury 2014 in *Surrogate Cities Ruhr*. Das Malutensil Kreide findet sich in der Lebenswirklichkeit von Kindern mehrfach wieder, beispielsweise im Spiel, als Straßenkreide oder im Kontext von schulischer Pflicht und Erziehung, die Kreide in den Händen von Pädagogen. Zum Orchesterzyklus *Surrogate Cities Ruhr*, einer Klangstudie urbaner Räume von Heiner Goebbels, choreografiert Mathilde Monnier eine »großangelegte […] Bewegungsanalyse bei Menschen aller Altersgruppen« aus dem Ruhrgebiet, darunter fünfzig Grundschulkinder. So wie Goebbels' Orchesterkomposition davon beeinflusst ist, wie Individuen in Sound, Rhythmus und Geschwindigkeiten von Großstädten aufgehen und gelenkt werden, fließen in Monniers choreografische Arbeit ebenfalls Erfahrungen und Vorstellungen vom Leben in urbanen Räumen ein. In und mit vertrauten Bewegungen – Tanzen, Laufen, mit Kreide malen – erschaffen sich die Mitwirkenden ihren eigenen Stadtraum. Kreidezeichnungen auf dem Boden bleiben als Spuren der Suche nach eigenen Wegen und Bewegungen zurück, sie beschreiben nicht nur die Bühnenfläche, sondern auch die sich bewegenden (kindlichen) Körper.

Das Beste vom Besten
Unter den individuell maßgeschneiderten Jurypreisen stellt der Award »Das Beste vom Besten« die Ausnahme dar, weil er als einziger jährlich vergeben wird. 2012 geht er an *Soapéra* von Mathilde Monnier und Dominique Figarella, eine Tanzperformance mit einer gewaltigen Blubberblase aus Schaumseife, die sich sozusagen als Painting in Progress durch das Essener Salzlager bewegt. 2013 wird das Performancekollektiv Rimini Protokoll für *Situation Rooms* gewürdigt, ein Multiplayer Video-Stück, das die Zuschauer mit Augmented Reality-Devices auf Erkundungstour durch ein Labyrinth von Waffen- und Bedrohungsszenarien schickt und zu Protagonisten werden lässt. Auf ähnliche Weise erprobt auch *Kunstmuseum* von Georg Schneider, 2014 zum »Besten vom Besten« gekürt, das selbstständige Erleben. Schneider, bekannt dafür, mit seinen einengenden Raumkonstruktionen in bestehenden Räumen »alte, belebende Kinderangst« (Die Zeit Online) auszulösen, baut einen alternativen Eingang an sowie beengende Räume in das Bochumer Kunstmuseum, die der Zuschauer im Alleingang erkundet.

Abgesehen davon, dass diese drei Arbeiten zwischen Live Art und Performance, zwischen Bildender Kunst und Installation, beispielhaft Genrekategorien unterlaufen, erscheint interessant, dass sie über »Das Beste vom Besten«

hinaus weitere Auszeichnungen in Empfang nehmen: *Soapéra* für »Meiste Fantasie« und »Süßester Junge der Welt« (für einen Tänzer), *Situation Rooms* für »Die spannendste Aufführung, die so spannend war, dass ich keinen Moment verpassen wollte« sowie *Kunstmuseum* für »Das war die beste Kunst« und »Es war so schön, dass wir die Zugabe wollten«.

Die Kategorien der *Children's Choice Awards* beweisen, dass die Reflexion der Kinder über Kunst keineswegs oberflächlich erfolgt, nur weil sie nicht im sprachlichen Kontext des Kunstdiskurses stattfindet. Sie verdeutlichen, dass Kinder jeglicher proklamierter Komplexität und Herausforderung von Kunst zum Trotz in der Lage sind, im Erleben intuitiv einen Bezug zu ihrer Lebenswirklichkeit herzustellen und diesen mit eigenen Begriffen kreativ zu benennen. Vielleicht fällt es den Kindern dank ihres eher spielerischen Zugangs in gewisser Weise leichter, in die Welten dieser Arbeiten einzutauchen und so mehr im Erleben als im Verstehen Zugänge zu finden. Denn Kinder haben in der Badewanne Spaß an Gebilden aus Seifenschaum, die ihren Haustieren ähnlich sehen. Kinder kennen keine Technikscheu wie so manche Erwachsene, weil technische Apparate bereits ab dem Babyphon zu ihrem Alltag gehören. Kompetent verbinden sie neue Devices mit analogen Spielanordnungen, vielleicht weil Augmented Reality für sie immer schon Reality ist. Kinder lieben alternative Räume wie Baumhäuser, Zelte aus Decken mitten im Wohnzimmer oder weite Landschaften in Computerspielen, weil sie damit andere Orte erfahren, Leerstellen in den Augen von Erwachsenen vielleicht. Wenn Heiner Goebbels also Kinder zur Ruhrtriennale einlädt, dann, weil er genau darüber mit ihnen ins Gespräch kommen will – und Erwachsenen ein Stück kindlicher Unvoreingenommenheit zurückgeben möchte. Im scheinbaren naiven Urteilsvermögen der Kinder steckt auch für sie eine Chance für produktive Auseinandersetzung mit Kunst als Erfahrung.

Nach der Oper
Heiner Goebbels inszeniert *Europeras 1 & 2* von John Cage in der Jahrhunderthalle Bochum

Hanna Höfer-Lück

»Es muss etwas getan werden, um uns und unser Gedächtnis von unseren Vorlieben zu befreien.« (John Cage im Interview mit David Sterritt, 1982)

John Cages Opern *Europeras 1 & 2*, uraufgeführt 1987, sind eine Herausforderung. Eine Herausforderung nicht nur für die Regie, die Sänger, Musiker und das ganze Team, das es braucht, sie auf die Bühne zu bringen, sondern auch für das Publikum. Cage nimmt in seiner Quintologie, den *Europeras 1* bis *5*, von denen während der Ruhrtriennale die beiden ersten aufgeführt werden, Bezug auf die europäische Operntradition. Er pflückt die Opern Europas auseinander, »pulverisiert« sie (Cage) und lässt uns neue Zusammenhänge hören. Wie so oft überlässt der Komponist vieles dem Zufall: Die *Europeras* bestehen aus Versatzstücken der Opernliteratur, deren Auswahl abhängig ist vom jeweiligen Repertoire der Sänger. Beleuchtung, Kostüm, Kulisse, Musik, Rolle werden vom Zufall mit Hilfe des *I Ging*, dem chinesischen *Buch der Wandlungen*, ausgewählt und ohne Zusammenhang aneinandergesetzt. Cage sucht dabei die »Unabhängigkeit, aber Koexistenz […] alle[r] Elemente des Theaters«. In der Inszenierung von Heiner Goebbels entsteht ein wunderbares, anarchisches Chaos aus 128 Opern. Und doch versucht man unwillkürlich, Zitate zu identifizieren, Bezüge zu suchen, zu verknüpfen, was eigentlich nicht zusammengehört und es trotzdem, zumindest musiksprachlich, tut. Denn die Opernliteratur des 18. und 19. Jahrhunderts ist so harmonisch, dass es der Reibung, welche die neuere Musik in den letzten Jahrzehnten in die Oper gebracht hat, noch bedarf: Bevor die neueren Kompositionen, die noch unter das Urheberrecht fallen, dekonstruiert werden dürfen, muss noch Zeit vergehen, müssen rechtliche Fristen eingehalten werden, wie Goebbels ausführt. Und damit trifft auf die Opern Cages in besonderer Weise zu, was Slavoj Žižek über die Gattung als solche gesagt hat: »[D]ie Oper war nie mit ihrer Zeit im Einklang.«

Europera 1: **Unterbrechungen**
Die Bochumer Jahrhunderthalle ist in zwei Bereiche geteilt: Auf einer ansteigenden Tribüne sitzen die Zuschauer frontal dem ebenerdigen Bühnenbereich gegenüber. Dieser erstreckt sich in die Tiefe der langen Halle. Der Innenraum des alten Industriegebäudes ist wieder zu einer Art Produktionsstraße geworden, mit Stationen, bestehend aus Momenten europäischer Operngeschichte. Diese Stationen sind über die gesamte Länge des Raumes verteilt. Im hinteren Abschnitt des Bühnenraumes wird der Bruchteil einer ganz anderen Geschichte gezeigt und noch einmal etwas anderes gesungen als im vorderen und in den Zwischenbereichen. Der industrielle Eindruck des Raumes wird dadurch verstärkt, dass Requisiten und Kulissen von gut sichtbaren Technikern und Assistenten in rascher Folge auf- und abgebaut werden. Der stete Umbau der Bilder wird deutlich thematisiert, die Unterbrechungen sind Teil der Aufführung. Anders verhält es sich mit dem Festivalorchester der Ruhrtriennale, das kaum sichtbar ist, da die Musiker auf den Brücken und an den Längsseiten des bespielten Bereichs sitzen.

Neun Uhren sind im Raum verteilt, zu Beginn stehen sie alle auf null. Ein Dirigent als organisierendes Moment fehlt, er wird durch die Zeit selbst ersetzt. Von Aufführung zu Aufführung variierende Momente, beispielsweise Ritardandos, kann es so nicht geben. Alles ist sekundengenau getaktet: Bilder, Auf- und Abtritte, Kostüme und Lichteffekte. Es gibt so vieles zu entdecken, dass es das Publikum fast überfordert, den Zitaten und Anspielungen zu folgen. Klaus Grünberg, verantwortlich für Bühnenbild, Licht und Video, und Florence von Gerkan (Kostüme) spielen immer wieder auf die Theater- und Bildgeschichte der letzten Jahrhunderte an.

Ein Bühnenbild Adolphe Appias wird beispielsweise von Minute 48:32 bis Minute 52:12 gezeigt, flankiert von Bildern des 18. und des 19. Jahrhunderts. Für eine kurze Zeit wird bei dieser Rückschau der Bild-Theatergeschichte der Zuschauerraum zur Bühne: Fünf Assistenten treten auf und richten jeweils einen Bühnenfluter auf das Publikum, um sich anschließend um 180 Grad zu drehen und das Bühnenprospekt zu beleuchten. Darauf ist eine Montage aus den Zuschauerräumen des Teatro Comunale di Bologna, des Gärtnerplatztheaters München und des Münchner Cuvilliés-Theaters zu sehen. Dieser künstliche Raum ist menschenleer, der für kurze Zeit beleuchtete Zuschauerraum der Jahrhunderthalle dagegen gut besetzt. Es wird gehustet, geraschelt, rumort. Wie bei Cages *4'33* wird auch hier auf die Gegenwart der Anderen beziehungsweise die eigene Präsenz aufmerksam gemacht. Das Montage-Bild verweist nicht nur auf die Geschichte der Bühne und des Theaterbaus, es spielt auch für einen Moment mit den Seherwartungen und dem Selbstbild des Publikums.

Foto: Robin Junicke

Europera 2: Wie die Vorlieben versuchen, sich durchzusetzen

Während sich die Bilder in *Europera 1* fast überstürzen, ist in der zweiten Oper das Sichtbare häufig statisch angelegt. Das Prospekt zeigt in der Zentralperspektive die Ansicht eines städtischen Platzes, rechts und links umsäumt von Häusern. Platz und Gebäude erinnern an Stiche von Bühnenbildern des 16. Jahrhunderts, beispielsweise von Sebastiano Serlio. Der Bühnenraum ist wesentlich kleiner als bei *Europera 1*, die Sänger agieren auf einem Podest, das hinten vom Prospekt abgeschlossen wird, ein Geländer zeigt die Grenze an. Die Sänger betreten das Podest in Gruppen oder einzeln. Oft steht jemand am Geländer und sieht in die still erscheinende Stadt. Zu sehen sind Bilder in Hell-Dunkel-Kontrasten, Schatten und Licht. Elemente des Prospekts sind animiert: Die Zeiger der Turmuhr wandern, ein Hund rennt durch das Bild, das Wasser des Brunnens, der auf dem Platz zu sehen ist, bewegt sich zeitweise in leichten Wellen. Es ist fast wie bei einem Suchbild. Diese Gimmicks wären allerdings nicht notwendig gewesen, denn der Purismus des zweiten Teils konzentriert die Wahrnehmung auf die Stimmen der großartigen Sänger, das Bild und die Kostüme, die wiederum, beispielsweise mit der Maske des Pestarztes, auf die (Kostüm-)Geschichte Bezug nehmen. *Europera 2* wirkt unscheinbarer als die erste Oper, doch das täuscht. Das sich nur wenig ändernde Prospekt, die schwarzen Kostüme, die verhaltene Aktion auf der Bühne lassen die Arien und die Musik etwas homogener wirken. Es wird so jedoch noch klarer, wie groß das Bestreben ist, unseren Sinn-Vorlieben zu folgen, Geschlossenheit sehen zu wollen, wo gar keine ist.

Wie so oft bei Cage sind die Unterbrechungen, auch wenn es sich dabei nicht um Stille, sondern um die Dekonstruktion von bereits vorhandenem Material handelt, mitentscheidend. Die ›Pulverisierung‹, die diese Inszenierung gekonnt umsetzt, greift unsere Wahrnehmung selbst an. Allzu oft ist die Versuchung groß, Gewohnheiten beim Zuordnen des Gesehenen und Gehörten zu folgen. Auch wenn die eingangs zitierte Forderung Cages, unser Gedächtnis von unseren Vorlieben zu befreien, nicht eingelöst werden kann, so können wir uns doch wenigstens bewusst werden, wie stark sie an unserer Wahrnehmung mitwirken und einen Moment damit experimentieren, wie es ist, ihnen nicht immer gleich stattzugeben.

Premiere: 17. August 2012 / Regie: Heiner Goebbels / Bühne, Licht, Video: Klaus Grünberg / Kostüme: Florence von Gerkan / Choreografie: Florian Bilbao / Musikalische Einstudierung: Harry Curtis / Programmierung und Mitarbeit: Hubert Machnik / Sounddesign: Willi Bopp / Dramaturgie: Stephan Buchberger / Mit: Ilse Eerens (Sopran), Asmik Grigorian (Sopran), Susanne Gritschneder (Alt), Liliana Nikiteanu (Mezzosopran), Karolina Gumos (Mezzosopran), Yosemeh Adjei (Countertenor), Robin Tritschler (Tenor), Nikolay Borchev (Bariton), Frode Olsen (Bass), Paolo Battaglia (Bass), Statisterie und Festivalorchester der Ruhrtriennale

Επιλελησμεναι μορφαι – ληθης μορφαι[*]
Lemi Ponifasio inszeniert Carl Orffs *Prometheus* in der Kraftzentrale Duisburg

Meike Hinnenberg

In Lemi Ponifasios Inszenierung der 1968 von Carl Orff komponierten Oper begegnen wir Prometheus (Wolfgang Newerla) am »fernsten Saum der Welt«. Ausgesetzt in der unwirtlichen Gegend des skythischen Geländes, wird er auf Geheiß des Zeus an einen Felsen gekettet, aufgespannt zwischen der Welt der Unsterblichen und der Sterblichen als Mahnmal für alle, die es wagen, sich der Macht des höchsten Gottes zu widersetzen.

In der ungeheuren Weite der Duisburger Kraftzentrale wirkt die Figur des Prometheus verloren. Sie hat keinen Boden unter den Füßen. Die schwarze, spiegelnde Fläche, die wie ein in der Horizontalen aufgespanntes Gemälde erscheint, wirft Prometheus nur sein eigenes Bild entgegen, wirft ihn in seiner Einsamkeit auf sich selbst zurück. Diese reflektierende Bodenfläche verjüngt sich zentralperspektivisch in die Tiefe des Raumes, doch der Fluchtpunkt liegt im Dunkeln, verliert sich in der Unendlichkeit, die Zeus als Zeitmaß der von Prometheus zu verbüßenden Strafe angesetzt hat. Unbeweglich verharrt der den Göttern trotzende Prometheus auf einer Bank am vorderen Bühnenrand, als die Vollstrecker des Zeus-Urteils, Kratos, Bia und Hephaistos, ihn verlassen haben. Aus der unbeleuchteten Tiefe der Bühne erhebt sich der sphärische, sakral anmutende Gesang der Okeaniden (ChorWerk Ruhr), der den 170 Meter langen Raum nicht nur sicht-, sondern auch hörbar werden lässt. Langsam lösen sich die einzelnen Gestalten des Chores vom dunklen Grund, treten nacheinander ins Licht, umkreisen Prometheus schließlich in einer unendlichen Prozession: Die gesamte Inszenierung scheint von einer Ästhetik der Entschleunigung getragen.

In seiner dritten Antikenbearbeitung nach *Antigone* und *Ödipus* entscheidet sich Carl Orff dafür, keine Übersetzung, sondern den altgriechischen Text zu verwenden. Ungekürzt übernimmt er die Fassung des Aischylos, befreit die Sprache allerdings weitgehend von den Bindungen des Wort- und Versakzents. »Es entsteht«, so die Homepage der Carl-ORFF-Stiftung, »eine Art stilisierter ›Parasprache‹, ohne rational-logische Sinnvermittlung, aber geladen mit großen, mythos-eigenen Uraffekten.« Auch Ponifasio verzichtet in seiner

Inszenierung auf rational-logische Sinnvermittlung. Er übertitelt die Oper nicht, sondern übersetzt Teile des Mythos in machtvolle Bilder: An der rechten Seite des Bühnenrandes ragt eine felsartig zerklüftete Mauer empor, auf der das Orchester göttergleich thront und die archaisch klingende, hoch rhythmische Komposition Orffs eindrucksvoll umsetzt (Ensemble musikFabrik und SPLASH – Perkussion NRW, dirigiert von Peter Rundel). Nachdem Prometheus das Hilfsangebot des Gottes Okeanos (Dale Duesing) abgelehnt hat, öffnet ein wandernder Lichtkegel den hinteren Bühnenrand wie eine Landschaft. In diesem Lichtkegel erscheint ein verschwindend kleiner Tänzer auf allen Vieren. Langsam und geschmeidig bewegt er sich auf Prometheus zu. Diese animalische Figur erinnert an den Zustand, aus dem Prometheus die Menschen befreite. Als Io (Brigitte Pinter), ehemalige Geliebte des Zeus und von diesem im Mythos in eine Kuh verwandelt, klagend und dem Wahnsinn nahe auf der Bühne erscheint, entspinnt sich auf dem Boden ein Netz grün schimmernder Fäden. Es symbolisiert der »diamantne[n] Fesseln unlösbare[s] Netz«, in dem die beiden Protagonisten auf je eigene Weise gefangen sind. Im Zentrum der Bühne steht eine Bahre, die das Opfer Prometheus versinnbildlicht. Minutenlang überschütten vier schwarz gekleidete Tänzer die Gestalt, die darauf liegt, mit Wasser, das sich dann langsam seinen Weg über die Bühne bahnt und im grün schimmernden Licht des Bodens glitzert, während der Sänger des Prometheus scheinbar unberührt am vorderen Rand der Bühne verharrt. Den Schluss markiert eine Figur, die Rauch in die Luft bläst. Ein halbfigürlicher Schleier hängt über der Szene und kündet von den Qualen, die noch auf Prometheus warten: dem Adler, der täglich seine Leber fressen wird.

Indem Ponifasio auf die Übertitelung des Textes verzichtet, hält er die beunruhigenden Fragen, die der vielschichtige dramatische Text in seinen Dialogen aufwirft, auf Distanz. Die Kombination aus ebenso schönen wie machtvollen Bildern und aufwühlender Musik bringt dem Publikum lediglich die Leiden Prometheus und Ios nahe, und zwar auf einer rein affektiven Ebene. Was aber vergessen die Bilder und die Musik, wenn sie die komplexe Handlung zugunsten von Bildern und Klängen preisgeben? Was übermalen, was überspielen sie? Was verbirgt sich auf der Rückseite dieses installativ wirkenden Bühnenbildes, was liegt unter der spiegelnden Bodenfläche verborgen? Und inwiefern korrespondiert die Aussparung der verhandelten Inhalte mit der Unaufmerksamkeit der Inszenierung gegenüber dem konkreten Ort, an dem sie spielt, der Kraftzentrale des ehemaligen Hüttenwerks in Duisburg-Meiderich?

In seinem Buch *Technik und Zeit* erinnert Bernard Stiegler an Epimetheus, den im abendländischen Denken verdrängten Bruder des Prometheus. Er

ist vergessene Figur und Figur des Vergessens gleichermaßen. In der platonischen Prometheus-Erzählung, im *Protagoras,* übertragen die Götter dem Bruderpaar die Aufgabe, alle sterblichen Wesen mit Eigenschaften auszustatten. Epimetheus übernimmt diese Aufgabe letztlich allein, verteilt alle vorhandenen Kräfte auf die Tiere und vergisst dabei die Menschen, die nackt und unbewaffnet übrigbleiben. Dieser Fehler des Epimetheus zwingt Prometheus erst dazu, sich dem Willen des Zeus zu widersetzen: Er stiehlt Hephaistos das Feuer und schenkt es dem Menschen als Ersatz. Was sich in dieser Erzählung unter anderem entfaltet, ist ein vorphilosophisches, vielleicht tragisches Denken der Technik. Im Gegensatz zu späteren, von der Metaphysik beeinflussten Ansätzen einer Technik*philosophie* werden hier nicht zwei Welten, nämlich Technik/Kultur und Natur, gegenübergestellt, sondern konstitutive Orte der Sterblichkeit beschrieben: Auf der einen Seite stehen die unsterblichen Götter, auf der anderen die lebendigen Tiere, die den Tod nicht kennen. In deren Zwischenraum installiert Prometheus durch seine unrechtmäßige Gabe das technische Leben als Sterben, den Menschen als Tier, das um seine Sterblichkeit weiß. Und dieses Sterben, das nicht einfach die Folge eines falschen Gebrauchs der Technik ist, sondern sie wesentlich ausmacht, »ist der Ursprung der *eris* (des ›Geistes der Konkurrenz, der Eifersucht und der Streitsucht‹), die in der göttlichen Welt selbst verwurzelt ist und auf ewig die Drohung der Zersplitterung, des unmittelbar bevorstehenden Krieges als *statis* [innerer Unfriede] lasten lässt«, wie Bernard Stiegler in *Technik und Zeit* ausführt.

Auch wenn das aischyleische Drama die Figur des Epimetheus ›vergisst‹, verhandelt es die in Ponifasios Inszenierung vernachlässigte Frage nach der Technik auf inhaltlicher Ebene. Und fast im gleichen Atemzug wie die Technik, thematisiert das Stück den *logos,* den Oper und Inszenierung durch den Verzicht auf Übersetzung vergessen (machen). Das ist bemerkenswert, da aus Platons Dialogen der Versuch bekannt ist, den *logos* unter Rückgriff auf mythische Erzählungen zu etablieren. Die *Prometheus*-Erzählung ist aber vermutlich der einzige Mythos, der die Frage nach dem *logos* so explizit aufwirft, und zwar nach einem *logos,* der nicht als von der Technik getrennt gedacht werden kann. Denn Prometheus stiehlt Hephaistos nicht nur das Feuer und übergibt es den Menschen, er befreit sie auch aus dem Zustand des Unbewussten, schenkt ihnen Wissenschaft, Schrift und Erinnerung. Und in Erinnerung an die Gabe der Technik und das Opfer des Prometheus versammeln sich die Menschen, ausgehend von ihm erfinden und sprechen sie, sagen sie ihre Sterblichkeit.

Was bedeutet es dann, wenn sich die Inszenierung der Ebene des *logos* verweigert und die Frage nach der Technik nicht stellt, zumal an diesem Ort, der

Kraftzentrale des ehemaligen Hüttenwerks in Duisburg-Meiderich, das nicht zuletzt in die Rüstungsproduktion zweier Weltkriege und die Beschäftigung von Zwangsarbeitern verstrickt war? Der Theatertheoretiker Jan Kott bemerkte in seinem Buch *Gott-Essen*, dass sich in der Figur des Prometheus zwei Zeitebenen überschneiden: die mythologische, sich zyklisch vollziehende Zeit der unsterblichen Götter und die mit dem Diebstahl und der Übergabe des Feuers an den Menschen beginnende geschichtliche Zeit. Durch die zyklische Anordnung der Bühnenbilder und den Verzicht auf die Übersetzung des Textes zugunsten purer Bild- und Musikgewalt, verweist die Inszenierung primär auf die mythologische Dimension. Die Ebene der Geschichtlichkeit wird ausgeklammert, vergessen (gemacht). Aber hinter oder unter den Bildern, auf ihrer Rückseite und im Fundament dieses konkreten Ortes hat sich die tragische Dimension der Technik – das Sterben – in ihren historischen Gestalten eingeschrieben. Doch davon weiß Ponifasios *Prometheus* nichts.

Premiere bei der Ruhrtriennale: 16. September 2012 / Musikalische Leitung: Peter Rundel / Regie, Bühne, Kostüm: Lemi Ponifasio / Licht: Helen Todd & MAU / Klangregie: Norbert Ommer / Video: Sam Hamilton / Dramaturgie: Stephan Buchberger / Mit: Wolfgang Newerla, Tomas Möwes, Eric Houzelot, Dale Duesing, Brigitte Pinter, David Bennent, Kasina Campbell, Ioanne Papalii, Tänzer MAU Company: Kelemete Fu'a, Helmi Prasetyo, Teataki Tamango, Ofati Tangaroa, Arikitau Tentau, Maeeke Teteka / Chor: ChorWerk Ruhr, Olga Vilenskaia (Chorifea 1), Hasti Molavian (Chorifea 2), Johanna Krödel (Chorifea 3) / Einstudierung Chor: Florian Helgath / Orchester: Ensemble musikFabrik, SPLASH, Orchesterzentrum NRW, und Statisterie der Ruhrtriennale

* »Vergessene Figuren – Figuren des Vergessens«

Begegnungen
12 Rooms im Museum Folkwang Essen

Milena Cairo

Unmittelbarkeit ist das Schlagwort der Group Show die im August 2012 im Rahmen der Ruhrtriennale im Museum Folkwang in Essen gezeigt wird. Ziel scheint es zu sein, über Live Art Begegnungen zwischen Menschen und somit unmittelbare Begegnungen mit der Kunst zu schaffen. Konventionelle Ausstellungskonzepte, in denen Besucher der bildenden Kunst gegenüberstehen und nur Objekte betrachten können, werden so verworfen, denn im Gegensatz zur Live Art lässt die bildende Kunst scheinbar keine lebendigen Begegnungen zu, sind ihre Objekte tot oder, um es mit den Worten Frank Stellas auszudrücken: »What you see is what you see.« Wozu also noch einer Kunst der Objekte begegnen, wenn mit ihr alles gesagt ist?

Die Kuratoren, Klaus Biesenbach und Hans Ulrich Obrist, sehen in der Konzentration auf die Beziehung von Mensch und Objekt in einer Ausstellung etwas Begrenztes und Unzeitgemäßes. So seien ihre *12 Rooms* zwar von der klassischen Skulptur und Skulpturenausstellungen inspiriert, doch werde hier der »menschliche Körper auf das Podest« gestellt. Live Art ist zu sehen: In zwölf grauen Kuben befinden sich performative Arbeiten von Marina Abramović, Damien Hirst, Joan Jonas oder Tino Sehgal.

Interessant scheint am Konzept dieser Group Show, dass im Kontext dieser Körperobjekte keine Grenzen definiert werden, es scheinbar eine Auflösung des Anderen in der Begegnung mit dem Besucher gibt. Dies heißt zum einen, dass der Körper in seiner oder vielmehr in dieser Ausstellung absolut verfügbar ist, zum anderen impliziert dies, dass Kunst eine Situation im Raum ist. Ist Live Art also die Kunst des Museums im 21. Jahrhundert und spiegelt sich darin das Denken einer unbegrenzten Verfügbarkeit des menschlichen Körpers im Raum?

Die Problematik des Konzepts dieser Group Show hat ihren Ursprung in einer spezifischen Prämisse: Es ist die Annahme einer Beziehung von Mensch und Objekt, in der keine unmittelbare Begegnung möglich zu sein scheint, sondern Kunst als vermittelndes Prinzip gedacht wird. So stellt sich die Frage, wie vermittelt nun jene bildende Kunst im Gegensatz zu einer vermeintlich unmittelbaren? *12 Rooms* sei eine »für den Kunstkontext ungewohnt sinnliche

Xavier LeRoy: *untitled*. Foto: Jörg Baumann / Ruhrtriennale, 2012

Erfahrung«, schreibt Heiner Goebbels: »Jede Skulptur bietet eine einmalige Begegnung zwischen Kunstwerk und Betrachter, und zwar in einer Situation, die sich im selben Moment herstellt und wieder auflöst.« Dies aber kann nicht nur als explizite Beschreibung einer Begegnung mit Live Art verstanden werden, sondern vielmehr als Begegnung mit jeder Kunstform. So könnte man sagen, Kunst vermittelt per se nicht, also kann es auch keine »neue Kunst« geben, die unmittelbar ist.

Die bildende Kunst ist kein Objekt, dem der Betrachter in seiner Evidenz ausgeliefert ist, sondern fordert immer eine sinnliche Begegnung. Das heißt, Kunst als einen Prozess zu begreifen, der eine Dynamik der Formation und Gestaltwerdung mit einem, wie Werner Hamacher es beschreiben würde, »afformativen« Moment verbindet: Jedes Werk öffnet und entzieht sich zugleich. Und als solches kann es keine vermittelnde Funktion besitzen – und damit auch nicht *einen* Sinn, der vermittelt werden soll. Unmittelbarkeit ist also eine dichotomische Konstruktion und dabei geht es um das Verhältnis von Präsenz und Repräsentation. Hinter diesem Konzept verbirgt sich die Idee, Live Art impliziere die Möglichkeit – im Gegensatz zur repräsentativen bildenden Kunst –, Präsenz und mit ihr eine unmittelbare Gegenwärtigkeit von Kunst und Betrachter herzustellen. Ziel sollte jedoch sein, gerade diese Dichotomie aufzubrechen und stattdessen von einem Werden zu sprechen, das jeder Kunst immanent ist. Dies würde ebenso bedeuten, Kunst selbst als Verräumlichung zu denken.

Das kuratorische Konzept dieser Ausstellung gründet sich jedoch nicht in Verräumlichungen, sondern vielmehr durch Raumkonstitutionen und bewegt sich somit in einer performativen Ästhetik. Diese impliziert nicht nur eine geschlossene Definition von Subjekt und Objekt, sondern damit einhergehend einen hermetischen Begriff von Kunst, der eine räumliche Kontextualisierung einschließt. »Das Museum wird zur Bühne, die Black Box zum White Cube«, so heißt es im Programmheft. Die Künste werden hier nicht durch sich, sondern durch ihren Ort definiert. Diese Weise der Kontextualisierung legitimiert erst ein Denken der Grenzen der Künste durch die Definition ihrer Funktion im Raum. Und so ist es auch nicht verwunderlich, dass diese Group Show *12 Rooms* heißt. Orte, das Museum, das Theater, White Cube, Black Box stehen hier in ihren räumlichen Funktionen im Vordergrund und in ihrer Funktionalität definieren sie die Künste. Doch es ist vielmehr eine Verräumlichung in und mit der Kunst gedacht werden muss. Diese zeigt sich in Begegnungen, in denen sich immerwährend eine Sinnlichkeit, in denen sich Sinn entfaltet. So lassen die Künste, wie Jean-Luc Nancy es beschreibt, Sinn stattfinden.

Diese Group Show lässt die Besucher jedoch auf der Suche nach dem Sinn verharren: Zwölfmal ein erwartungsvolles Eintreten in den Raum und nur selten Begegnungen mit der Kunst, stattdessen ausgestellte Menschenkörper. Hier fehlt das Wagnis, neue sinnliche Erfahrungen zu ermöglichen.

Und doch gibt es einige Ausnahmen. Xavier Le Roys Arbeit *(Ohne Titel)* entzieht sich gerade einer exakten Zuschreibung und entwirft ein Spiel der Sichtbarwerdung. In einem vollkommen dunklen Raum entstehen nach und nach, indem sich die Augen an die Lichtverhältnisse gewöhnen, schemenhaft Bilder der Performer. Vom Zustand der Blindheit über ein langsames Sichtbarwerden bis hin zum voyeuristischen Moment gelingt hier eine Weise der prozessualen Visualisierung, die mit der Begegnung mit dem Anderen spielt.

Auch Damien Hirsts *Hans, Georg / Esther, Anna / Marian, Julian* überrascht. Es zeugt von einer Ungleichheit, einer Differenz in der zunächst scheinbaren Gleichheit. Zwillinge sitzen vor Quadraten mit farbigen Punkten, von denen nur einige wenige differieren. Mit jedem Blick entsteht die Erfahrung einer minimalen Verschiebung, zeigen sich Differenzen. Auf der Suche nach Unterschieden und Parallelen entsteht mit jedem Blick ein neues Bild. Diese Arbeit versteht exakt auf diesen Moment der Begegnung zu verweisen, in dem etwas entsteht und sich zugleich entzieht: eine endlose Wiederholung der Be-

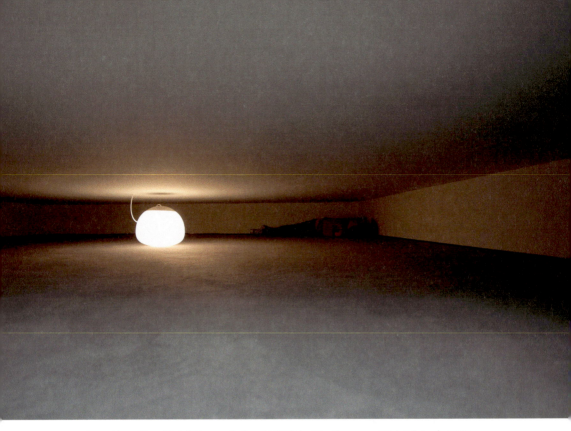

Laura Lima: *Men=flesh / Women=flesh — FLAT*. Foto: Jörg Baumann / Ruhrtriennale, 2012

gegnung, die sich stets verschiebt, ohne sich je an einem Punkt, einem hier und jetzt treffen zu können.

Verräumlichung auf diese dynamische Weise zu denken, wäre eine innovative kuratorische Praxis dieser Group Show gewesen. Es hätte der Versuch sein können, Räume durch Kunst entstehen zu lassen. Mit Begriffen wie Unmittelbarkeit verharrt dieses Konzept jedoch weiterhin auf konstruierten Dichotomien. Erst wenn dieses Verständnis aufgelöst ist, kann Kunst nicht nur als Sinnlichkeit, sondern auch als Sinn erfahren werden.

Premiere bei der Ruhrtriennale: 17. August 2012 / Mit Arbeiten von: Marina Abramović, Jennifer Allora & Guillermo Calzadilla, John Baldessari, Simon Fujiwara, Damien Hirst, Joan Jonas, Xavier Le Roy, Laura Lima, Roman Ondák, Lucy Raven, Tino Sehgal, Santiago Sierra, Xu Zhen / Kuratoren: Klaus Biesenbach, Hans Ulrich Obrist

Frühling ohne Opfer
Laurent Chétouane zeigt *Sacré Sacre du printemps* auf Pact Zollverein Essen

Laura Strack

Das an diesem letzten Abend der Ruhrtriennale 2012 auf dem alten Zechengelände veranstaltete Feuerwerk vermittelt den Zuschauern, die nach der Vorstellung von Laurent Chétouanes *Sacré Sacre du printemps* auf den Vorplatz des Essener PACT Zollverein strömen, ein wohliges Gefühl der Erlösung. Farbenfroher Funkenregen und lautes Getöse geben den erhitzten und gerührten Gemütern Gelegenheit zur Entladung. Nach dem anspruchsvollen Tanzabend, den eine durch und durch heterogene Zuschauerreaktion mit wütenden Buhrufen und ekstatischen Verzückungsgesten beschloss, wirkt es heilsam, aus der Enge des Theaterraums in die kühle Nachtluft zu treten und unter feurigem Glitzer ein Stückchen soeben verloren geglaubten Gemeinschaftsgefühls wiederzufinden. Dankbar vereint bestaunen die geschiedenen Geister das funkelnde Spektakel. Es wird den Enttäuschten, Wütenden und Ratlosen vielleicht doch noch erlauben, den Abend retrospektiv unter der Kategorie »schön« zu verbuchen.

Doch was da knallt und glitzert ist dem zuvor Gesehenen, Gehörten, Erlebten vielleicht gar nicht so fern, wie es scheinen mag. In der endlosen Weite des schwarzen Nachthimmels bahnen sich die Feuerwerkskörper ihren Weg ohne Ziel. Jede abgefeuerte Rakete zieht für den Bruchteil einer Sekunde die Aufmerksamkeit auf sich, wird kurzzeitig zum strahlenden Zentrum. Derer gibt es oft viele nebeneinander; manche sind sogar ineinander verschränkt, wie Zahnräder. Der Blick verliert sich; man weiß nicht mehr, worauf man die Augen richten soll. Das Licht ist schneller als der Schall, es wird schwierig, das Gesehene den Explosionsgeräuschen zuzuordnen. Im Lärm des Feuerwerks tobt ein wilder und unbändiger Rhythmus, der sich keiner Regelmäßigkeit unterwirft, keinem wiedererkennbaren Muster. Funkensprühen, Flackern, Oszillieren, Aufblitzen, Vergehen, ein Spektakel des Vergänglichen, des Flüchtigen, des Mannigfaltigen, das nie greifbar wird, am wenigsten in den Momenten seiner vollendetsten Entfaltung.

Dass Laurent Chétouane in seiner künstlerischen Arbeit unermüdlich das Repräsentationstheater in Frage stellt, abendländische Phantasmen wie

Fotos: Robin Junicke

Handlung, Figur und Zentralperspektive demontiert und systematisch versucht, dem Fremden, Undeutbaren und Flüchtigen einen Raum zu geben, wurde bereits in seiner viel diskutierten Arbeit zu Heiner Müllers *Bildbeschreibung* (2007) offenbar. Für die neueste Variation seines Jenseits-der-Bilder-Theaters hat sich Chétouane eines wahrhaftigen Meilensteins der Musik- und Tanzgeschichte angenommen, der im kommenden Jahr den hundertsten Geburtstag seiner Uraufführung feiern wird: *Le Sacre du printemps*.

Der berühmten Komposition Igor Strawinskys haftet bis heute die Erinnerung an jenen zum Mythos gewordenen Skandal an. Die Musikwissenschaft spricht ihr keine geringere Bedeutung zu, als die musikalische Moderne zur Explosion gebracht zu haben. Eine Adaption des *Sacre* gehört inzwischen zu den absoluten Must-haves im Werkeverzeichnis von Tanzschaffenden. Und die Tanzwissenschaft sieht in Waslaw Nijinskys Choreografie von 1913 nicht weniger als die endgültige Verwerfung (oder Opferung?) des klassischen Bewegungscodes. Sogar von Historikern, Philosophen und Soziologen wird *Le Sacre du printemps* als Emblem einer Ära herbeizitiert, die sich selbst als kinästhetisches Zeitalter definiert hat. Schon längst handelt es sich hier nicht mehr nur um ein Musikstück und seine Inszenierung, sondern um eine eigene Erzählung, einen Mythos, eine historische Figur mit Hörnern und einem Rat-

tenschwanz voller Erwartungen, Assoziationen und Emotionen. Diese Figur hat sich beladen mit den Entsetzensschreien eines gebeutelten Publikums, das den Schock der Uraufführung nur durch die gewaltsame Verfügbarmachung dieses Stücks für eine Identifizierung der eigenen Gegenwart überwinden konnte.

Was aber geschieht, wenn einer nun, wie im Premierenvorfeld und im Programmheft ausladend angekündigt, dieses Monument des Bewegungszeitalters »Moderne«, dieses sagenumwobene *Sacre du printemps* selbst zu opfern gedenkt? Wenn einer beschließt, das große Spiel des Mythos *Sacre* nicht mehr mitzuspielen und mit den Erwartungen zu brechen, die ein bildungsbürgerliches Festivalpublikum einer solchen Produktion schon allein ihres Namens wegen entgegenbringt?

Choreografisch betrachtet bedeutet dieses Unterfangen wohl – über die Absage an Repräsentationstheater und Handlungsballett hinaus – das uneingeschränkte Bekenntnis zu einer mannigfaltigen Bewegung der Öffnung, und zwar zunächst derjenigen des traditionell abgeschlossenen, beherrschten und beherrschbaren Tanzkörpers. Jahrhundertelang musste dieser Körper über Bühnen springen und den menschlichen Affekten, Empfindungen und Emotionen Ausdruck verleihen. In seinen postmodernen Ausprägungen durfte er sich dann darauf beschränken, genau diese Berufung seiner selbst zum »Spiegel der Seele« im stringenten Formalismus des Konzepttanzes systematisch zu dekonstruieren.

Chétouanes Körperkonzept geht darüber hinaus. Die bewegten Körper seiner Tänzer scheinen weniger vom Willen und Gefühl eines ihnen innewohnenden Geistes gesteuert, als von Intensitäten durchströmt, deren Changieren bereits das einfache Gehen zum schwebend unnahbaren Staksen verändert. In die Gesichter der Tanzenden möchte man zwar Emotionen aller Art hineinlesen, doch ist dort, hinter der merkwürdig aufgetragenen Schminke und den fluktuierenden, zufällig wirkenden Gesichtsregungen, kein Individuum mehr ansprechbar, das sich ihr Eigentümer nennen könnte. Vielmehr tritt die Erfahrung des Zuschauers vor allen Kategorien der Sicht-, Deut- und Spürbarkeit zurück: Wenn sich diese Augen immer wieder ans Publikum wenden, sich diese Münder wiederholte Male stumm öffnen, sich diese Handflächen vielfach einander zu oder in den Raum drehen, entstehen bei aller Abwesenheit gewohnter Strukturen, lesbarer Figuren und zuverlässiger Ordnungen Momente überschäumender Schönheit, die verwirren, verstören und vor allem eines: berühren.

Des Weiteren beinhaltet die Opferung des *Sacre du printemps* auf bühnenästhetischer Ebene die Öffnung des Ballettkorpus vom Ensemblegedanken hin zu einem mit-teilenden Tanz der Pluralitäten. Dieser favorisiert lose und vergängliche Konstellationen gegenüber der geschlossenen Kreisform, in denen sich Nijinskys heidnisches Bühnenvolk noch über die gestampfte Erde bewegte. Chétouane vervielfacht die Handlungszentren und verflüchtigt sie im Moment ihres Erscheinens. Auch Erinnerungen an Bilder anderer *Sacre*-Choreografien, sei es an Nijinskys Kreisformationen oder die Gesten einer Pina Bausch, verschwinden wieder, noch ehe sie zur Form werden.

Nicht zuletzt bedeutet die Opferung des *Sacre* im Theater eine Öffnung des Bühnenraums selbst, den Ausblick auf ein eher angehbares als ansprechbares und antwortfähiges Publikum. Dieses Publikum gibt dem Geschehen durch seine leibliche Anwesenheit erst statt und hat über seinen pluralen Körper an der Erfahrung der Tänzer teil. Hier lässt Chétouane immer wieder die Grenzen zwischen den Angeschauten und den Anschauenden verschwimmen, zwischen den Sich-Bewegenden und den scheinbar Unbewegten. Türen und Vorhänge am Rande der Bühne korrespondieren in ihrer Öffnung mit den Augen und Mündern der Tänzer. Durch die Gesichtsöffnungen entrinnt fortwährend die Möglichkeit eines in sich geschlossenen Subjekts, ganz so, wie sich am Ende des Abends die Menschenkörper durch die Öffnungen der Bühne in ein unverfügbares Außen zögernd entziehen.

Über die bühnenpraktische Dimension hinaus nimmt die Opferung des *Sacre du printemps* Einfluss auf ein Denken jenseits von Eindeutigkeiten und Subjektivitäten, das eine unerhörte und »ungehorsame« Form des Zusammenlebens erahnen lässt. Denkt man das Opfer als Grenze, mittels derer eine Gemeinschaft ihre Eingrenzung nach innen und ihre Abgrenzung nach außen manifest macht, bewirkt eine Verweigerung des Opferungsgestus die gleichzeitige Absage an jedwede Form der Schließung. Es ist eine Absage an jeglichen Versuch, ein sogenanntes Eigenes von einem ausgeschlossenen Anderen abzugrenzen und die Gemeinschaft in ihrer positiven Präsenz zu bestätigen und zu stärken. Wer das Frühlingsopfer verweigert, das die heidnische Urgemeinde aus ihrem Inneren ausstößt, um die Felder wieder bestellen und die Ernte wieder eintragen zu können, wendet sich gegen ein bestimmtes Konzept von Gemeinschaft oder Gesellschaft; dagegen, dass eine Gruppe sich um ihres Fortbestehens willen auf einen Herrensignifikanten beruft, auf einen König, ein Ideal, eine Ideologie, ein Idiom. Wer sich der konzentrischen Gruppierung um ein Auserwähltes verwehrt, dessen Tod das Fortleben der Gemeinschaft garantieren soll, verzichtet auf den immer wieder praktizierten Ausschluss des Fremden zugunsten des Eigenen. Ausschluss kann auch darin bestehen, das Fremde zur absoluten Integration in die eigene Ordnung, in das eigene Weltbild – ja, überhaupt in irgendein Bild – zu zwingen. Wer auf die Versiegelung des Eigenen verzichtet, macht sich empfänglich für fremde Stimmen, für unerhörte Bewegungen und ungeahnte Wendungen, für Andere und Anderes. In diesem Verzicht, der einer Öffnung gleichkommt, entsteht ein Resonanzraum, in dem Fremdes und Anderes Widerhall finden können. In diesem Resonanzraum kann die Stimme des Einwanderers widerhallen, ebenso wie der lautlose Schrei des Geächteten, das Gebrabbel des Kindes und das Gemurmel der Alten. Darüber hinaus vermag der Resonanzraum aber vielleicht auch Möglichkeiten eines Anderen einzuräumen, das sich dem menschlichen Dasein überhaupt entzieht, das außerhalb unserer eigenen Relationalität liegt, diese aber bedingt, umfängt und aufnimmt. Diesem Unverfügbaren wurden schon viele Namen und Gestalten zugewiesen, deren Aufzählung – Gott, All, Kosmos, *chora*, Nirvana usw. – vermutlich ein wenig ungelenk wirken würde. Statt weitere Namen zu erfinden oder über ein irgendwie geartetes Wesen dieses Unverfügbaren zu spekulieren, versucht man heute verstärkt, es in seinem Ab-Wesen zu belassen und jenseits von Absolutheiten wie Subjekt und Objekt, Aktiv und Passiv, Gespiegeltem und Spiegelbild, eine »Berührung anderer Art« zu ermöglichen, die einer Verneigung gleichkommt.

Am Ende der Aufführung werden die weißen Leinwände an den Bühnenrändern derart angestrahlt, dass die Silhouetten der auf der Bühne herumgehenden Körper, je nach Abstand zur Bildfläche größer oder kleiner, schärfer oder verschwommener, als Schatten auf der leeren Fläche erscheinen. Mit dem Rückzug des letzten Tänzers von der Bühne verschwindet auch der letzte Schatten auf der Wand. Am Ende verweist dieses tänzerische Feuerwerk auf keinen Pyrotechniker, keinen Marionettenspieler, keinen Urheber mehr, sondern auf die weiße Wand. Auf ihr ist nichts und alles zugleich, Frühling jenseits der Darstellung.

Uraufführung: 27. September 2012 / Regie und Choreografie: Laurent Chétouane / Bühne: Patrick Koch / Video: Tomek Jeziorski / Kostüme: Sophie Reble / Musik: Igor Strawinsky, Leo Schmidthals / Künstlerische Mitarbeit: Anna Melnikova und Sigal Zouk / Dramaturgie: Leonie Otto / Mit: Matthieu Burner, Joris Camelin, Kathryn Enright, Joséphine Evrard, Charlie Fouchier, An Kaler, Senem Gökçe Oğultekin

Leute, vertragt euch!
Heiner Goebbels präsentiert Harry Partchs *Delusion of the Fury* in der Jahrhunderthalle Bochum

Stefan Keim

Für solche Aufführungen gibt es Festivals. Kein Stadttheater könnte sein Orchester beauftragen, über ein Jahr lang neue Instrumente zu bauen und zu lernen. Doch wer Stücke des Amerikaners Harry Partch (1901–1974) spielen will, muss sein spezielles Instrumentarium herstellen. Ein komplettes Set gab es bisher nur in New York. Intendant Heiner Goebbels eröffnete die Saison 2013 der Ruhrtriennale mit dem Ensemble Musikfabrik und der europäischen Erstaufführung von Partchs Hauptwerk »Delusion of the Fury«.

Beim Versuch, den Titel zu übersetzen, kann man schon einige Zeit verbringen. Ist es die Täuschung einer Furie? Und was soll das bedeuten? Der Untertitel verrät mehr: »A Ritual of Dream and Delusion«. Partch lebte einige Jahre als Hobo, als Landstreicher und Gelegenheitsarbeiter, und entfernte sich von den Werten der westlichen Zivilisation ebenso wie von ihren Instrumenten. Er entwickelte ein eigenes mikrotonales System mit dreiundvierzig Tönen innerhalb einer Oktave. Da es aber doch prägnante Rhythmen und klare Melodien gibt, klingt die Musik manchmal wie eine leicht verstimmte Garagenband. Heiner Goebbels sieht Parallelen zu den Popexperimenten der sechziger Jahre, zum Beispiel dem Album *Sergeant Pepper's Lonely Hearts Club Band* von den Beatles.

Partch verlangt in seinen Anmerkungen zu *Delusion of the Fury* von den Musikern, dass sie – wenn sie nicht gerade musizieren – Aufgaben als Sänger, Darsteller und Tänzer übernehmen. Anders ausgedrückt: Sie sollen sich als Performer begreifen. Damit liegt das Mitte der sechziger Jahre uraufgeführte Stück genau im Trend des Gegenwartstheaters, wie es Goebbels und die vielen erfolgreichen Absolventen des Studiengangs für angewandte Theaterwissenschaften in Gießen geprägt haben. Inhaltlich hat das Stück eine einfache Botschaft: Leute, vertragt euch! Es gibt nur ganz wenige Sätze in verständlicher Sprache. Ihr vertraute Harry Partch ebenso wenig wie den konventionellen Instrumenten. Zunächst begegnet ein asiatischer Krieger dem Geist eines

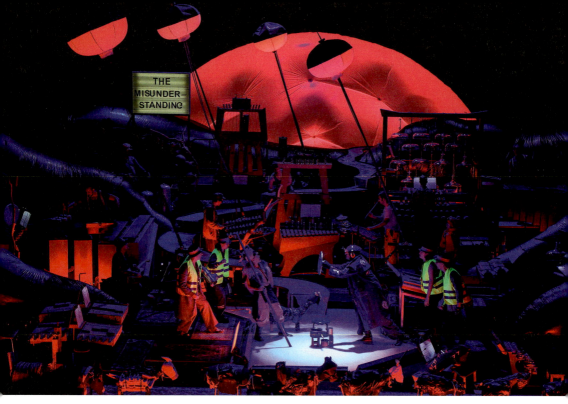

Foto: Wonge Bergmann

getöteten Gegners. Auf einen Kampf folgt die Erkenntnis: »Du bist nicht mein Feind.« Dann zerstreiten sich zwei Liebende, werden vor ein Gericht geführt und bekommen das Urteil, sie sollen einfach nach Hause gehen. Die Empfehlung, zusammen einen Joint durchzuziehen, wird nicht ausgesprochen, schwingt aber mit.

In diesem Geist hat Heiner Goebbels das Stück in der Bochumer Jahrhunderthalle inszeniert, als fröhliche, entspannte Hobomesse, verbunden mit der hoch konzentrierten Virtuosität, die Harry Partchs penibel notierte Musik erfordert. Klaus Grünbergs Bühnenbild ist zunächst ein wunderbares Arrangement der Partch-Instrumente als Landschaft aus Klangskulpturen. Da hängen riesige Glasschüsseln und Kelche kopfüber, eine Menge umgebauter Marimbas und Trommeln werden von zwei Chromelodeons eingerahmt – ein Chromelodeon ist ein Saugwindharmonium in Reinstimmung.

Ein Fluss mäandert durch das schräge Orchester hindurch, künstliche Bäume wirken wie Laternen, später blasen sich schwarze Plastikwürste zu einem Gebirgsmassiv auf. Das Ensemble Musikfabrik trägt ein buntes, von Florence von Gerkan anspielungsreich organisiertes Kostümdurcheinander aus Mänteln, Ponchos, Cowboyhüten, Bauhelmen, Jeans und Shirts. Ein asiatischer Krieger trägt die Radkappe eines Opels als Helm auf dem Kopf, ein satirischer

Leute, vertragt euch!

Gruß ans Ruhrgebiet. Partchs Inspirationsquellen stammen aus aller Welt. Wenn die grandiosen und spielverliebten Musiker rhythmische Gesänge ausstoßen, erinnern sie an einen bekifften Indianerstamm.

Im Lauf der Aufführung wird das Licht immer bunter, die Baumlaternen geraten ins Schwanken, ebenso das Ensemble. Der Abend versprüht die Heiterkeit, den Charme und die Lebenszugewandtheit, die schon im vergangenen Jahr Goebbels' Inszenierung von John Cages »Europeras« ausgezeichnet hat. Es ist die Stimmung, mit der er die Ruhrtriennale prägt. Hier will niemand superschlau oder bedeutend sein. Was zählt, ist das Erlebnis des Augenblicks. Und das Bekenntnis zur Offenheit: Jeder erlebt etwas anderes. Die vielen Installationen, die Konzerte, die sich diesmal häufig mit der Kombination von Musik und Film beschäftigen, das gesamte Programm ist ein Angebot zum Träumen, Abdriften, Zurückkommen. Ein freies, leichtes Spiel mit der Aura der Industriekultur, ohne ganz die Bodenhaftung zu verlieren.

Falls mit der europäischen Erstaufführung der *Delusion of the Fury* ein bisschen Theatergeschichte geschrieben wird, geschieht das fast nebenbei. Immerhin steht nun ein Set der Partch-Instrumente auch in Deutschland zur Verfügung. Die Aufführung tourte inzwischen durch die Welt bis nach New York. Und in der letzten Ruhrtriennale-Saison von Johan Simons gab es Uraufführungen neuer Werke für das Partch-Instrumentarium, in Auftrag gegeben vom Ensemble Musikfabrik. Die Frage, ob hier ein Spinner oder ein Genie entdeckt wurde, beantwortet die Ruhrtriennale eindeutig. Harry Partch ist beides.

Premiere: 23. August 2013 / Komposition: Harry Parch / Regie: Heiner Goebbels / Bühne, Licht: Klaus Grünberg / Kostüme: Florence von Gerkan / Dramaturgie: Matthias Mohr / Musikalische Einstudierung: Arnold Marinissen / Choreografische Mitarbeit: Florian Bilbao / Sounddesign: Paul Jeukendrup / Dramaturgische Projektentwicklung Ensemble musikFabrik: Beate Schüler / Leitung Instrumentenbau: Thomas Meixner / Bau Luftobjekte: Frank Fierke

Ensemble Musikfabrik / Baudokumentation *Delusion*

Die Herstellung des Instruments: *Blue-Rainbow*. Fotos: Thomas Meixner

»Zuhören reicht nicht«
Robert Wilson inszeniert Helmut Lachenmanns *Das Mädchen mit den Schwefelhölzern* in der Jahrhunderthalle Bochum

Monika Woitas

»Ritsch« – wieder flammt ein Schwefelhölzchen auf, wieder vergeblich, denn es bringt keine Wärme. Und nicht nur das Mädchen friert, auch den Zuhörern wird kalt. Dabei befinden wir uns nicht in Sibirien oder am Nordpol, sondern in der Bochumer Jahrhunderthalle, in die man eine Art Amphitheater hineingebaut hat: viereckig allerdings, strahlend weiß und von indirekten Neonleuchten erhellt, mit steil ansteigenden Rängen, die eine kleine schwarze Spielfläche umschließen. Das Publikum wird nicht nur gebeten, Mobiltelefone auszuschalten, auch soll man tunlichst nichts über die Brüstungen legen – das würde den Gesamteindruck stören, denn alle sind Teil des Geschehens in diesem klinisch wirkenden Raum, der einem Anatomischen Theater nicht unähnlich ist. Tatsächlich findet dort unten eine Art Vivisektion statt: Das kleine Mädchen »verreckt« – so der Komponist wörtlich – vor unseren Augen, vergeudet ein Hölzchen nach dem anderen, im vergeblichen Versuch sich zu wärmen; schaut sehnsüchtig durch Fenster auf gedeckte Tische und glitzernde Weihnachtsbäume; halluziniert schließlich seine Großmutter und gar das Paradies selbst herbei.

All das fasst Lachenmann in Klangbilder, die allerdings nicht im vordergründig Illustrativen steckenbleiben, sondern ihre ungeheure Kraft aus einer formalen Logik entwickeln, deren Strukturen die strenge Schule des Serialismus erahnen lassen, die der Komponist zwar durchlaufen, aber schon lange hinter sich gelassen hat. Lachenmann fordert ein »radikales Wahrnehmungsspektakel«, das die Gattung Oper zugleich fortschreibt und in Frage stellt. »Musik mit Bildern« lautet der nur auf den ersten Blick einfache Untertitel, denn nicht szenische Bilder oder gar dramatische Handlungen werden zu Klängen, sondern umgekehrt: ein »entfesseltes Hören wird zum Schauen erweitert«, so der Komponist in einem Interview zur Hamburger Uraufführung 1997. Das erinnert vom Konzept her an Schönbergs zwischen 1910 und 1913 entstandenen Einakter *Die Glückliche Hand*, in dem detaillierte Anweisungen zum szenischen Geschehen, zu Farben und Licht in der Partitur notiert sind – das »Komponieren mit den Mitteln der Bühne« wird hier Realität. Lachenmann hingegen entwirft einen Klang-Bild-Raum, der keine Anweisungen mehr gibt, wie dieser konkret auszusehen hat. Seine Musik macht das Geschehen vielmehr physisch erfahrbar: Die klirrende Kälte, der eisige Wind, das Zittern des Mädchens oder das »Ritsch« der Streichhölzer werden in Klänge von geradezu haptischer Qualität transformiert, die kein Entkommen zulassen. In der Jahrhunderthalle umso weniger, da Instrumentalisten und Sänger rund um das Publikum verteilt positioniert sind, oberhalb der letzten Sitzreihen. Man wird von allen Seiten beschallt, von der Musik umkreist und tatsächlich eingeschlossen – eine Außenwelt jenseits dieses Klangraums scheint nicht mehr zu existieren.

Während Schönberg auf die synästhetische Verschmelzung von Visuellem und Akustischem zielt, ist Lachenmanns Musik gewissermaßen körperlich aus Prinzip – wenn auch in einem explizit musikalischen Sinn, denn zunächst einmal interessieren ihn nicht szenische Aktionen oder gar dramatische Handlungen, sondern die Randbereiche konventioneller Spieltechniken, die ebenso ausgelotet werden wie die Möglichkeiten gesungener und gesprochener Sprache, wobei sich die Stimme für ihn zum »Phoneme gestaltenden Instrument« wandelt. Es zirpt, kracht, flüstert, stottert und schreit – dazwischen erklingt immer wieder mal Vertrautes: ein Melodiefragment, ein prägnantes rhythmisches Motiv, eine Harmoniefolge oder tatsächlich Worte, die man zu verstehen glaubt. Aus diesen körperlichen Aktionen und sinnlichen Wahrnehmungen erwächst eine komplexe musikalische Struktur, in der Märchenton, erkenntnistheoretische Reflexionen und Gesellschaftskritik gebrochen, überlagert, verschränkt werden.

Die Partitur stellt hohe Ansprüche an alle Beteiligten, nicht zuletzt an das Publikum, das sich vorab eigentlich genau informieren müsste, will es nicht in diesem Labyrinth verloren gehen. Denn Andersens bekanntes Märchen wird ergänzt durch einen kryptischen Text Leonardo da Vincis, in dem es um das Verlangen des Menschen nach Erkenntnis geht, sowie Briefzitate der RAF-Terroristin Gudrun Ensslin, die für Lachenmann eine moderne und radikalisierte Version des Mädchens repräsentiert. Das Märchen mutiert so zur Parabel, deren gesellschaftskritische Botschaft sich allerdings nur mittelbar erschließt, da die genannten Texte zum Klangmaterial werden und ihr Wortlaut über weite Strecken eben kaum zu verstehen ist; ihr Gehalt aber fließt ein in die Komposition und überträgt sich unmittelbar, ohne Zwischenschaltung der Ratio, auf die Zuhörer. Und wenn das Mädchen am Ende alle verbliebenen Streichhölzer entfacht, begreift man auch ohne klar verständliche Worte diesen letzten Akt

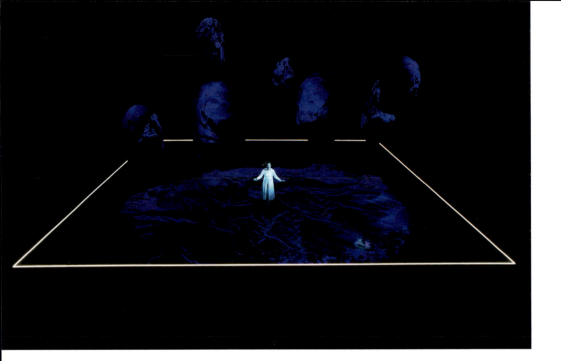

der Auflehnung gegen eine gleichgültige Gesellschaft. Hier manifestiert sich jene irrationale Macht der Musik, von Lachenmann wiederholt als »vom Geist beherrschte Magie« definiert, der man sich nur schwer entziehen kann. Der Klang-Raum wird tatsächlich zur »begehbaren Landschaft« (Lachenmann), in der es vieles zu entdecken gibt – Vertrautes und Überraschendes, Eigenes und Fremdes.

Doch wie soll man diese Landschaft, wie diese plastische Musik in Bilder transformieren, die mehr sind als bloße Dopplungen? Das »latent Theatralische« dieser Musik, so Claus Spahn 2001 in der ZEIT, könne schließlich dazu führen, dass »alle Bilder an der Musik zurückprallen«. Tatsächlich ist eine Regie gefordert, die den Vorgaben der Komposition eine eigene Bilderwelt gegenüber stellt. Robert Wilson setzt in gewohnter Manier auf raffinierte Lichteffekte, surreal anmutende Bilder und konsequent durchchoreografierte, höchst artifizielle Körperaktionen von zwei Hauptakteuren. Dem Mädchen (Angela Winkler) steht ein Mann (Robert Wilson) gegenüber, der mit seiner Kleidung auch mehrfach die Rollen zu wechseln scheint: Mal tritt er als eine Art Magier auf, mal als potenzieller Killer mit Pistole, mal als väterlicher Freund. Assoziationen zur Figur des Todes, der in unterschiedlichen Manifestationen auftritt, stellen sich ein. Die beim »Höhlengleichnis« Leonardos von der Decke hängenden Lavabrocken, ein aus dem Boden aufsteigender Eisberg, ein verloren im Viereck stehender Schuh oder das hell erleuchtete Fenster, das zur Falltür wird, verstärken mit ihrer scheinbaren Eindeutigkeit nur die surreale Atmo-

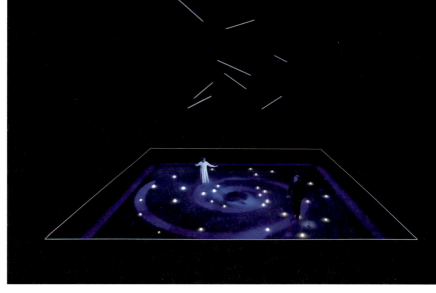

Fotos: Julian Mommert

sphäre dieses Albtraumszenarios, das bisweilen der Grenze zum Trivialen gefährlich nahe kommt – diese allerdings nie wirklich überschreitet.

Anleihen beim japanischen Theater unterstreichen das Artifizielle dieser Ästhetik, etwa in den schwarz gewandeten Bühnenhelfern, die Bänke und Requisiten in das hermetisch geschlossene Viereck tragen, oder in der Verwendung der japanischen Mundorgel Shô, deren Spielerin (Mayumi Miyata) gegen Ende auf einem kleinen Podium sitzend von der Decke schwebt und deren feuerrote Schleppe wie eine Himmelsleiter herabreicht zum Mädchen, das – nun von einem Kinderdouble verkörpert – auf einer Schaukel langsam hin und her schwingt. Im fremdartigen Klang und in dieser szenischen Konstellation nimmt die Utopie vom Paradies, in das sich das sterbende Mädchen träumt, ebenso überraschend wie anrührend Gestalt an. Wilsons Bilder lassen dabei stets der Musik ihren Raum, lenken nicht durch Aktionismus von dem ab, was Lachenmann anlässlich der Bochumer Aufführung als Kern seiner »Musik mit Bildern« benannt hat: »Hören wird zum Beobachten, zu einer Art Abtastprozess eines sich transformierenden Zustands. Zuhören reicht nicht. Vielleicht ist solcher Versuch einer radikalen Sensibilisierung die eigentliche Botschaft meiner Oper.«

Premiere: 14. September 2013 / Musikalische Leitung: Emilio Pomàrico / Regie, Bühne, Licht: Robert Wilson / Kostüme: Eva Dessecker / Klangregie: Norbert Ommer / Video: Tomek Jeziorski / Mit: Angela Winkler, Robert Wilson, Hulkar Sabirowa (Sopran), Yuko Kakuta (Sopran), Mayumi Miyata (Shô), Yukiko Sugawara (Piano), Tomoko Hemmi (Piano) / Chorwerk Ruhr / hr-Sinfonieorchester

In den Krieg gezogen
Rimini Protokoll installieren *Situation Rooms* in der Jahrhunderthalle Bochum

Sarah Heppekausen

Vorne vor die Bochumer Jahrhunderthalle, dem Hauptspielort der Ruhrtriennale, hat der Künstler Mischa Kuball als Teil der Installation *Agora / Arena* eine hohe, weiße Treppe gesetzt. Dort kann sich der Festivalbesucher eine neue Sicht auf den alten Industrieort erklimmen. Weiter hinten in der Turbinenhalle ist der Perspektivwechsel nicht bloß Möglichkeit, er ist Programm. Das Dokumentar-Theaterkollektiv Rimini Protokoll setzt dort dem Zuschauer ›Charaktermasken‹ auf. Computergesteuert, versteht sich, schließlich befinden wir uns im digitalen Zeitalter.

Vom ›Zuschauen‹ kann bei *Situation Rooms* auch eigentlich gar nicht mehr die Rede sein. Mit iPad samt griffigem Holzstiel und Kopfhörer ausgestattet, für die bessere Beweglichkeit befreit von Taschen und sonstigen Lasten, soll der Besucher zum aktiven Teilnehmer werden. Jeder übernimmt den Blick von zehn Protagonisten (insgesamt gibt es zwanzig), durchläuft mit ihnen, den Tablet-Computer in der Hand, verschiedene Räume und Situationen. Er organisiert beispielsweise mit dem Protokollstabsoffizier Wolfgang Ohlert in einem Besprechungsraum die Übergabe von 120 Kampfpanzern Leopard 2 an Chile. Besucht mit dem Bundestagsabgeordneten Jan van Aken eine Waffenmesse. Rührt mit der Kantinenchefin einer russischen Munitionsfabrik im großen Borschtsch-Topf. Und entscheidet mit einem Arzt ohne Grenzen in Sierra Leone über dringende und aufschiebbare Operationen nach Machetenverletzungen.

Die von Rimini Protokoll zusammengesuchten Protagonisten sind bereits Wochen vor der Premiere in einer exakt getakteten Choreografie durch das Set gelaufen, haben in den nachgebauten Szenenbildern ihre Geschichte erzählt oder sind als Statisten in den Geschichten ihrer Set-Nachbarn aufgetreten. Die iPads zeigen diese Kurzgeschichten. Und die Besucher sehen die Akteure im Film jeweils in dem Raum, in dem sie sich gerade befinden, hören ihnen zu, versuchen, den Laufbewegungen zu folgen und einfache Aufgaben zu erfüllen.

Fotos: Jörg Baumann

Waffen sind das verbindende inhaltliche Element der *Situation Rooms*. Die einen exportieren sie, die anderen wollen sie abschaffen, wieder andere fordern sie zur besseren Verteidigung. Als Alltagsexperten stehen sie den Zuschauern diesmal nicht auf einer Bühne gegenüber. Videokünstler Chris Kondek hat sie gefilmt, die Rimini Protokollanten Helgard Haug, Stefan Kaegi und Daniel Wetzel haben sie in ein Gewebe aus Ansicht und Gegensicht, Argument und Gegenargument verwoben. In der Küche trinkt der libysche Bootsflüchtling Tee oder der Munitionsfabrikant isst seine Suppe. Im Konferenzraum tagen mal Vertreter der Vereinten Nationen, mal die Ärzte ohne Grenzen. Das ist die eine Ebene der Verschränkung, die räumliche. Auf einer zweiten führt der Besucher die Handlungen stellvertretend durch. Er zieht sich eine Sicherheitsweste an, schießt als Kindersoldat, betätigt den Schaltknopf für die Drohne. Und beobachtet den anderen Besucher, der als Rebellenopfer im OP-Zelt liegt. So entsteht ein permanenter Wechsel von menschlicher Nähe und filmisch-theatraler Distanz. Das ist das simple Rimini-Protokoll-Prinzip, das immer auch Schwierigkeiten birgt: Realität auf die Bühne zu bringen und dabei den Akt ihrer Konstruktion möglichst auszublenden.

Dominic Huber hat ein beeindruckend detailgetreues Filmset gebaut, das die unterschiedlichen Welten wie ein großes Puzzle ineinander schachtelt. Zwanzig schwarze Türen mit gelber Nummerierung führen ins Innere dieses Sets. Hinter jeder Tür verbirgt sich eine andere Welt – ein Büro, ein Friedhof, ein Labor, ein Operationszelt in Sierra Leone. Die Räume sind Illusionsmaschinen bis ins letzte Detail, mit Familienfotos an der Wand, unerträglicher Hitze im Lazarett und Skyline-Ausblick aus dem Chefbüro des Rüstungsherstellers. Mit den Perspektiven der Protagonisten wechseln die Besucher ins passende Set. Man schaut vom Balkon auf eine dunkle Straße in Homs, verfolgt von einem Ausguck den Drohnenflug. Aber es bleibt gar keine Zeit, sich die Räume genauer anzuschauen, die Atmosphäre auf sich wirken zu lassen. Der ständige Blick aufs iPad lenkt ab. Man könnte den Hinweis auf die nächste Tür verpassen. Vor lauter Konzentration bleibt keine Zeit zur Reflexion über das Gehörte, Gesehene, selbst Ausgeführte. Das Medium ist die Botschaft, andere Inhalte haben es schwer, dagegen anzukommen. Die angekündigte »augmented reality« verbleibt im interaktiven Film, im simulierten Rollenspiel.

Auch das ist kein seltenes Phänomen nach dem Besuch einer Rimini-Vorstellung: Erst ist da dieser Frust, diese Unzufriedenheit über bloß angerissene Themen auf der Bühne. Dann, beim anschließenden Über-den-Abend-Nachdenken, beim Biografie-Nachlesen im Programmheft, bekommen diese Themen aber doch noch eine Brisanz und eine Sogkraft. In diesem Sinne sind Haug, Kaegi und Wetzel Spurenleger. Sie nehmen den Zuschauer ein Stückchen mit auf ihrer Recherchereise durch die Realität.

In *Situation Rooms* bietet die Methode der Multiperspektive Einblicke, aber keinen Überblick. Nachgestellt sind hier die unübersichtlichen Abwege des Krieges, vom Waffenhändler über den Fotografen bis zum flüchtenden Opfer. Mancher Zuschauer verweigert sich aber auch der Installation und einer angebotenen Interaktion, bleibt in einem der Räume sitzen, um in Ruhe den Film zu schauen. Denn unterwegs ähnelt das Starren auf den kleinen Computer manchmal dem eines Scheuklappenblicks. Keine Zeit fürs Rechts- und Linksschauen, die ganze Aufmerksamkeit auf die eine Sichtweise. Auch das ist vermutlich nicht weit entfernt von der Wirklichkeit. Wer am Krieg beteiligt ist, ob freiwillig oder nicht, muss eindimensional denken. Und Außenstehende haben eine klare Sicht auf die Dinge? So einfach ist das eben nicht, das demonstriert das Multiplayer Video-Stück ziemlich anschaulich. Mit aller Unbefriedigtheit, die diese Tatsache mit sich bringt.

Premiere bei der Ruhrtriennale: 23. August 2013 / Regie: Helgard Haug, Stefan Kaegi und Daniel Wetzel, Szenografie: Dominic Huber / blendwerk, Video: Chris Kondek, Recherche: Cornelius Puschke, Malte Hildebrand / Mit: Abu Abdu Al Homssi, Shahzad Akbar, Jan van Aken, Narendra Divekar, Nathan Fain, Reto Hürlimann, Maurizio Gambarini, Andreas Geikowski, Marcel Gloor, Barbara Happe, Volker Herzog, Richard Khamis, Wolfgang Ohlert, Irina Panibratowa, Ulrich Pfaff, Emmanuel Thaunay, Amir Yagel, Yaoundé Mulamba Nkita, Familie R, Alberto X, sowie: Karen Admiraal, Christopher Dell, Alexander Lurz

Die Opulenz des Absurden
Romeo Castellucci inszeniert Morton Feldmans *Neither* in der Jahrhunderthalle Bochum

Stefan Keim

Reduzierter kann Musiktheater nicht sein. Morton Feldmans *Neither* dauert eine Stunde, hat keine Handlung; sanfte Dissonanzen sorgen für reibungsvolle Schwebezustände. Samuel Becketts ›Libretto‹ besteht aus einer Postkarte, der Gesang ohnehin nur aus Vokalisen. Das philosophische, stille Werk hat der italienische Festivaldarling Romeo Castellucci bei der Ruhrtriennale mit seiner opulenten Überwältigungsästhetik als absurden Bildertaumel inszeniert.

Erst packt Castellucci den Zeigefinger aus, wie er das manchmal tut und was nicht zu seinen stärksten Seiten gehört. In einem stummen Vorspiel mit erklärenden Übertiteln zeigt der Physiker Erwin Schrödinger sein berühmtes Gedankenexperiment. Eine Katze sitzt in einer Kiste gemeinsam mit einem Gift, das sie irgendwann töten könnte. Ohne hineinzusehen, weiß niemand, ob das Tier tot oder lebendig ist. Es ist also wissenschaftlich gesehen ›weder – noch‹: *neither*. Dann setzt die Musik ein.

Den Riesenraum der Bochumer Jahrhunderthalle bespielt Romeo Castellucci mit grandios düsteren Bildern, die manchmal auf dem schmalen Grat zum Kitsch balancieren. Menschen erstechen sich, Gangster und Polizisten suchen nach einem Kind und seinem rätselhaften »Samen«, eine Darth-Vader-Puppe in Kindergröße steht auf der Bühne und spuckt Rauch. Eine weitere Puppe wird seziert, wobei sich die Ärzte effektvoll Blut auf die weißen Kittel schmieren, und sie dann zu Grabe tragen. Plötzlich nähert sich eine Dampflock in Originalgröße aus dem rückwärtigen Bühnendunkel, rollt auf uns zu, scheint vor der ersten Reihe nicht stoppen zu wollen, dann bewegt sich der Zuschauerblock überraschend nach hinten.

Solche Effekte mit Podesten auf Schienen hat es schon oft bei der Ruhrtriennale gegeben, Jürgen Flimm hat sie damals selbstironisch als »Fahrgeschäft« bezeichnet. Castellucci lässt nichts aus, es gibt Kinder, eine Katze, einen Hund und ein Pferd namens Señor Santos auf der Bühne. Der Eisenbahn-Effekt zitiert den berühmten Stummfilm »Die Ankunft eines Zuges auf dem Bahnhof in La Ciotat« der Lumière-Brüder, von dem laut Legende die Zuschauer aus Angst vor der nahenden Lok flohen.

Foto: Michael Kneffel, Ruhrtriennale 2014

Es gab wohl bisher keine so unterhaltsame Aufführung von »Neither«, zumal Castellucci einige betörende Bilder gelingen. Einmal beleuchtet er die Jahrhunderthalle nur von außen durch die Dachfenster mit milchig weißem Licht. Aber seine Bilder sind auch aufdringlich und nicht ganz uneitel, Morton Feldmans Musik wird zum Soundtrack degradiert. Man muss schon fast die Augen schließen, um mitzubekommen, wie feinsinnig Emilio Pomárico die ausgezeichneten Duisburger Philharmoniker dirigiert, wie er die Partitur atmen lässt und ihr rhythmische Struktur verleiht. Laura Aikin, die »Neither« schon in Katie Mitchells konzentrierter Berliner Inszenierung sang, lässt die vielen hohen Töne auch in Bochum schwerelos schimmern und fügt sich darstellerisch in Castelluccis barocken Bilderbombast ein.

Premiere auf der Ruhrtriennale: 6. September 2014 / Regie und Bühne: Romeo Castellucci / Komposition: Morton Feldman / Musikalische Leitung: Emilio Pomàrico / Regieassistenz: Silvia Costa / Dramaturgie: Piersandra Di Matteo, Stephan Buchberger / Sounddesign: Holger Schwark / Licht: Giulio Bernardi / Mit: Laura Aikin (Sopran), Sergio Scarlatella, Statisterie der Ruhrtriennale, Duisburger Philharmoniker

Stefan Keim

Ein Zeppelin hütet Schafe
Heiner Goebbels inszeniert Louis Andriessens *De Materie* in der Kraftzentrale Duisburg

Stefan Keim

Ein Festival wie die Ruhrtriennale, sagt Heiner Goebbels, soll Aufführungen produzieren, wie es sie sonst nicht zu sehen gibt. Ein hohes Ziel, das er in seinen ersten beiden Jahren als Intendant oft erreicht hatte. Auch sein drittes Jahr begann er voller Ehrgeiz.

Mehrere Minuten lang gibt es nur Akkorde. Langsam wird der Rhythmus schneller. Louis Andriessen vereint in seiner Oper »De Materie« die verschiedensten musikalischen Stile. Mal klingt das Orchester wie eine Big Band, mal wie ein geistliches Ensemble. Ähnlich verfährt er mit dem Inhalt. Andriessens Stück hat keine Handlung. Es ist eine Art Musiktheateressay über das Verhältnis von Geist und Materie. Dabei verwendet Andriessen Beispiele aus der Kultur- und Wissenschaftsgeschichte seiner niederländischen Heimat. Um 1600 entwickelte ein Forscher die Atomtheorie, der Maler Piet Mondrian hat gern getanzt, und der achtköpfige Chor skandiert einen Text über den Schiffsbau.

Dramatische Entwicklungen oder Gewichtungen gibt es nicht. Die Bestandteile der Oper stehen gleichwertig nebeneinander, ohne Bezug. Andriessens Stück ist enzyklopädisches Musiktheater, wie ein Blättern im Lexikon mit Musikbegleitung. Er zeigt die Disparatheit einer unüberschaubaren Welt, Jeder Versuch, sich zu orientieren, ist sinnlos. Man kann nur darstellen und bewahren, was es alles gibt. Und irgendwann damit aufhören. Nach knapp zwei Stunden – gegliedert in vier Teile – bricht das Stück einfach ab.

Heiner Goebbels hat für seine Inszenierung die größte Halle gewählt, die ihm zur Verfügung steht, die 170 Meter lange und 35 Meter breite Kraftzentrale des Landschaftsparks Duisburg-Nord. Hier entwickelt er – wie schon in seinen vorigen Inszenierungen bei diesem Festival – verzaubernde Bilder voller Leichtigkeit, Poesie und Humor. Drei ferngesteuerte Zeppeline schweben durch die Halle, manchmal wird auf einen von ihnen Text projiziert. Im letzten Teil strömt eine Herde aus hundert Schafen hinein, gehütet von einem der Zeppeline. Für die Musik des zweiten Teils hat sich Louis Andriessen von der Architektur der Kathedrale in Reims anregen lassen. Statisten in schwarzen Kutten wirken mal wie Säulen, mal wie menschliche Gestalten. Evgeniya Sot-

Foto: Wonge Bergmann, Ruhrtriennale 2014

nikova singt mit klarem, hellem Sopran die Vision einer Nonne aus dem 13. Jahrhundert. In ihre religiöse Verzückung mischen sich heftige erotische Fantasien. Diese Szene hat noch am ehesten mit einer traditionellen Oper zu tun.

Heiner Goebbels will in seinen drei Jahren bei der Ruhrtriennale alternative Wege für das Musiktheater aufzeigen. Überzeugend gelang ihm das mit den liebevoll inszenierten *Europeras* von John Cage und der schrägen Hippiefantaise *The Delusion of the Fury* von Harry Partch. Auch *De Materie* hat hinreißende Momente. Aber auch langweilige Durchhänger. Ohne einen enormen szenischen Aufwand wie in Duisburg wäre das Stück kaum genießbar. Dirigent Peter Rundel und das Ensemble Modern Orchestra leisten wie alle Beteiligten Herausragendes. Dennoch hat das Stück deutliche Schwächen. Die assoziative Offenheit gerät bisweilen in die Nähe der willkürlichen Belanglosigkeit.

Premiere auf der Ruhrtriennale: 15. August 2014 / Regie: Heiner Goebbels / Regieassistenz: Lisa Charlotte Friedrich / Komposition: Louis Andriessen / Bühne, Licht: Klaus Grünberg / Dramaturgie: Stephan Buchberger, Matthias Mohr / Kostüme: Florence von Gerkan / Klangregie: Norbert Ommer / Musikalische Leitung: Peter Rundel / Orchester: Ensemble Modern Orchestra / Chor: ChorWerk Ruhr / Einstudierung Chor: Klaas Stok / Statisterie der Ruhrtriennale

Johan Simons

2015 | 2016 | 2017

»Ich stehe für ein beflecktes Theater«
Ein Gespräch mit Intendant Johan Simons über drei Jahre Ruhrtriennale

Stefan Keim

»Seid umschlungen!« lautete das Motto von der ersten Spielzeit an. Würden Sie dieses Motto heute wieder wählen?

Das ist wirklich schwierig. Wenn man jemand umschlingen will, muss man bereit sein, eine Reise zu machen. Wir waren zum Beispiel in Dinslaken und werden dieses Jahr wieder dort sein. Die Leute müssen nicht nur zu mir kommen, sondern ich gehe auch zu ihnen und umschlinge sie.

Was auch bedeutet, dass man eine Verantwortung übernimmt?

Ja. Deshalb haben wir Orte entdeckt, so wie es Gerard Mortier auch gemacht hat. Es war seine Absicht, das Festival in das gesamte Ruhrgebiet zu tragen. Das wollte ich wieder tun. In dieser Hinsicht stimmt der Satz »Seid umschlungen!« Aber inhaltlich habe ich Zweifel bekommen. In diesen drei Jahren hat sich die Welt sehr verändert.

Da geht es nicht nur um Trump und Erdogan …

Um viele andere Dinge auch. In Frankreich sind die großen Parteien verschwunden. Die ganze Gesellschaft hat sich unglaublich verändert. Als ich ins Ruhrgebiet kam, hörte ich immer, das sei eine Region im Umbruch. Klar, aber schon seit dreißig Jahren … Es gibt diesen Begriff »Metropole Ruhr«. Da denke ich manchmal: Leute, seid froh, dass wir Provinz sind. Seid stolz darauf! In den holländischen Metropolen ist in den großen Theatern oft nur die Hälfte der Plätze besetzt. Das macht mir Sorgen. Hier in Bochum und im Ruhrgebiet kann man Verbindungen eingehen mit der Stadt, die Schauspieler sind Teil der Identität einer Stadt, der Intendant hoffentlich auch. Ich habe gehofft, das Umschlingen führt dazu, dass man ein bisschen ineinanderfließt. Aber ich habe das Gefühl, dass wir uns weiter voneinander entfernt haben, die Niederländer von den Deutschen, die Franzosen von den Engländern. Weniger Leute wollen gern europäisch sein.

Björn Bickler, Malte Jelden und ChorWerk Ruhr: Urban Prayer Ruhr. Fotos: Christoph Sebastian / Ruhrtriennale 2016

Die Ruhrtriennale sollte ja schon von ihrer Grundidee ein Festival des Zusammenwachsens werden. Das setzen Sie auch um, mit Künstlern aus den Niederlanden, Belgien, Polen. Und mit dem zweiten Motto »Freude schöner Götterfunken« haben Sie eine Utopie zumindest angedeutet.

Aber auf den Plakaten stehen die einzelnen Worte, und sie sind befleckt, zum Teil übersprüht. In den Niederlanden sind immer weniger Menschen bereit, sich auf ein Theater einzulassen, das nicht perfekt aussieht. Bei dem nicht alles bis an die Ränder frisch geputzt wirkt. Das ist der Einfluss der Kürzungen, man geht auf Nummer sicher. Ich stehe für ein beflecktes Theater. Das entspricht meiner Sicht auf die Realität.

Was steckt denn hinter dem »Götterfunken«?

Das ist natürlich ein Wort von Schiller, vertont von Beethoven. Die Wissenschaft lehrt uns, dass unsere Welt nur ein sehr, sehr winziger Teil des Universums ist. Der bedeutende Physiker Robert Dijkgraaf hat vor kurzem gesagt, vielleicht gibt es doch irgendwo etwas Göttliches. Isaac Newton hat ähnlich gedacht, Freud, Einstein … Also suchen wir nach Götterfunken.

In Ihrer letzten Spielzeit machen Sie nur eine Inszenierung. Warum?

Ich halte Krysztof Warlikowski für einen sehr guten und besonderen Regisseur, der in Deutschland noch nicht so bekannt ist. Er kommt aus einer anderen Ästhetik. Er befreit die Oper. Das ist für mich auch ein wichtiger Moment, das habe ich zum Beispiel im *Rheingold* versucht. Die Schwierigkeit einer Oper liegt für mich darin, dieser wunderschönen Musik etwas entgegenzusetzen. Die Partitur legt sehr viel fest. Warlikowski geht über die Noten hinaus. Auch in *Pelléas et Mélisande* wird er eine eigene Welt entwickeln.

Es hat ohnehin viele überrascht, dass Sie sich so auf das Musiktheater konzentrieren. Viele hatten erwartet, dass Ihre Wahl zum Intendanten bedeutete, dass es wieder mehr Schauspiel gibt.

Weil ich Musiktheater am liebsten mag. Aber wir haben das Schauspiel zurückgebracht. Und im Schauspiel hat Musik für mich eine große Bedeutung. Die Ruhrtriennale braucht wirklich große Inszenierungen für ein Riesenpublikum. Es muss etwas Spektakuläres geben, was auf die Hallen, auf diese gewaltigen Räume reagiert. Und im Kern ist das Festival seit seiner Gründung ein Musiktheaterfestival gewesen, auch so von Mortier gedacht.

Neben Repertoireopern wie jetzt Pelléas et Melisande *gab es immer auch musikalisches Theater jenseits der Oper, der Partitur. Mortier hat so etwas »Kreationen« genannt. Warum ist dieser schöne Begriff verschwunden?*

Weil der Begriff ungenau ist. Er passt auf sehr vieles, fast auf alles, was bei der Ruhrtriennale läuft.

Wie schon mit Die Fremden *im vergangenen Jahr, stellen Sie in der kommenden Spielzeit ein neues Stück vor, das mit einer ungewöhnlichen Kombination musikalischer und szenischer Momente arbeitet: Cosmopolis. Erfordert das eine andere Vorbereitung als eine Operninszenierung, die ja an eine Partitur gebunden ist?*

Ja, denn in der Oper muss ich zwei komplette Bereiche bearbeiten, die Musik und die Handlung. Ich muss die Noten sehr genau kennen, um eine zweite Ebene zu bekommen. Mit Schauspielern ist das ein anderer Prozess. *Cosmopolis* von Don DeLillo spielt in der Welt der Finanzen, einer Welt, in der ich die Menschen nicht kenne. Die Hauptfigur ist morgens einer der reichsten Menschen der Welt und abends pleite und tot. Das ist eine Ikarus-Figur, für das Publikum aber auch für mich unvorstellbar. Das einzige Alter, in dem man glaubt, alles werden zu können, ist die Kindheit. Vielleicht bis man acht Jahre alt ist. Deshalb spielt *Cosmopolis* für mich in der Welt der Kinder. Damit man sich die Mechanismen dahinter vorstellen kann. Ich interessiere mich auch für intellektuelle Geschichten. Ich muss aber auch Inszenierungen machen wie *Rheingold*, die gleich verständlich sind.

Wird Cosmopolis *eine Art Gegenstück zu den* Fremden?

So sehe ich das nicht. Aber es spielt natürlich in einer ganz anderen Welt, in dieser neoliberalen, kapitalistischen Gesellschaft. Alle wissen, das ist schlecht für die Welt. Aber wir machen weiter. Warum machen wir eigentlich weiter?

Neu in Ihrer Intendanz sind ja die Trilogien von Richard Siegal, Ivo van Hove und Luk Perceval. Hat sich das Konzept für Sie eingelöst?

Das werden wir sehen, das muss sich jetzt beweisen. Ich bin sehr gespannt auf Luk Percevals Zola-Trilogie. Da wird man ja wirklich alle drei Teile hintereinander sehen. Bei Richard Siegal sind es drei sehr unterschiedliche Stücke, die Motive aus Dantes *Göttlicher Komödie* aufgreifen. Bei Ivo van Hove sind es drei Romane von Louis Couperus mit unterschiedlichen Bühnenbildern, die unabhängig voneinander funktionieren.

Sie haben den Anspruch formuliert, möglichst Kunst für alle zu machen und ein neues Publikum zu erschließen. Wie weit sind Sie damit gekommen?

Eine Arbeit ist beispielhaft dafür: *Urban Prayers Ruhr*. Da haben wir wirklich ein völlig neues Publikum gewonnen. Das wird im Gedächtnis bleiben. Schon der Anfang in Duisburg-Marxloh, in einer DITIB-Moschee, in einer Erdogan-Moschee. Da haben Menschen ihren Blick geöffnet in eine neue Welt. Aber auch da hat sich etwas verändert. Ich weiß nicht, ob dieses Projekt dort heute noch einmal möglich wäre.

Woran messen Sie Erfolg bei der Ruhrtriennale? Was muss passieren, damit Sie nach drei Jahren stolz auf Ihre Arbeit sind?

Ich bin stolz darauf, dass wir versucht haben, neue Wege zu gehen. Dass wir die Halle in Dinslaken benutzt haben, dass Meg Stuart in diesem Jahr auf diesem Gelände in der Zentralwerkstatt etwas Neues entwickeln kann. Dass wir auf der Stadtgrenze von Bottrop und Dinslaken wunderbares Kindertheater gezeigt haben. Außerdem haben wir ein Festivalzentrum gegründet. Das hat vorher immer gefehlt. Vor der Jahrhunderthalle waren bei schönem Wetter Hunderte von Leuten. Das ist wie ein Dorf auf dem Vorplatz, und das ist unser Verdienst. Dieses Jahr zeigen wir dort alle Veranstaltungen im Refektorium bei freiem Eintritt. So gewinnen wir auch ein neues Publikum. Gleiches gilt für *Ritournelle*, unsere lange Nacht der elektronischen Musik. Da kommt eine neue Generation, das Pop-Programm ist viel zeitgenössischer.

Und natürlich mit dem Teentalitarismus.

Die *Children's Choice Awards* waren eine Erfindung von Heiner Goebbels. Das war toll, die Kinder und Jugendlichen waren im Publikum, hatten ihre Jury. Aber wir haben das noch weiter geführt. Jetzt können sie ihre eigenen Aufführungen entwickeln, nutzen unsere Ressourcen, unsere Struktur. So eine Präsenz junger Leute hat es bisher nicht gegeben. Die sind ja ständig hier, gehen uns auch auf die Nerven. Das finde ich toll. Wir haben da schon neue, wichtige Impulse in der Arbeit mit Kindern und Jugendlichen gesetzt.

Sie haben im Programm immer wieder den Bogen zu Gerard Mortier geschlagen.

Ich bewundere ihn vielleicht zu sehr.

Ich weiß nicht, ob das geht.

… das geht wirklich nicht. Er wusste einfach alles, hatte viele Ideen und konnte sie auch umsetzen. Er hat gedankliche Verbindungen hergestellt, auf die ich nie gekommen wäre. Man war immer beeindruckt von seiner Geisteskraft. Und das ist, was ein Festival wie die Ruhrtriennale braucht. Geisteskraft! Mortier war natürlich der Gründungsintendant, aber nicht nur deshalb wird er immer der wichtigste Intendant der Ruhrtriennale bleiben. Das wird sich auch nicht ändern.

Mortier ist unermüdlich durch das Ruhrgebiet gereist, hat Künstler kennengelernt und in das Festival eingebunden. Bei Ihnen haben die Künstler, die in der Region arbeiten, keine besondere Rolle gespielt. Aber es hat auch kaum einer darüber gemeckert. Wieso eigentlich nicht?

Weil ich Intendant in Bochum werde, da will es sich keiner mit mir verderben (*lacht*). Aber wir sind mit der Reihe *The Rest is Noise* durch die Stadttheater getourt und haben die Kollegen noch einmal anders kennen gelernt. Die Orchester – zum Beispiel die Bochumer Symphoniker – spielen schon eine große Rolle, besonders in diesem Jahr, ChorWerk Ruhr natürlich auch. Für *Urban Prayers Ruhr* haben wir speziell Schauspieler aus dem Ruhrgebiet gesucht. Auch für das Programm im Refektorium haben wir nach lokalen Künstlern gesucht, hier sind eine ganze Menge aus dem Ruhrgebiet aufgetreten. Aber prinzipiell sind uns die Impulse von außen für das Ruhrgebiet wichtiger. Am Ende des Festivals gibt es ja diese Theaterreise der RuhrBühnen und die Ruhrtriennale gestaltet den Abend. Da arbeiten wir alle zusammen.

Ein Moment der Umschlingung.

Simons: Ein Moment, ja.

Nun werden Sie Intendant am Bochumer Schauspielhaus. Können Sie dieses Festival, das Sie von Anfang an mitgeprägt haben, einfach loslassen?

Die Ruhrtriennale kann auch als Konkurrenz inspirierend sein. Natürlich werde ich mich mit der Ruhrtriennale weiter auseinandersetzen. Es gibt bestimmt Schnittstellen.

Willy Decker hat gesagt, er wollte niemals Intendant werden. Aber das Angebot, die Ruhrtriennale zu übernehmen, sei etwas anderes. Sie haben ja viel Leitungserfahrung. Was ist das Besondere daran, Intendant der Ruhrtriennale zu sein?

Ganz banal: Es ist zum Teil Büroarbeit. Im Stadttheater ist man ständig mit Künstlern beschäftigt, bei der Ruhrtriennale nur in den zentralen drei Monaten. Das ist sehr inspirierend, dann entstehen Bühnenbilder in den Hallen, die man kaum für möglich gehalten hat. Man ist lange auf der Suche nach Künstlern, spricht mit ihnen, tauscht sich aus. Aber man muss nicht jeden Tag Kunst produzieren. Das ist weniger nervenaufreibend, man kann sich konzentrieren und freier arbeiten. Und dann geht es los, dann ist man jeden Tag und jede Nacht damit beschäftigt. Ich freue mich aber auch auf Bochum, auf die tägliche Nervenbelastung.

Die Fragen stellte der Kulturjournalist Stefan Keim am 25. April 2017 in Bochum.

Sentimenti
Johan Simons und die Ruhrtriennale 2015 bis 2017

Moritz Peters

»Die Menschen müssen nicht nur zu mir kommen, sondern ich gehe zu Ihnen und umschlinge sie.« Johan Simons' Triennalemotto »Seid umschlungen!« stellt die Menschen ins Zentrum der drei Spielzeiten. Sie sollen in ihren politisch-sozialen Umständen und Hoffnungen, aber auch in ihrer Not gezeigt und befragt werden, um daraus »Funken« der Erkenntnis zu schlagen. In der Festivalzeitung 2017 schreibt der Intendant: »Wir müssen darüber reden, inwieweit meine Freude auch der Schmerz eines anderen sein kann. Mit unserem Programm fragen wir: welche Idee haben wir von der Welt von morgen? […] Mit Kunst stoßen wir in Bereiche vor, in denen nicht immer alles rational ist. Also suchen wir nach den Götterfunken, nach neuen Götterfunken.«

Simons betont damit eine Sehnsucht, ein Gefühl und zielt somit auch auf Herz und Bauch. Anders als sein Vorgänger Heiner Goebbels, welcher vornehmlich eine theaterästhetische Reflexion anstrebte, sucht Simons die inhaltliche und emotionale Auseinandersetzung mit der außertheatralen Wirklichkeit. Wo Goebbels den unvoreingenommenen und voraussetzungslosen Zugang zur Kunst forderte, wo die Arbeiten ohne Vorwissen, nur über die sinnliche Wahrnehmung ihre Wirkung entfalten sollten, zielt Sinnlichkeit bei Simons auf das Gefühl. Er inszeniert explizit politische Stoffe wie *Accattone, Die Fremden, Cosmopolis* und versucht, mit Projekten wie *Urban Prayers* religiöse Toleranz zu erzeugen. Er knüpft unmittelbar an die Region und Ihre zentralen Themen an. Diese »politischen Stücke« sollen die Auswirkungen der Politik auf die Lebensrealität des Menschen zeigen und nicht vorrangig Gesetzmäßigkeiten analysieren. Nicht nur der Verstand wird ins Spiel gebracht. Die theatrale Suche nach »Götterfunken« hat lebenspraktischen Nutzen: Eine bessere Welt soll erahnbar werden.

Für Simons ist diese Suche ein gemeinsamer Vorgang: »Die Ruhrtriennale 2017 soll ein Festival der gemeinsamen Erfahrungen werden. Ein Festival, auf dem wir über unser Leben und unser Zusammenleben sprechen, uns freuen oder aufregen können.« Deshalb muss eine große Nähe zum Publikum hergestellt werden. »Es ist wichtig, nicht abgehoben zu sein, man muss versuchen, greifbar zu bleiben.« Dies wird im Motto »Seid umschlungen!« deutlich, aber auch im ersten veröffentlichten Video *Johan macht Pause*. Es zeigt Simons in einfacher Kleidung in einer Probenpause auf dem Weg zu einem Imbiss, wo er eine Currywurst isst. Er redet dabei über die Region und sein Verhältnis zum Publikum. Ein großer Kontrast zu dem stets im Anzug auftretenden Heiner Goebbels, welcher in seinem ersten Video ein kunsttheoretisches Gespräch über die Eröffnungsinszenierung *Europeras 1&2* führte.

Der sehr persönliche Versuch von Simons, Hemmschwellen zur Hochkultur abzubauen, setzt sich in der gesamten Öffentlichkeitsarbeit fort. Der mediale Auftritt seiner Triennale ist schlicht und unkompliziert gestaltet. Die gesamte Programmübersicht steht auf einem Faltblatt, welches alle Orte und Termine, sowie alle Inszenierungen nach Sparten gliedert. Mögliche Ängste und Vorurteile gegenüber der Hochkultur versucht das Team auch durch günstige Programmhefte abzubauen. Sie kosten an der Spielstätte einen Euro, auf der Homepage können die meisten kostenlos heruntergeladen werden. Außerdem realisiert er ein Begleitprogramm, welches junge Menschen ansprechen soll, etwa die Festivalnacht *Ritournelle* und die Installation *The Good, the Bad and the Ugly*, realisiert vom Atelier Van Lieshout. *Ritournelle* stellt im Gegensatz zu vorherigen Festivalnächten elektronische Musik zum Tanzen in den Mittelpunkt, und die Installation *The Good, the Bad and the Ugly* auf dem Vorplatz der Bochumer Jahrhunderthalle lädt auch zufällig vorbeikommende Besucher ein, sich mit den Kunstwerken und ihren Inhalten zu beschäftigen.

Simons eröffnet seine Triennale, dem sozialpolitischen Ansatz und der Suche nach Zukunft folgend, mit *Accattone*. »Die Menschen sind nicht nur einfach sündig. Man muss verstehen, worin die Ursachen liegen. […] Die Geschichte von Accattone zum Beispiel ist fast biblisch und nicht rational erfassbar – sie landet direkt im Bauch.« Der arbeitslose Zuhälter Accattone soll dem Zuschauer eine Identifikation erlauben. Zwar arbeitet Simons in den gewalttätigen Szenen der Handlung mit epischen Erzählformen, erlaubt so eine Distanz zum Geschehen, doch obwohl die Schauspieler teilweise mehrere Rollen verkörpern, treten dem Zuschauer Figuren entgegen, welche eine unmittelbare emotionale Reaktion hervorrufen.

Dabei folgen die Inszenierungen stets genau der jeweiligen Vorlage. Die Zuschauer erleben eine Geschichte des Niedergangs einer Figur. Diese wird durch Musik und epische Elemente erweitert und auch distanziert, in ihrer Kausalität jedoch nicht aufgelöst. Die emotionale Ebene wird dabei auch durch die Spielorte erzeugt. Simons inszeniert die Figuren in den riesigen Industriehallen wie Ausgesetzte in einer wüstenartigen Mondlandschaft. Sie wirken gegenüber der Dimension des Raums ausgeliefert, ausgestellt und verloren. Sie gehen an den Umständen und sich selbst zugrunde – verloren im Raum. Auf der Suche nach Sinn suchen sie – wie auch ihre Zuschauer – nach Erlösung, nach »Götterfunken«, nach einer besseren Welt.

Die sozialpolitischen Umstände unserer Gegenwart spielen eine Rolle: die soziale Situation des Ruhrgebiets in *Accattone*, die hysterische Angst vor Überfremdung und unsere postkoloniale Weltsicht in *Die Fremden*; in *Cosmopolis* schließlich geht es um eine nicht mehr durchschaubare, beängstigende globalisierten Welt. Die Hauptfigur Eric Packer, der Erzkapitalist, identifiziert sich selbst als Teilchen eines unbeherrschbar gewordenen (Finanz-)Systems – und spricht damit aus, worauf Simons mit seinem gesamten Programm reagiert.

Deutlich wird dies auch bei der Trilogie *Liebe. Geld. Hunger* von Luc Perceval. Ausgehend von einer literarischen Vorlage, Emile Zolas Romanzyklus *Die Rougon-Macquart*, entwickelt der Regisseur eine Inszenierung, welche nach den Bedingungen des menschlichen Zusammenlebens im Industriezeitalter fragt. In *Hunger*, dem dritten Teil der Trilogie, kämpft Etienne Lantier als sozialistischer Gewerkschafter gegen eine übermächtige Bergbaugesellschaft und geht dabei am herrschenden System zugrunde. Er folgt in seinem Kampf einer Ahnung von den »Götterfunken«, von einem zukünftig besseren menschlichen Zusammenleben. Im zweiten Erzählstrang wird Jacques Lantier als die »Bestie Mensch« Opfer seiner Triebe und damit zum Paradebeispiel der schmerzgeplagten Kreatur, sein Fazit: »Der Mensch muss verbessert werden, wenn dies nicht gelingt, muss er eben abgeschafft werden.« *Hunger* verweist bereits im Titel auf einen körperlichen Zustand des Menschen. Die Figuren hungern nach Essen und Erlösung, und gehen, beides ermangelnd, aufeinander los. Sie suchen den anderen körperlich zu erreichen oder zu schädigen. Diese Körperlichkeit spielt auch in Simons eigenen Inszenierungen eine große Rolle – Accattone windet sich tiergleich in der Kohlenasche, die Fremden kämpfen mit aller Kraft gegen das Verlorensein in der riesigen Zeche an.

Besonders deutlich spürbar wird die Körperlichkeit in *Orfeo – Eine Sterbeübung* von Susanne Kennedy. Auf den ersten Blick könnte die Inszenierung gut in das Konzept Heiner Goebbels passen. Sie führt die Zuschauer in kleinen Gruppen durch sieben Räume einer von unzähligen Eurydikes bevölkerte »Unterwelt«, welche ästhetisch an eine kleinbürgerliche Hölle erinnert. Die als begehbare Installation angelegte Inszenierung löst sowohl die erzählerische als auch die musikalische Struktur der Oper Monteverdis vollständig auf, verweigert sich jedoch rein abstrakten Wahrnehmungsmustern, indem sie den Zuschauer einer ungewohnten Selbsterfahrung aussetzt. Da nahezu nichts passiert, der Zuschauer die Mittel und auch die Struktur des Abends sehr schnell verstanden hat, scheint er der Situation hilflos ausgeliefert und

Ritournelle. Festivalnacht der elektronischen Musik. Foto: Marcus Simaitis / Ruhrtriennale 2016

wird auf seine Empfindungen zurückgeworfen. Nach wenigen Stationen stellt sich deshalb auch ein körperliches Unwohlsein ein.

In *Model* von Richard Siegal werden die elektronische Musik mit ihren wummernden Bässen und auch die Körperlichkeit der Tänzer physisch spürbar. Bis zur totalen Erschöpfung sind die Tänzer der Musik und dem Licht ausgeliefert. Der Zuschauer kann diese Erschöpfung nachvollziehen und nimmt sie wie das Brummen des Basstons selbst körperlich wahr. Vergleicht man diese Arbeit mit *Le Sacre du Printemps* (2014) von Romeo Castellucci, wird die Differenz der Ruhrtriennale-Konzepte von Simons und Goebbels sehr deutlich: Statt des im Stück thematisierten Menschenopfers ging es bei Castellucci um die Opferung der Tiere in der modernen Massentierhaltung. Dazu ließ er statt Menschen vierzig Maschinen tanzen, aus denen rhythmisch Knochenmehl herabrieselte, eine höchst abstrakte Umsetzung des Themas. Der in Siegals Arbeit physisch spürbare menschliche Körper steht zu diesen tanzenden Maschinen in stärkstem Kontrast und verweist damit nachdrücklich auf Simons' Konzept der emotionalen Identifikation.

Das letzte Beispiel, *Homo Instrumentalis* des Performancekollektivs Silbersee, befragt dann 2017 explizit das Verhältnis von Mensch und Maschine in einem stärker auf die Zukunft gerichteten Zusammenhang. Die Kreation

Homo Instrumentalis. Foto: Caroline Seidel / Ruhrtriennale 2017

bedient sich fast durchgängig der Mittel des postdramatischen Theaters: Es findet sich keine lineare Narration, kein eindeutiger Erzählstrang. Vielmehr durchdringen sich verschiedene Ebenen und Medien und lassen so etwas Neues, Performatives, Installatives entstehen. Die Arbeit könnte daher ebenso wie *Orfeo* in das Konzept Heiner Goebbels passen. Doch hinter den Darstellungsmitteln geht es auch hier um ein reale Menschen betreffendes Anliegen. Wie hat sich das Verhältnis Mensch-Maschine vom »schaffenden« zum »Cybermenschen« verändert? Wie lebt es sich im Digitalzeitalter? *Homo Instrumentalis* arbeitet assoziativ und (leit-)motivisch, folgt inhaltlich aber dem Programm der Simons-Triennale.

Johan Simons sucht in unterschiedlichen Theaterformen, vom Musiktheater Wagners über installationsähnliche Rauminszenierungen bis zum klassischem Sprechtheater, nach dem Menschen: seinem Schmerz, seiner politisch-soziale Situation, seiner möglichen Zukunft. Dazu werden auch sozialpolitische Themen verhandelt. Die Darstellungsweise zielt dabei, ohne sich im realistischen Feld zu erschöpfen, vor allem auf den Körper und das Gefühl, versucht so den Zuschauer unmittelbar sinnlich anzusprechen und ihm eine emotionale Erfahrung zu ermöglichen. Simons begegnet den Zuschauern auf Augenhöhe, lädt sie herzlich ein, um ihnen, einmal umschlungen, durch Kunst auch Unangenehmes zuzumuten. Seine Ruhrtriennale soll »ein Festival der gemeinsamen Erfahrungen« sein, auf welchem man über das menschliche »Leben und Zusammenleben sprechen, sich freuen oder aufregen« kann. Für dieses Gemeinschaftserlebnis setzt Simons mit seinem Team auf Emotion und Sinnlichkeit.

Sturz in die Steine
Johan Simons inszeniert *Accattone* in der Kohlenzeche Lohberg Dinslaken

Sarah Heppekausen

Diese Halle ist kolossal. Für die Eröffnungsinszenierung seiner ersten Ruhrtriennale-Intendanz hat Johan Simons eine bislang noch unbespielte Industriehalle ausgegraben: die Kohlenmischhalle Zeche Lohberg in Dinslaken. Dort nähert er sich dem Menschen in seiner Unbehaustheit. Über 200 Meter muss das Publikum zurücklegen, bis die Tribüne am hinteren Ende erreicht ist. Am Boden liegt staubiger Schotter, der an eine Mondoberfläche erinnert. Nach vorne ist die Halle offen, gibt den Blick aus dem grauen Tonnengewölbe auf Birken und Büsche frei, die sich auch hier die ausgediente Industrieanlage zurückerobert haben. Der Mensch wird so erstaunlich klein in solchen überdimensionierten, leeren Hallen; deshalb eignen sie sich so gut zu anthropologischen Betrachtungen.

Accattone – Pier Paolo Pasolinis erster Filmheld – ist arbeitsscheu aus Überzeugung (»Arbeit ist Gotteslästerung«), Zuhälter aus Bequemlichkeit, Dieb aus Bestimmung. Der Hunger ist Dauerzustand in seinem römischen Vorstadtviertel. Für seinen Film hat Pasolini überwiegend mit Laien an Originalschauplätzen gedreht. In den Nahaufnahmen blickt der Zuschauer in trübe Augen und zahnfaule Münder. Diesen Menschen nimmt man – selbst über fünfzig Jahre später – einfach alles ab: die überreizte Fröhlichkeit, die Lethargie, die Hoffnungslosigkeit, das Opfer-Sein. Johan Simons versucht gar nicht erst, dem filmischen Realismus nachzukommen. Seine Subproletarier halten sich das Authentische buchstäblich vom Leib. Sie prügeln sich in Zeitlupe, stehen still während einer Verfolgungsjagd. Szenen und Orte werden von den Schauspielern auktorial erzählt. Die Bühne belässt Muriel Gerstner weitestgehend im Vorhandenen. Der gewaltige Raum ist Bühne genug. Simons bespielt ihn in seiner monumentalen Tiefe und Weite.

Und dann Bach! Schon Pasolini unterlegte seinem Film über die römischen Underdogs die Matthäus-Passion von Johann Sebastian Bach. Diese Musik spielt eine bedeutsame Rolle, gerade weil Bachs harmonische Choräle und Instrumentalstücke vordergründig so gar nicht zur schmutzig-verrohten Filmszenerie passen wollen. Hintergründig bezieht der Soundtrack das

Schicksal Accattones auf das christliche Passionsgeschehen. In der Kohlenzeche singt und spielt das wunderbare Collegium Vocale unter der Leitung von Philippe Herreweghe gut sichtbar auf einem Bühnenpodest. Bei Pasolini ›hören‹ die Akteure die Musik nicht – nur die Zuschauer im Kino. Simons Schauspieler starren bisweilen die Musiker an, als kämen sie, als käme die Musik aus einer fremden Welt. Manchmal halten sie sogar inne und hören zu. Bei Pasolini suggeriert die Musik die Passion. Hier wird der Soundtrack darüber hinaus zum distanzierten Mitspieler.

Bei aller Distanz schafft Simons zugleich eine neue Dringlichkeit, und zwar auf körperlicher Ebene. Der Regisseur arbeitet schon seit seinen Anfängen mit der *Theatergroep Hollandia* genreübergreifend, führt Schauspiel, Tanz und bildende Kunst zusammen. Als Intendant der Münchner Kammerspiele holte er die Choreografin Meg Stuart ans Haus, die mit Schauspielern und Tänzern gemeinsam Stücke entwickelte. Tanz ist eine Ausdrucksmöglichkeit, mit der man etwas über den Körper erzählen kann, sagt der Dramaturg Koen Tachelet. Und sie erzählen körperlich viel an diesem Abend. Wenn Accattones Mieze Maddalena von einer neapolitanischen Zuhälter-Gang zusammengeschlagen wird, dann ist das kein klares Täter-Opfer-Verhältnis. Die wunderbar schnodderige Sandra Hüller, die in all ihrer Zerbrechlichkeit immer standhaft und erhaben ist, vollführt mit Benny Claessens ein so lustvolles wie gewaltsames Bewegungs-Duett. Sie bespringen und beißen sich, schmiegen sich aneinander und verrenken sich die Glieder. Das ist Liebesschrei und Sadismus, Hilflosigkeit und Brutalität gleichzeitig, und zwar auf beiden Seiten.

Benny Claessens spielt als »Das Gesetz« nicht nur den mafiösen Gangster, sondern auch die Polizisten. Ist Benny Claessens »das Gesetz«, dann wird seine Stimme leiernd, sein Körper träge. Fern von jedem Naturalismus wird Präsenz durch Widerspuch erzeugt. Accattone schmeißt sich wie schon bei Pasolini immer wieder auf den Schotterboden. Aber während der Filmdarsteller Franco Citti bisweilen ermattet und schlaff darniedersinkt, steht Steven Scharfs langer Körper unter permanenter Höchstspannung. Wenn er sich aus Ermangelung eines Flusses in die Steine stürzt, verstaucht er sich eben den Fuß. Gespanntes reißt schneller. Seine Repliken belässt Scharf häufig auf derselben Tonhöhe. Und wenn Accattone am Ende seinen eigenen Tod nachstellt, das Moped nicht stürzen lässt, sondern behutsam hinlegt, dann liegt in dieser vermeintlichen Ruhe wie in der insgesamt langsamen Inszenierung eine stumme Bedrohung. Unter dieser vordergründigen Gleichgültigkeit scheint es zu brodeln. Pasolini steuert eine religiöse Ebene an, indem er die musikalischen Referenzen mit der realistischen Handlung zu einer modernen Passionsgeschichte kreuzt. Simons lässt die Schauspieler spielen, verfremdet

Fotos: Julian Röder / Ruhrtriennale 2015

das Geschehen gezielt, variiert den Tonfall: mal bitter-ironisch, mal unerbittlich-körperlich, mal provozierend-distanziert. Der Abend bietet großes Musik-Schauspiel-Tanztheater – diesseits mythisierender Implikationen und jenseits einer vordergründigen soziologischen Studie oder politischen Botschaft. Die Eröffnungsinszenierung führt Mortiers Kreationen-Prinzip fort, steigert es sogar noch und bekennt sich damit zur besonderen Ästhetik der Ruhrtriennale.

Premiere bei der Ruhrtriennale: 14. August 2015 / Musikalische Leitung: Philippe Herreweghe / Regie: Johan Simons / Bühne: Muriel Gerstner / Kostüm: Anja Rabes / Soundscapes: Steven Prengels / Dramaturgie: Koen Tachelet / Tobias Staab / Musikdramaturgie: Jan Vandenhouwe / Mit: Steven Scharf, Sandra Hüller, Elsie de Brauw, Benny Claessens, Anna Drexler, Mandela Wee Wee, Steven van Watermeulen, Jeff Wilbusch, Lukas von der Lühe, Laura Mentink, Pien Westendorp / Solisten: Dorothee Mields (Sopran), Alex Potter (Alt), Thomas Hobbs (Tenor), Peter Kooij (Bass), Christine Busch (Solo Violine) / Chor Collegium Vocale Gent / Orchester Collegium Vocale Gent

Das Rheingold schimmert rätselhaft
Johan Simons inszeniert Wagners Vorabend zum *Ring des Nibelungen* in der Jahrhunderthalle Bochum

Stefan Keim

Die Ruhrtriennale ist ein Festival für das Besondere. Wenn hier Richard Wagners *Rheingold* auf dem Spielplan steht – zudem in der Bochumer Jahrhunderthalle –, ist keine Inszenierung zu erwarten, wie man sie auch im Stadttheater sehen könnte. Regisseur Johan Simons und Dirigent Teodor Currentzis wollten Wagners Partitur aufbrechen. Der Finne Mika Vainio, der als Hälfte des Duos Pan Sonic bekannt wurde, hat elektronische Klänge komponiert, die sich auf Wagner beziehen.

Ein brummender Klang erfüllt die Bochumer Jahrhunderthalle. Schon im Foyer und sogar draußen auf dem Parkplatz ist der elektronische Soundteppich zu hören. Er nimmt den berühmten Es-Dur-Akkord auf, mit dem Richard Wagner am Beginn die Wellen des Rheins zum Klingen bringt. Das Orchester Musica Aeterna steigt langsam und leise ein, übernimmt immer mehr die Führung, bis sich schließlich Wagners Partitur herausschält.

Der Regisseur und Ruhrtriennale-Intendant Johan Simons wollte Wagners *Rheingold* vom Ballast seiner Rezeptionsgeschichte befreien. Das Stück soll wieder unmittelbar erlebbar werden, wie es sich Richard Wagner Mitte des 19. Jahrhunderts gedacht hatte. Er orientierte sich an den Dionysien des antiken Theaters, eine Aufführung sollte ein mythisches Erlebnis sein. Kurz bevor Wagner mit dem *Ring des Nibelungen* begann, hatte er sich am Leipziger Maiaufstand 1849 beteiligt. Er kannte die Revolutionäre seiner Zeit und wollte über die Kunst eine neue, bessere Gesellschaft schaffen. Das Bühnenbild zeigt direkte Bezüge zum Ruhrgebiet. Ganz oben steht ein Haus, das von den Riesen gerade fertig gestellte Walhall. Die Heimat der Götter sieht wie die Villa Hügel in Essen aus. In der Mitte sitzt das Orchester, die Spielfläche vorne steht unter Wasser, Steine liegen darin.

Einen direkten Eingriff in Wagners Partitur gibt es in der Verwandlungsmusik, wenn Wotan und Loge in die Unterwelt aufbrechen, um Alberich den Hort abzunehmen. Der Rhythmus der Ambosse leitet über in eine weitere elektro-

nische Einspielung von Mika Vainio. Sonst folgt der als experimentierfreudig bekannte Dirigent Teodor Currentzis Wagners Partitur. Er präsentiert keine intellektuelle Neudeutung, sondern betont lustvoll die Extreme. Sehr zarte Passagen wechseln mit Momenten ungebremster Wucht. Das Orchester Musica Aeterna leistet sich einige Intonationsfehler, aber die fallen kaum ins Gewicht, weil die Musiker eine unglaubliche Energie entwickeln. Als die Riesen auftreten, die Walhall gebaut haben, stehen fast alle Instrumentalisten auf und spielen ein knalliges Fortissimo.

Wotan und seine Götterfamilie tragen schicke Anzüge und Abendgarderobe, die Zwerge Alberich und Mime sind Arbeiter in dreckigen Unterhemden. Die Sänger intonieren rau, oft nahe am Sprechgesang. Sie müssen körperlich einiges leisten, Treppen rauf und runter rennen, sich im Wasser wälzen. Leigh Melrose zeigt als Alberich die Verwandlung in einen riesigen Wurm und in eine Kröte nur durch Körperhaltungen. Gesanglich ragt Mika Kares als zynischer Wotan heraus, Jane Henschel sorgt als Urmutter Erda mit wunderbar kultivierter Stimme für einen glühenden Höhepunkt. Nur einmal wird Wagners Stück musikalisch aufgebrochen.

Als Wotan und sein Berater Loge in die Unterwelt aufbrechen, um Alberich den Hort zu stehlen, leitet der Rhythmus der Ambosse zu einer weiteren elektronischen Einspielung über. Der Schauspieler Stefan Hunstein, der vorher eine Art Butler im Hause Wotan darstellte, erzählt nun ideologiekritisch die Legende von Walhall als Paradiesvision eines deutschen Helden. Kämpfen, sterben, saufen. Und alles wieder von vorn. Nicht mal im Tod findet er Frieden. Wie immer bei Johan Simons bleiben viele Bilder rätselhaft und offen, der Zuschauer wird zum Mitschöpfer. Die grandiosen Singschauspieler und das manchmal die raue Energie einer Rockband entwickelnde Orchester deuten eine interessante Mischform aus Oper und Schauspiel an, direkt und glaubwürdig, mit vielen Momenten überlebensgroßer Emotionalität. Dieses *Rheingold* lässt sich auch als Versuch verstehen, sich der Form der Kreationen auf eine neue Weise anzunähern, über das klassische Opernrepertoire.

Premiere bei der Ruhrtriennale: 12. September 2015 / Regie: Johan Simons / Musikalische Leitung: Teodor Currentzis / Elektronische Musik: Mika Vainio / Bühne: Bettina Pommer / Kostüme: Teresa Verghò / Licht: Wolfgang Göbbel / Dramaturgie: Tobias Staab, Jan Vandenhouwe / Orchester: Orchester MusicAeterna / Mit: Mika Kares, Andrew Foster-Williams, Rold Romei, Peter Bronder, Leigh Melrose, Elmar Gilbertsson, Frank van Hove, Peter Lobert, Maria Riccarda Wesseling, Agneta Eichenholz, Jana Henschel, Anna Patalong, Dorottya Láng, Jurgita Adamonyté, Stefan Hunstein

Loslassen üben
Susanne Kennedy, Suzan Boogaerdt und Bianca van der Schoot präsentieren *Orfeo* nach Claudio Monteverdi in der Kohlenmischanlage der Zeche Zollverein Essen

Judith Schäfer

Erinnerungen verblassen. An Erlebnisse, an Dinge und auch an die Menschen, die wir nicht vergessen wollen. Wir möchten sie festhalten. Aber unbedingtes Festhalten birgt Gefahren, wie der Mythos um Orpheus und Eurydike erzählt. Er wirft Fragen auf: Wie nimmt man Abschied – als Sterbender und als Angehöriger? Was ist angemessen im Angesicht des Todes, aber auch des Lebens, das weitergehen soll? Wie erinnert man sich des Verstorbenen?

Orfeo von Susanne Kennedy, Suzan Boogaerdt und Bianca van der Schoot konfrontiert uns mit diesen Fragen. Sie nehmen den Mythos in der Fassung Monteverdis zum Anlass, einen visuell und akustisch verdichteten Gang durch Szenen des Wartens, Festhaltens, Wiederkehrens und Loslassens einzurichten.

Mit sieben weiteren Besuchern fahre ich in einer Lore hoch auf die oberste Plattform der Mischanlage Zollverein. Vorbei an stillgestellten Maschinen, gehen wir hinein in ein System schwach erleuchteter Gänge. Das Auf und Ab, über Treppen und Plateaus, irritiert mich – man weiß zuletzt nicht, ob man sich noch über oder unter der Erde befindet. Schließlich warten wir vor einer Tür, während über Kopfhörer Texte zu hören sind, die vom Loslassen im Sterben handeln. Zu sehen ist nicht viel. Die hohen Wände verlieren sich im Dunkel. Dann öffnet sich eine Tür.

Wir landen in einer Art Wohnzimmer. Uns gegenüber sitzt eine blondperückte Frau auf einer speckigen Couch. Wie der Raum selbst, strahlt sie eine fast leblose Künstlichkeit aus. Das Gesicht ist eine Maske, deren Haut zäh und dick erscheint, und in der nur die Augen leben. Sie schaut uns an. Lange. Schaut weg. Schaut wieder hin. Ihre Haltung drückt Passivität aus, aber so, als erwarte sie etwas.

Es muss Eurydike sein, die von Orpheus in die Unterwelt verfolgte, maßlos geliebte Gattin. Da Orpheus sie auf dem Weg zurück ins Leben entgegen der göttlichen Auflage anschaut, misslingt ihre Rettung und sie muss in der

Fotos: JU / Ruhrtriennale 2015

Totenwelt verbleiben. Am Blick hängt die mythische Frage nach Leben oder Tod, und nun blicken wir uns schweigend an. Minutenlang geschieht nur dies. Irgendwann steht Eurydike auf, öffnet eine Jalousie. Ein Raum wird sichtbar, in dem ebenfalls als Eurydike kostümierte Musiker sitzen. Sie spielen Fragmente aus Monteverdis *Orfeo*. Dann setzt ein Signal ein: weißes Rauschen flackert über einen Bildschirm, die Lampe über einer Tür wird grün und wir können weitergehen.

In einem gelbgetönten Zimmer sitzen zwei Eurydikes unterschiedlicher Statur und unterschiedlichen Alters, wie man an ihrer Haut sehen kann, an einem Glastisch. Vor ihnen steht eine Schale mit Kirschen. Unter dem Tisch liegen Kerne und Stiele, streng auf einem Brett angeordnet. Manche sind zerbröselt wie morsche Knochen; überhaupt erinnern sie an Skelette oder archäologische Funde. Abgestorbene Frucht zu neuem Leben. Ab und zu kommt Bewegung in die starren Gesichter der beiden Eurydikes. Sehr langsam kauen sie, bis sie irgendwann wie unter Schmerzen einen Kirschkern aus dem Maskenmund drücken.

Aus Lautsprechern dringen instrumentale *Orfeo*-Fragmente. Die Musiker in dem abgesonderten Raum, so ist dem Programmheft zu entnehmen, spielen sie nach den Vorgaben eines Zufallsgenerators. Da die Musik überall zu hören ist, bisweilen elektronisch verfremdet, hat sie etwas Verbindendes, obwohl die Chronologie der Oper suspendiert ist. Man ist gefangen in einem fast reglosen Innen, in Klang, Blicken und Sprachlosigkeit. In einer Ecke des nächsten Zimmers duscht eine Gestalt hinter einem Vorhang, man sieht schemenhaft ihre Bewegungen. Ein Zettel in einer Schale mahnt, man solle nicht am Leben hängen, da man es ohnehin nicht festhalten könne. Solche Zettelbotschaften häufen sich nun. Plötzlich kommt eine weitere Eurydike herein und beginnt langsam zu tanzen, zu einer Musik, die nur sie hört. Wir schauen zu. Dann ruft das Signal in den nächsten Raum.

Es ist eine Art ›Hinterhof‹ im Innenraum, angedeutet durch eine Ziegelwand-Tapete. Hier wartet eine ganze Eurydike-Gruppe mit weißen Streichinstrumenten. Erneut geschieht lange nichts. Inzwischen will ich, dass diese schrecklich stillen, puppenartigen Wesen etwas tun. Nach einer Ewigkeit heben sie ruhig ihre Bögen und spielen langgezogene Moll-Klänge, die keine Melodie erkennen lassen. Ich bin verunsichert: Spielen sie wirklich so langsam? Oder verändert sich meine Wahrnehmung?

Etwas wacklig gehen wir in ein Wartezimmer, in dem bereits mehrere Eurydikes ausharren. Wir dürfen uns setzen. Irgendwann fordert eine der Eurydikes mich mit einem kleinen Wink auf, ihr durch eine Tür zu folgen. Plötzlich stehe ich in einem klinisch weißen Raum dem singenden Orpheus gegenüber. Er ist hell gekleidet, auch maskiert, wieder sind allein die Augen lebendig. Er steht einige Schritte entfernt an einem Geländer um einen tiefen Schacht und sieht mich an. Nach all den stummen Blicken ist diese Begegnung von einer eigenen Intensität, verstörend, fast konfrontativ.

Welche Bedeutung innerhalb all der Begegnungen mit den Eurydikes habe eigentlich ich? Stehen unsere wechselseitigen Blicke für das Festhalten? Wer angeblickt wird, ist anwesend. Wer einen Blick sucht, lässt nicht los. Ich schaue die Eurydikes an. Ihr Hier-Sein liegt also auch bei mir. Ich habe die Rolle des Orpheus übernommen, der Eurydike nicht loslassen kann. Nun aber, da ich ihm begegne, stimmt diese Lesart nicht mehr. Er schaut mich an. Orpheus erscheint isoliert und gebunden an diesen Ort, sein lebendiges Gesicht verborgen hinter einer toten Gummihaut, selbst ein Opfer. Vielleicht sollen sein Gesang und sein auf mich gerichteter Blick aber auch *mich* hier halten. Sofort spüre ich einen tiefen Widerwillen: Ich will nicht festgehalten werden. Da holt mich eine Eurydike ab. Die Tür schließt sich hinter uns, Orpheus bleibt singend zurück. Als müsse er in dieser Zelle auf ewig seine Stimme erklingen lassen, hängengeblieben in einer Endlosschleife zwischen all den Eurydike-Erinnerungen.

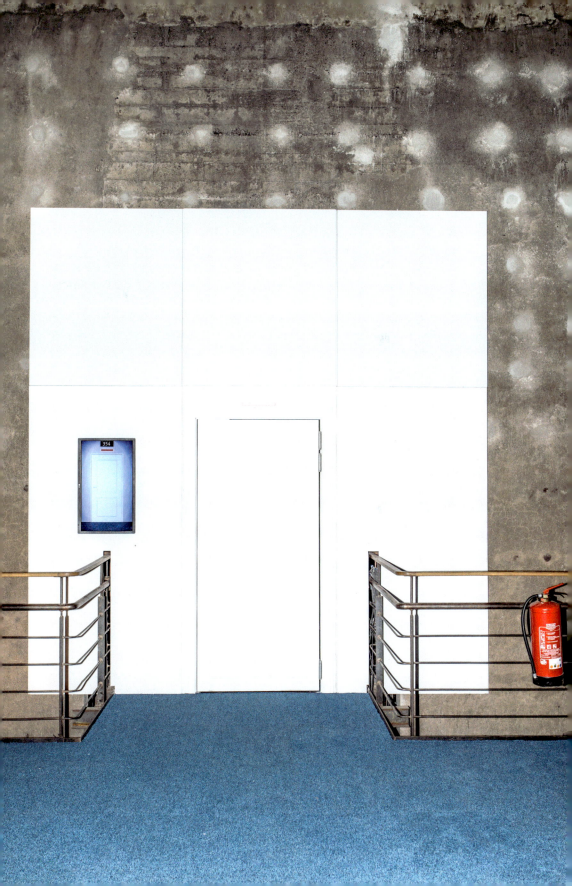

Im nächsten, dämmrigen Raum liegt eine Eurydike mit geöffneten Augen atmend auf einem Bett. Manchmal durchfährt ihren Körper ein Zucken, als wehre sie sich. Fast möchte ich mich an ihr Bett setzen und ihr beruhigende Worte ins Ohr flüstern. Gegenüber liegt hinter dem bodentiefen Fenster der Raum mit den spielenden Musikern. Warum aber *spielen* sie überhaupt – und warum *spricht* eigentlich niemand?

Jeroen Versteele macht im Programmheft darauf aufmerksam, dass die Textfragmente, die man über Kopfhörer hört und auf Zetteln liest, dem *Tibetischen Totenbuch* entstammen. Das Buch will den Sterbenden durch das Hören dieser Texte befreien. In der »Sterbeübung« *Orfeo* aber spricht niemand. Vielleicht soll hier die Musik die Rolle des Totenbuchs übernehmen? Und nun, in diesem ruhigen Raum, kommt mir der Gedanke, ob nicht die vervielfältigte Eurydike *uns* beim Sterben begleitet. Das legt auch der Austausch stummer Blicke nahe – und *wir* lesen die Texte und *wir* hören die Musik. Eurydike, vervielfältigt in all die Masken, ist ja eigentlich nicht da.

Man kann im letzten Raum verweilen. Es ist das Sterbezimmer. Aber Eurydike stirbt nicht. Sie liegt und atmet und wartet. Die letzte Tür führt ins Freie.

Uraufführung: 10. August 2015 / Regie: Susanne Kennedy, Suzan Boogaerdt, Bianca van der Schoot / Musikalische Konzeption, Leitung: Tilman Kanitz, Michael Rauter / Bühne: Katrin Bombe / Kostüm: Lotte Goos / Dramaturgie: Marit Grimstad Eggen, Jeroen Versteele / Licht: Jürgen Kolb / Video: Rodrik Biersteker / Sounddesign: Ole Brolin / Musikalische Mitarbeit: Harpo 't Hart / Mit: Hubert Wild, Suzan Boogaerdt, Indra Cauwels, Marie Groothof, Floor van Leeuwen, Bianca van der Schoot, Anna Maria Sturm, Solistenensemble Kaleidoskop

Die Perspektive der Anderen
Johan Simons inszeniert *Die Fremden* in der Zeche Auguste Victoria Marl

Stina Freund und Katharina Sturm

Im September 2016 besuchten wir *Die Fremden* in der Zeche Auguste Victoria in Marl. Der Abend regte uns zu Gesprächen über Identität, die Bestimmung von Eigenem und Fremden und die ästhetischen Dimensionen dieser Inszenierung an.

In drei Teilen, einem schauspielerischen, einem musikalischen und einem filmischen verhandeln Regisseur Johan Simons, Musikdramaturg Jan Vandenhouwe und Installationskünstler Aernout Mik die beiden Romane *Der Fremde* (Alber Camus, 1942) und *Der Fall Meursault – eine Gegendarstellung* (Kamel Daoud, 2014). Jeder Künstler nutzt dabei sein Metier zu einer individuellen Umsetzung des Stoffes: Simons besetzt fünf Personen für eine Rolle, Vandenhouwe inszeniert ein abstraktes Opernmoment und Mik beendet den Abend mit einem Kurzfilm. Diese besonderen Aspekte der Form, auf die wir durch die dramaturgische Einführung bereits vorbereitet wurden, begleiteten uns in den Abend hinein.

Katharina Sturm: Welche Erwartungen weckt ein Titel wie »Die Fremden« mit seinem offensichtlichen Bezug zu Camus' und Daouds Romanen? Entsteht daraus eine dritte Version derselben Geschichte, die sich aus beiden zusammensetzt? Tatsächlich sind die Bücher auf der Bühne deutlich zu sehen: Demonstrativ werden sie immer wieder in die Luft gehalten. Das Statement ist klar: Es geht hier auch darum, wie bestimmte Themen in verschiedenen Medienformen verhandelt werden. Es gibt ein Buch. In dem Buch geht es um Fremdheit, um Entfremdung und um Haroun, der sich diesem Komplex ebenso ausgesetzt sieht, wie der Tatsache, dass die Geschichte seines Bruders in Camus' Roman erzählt wurde, ohne ihm dabei auch nur einen Namen zuzubilligen. Wie fühlt sich diese Namenlosigkeit an? Eine mögliche Annäherung an dieses Gefühl leistet Simons, indem er die Figur Haroun gleich von fünf Darstellern unterschiedlichen Alters und Geschlechts spielen lässt.

Fotos: Robin Junicke

Stina Freund: Geht es bei Camus um Selbstentfremdung und die direkte Konsequenz, auch anderen fremd zu sein, so erweitert Daoud das komplexe Feld ›des Fremden‹ um Kritik am Kolonialismus und ›den Islam‹ am Beispiel Algeriens. Simons greift die Aspekte des kulturellen, religiösen und geografischen Fremdseins auf und will das Abstrakte des Begriffs ›Fremdheit‹ ins Ruhrgebiet und in Zusammenhang mit der aktuellen Flüchtlingsthematik bringen.

KS: Durch die Entscheidung, die Figur des Bruders in fünf Darsteller aufzuteilen, thematisiert Simons den Zerfall und die Undefinierbarkeit der Persönlichkeit, die zwischen dem eigenen Tun und der belastenden Vergangenheit zerrissen ist. Eine Entscheidung, die sich der Gefahr der Klischeebildung entziehen möchte, nicht zuletzt auch über den Verzicht auf eine eindeutige Zuweisung im Sinne von definierter Körperlichkeit.

SF: Die Multiplizierung der Rollenfigur kann jedoch auch auf die vielfältigen Bedeutungen von Fremdheit und Selbstentfremdung bezogen werden. Beispielsweise weist sie auf die Verschmelzung von Politik und Religion hin. Religion wird hier als ein Teil kultureller Zugehörigkeit dargestellt …

KS: Die fünf Darsteller auf der Bühne sind mit wenigen Requisiten ausgestattet, die sie beliebig umfunktionieren, so verwandelt sich eine Flagge in einen Schleier, wird aber auch als Lasso zweckentfremdet. Bilder Algeriens unter französischer Besatzung, die als Dauerschleife im Hintergrund laufen, sind wie die hochgehaltenen Bücher Medien, die Entfremdung thematisieren: Ein nationales Symbol, wenn es geschwenkt wird oder ein Schleier, wenn er entsprechend getragen wird. Entscheidend ist: Was lesen wir hinein?

SF: Simons visualisiert Aspekte des kulturellen, religiösen und geografischen Fremdseins in dem er sie auf Gegenstände und Filmbilder überträgt, um uns die Erfahrung von Fremdheit zu ermöglichen. Eine Strategie der totalen Öffnung oder der Hilflosigkeit? Wer ist hier eigentlich fremd, sind wir uns selbst fremd?

KS: Die Themen Kolonialismus und die Auseinandersetzung mit dem Islam sind präsent: Wer sich auskennt sieht in den historischen Filmbildern einen Verweis auf das kolonisierte Algerien. Wem dieser geschichtliche Verweis nicht geläufig ist, sieht in den abwechselnd traditionell und westlich gekleideten Menschen, die in die Kamera blicken, die Anspielung auf eine Kluft zwischen Tradition, Modernität, Aufklärung und Religiosität. Im Zentrum steht also die implizite Frage nach Identität. Dieses Wechselspiel der Medien (Buch und Film zwischen Einheiten ganz konventionellen Sprechtheaters) genügt allein schon für eine Debatte um das Thema Fremdheit: Rivalisieren diese drei Medien traditionell miteinander oder bedingen sie sich mittlerweile sogar gegenseitig?

SF: Wirbt Simons für einen Dialog von Kunst und Religion?

KS: Die Vermutung liegt nahe, dass diese Fragen angerissen werden, aber bewusst unbeantwortet bleiben.

SF: Über den besonderen Spielort, die ehemalige Kohlemischmaschine, wird auch das Ruhrgebiet in die Fragen des Fremdseins einbezogen. Die Ruhrtriennale wird hier einmal mehr zum Medium eines Nachdenkens über die Region, vielleicht im Sinn der Reflexion über die Fremdheit zwischen industrieller Vergangenheit und kultureller Gegenwart und dem Widerspruch, der dem Modewort »Industriekultur« innewohnt.

KS: Diese Fragen kreisen im Kopf, während die Vorstellung ihren Lauf nimmt. Der industrielle Spielraum wirkt zugleich stark auf die emotionale Seite der Wahrnehmung.

SF: Ja, die gewaltige Kohlenmischmaschine, die sich in der Mitte der Inszenierung in Bewegung setzt und den Ort in die Tiefe öffnet, entfaltet ihre ganz eigene Wirkmacht, besonders wenn man weit oben sitzt und die Darsteller davor wie Ameisen erscheinen. Bezogen auf den Titel der Inszenierung, wirkt diese Verkleinerung der Menschen wie ein Verweis auf die Unfassbarkeit von *Kultur* oder *Fremdheit*.

KS: Die Inszenierung selbst ist dreigeteilt, widmet sich dem Schauspiel, dann der Musik und letztendlich dem Film, wobei alle drei Elemente in jedem Teil erhalten bleiben, aber jeweils einen kleinen Schritt hinter das Hauptmedium zurücktreten. Es zeichnet die Inszenierung aus, dass sie die Macht des Raumes erkennt und nutzt. Neben einer raumgreifenden Bewegungschoreografie sind auch die Medien selbst daran beteiligt, sich Präsenz in der Wahrnehmung zu verschaffen: Die Leinwände im ersten Teil sind nicht nur Pforten in einen imaginären Raum, in dem sich die gezeigten Bilder mit verschiedenen Assoziationen verknüpfen lassen, sondern auch ein Rahmen für das davor stattfindende Bühnengeschehen, dass sich sonst vor der Wucht der Kulisse verlieren würde.

SF: Der zweite Teil gehört der Musik und scheint der einzige Moment zu sein, in dem der Gegensatz des Eigenen und des Fremden zugunsten einer dritten Ebene geöffnet wird.

KS: Eine Sängerin zieht uns in einen Raum, der aus fremdartigen Klängen besteht. Die Inszenierung hat an diesem Punkt ihren abstraktesten und intensivsten Moment erreicht.

SF: In der musikalischen Verfremdung wird uns einmal mehr bewusst, wie vielschichtig *Fremdheit* sein kann, entsprechend der jeweiligen Wahrnehmung.

KS: Der letzte Teil knüpft an die Kraft des ausklingenden Liedes an. Eine riesenhafte Leinwand wird langsam herabgelassen. Die gewaltige Wand wird zum Fallbeil, das den weit und endlos wirkenden Raum der Kohlemischhalle langsam zerteilt – einer der stärksten Momente des Abends. Ihm folgt ein Film (von Aernout Mik), der uns ein wenig verunsichert. Mik will »Bilder im Grenzbereich von Politik und Fantasie« schaffen, in denen Menschen »Erinnerungsmaschinen« sind. Dazu spielt er mit scheinbar dokumentarischen Bildern, die ein Flüchtlingslager durch Kostümierung und offensichtliches Laienspiel andeuten. Direkt nach dem kraftvollen Opernteil wirkt diese Distanzierung befremdlich, emotional reduziert. Der Eindruck von Fremdheit wird zum inneren Bruch mit der Inszenierung, mit Simons selbst, zumindest für die restliche Dauer des Stückes ...

SF: ... Ferner erscheint Fremdheit als Abstraktum, das mit Versuchen von Visualisierung konkretisiert werden soll. Simons erweitert die Dimension seiner Inszenierung um die aktuelle Flüchtlingsthematik und will sie ›ins Theater holen‹. Der Diskurs um Eigenes und Fremdes ist im Theater nicht neu. Als einer der Schauspieler sich die Asche des Zechenbodens ins Gesicht schmiert, verweist Simons auf die Blackfacing-Debatte als Mittel der Sichtbarkeit von Fremdheit. Das Theater und die Gesellschaft thematisieren die gleichen Probleme. Hier kommt auch wieder der ursprüngliche Ort ins Spiel, ein Ort an dem Kohlekumpel gearbeitet haben, ein Ort der entfremdeten Arbeit. Aber auch ein Ort an dem Migrationsprozesse als Begegnung mit Fremden zum Eigenen des Ruhrgebiets geworden sind.

Die ehemalige Industriehalle und Bühne wird zur Repräsentationsmaschine, die Darstellungen von Stereotypen ebenso visualisiert wie die Zerrissenheit der Figur Harun. Aber auch fehlende Repräsentationen innerhalb der Gesellschaft oder speziell innerhalb des europäischen Schauspielensembles werden so thematisiert.

KS: So gesehen liegt in der Wahl des Aufführungsortes die größte Stärke der Inszenierung, die den intensivsten Eindruck hinterlässt.

SF: Im medialen Zusammenspiel dieser Inszenierung wird deutlich, dass Simons das Fremde nicht als bekannt voraussetzt, welches ohne Bruch repräsentiert werden kann. Vielmehr bietet er Impulse auf dem Weg der Auseinandersetzung mit Eigenem, Fremden und einer Alternative. Sichtbar wird ein Ort der Möglichkeit und des Versuchs – zugleich aber auch ein Ort des möglichen Scheiterns.

Uraufführung bei der Ruhrtriennale: 02. September 2016 / Regie: Johan Simons / Dramaturgie: Vasco Boenisch, Tobias Staab, Matthias Velle / Komposition: György Ligeti, Mauricio Kagel, Claude Vivier / Musikalische Leitung: Reinbert de Leeuw / Bühne: Luc Goedertier / Video: Aernout Mik / Mit: Pierre Bokma, Benny Claessens, Elsie de Brauw, Sandra Hüller, Risto Kübar, Katrien Baerts / Orchester: Asko|Schönberg

Inszenierung der Krise
Wouter Van Looy zeigt *earth diver* im Salzlager Essen

Kristin Posekardt

Weißes Rauschen und eisige Kälte: Wir befinden uns in Barentsburg, einer einsamen russischen Enklave am Nordpol auf der norwegischen Inselgruppe Spitzbergen. Wir sehen einen gottverlassenen Ort. Die trostlose Dunkelheit des Himmels trifft hier auf das ewige Eis der Erde. Dazwischen taumeln die Bewohner des Ortes. Stupide Arbeit verrichtend, kaum noch Leben in den Augen, wirken sie so, als hätten sie bereits den Vorraum der Hölle betreten. In der trostlosen Stille vernehmen wir die frühbarocken Klänge des deutschen Komponisten Heinrich Schütz:

> Erhöre mich, wenn ich rufe,
> Gott meiner Gerechtigkeit,
> der du mich tröstest in Angst,
> sei mir gnädig, und erhöre mein Gebet,
> vernimm mein Schreien,
> mein König und mein Gott.

Diese melancholischen, schwermütigen Worte verbreiten Ruhe und Hoffnung. Der Gesang stellt sich der bedrückenden Atmosphäre anmutig entgegen.

Wenn man die Augen von der Leinwand abwendet, befindet man sich nicht mehr in Barentsburg, sondern im Salzlager der Zeche Zollverein in Essen, und zwar in der Musiktheaterproduktion *earth diver,* die am 21. September 2016 im Rahmen der Ruhrtriennale Premiere feierte. Ein Blick in das Programmheft gibt Aufschluss über die Beweggründe der Macher. Das Konzept von Wouter Van Looy, dem künstlerischen Leiter des Antwerpener *Muziektheater Transparant,* geht von dem allerorten spürbaren Empfinden aus, dass eine Krise die andere jage: Klimakrise, Wirtschaftskrise, Finanzkrise, Flüchtlingskrise lassen uns kaum noch zu Atem kommen und vermitteln das Bild einer Welt am Abgrund. Kunst soll und muss dies registrieren und zur Diskussion stellen, so der Ansatz van Looys und seines Teams.

Foto: Wonge Bergmann

Die Dramaturgie des Theaterabends folgt der Struktur eines fünfteiligen, der Psychologie entlehnten Krisenbewältigungsschemas, welches sich jedoch leider ohne Programmheftlektüre in keinem Moment vermittelt. Die Inszenierung verknüpft stattdessen zwei Referenzpunkte, die sehr deutlich wahrnehmbar sind, auf den ersten Blick zunächst aber kaum kompatibel erscheinen: Der trostlose Ort Barentsburg, an dem heute nur noch wenig Kohle abgebaut wird, und die Musik von Heinrich Schütz, die zur Zeit des Dreißigjährigen Krieges entstanden ist.

Der belgische Künstler Wim Catrysse etabliert mit seinen Filmaufnahmen aus Barentsburg zunächst einen visuellen Resonanzraum. Das Publikum ist kreisförmig um ein Metallgerüst gruppiert, sodass jeder Zuschauer mindestens zwei der insgesamt vier im 90-Grad-Winkel zueinander stehenden Leinwände einsehen kann. Auf ihnen sind Aufnahmen von der Kohlenmine zu sehen, die das Elend der Welt symbolisieren mögen. Durch diese Zentrierung mutiert der Theaterraum zu einer quasi-sakralen Versammlungsstätte, zu einem Ort der Selbstreflexion und der kollektiven Kontemplation.

Akustisch führt uns der Vokalkünstler Phil Minton als Prediger der Krise und der Verunsicherung unsere tiefsten Ängste und Abgründe vor. Zentral im Gerüst platziert, wird er wahlweise zum Sprecher, Sänger oder auch virtuosen

Geräuscherzeuger. Die poetischen, lose auf Gedanken von Peter Sloterdijk und Slavoj Žižek basierenden Texte werden in englischer Sprache vorgetragen und über Textprojektionen der versammelten Gemeinde verkündet:

> [...] eiskalte lava eines unsichtbaren vulkans bedeckt deine augen // hände, ohren und mund. // der eisvogel hält inne im flug, // die zeit hält an. // nichts rührt sich mehr, selbst der herabwirbelnde schnee gefriert in der luft. // noch jagt die angst durch deinen körper. // erfroren greifst du nach einem stern, der nicht mehr leuchtet.//

Florian Helgath zeichnet als musikalischer Leiter für Auswahl und Kombination des Musikmaterials verantwortlich, wobei er verschiedene musikalische Verfahrensweisen anwendet: Da sind zum einen die Kompositionen von Heinrich Schütz (1585–1672), die meist deutlich erhalten bleiben, manchmal verfremdet werden; dazu kommt die von Nikolaus Brass speziell für *earth diver* komponierte Musik; und David Van Bouwel trägt »Soundscapes« bei, atmosphärische Klangcluster, die irgendwo zwischen Vokalisen und Geräuschen angesiedelt sind. Die Musik von Heinrich Schütz bildet mit ihren frühbarocken Klängen voller Gottvertrauen jedoch den musikalischen Nucleus des Abends. Weitergetragen wird die Verzweiflung über die krisenerschütterte Welt, die ihr Heil nur in der Transzendenz der Musik finden kann, durch den Chor, sowohl musikalisch als auch choreografisch. Achtzehn Sänger des ChorWerk Ruhr bewegen sich durch den gesamten Raum des Salzlagers, mal singend hinter dem Publikum vorbeiziehend, mal vereinzelt stehend, mal sich an wechselnden Plätzen in unterschiedlichen Formationen zusammenfindend. Diese Bewegungen im Halbdunkel verstärken die bedrückende Atmosphäre der Texte und Bilder, denen als Kontrapunkt der Gesang spannungsvoll gegenübersteht: Harmonisch und beruhigend befreit er von den negativen Emotionen, die die Bilder der Leinwand, die Stimme des Sprechers und die Bewegungen des Chores evozieren. Aus dieser fragilen Balance aber entsteht eine Stimmung, die an rituelle Handlungen erinnert – fremd und vertraut, verstörend und tröstlich zugleich.

Die Menschen auf der Leinwand sind *earth diver*, sie tauchen in die Erde, um sie sich untertan zu machen, dabei sind sie längst selbst Sklaven ihrer Umwelt. So wie die Arbeiter in die Schächte tauchen, tauchen wir mit ihnen in Abgründe. Mit den Aufnahmen aus Barentsburg will die Inszenierung die toten Schächte und verborgenen Labyrinthe in unserem Innern, in unserer Gesellschaft freilegen: eine eisige Welt, unwirklich und absurd; die Leere der Landschaft und die toten Augen der Menschen als Metaphern der Krise. Doch wir gehen längst nicht mehr in die Kirche und flehen mit Heinrich Schütz um Erbarmen. Nachrichten über Anschläge und die erstarkende Rechte sagen uns: Habe Angst! Die Welt ist in der Krise! Und Einschränkungen, Feindbilder oder neue Gesetze werden als Lösungen angepriesen. Auch zur Zeit des Dreißigjährigen Krieges war die Welt außer Kontrolle, von Gott verlassen. Als Antwort bot sich ein besseres Leben im Jenseits an, das in Schütz' Musik Gestalt anzunehmen scheint. Und tatsächlich gibt es Hoffnung auf ein Leben im Paradies, allerdings nicht nach dem Tod, sondern im Hier und Jetzt: Hoffnung auf das Überwinden der Gewalt, des Leidens und der Angst durch Menschlichkeit. Denn das Streben nach Transzendenz und somit nach dem Göttlichen ist Teil des Menschen – so die feste, im Programmheft verkündete Überzeugung der Künstler.

Wir erlösen uns stets durch neue Rituale und da der Glaube etwas mit Hingabe zu tun hat, geben wir uns in diesem Fall hin: der Musik von Heinrich Schütz und der »umschlingenden« Kraft eines Kunstfestivals. Eines Festivals, das bezeichnenderweise auch an Orten des sterbenden Bergbaus stattfindet. Es haucht neues Leben ein und stiftet Sinn. Zumindest an diesem Abend, einem der spannendsten in der Spielzeit 2016.

Premiere bei der Ruhrtriennale: 21. September 2016 / Musik: Heinrich Schütz, Nikolaus Brass / Soundscapes: David Van Bouwel / Autor: Paul Verrept / Musikalische Leitung: Florian Helgath / Konzept und Regie: Wouter Van Looy / Film: Wim Catrysse / Licht: Peter Quasters / Bühne: Wouter Van Looy, Wim Catrysse, Peter Quasters / Kostüm: Johanna Trudzinski / ChorWerk Ruhr / Phil Minton (Vocalist) / B'Rock-Continuo Gruppe: David Van Bouwel (Orgel), Wim Maeseele (Laute), Tom Devaere (Kontrabass)

So wenig Leben
Ivo van Hove inszeniert den dritten Teil seiner
Couperus-Serie in der Zeche Zweckel Gladbeck

Sebastian Bös

Der belgische Regisseur Ivo van Hove hat sich drei Jahre lang mit Werken des niederländischen Schriftstellers Louis Couperus (1863–1923) beschäftigt und drei seiner Romane für die Bühne adaptiert. Der erste Teil, *Die stille Kraft*, spielt in Indonesien; der zweite, *Die Dinge, die vorübergehen*, nimmt seinen Ausgang in Niederländisch-Indien. Die dritte Inszenierung der Serie, *Kleine Seelen*, bleibt ganz in den Niederlanden. Über die drei Jahre lässt sich beobachten, dass van Hove und das Ensemble der Toneelgroep Amsterdam die ästhetischen Mittel immer weiter reduzieren: Im ersten Teil, aufgeführt im Salzlager der Zeche Zollverein, erscheint ein bildgewaltiges Indonesien auf einer quadratischen Bühnenfläche aus halbnassen Planken, Regen, Dampf, Projektionen von Meeresbrandung und mit der gewaltigen Geräuschkulisse javanischer Bambusinstrumente. All das wird aufgeboten, um die unerfüllten Wünsche, enttäuschten Erwartungen, aber auch die Abgründe europäischer Kolonialunternehmungen zu erzählen.

Der zweite Teil erzählt von einem nie aufgearbeiteten Geheimnis einer Familie. Dabei erscheint die Bühne in der lang gezogenen Maschinenhalle der Zeche Zweckel in Gladbeck fast leer. Am linken und rechten Rand des hellen Bodens sitzen die Familienmitglieder in langen Stuhlreihen. Weit hinten auf einem Tisch stehen Pendeluhren, Schüsseln und ein Schlagwerk, auf dem der Musiker Harry de Wit improvisiert, dahinter ein Spiegel, der den Raum verdoppelt und die Figuren damit noch mehr der Vereinzelung und Einsamkeit preisgibt. Minimalistische Klänge und Geräusche nehmen den Raum ein und hallen noch lange in ihm nach. Ivo van Hove komponiert dazu mit einfachen Mitteln mächtige Bilder, etwa schwarze Papierfetzen, die vom Himmel regnen. Am Ende dieses Abends über die menschliche Vergänglichkeit und das Zerrinnen der Zeit, füllt sich der Raum mit Nebel und wir sehen eine der Figuren ganz langsam darin verschwinden, während die Bassklarinette de Wits leise seufzt, als würde sie zum letzten Mal atmen.

Der dritte Teil kommt ohne Nebel aus, ohne Regen, ohne Projektionen. Nüchtern und reduziert verzichtet die Inszenierung auf eine historische Verortung des Stoffs und liefert damit den konzentriertesten Abend der Trilogie. Mittelpunkt des Bühnenbilds ist ein riesiger grüner, quadratischer Teppich, auf dem sich die Figuren begegnen. An den Seiten führen Treppen zu zwei lichten Gallerien hinauf, die den Spielraum links und rechts begrenzen. Hinten schließt ein weißes Prospekt die Bühne ab. Dazwischen stehen allerlei Büsche und Bäumchen, zwischen denen die Großmutter, das älteste Familienmitglied, herumspukt und bisweilen überraschend in das Geschehen eingreift.

Schnell wird klar: Hier gibt es kein Entkommen. Denn der romantisch-nostalgische Eindruck, den dieser ›Wintergarten‹ auf den ersten Blick macht, täuscht. Im Verlauf des Stücks entpuppt sich der viereckige Raum als hermetisch abgeriegelt, mehr Panoptikum als Oase, klaustrophobisch statt erholsam. Nach einem Draußen sucht man hier vergeblich.

Wie auch die ersten beiden Teile, erzählt *Kleine Seelen* eine düstere Familiengeschichte, nicht, weil furchtbare Geheimnisse enthüllt würden, sondern weil zermürbende Fragen alle Figuren belasten: Hätte mein Leben auch anders verlaufen können? Hätte es glücklicher sein können? Lebe ich wirklich? Für die älteren Figuren gilt: Habe ich wirklich gelebt? Habe ich das volle Potenzial meines Lebens ausgeschöpft?

Im Zentrum des Stücks steht die bürgerliche Familie van der Welcke. Constance van der Welcke, einundfünfzig Jahre alt und in zweiter Ehe unglücklich verheiratet, sitzt alleine auf dem großen Teppich und eröffnet den Abend, indem sie über das Altern nachdenkt. Sie spricht, als hätte sie bereits mit dem Leben abgeschlossen. Doch ausgerechnet sie, die nicht mehr an einen zweiten Atem glaubt, verliebt sich in einen frustrierten Tatmenschen, einen desillusionierten Weltverbesserer. Außer ihr leben in dem Haus noch ihr ältester Sohn, der Arzt Addy mit seiner lebenslustigen Frau Mathilde, die im Verlauf des Stücks zunehmend kühler wird, und Addys zwei Cousinen, deren Vater Selbstmord begangen hat. Von Beginn an liegen Trauer, Traumatisierung und Ohnmacht über diesem Ort. In *Kleine Seelen* begegnet uns die Familie als eine Gemeinschaft von Menschen, die einander fremd sind.

In diesem Familienmodell, das (nicht nur) der bürgerlichen Welt am Anfang des 20. Jahrhunderts gut in die Karten spielt, sind die Geschlechterrollen klar verteilt: Der Mann geht als Haupternährer früh morgens aus dem Haus, die Frau kümmert sich um Kinder und Haushalt. Der Mann verdient das Geld und gründet darauf (erfolgreich) seinen Autoritätsanspruch innerhalb der familiären Gemeinschaft – wie eben Addy, der tagsüber seinem Arztberuf nachgeht und sich danach um seine Großfamilie kümmert. Er betreibt seinen Beruf vor allem aus Leidenschaft und weniger des Geldes wegen. Arme Kranke behandelt er sogar umsonst, sehr zum Leidwesen seiner Frau. Zuhause agiert er

Fotos: Jan Versweyveld

nicht als Patriarch, sondern als guter Geist, welcher der Familie mit Umarmungen Trost spendet und Streitigkeiten mit guten Worten zu schlichten sucht; ein fanatisch bemühter Harmoniehersteller.

Manche Figuren erinnern an Tschechow, gerade mit Blick auf ihre Antriebslosigkeit. Jedoch betrachtet Couperus im Gegensatz zu seinem russischen Zeitgenossen die Schicksale seiner Figuren nicht vor dem Hintergrund der politischen Umbrüche ihrer Zeit. Ihn interessieren auch nicht die drastischen Analysen von Familien- und Geschlechterrollen eines Ibsens. Couperus geht es um das individuelle (Liebes-)Empfinden jeder einzelnen Figur, ihrer Beziehung zu den anderen, ihrer je eigenen Ohnmacht.

So sehen wir den Figuren beim Träumen zu und dabei, wie sie sich abstoßen und anziehen, in ihnen Hoffnungen aufkeimen und wieder vergehen. Constance wird von ihren neuerlichen Liebesgefühlen so sehr überrascht, dass sie durch die großen Fenster der Maschinenhalle schaut, die bis zu diesem Moment noch gar nicht Teil der Bühnenwelt sind. In diesem Augenblick fällt warmes Licht hindurch. Es ist das einzige Mal, dass sich die Hoffnung auf eine andere Welt, ein neues Leben außerhalb der eigenen vier Wände visuell Bahn bricht – gerade in seiner ästhetischen Einfachheit einer der großen Momente des Abends.

Nicht nur Constance wird durch ihre aufkeimenden Gefühle auf die Probe gestellt. Es ergeben sich auch für die anderen Familienmitglieder neue Liebes- und Lebensoptionen. Doch die kleinen Seelen besitzen keinen Mut zur Veränderung und so bleibt zuletzt fast alles so, wie es am Anfang war. Leben ist anderswo. Nur Addys jüngste Schwester, Marietje, schafft den Absprung.

Der Musiker Harry de Wit sitzt im Hintergrund und sorgt mit Klavier, Klarinette und Windmaschine für dezente, dramatische oder auch verspielte Musikuntermalung. Etwa wenn Mathilde das Schlittschuhlaufen auf dem Teppich andeutet und sie de Wit mit Klavier und Klarinette leichtfüßig begleitet. Es ist einer der wenigen leichten Augenblicke der Inszenierung.

Warum dieser Abend zu einem eindrücklichen Meisterwerk des Illusionstheaters wird, liegt einmal am wunderbar aufspielenden Ensemble der Toneelgroup Amsterdam. Mit ihrer Mimik, ihren Blicken und kleinen Gesten, füllen die Spieler den Raum bis ins Letzte aus, werden so zum Epizentrum des Geschehens. Sie lassen ihre Figuren ohne Pathos leiden und handeln. Denn obwohl es um die großen Gefühle geht, wird es nur selten laut.

Ivo van Hove seinerseits verzichtet auf Bildgewalt und verlässt sich auf das präzise, zurückgenommene Spiel und die psychologische Einfühlung, an die er glaubt. Schonungslos und unnachgiebig werden Figuren und Zuschauer mit den großen Fragen dieses Abends konfrontiert. Mit Fragen, die heute so unmittelbar in die Herzen treffen, wie sie es schon damals taten.

Premiere: 24. September 2017 / Regie: Ivo van Hove / Dramaturgie: Jan Peter Gerrits / Video: Theunis Zijlstra / Musik: Harry de Wit / Mit: Chris Nietvelt, Maria Kraakman, Hans Kesting, Steven van Watermeulen, Robert de Hoog, Noortje Herlaar, Hélène Devos, Frieda Pittoors, Aus Greidanus jr. (Video), Hugo Koolschijn (Video)

Von Höllenqualen zum paradiesischen Goldregen
Richard Siegals *Three Stages* nach Dantes
Göttlicher Komödie im PACT Zollverein Essen

Alina Baranowski

An nur einem Theaterabend schmoren wir in der Hölle, werden im Fegefeuer von den irdischen Sünden reingewaschen, um dann ins Paradies zu gelangen. Richard Siegal zeigt 2017 *El Dorado* als letzten Teil seiner Dante-Trilogie zusammen mit den Vorgängern *Model* (2015) und *In Medias Res* (2016). Siegal gibt Publikum und Tänzern dabei beinahe vier Stunden Zeit, den im finsteren Wald verloren gegangenen Weg in den drei Reichen des Jenseits wiederzufinden.

Doch wo mit der Suche beginnen? Endstation: Inferno (*Model* 2015). Siegals Hölle konstituiert sich als eine Dimension der Intensität, welche sich visuell in Form von stroboskopischem Flackern auf die Netzhaut brennt, während das von Lorenzo Bianchi Hoesch komponierte elektronische Wummern auf die Eingeweide drückt. In der Hölle winden sich arme Seelen angesichts der Ewigkeit. Das Stroboskoplicht stanzt Momentaufnahmen der sich bewegenden Körper in das Blickfeld des Publikums und nähert sich im Zusammenspiel mit der gnadenlosen Musik dem Zeitkonzept der Ewigkeit. Sie werden an diesem Ort für ihre Sündhaftigkeit bestraft, eine unverortbare mechanische Stimme brummt *easy* und *nice* zur Besänftigung, um die rastlosen Körper dann erneut unter hektischen Impulsen über die düstere Bühne zu jagen. Die flüchtige Bewegung, der Gegensatz zum Stillstand, also der Tanz selbst, wird zum Widerstand gegen den Tod und zur Erfahrung von Ewigkeit.

Dieses Inferno choreografiert Siegal mit dem Bewegungsvokabular des klassischen Tanzes. So drehen sich die Tänzerinnen auf Spitzenschuhen in den von Dante angelegten Kreisen, welche mittels Licht auf den Boden projiziert werden und die sündhaften, verdammten Wesen in ihren Bewegungen begrenzen. Siegal, selbst einst Tänzer bei William Forsythe, bezeichnet *Model* als choreografische Provokation, in welcher er das klassische Konzept der Symmetrie radikal dekonstruiert. Symmetrische Formationen stehen, gemeinsam mit dem klassisch normierten Bewegungskanon, nicht mehr für ein harmonisches (theologisches) Gleichgewicht, sondern für die korrupte Ordnung der Hölle. Bei Siegal gelangen diese Symmetrien, vor allem im Hinblick auf die folgenden Jenseitsreiche, zu einer radikalen Auflösung. Diese Kombination von fordernder Musik, Licht und ekstatischem Tanz legt sich direkt auf die Nervenenden des Publikums und macht die Höllenqualen ohne Umwege über die Ratio spür- und erlebbar.

Verschnaufpause für Publikum und Tänzer: Es folgt *In Medias Res* ein Wiedersehen im Purgatorium. Gemeinsam mit dem durch die Trilogie leitenden Protagonisten (Corey Scott-Gilbert) landet das Publikum dort, wo Zeitlichkeit und Kausalitäten wieder eine Rolle spielen, im Fegefeuer. Hier sollen die, im Vergleich zum Inferno weniger gewordenen, Seelen Läuterung und Reinigung erfahren. Die Bühne ist damit zwischen Himmel und Hölle verortet; sie wird zu einem Transitraum zwischen zwei Ewigkeiten. Dass Zeit erneut eine Rolle spielt, der höllische *freeze* also wieder aufgehoben scheint, wird durch die Bewegungen und die Bühnensituation unmittelbar deutlich. Auf der Bühne herrscht ein reges Treiben, Zeit und Arbeit werden zur realen Währung in Siegals Purgatorium. Alltagsgegenstände wie Sofas, Kleidung und Gefäße werden auf die Bühne getragen, geschäftig hin und her geräumt. Die sieben Todsünden werden an einer langen weißen Tafel als Sieben Gänge-Menü serviert, die Kellner gehen auf und ab, das Prinzip der tänzerischen *entrées* ad absurdum führend. Ihre Bewegungen sind slapstickartig, hinter ihnen beben die nie stillstehenden Schwingtüren, die den Bühnenraum begrenzen.

Im Kontrast zum ersten Teil ist die Bühne mit natürlich anmutendem Licht durchflutet, zugleich aber schmutzig, staubig und mit Planen bedeckt. Die geschäftigen Körper der Tänzerinnen und Tänzer wirbeln den Staub immer wieder auf, räkeln sich im Dreck und werfen mit Farbbomben – sie beschmutzen sich sukzessive selbst. Die Bühne vermittelt eine Baustellenästhetik: Mundschutz, Planen und Müllsäcke sind Teile der Kostüme und vervollständigen den Endzeitcharakter. Waren es im Inferno die visuellen und akustischen Reize, die das Publikum überforderten, so ist es hier die Gleichzeitigkeit von Geschehnissen auf der Bühne, die eine Reizüberflutung produziert. Tanz, Ton, Video, Installation und Malerei spielen sich parallel und in unterschiedlichen Intervallen auf der Bühne ab. Die Symmetrie des klassischen Balletts ist im Fegefeuer endgültig aufgehoben. An ihre Stelle tritt zeitgenössischer Tanz mit improvisatorischem Anteil, zu ruhigen, aber präsenten elektronischen Sounds, sowie zu Kontrabass- und Celloklängen. Siegal selbst beschreibt die Körper hier als agierende Subjekte, die über eingeplante Improvisationen eine eigene Autorenschaft entwickeln und gemeinsam einen Ausweg aus dem verurteilenden Gottesgericht suchen. Portraits von Widerstandskämpfern wie Che Guevara hängen an den Wänden und die als Erzähler einzuordnende Figur (Frédéric Stochl) zitiert Antonin Artaud. Artaud, der Widerstand

Foto: Ursula Kaufmann / Ruhrtriennale 2017

gegen seinen Aufenthalt in der Nervenheilanstalt leistete und in seinem Radiohörspiel *Pour en finir avec le jugement de Dieu* genau das forderte, was Siegal in seinem Fegefeuer nun neu verhandelt, verlangt in einem dieser Zitate nach einem organlosen Körper. Solistin Vânia Vaz vollzieht währenddessen roboterhafte Bewegungen – ein Blick in die technisierte Zukunft.

Das simultane Treiben findet ein jähes Ende, als sich die Bühne wortwörtlich selbst verschluckt. Unter ohrenbetäubendem Dröhnen und Wummern wird die beschmutzte Plane, die eben noch Basis für das Fegefeuer war, in ein schwarzes Loch gezogen, in der Realität eine Tür an der hinteren Wand des Bühnenraums. Dunkel und mit Nachhall präsentiert sich das endlose Nichts als Eingang zum Paradies: *Tout est pardonée* lautet das Versprechen, welches über der Leere prangt. Wort- und tonlos glauben die Seelen dieser Hoffnung auf vollkommene Vergebung, sie entkleiden sich und waschen ihre beschmutzten Körper von ihren Sünden rein. Im PACT Zollverein, der ehemaligen Waschkaue, wird wieder geduscht. Die eben noch hinter der Plane verdeckten Duschen reinigen nun die Körper der Performer. Geläutert tritt eine nach dem anderen in das Dunkel der Vergebung, in der Hoffnung auf das Paradies.

Nach einer zweiten Pause im personenreduzierten Paradies angelangt, kommen erste Zweifel auf: Das soll es sein? Das Paradies? Siegals *El Dorado* ist ein Ort fernab von himmlischen Sphären, Entschleunigung und Zeitstillstand sind die gesetzgebenden Gewalten. Tummelten sich im Inferno noch unzählige Seelen, wird der Übertritt ins Paradies nur zwei Hauptakteuren gewährt. Lediglich Corey Scott-Gilbert und Gus Solomons Jr., eine Ikone des Postmodern Dance, stehen sich in einem dialogischen Spiegelstadium nackt gegenüber: der energetische Körper des Jüngeren und der zerbrechlich anmutende des Älteren lassen Assoziationen an eine Vater-Sohn-Beziehung aufkommen. Solomons Jr. rezitiert paradiesische Verse aus Dantes *Comedia*, Scott-Gilbert folgt ihm mit seiner Stimme als Echo.

In die elektronischen Klänge mischt sich das Plätschern des vom Purgatorium übriggebliebenen Wassers. Dunkelviolett läuft es aus einem an der hinteren Bühnenwand angebrachten Pissoir. Dort sitzt eine dritte Figur, das Golden Girl (Sandra Balkmann), breitbeinig, üppig und prall als Sinnbild weiblicher Fruchtbarkeit im plätschernden Nass. Die Psychoanalyse Freuds hält Einzug in das Paradies, wenn der Vater seinem Sohn wiederholt »motherfucker« entgegenbrüllt. Ihre Bewegungen mit- und gegeneinander sind brutal und kraftvoll und die schon früh im Stück angelegte Suche nach der »alten Schuld« mündet im ödipalen Komplex.

Siegals *El Dorado* erscheint als klar komponierter, minimaler Raum, der kein Paradies ist, aber das Potenzial bergen soll, eines zu sein. Die atmosphärisch-assoziativen Felder lösen sich in einem abschließenden Goldregen, der sich als feiner Staub über Scott-Gilbert ergießt und an ihm haften bleibt. Die unter orgiastischen Halleluja-Rufen angepriesene Erlösung bleibt jedoch ein Trugbild. Bei Siegal blendet das Ende in den Anfang über und die zyklisch angelegten Jenseitsreiche werden erneut nach der »alten Schuld« durchforstet. Die Hoffnung auf einen Ausweg aus dem finsteren Wald wird aufs Neue zerschlagen.

Uraufführung im Rahmen der Ruhrtriennale: 25. August 2017 / Choreografie, Bühne, Video: Richard Siegal / Musik, Live-Electronic: Lorenzo Bianchi Hoesch / Sprecher, Kontrabass: Frédéric Stochl / Cello: Zoë Martlew / Bühnenbildumsetzung *In Medias Res*: Stefan Mayer / Bühne *El Dorado*: Stefan Mayer, Richard Siegal / Video: Lea Heutelbeck / Licht: Gilles Gentner / Dramaturgie: Tobias Staab / Mit: Léonard Engel, Katherina Makowskaja, Claudia Ortiz Arraiza, Kévon Quinaou, Matthew Rich, Corey Scott-Gilbert, Gus Solomons Jr., Diego Tortelli, Lucas Valente, Vânia Vaz, Zuzana Zahradníková, Sandra Balkmann

»Alles fließt«
Anne Teresa de Keersmaeker bei der Ruhrtriennale 2008 bis 2017

Katharina Thome

Die belgische Tänzerin und Choreografin, die seit ihrer ersten Choreografie *Fase* (1982) zur Minimalmusic von Steve Reich als eine der wichtigsten Vertreterinnen des modernen Tanzes gilt, kann mit insgesamt neun Produktionen zwischen 2008 und 2017 als Dauergast der Ruhrtriennale bezeichnet werden. Das von Steve Reich entwickelte Kompositionsprinzip des »phasing« scheint Keersmaekers Art, das Verhältnis von Musik und Tanz zu denken, tief beeinflusst zu haben, denn noch immer lassen sich diese repetitiv ineinander übergehenden, fließenden Strukturen in ihren Choreografien finden. Quelle für ihre Überlegungen bildet also immer die Musik, wobei das Verhältnis der beiden Künste sich nie als Einbahnstraße präsentiert, denn nicht nur die Musik bestimmt den Tanz, auch der Tanz wirkt auf die Musik ein, indem er ihre Wahrnehmung verändert.

Die aktive Rolle der Musik in Keersmaekers Arbeit zeigt sich von Beginn an in ihren Produktionen bei der Ruhrtriennale. In *Zeitung* (2008) spielte der Pianist Alain Franco live auf der Bühne Bach, Webern und Schönberg. Diese Bühnenpräsenz der Instrumentalisten sollte zu einer Art Leitmotiv ihrer Choreografien werden, denn Keersmaeker sieht auch in den Bewegungen der Musiker eine Form von Tanz, den sie für das Publikum sichtbar machen will. Ein weiteres Motiv ist die Nutzung von Tageslicht. Die 2012 präsentierten Produktionen *En Attendant* und *Cesena* fanden im Sonnenuntergang und am folgenden Tag bei Sonnenaufgang in der Jahrhunderthalle statt – zu ausgewählten Musikstücken der höchst artifiziellen Ars subtilior des späten 14. und frühen 15. Jahrhunderts.

En Attendant ist nach einem Musikstück von Philipus de Caserta benannt, in dem das Warten thematisiert wird. Ausgehend vom Grundmotiv des Gehens, wird mit den für Keersmaeker so typischen fließenden Bewegungen das Warten in immer neuen Konstellationen choreografisch umgesetzt, wobei die Tänzer niemals einfach nur »auftreten«, sondern immer schon durch ihr Gehen präsent sind. Darüber hinaus kommen die natürlichen Lichtverhältnisse dem Wesen der Ars subtilior entgegen, deren Komplexität man im Halbdunkel, mit geschärften Sinnen, besser zu erfassen vermag. Und auch der Körper

Cesena. Foto: Anne Van Aerschot

scheint im natürlichen Licht weniger ausgestellt, weniger »obszön«, so Keersmaeker. In *Cesena*, das im Dunkeln beginnt und im morgendlichen Sonnenaufgang endet, werden Musik und Tanz besonders eng aufeinander bezogen: »Schritt für Schritt, Note für Note, immer mit der Partitur in der Hand. Eine Note, ein Tanzschritt! Eine Stimme, ein Tänzer!« (Keersmaeker). Die acht Tänzer von ROSAS interagieren aber nicht nur mit den ihnen zugeordneten musikalischen Stimmen, sondern auch untereinander und mit den Musikern, die in die Choreografie integriert werden.

Die mathematische Komplexität der Choreografien wird auch auf dem Boden sichtbar: Bei *Cesena* wird eine zirkelförmige Linie aus Sand durch die Bewegungen der Tänzer, durch ihr Gehen, Hinlegen, Aufstehen zunehmend verwischt und so die Spur der Choreografie auf den Boden gezeichnet. Auch bei den folgenden Choreografien *Partita II* und *Vortex Temporum* finden sich Muster aus gleichmäßigen, sich überschneidenden Zirkeln als eine Art sichtbare, wenn auch unverständliche Notation auf dem Bühnenboden, bis hin zu der aktiv in die Choreografie einbezogenen Ergänzung dieser Zirkellinien durch Pentagramme aus buntem Klebeband bei *Mitten wir im Leben sind / Bach 6 Cellosuiten*. Keersmaeker will durch diese geometrischen Linien die formale Struktur der Partitur auf dem Bühnenboden visualisieren.

Mitten wir im Leben sind / Bach 6 Cellosuiten. Foto: Anne Van Aerschot / Ruhrtriennale 2017

Besonders fasziniert sie die Struktur in den Kompositionen Johann Sebastian Bachs. So tritt Anne Teresa de Keersmaeker 2013 selbst als Tänzerin gemeinsam mit Boris Charmatz in *Partita II* in der Bochumer Jahrhunderthalle auf. In Bachs *Partita* finden sich nicht nur Tanzsätze wie Sarabande, Allemande oder Ciaccona – für Keersmaeker ist auch die Bewegung auf emotionaler Ebene wichtig, die sie tänzerisch zu realisieren versucht. Wie zuvor bei *Zeitung*, *En Attendant* und *Cesena* ist die Instrumentalistin (Amandine Beyer) während der gesamten Choreografie auf der Bühne. Der Tanz wirkt wie eine visuelle Studie zur Musik Bachs, wobei Keersmaeker Struktur und Emotion choreografisch übersetzt: Gehen strukturiert den Raum, aber diesem gestaltenden Gehen ist immer auch Gefühl eingeschrieben.

Auch die zweite Choreografie der Spielzeit 2013 wird zu einer hochkomplexen Komposition, getanzt: zu *Vortex Temporum* (»Zeitstrudel«) des erst 1998 verstorbenen Gerard Grisey. Die Idee, eine Musik zu choreografieren, die viele niemals als ›Tanzmusik‹ bezeichnen würden, stammt, wie schon bei *En Attendant* und *Cesena*, von ihrem »Musikdealer«, dem Filmemacher und Komponisten Thierry de Mey. In der vom Ensemble Ictus gespielten, spektralen Musik findet Keersmaeker kreisförmige Bewegungen, die sie mit ROSAS sichtbar machen möchte. Die Musiker sind im Raum verteilt und werden erneut zu aktiven Partnern der Tänzer. Diesmal zieht die Choreografin ihre Inspiration sogar direkt aus den Bewegungen der Musiker, deren Spielweisen sich in den Aktionen der Tänzer wiederfinden: die Armbewegungen der Streicher, das Atmen der Bläser und Sprünge für die Percussion.

Die 2014 folgende Produktion *Verklärte Nacht* zu Arnold Schönbergs gleichnamiger Kammermusik für Streicher nach einem Gedicht von Richard Dehmel inszeniert Keersmaeker als Pas de deux. Ihr Fokus liegt diesmal allerdings auf Dehmels Poesie, was dem Tanz einen erzählenden, melancholischen Charakter verleiht, konzentriert auf die im Gedicht thematisierte Beziehung des Paares. Diese Hinwendung zum Narrativen setzt sich 2015 fort. *Die Weise von Liebe und Tod des Cornets Christoph Rilke* basiert auf der knapp zwanzig Seiten langen gleichnamigen Erzählung Rainer Maria Rilkes und wird von Michael Pomero und Keersmaeker selbst getanzt, die den Text bisweilen mit lauter Stimme rezitiert. Beide Tänzer treten in staubiger Kleidung und schweren Stiefeln auf, womit sie das Kriegsthema des Textes aufgreifen. Die Erzählung wird auch auf Bannern zitiert, die in der Gebläsehalle Duisburg von der Decke hängen. Allerdings klingt in den Versen Rilkes noch mehr an, in Keersmaekers Worten: »Ähnlich wie in Bachs Musik taucht in Rilkes Sätzen etwas Tänzerisches auf. Es ist sehr präsent, plastisch spürbar.« Die Gegensätze in Rilkes Text (Mann und Frau, Tag und Nacht, Liebe und Tod) werden in vertikale und horizontale Bewegungsmuster transformiert. Die Musik dazu stammt von Salvatore Sciarrino und wird auf der Bühne durch die Querflötistin Chrissy Dimitriou präsentiert. Passend zum Instrument, erhält das Atmen einen eigenen Raum auch in der Choreografie, die erst mit der Musik einsetzt, nachdem zuvor Text und Sprache dominierten.

Den Bogen ihrer bisherigen Produktionen zu einem Rund spannend, kehrt Keersmaeker 2016 zurück zu einer Kombination aus Musik und Tanz, wobei ein versteckter Text als weiteres Strukturelement fungiert. Wichtig in *Golden Hours / As you like it* ist allerdings nicht die Kenntnis der Shakespeare-Komödie, sondern wie sich die elf jungen Tänzer zu dem repetitiven Song mit dem teilweise absurden Text von Brian Eno bewegen. Zunächst erklingt nur der Song, im Dunkeln, erst dann tauchen die Tänzer auf, diesmal in hipper Alltagskleidung, und machen die in Enos Text thematisierte Zeit fühlbar, indem sie permanent über die Bühne vor- und wieder zurückgehen. Die Minimal Music lässt erneut grüßen. Zugleich haben alle den Shakespeare-Text im Kopf, der unhörbar ihre Interaktionen bestimmt.

2017 präsentiert Keersmaeker dann mit *Mitten wir im Leben sind / Bach 6 Cellosuiten* eine weitere Art, Musik zu denken und zu tanzen. Drei Tänzer und eine Tänzerin gestalten jeweils allein eine der Suiten und interagieren dabei mit dem Cellisten Jean-Guihen Queyras. Die fünfte Suite wird rein musikalisch interpretiert und die sechste von allen Tänzerinnen und Tänzern gemeinsam. Keersmaeker selbst kommt in den ersten vier Suiten dazu und lässt die immergleiche Bewegungsabfolge, wiederum das »phasing«-Prinzip Reichs aufgreifend, in die Soli ihrer Tänzer einfließen. Auch das natürliche Licht, das durch die Fenster der Maschinenhalle Zweckel fällt, spielt erneut mit.

Keersmaekers Verhältnis zur Musik Bachs scheint auf den ersten Blick paradox: Struktur trifft Gefühl. Beide Aspekte fließen zusammen und bilden damit eine Konstante ihrer Choreografien. Musik wird Raum im Tanz. Keimzelle dieser »formalen Bewegung« ist das Gehen: »My walking is my dancing«. Der tanzende Körper wird dabei nicht durch grelles Scheinwerferlicht entstellt, sondern im wechselnden Tageslicht in Szene gesetzt. Die Musik bildet zwar immer den Ausgangspunkt, doch letztlich sind es die Bewegungen, die den Choreografien ihre spezifische, fließende Struktur verleihen. Bei Keersmaeker tritt nie einfach eine Person ins Scheinwerferlicht und tanzt, in ihren Choreografien »fließt« die Bewegung durch alle Ebenen, die sie dem Publikum eröffnen will – Heraklits Lehre vom Panta rhei transformiert in Tanz.

Kinder des Kapitalismus oder: Was ist eigentlich ein Mensch?
Johan Simons Abschied als Intendant der Ruhrtriennale: *Cosmopolis* nach Don DeLillo in der Jahrhunderthalle

Moritz Hannemann

Den Anfang macht Satie: Schon vor Beginn, auch außerhalb der Jahrhunderthalle, erklingen Erik Saties *Vexations*. Ein kleines Thema, das aus einer einstimmigen Melodie besteht, die in zwei Variationen gespielt wird, und zwar sehr langsam, in 840 Wiederholungen. Mit dem Einlass merken wir: Dieses kleine Thema, das uns schon die ganze Zeit begleitet hat, wird live gespielt. Auf einer Arbeitsbühne am Bühnenrand steht ein junger Mann, tief versunken in jeden Ton, hoch konzentriert auf jeden Tastenanschlag. Aber vor ihm steht kein Klavier, sondern ein Synthesizer, und daneben weitere elektronische Musikinstrumente: ein Moog, ein Theremin, ein E-Drum-Set, ein Laptop. Anders als Saties *Gymnopédies*, von denen im DeLillos Roman die Rede ist – die Hauptfigur Eric Packer schwört auf die sanften Dissonanzen dieser drei kleinen Klavierstücke um sich zu beruhigen –, sind die Vexations unüberhörbar atonal. Die einzelnen Töne stehen schroff und unverbunden nebeneinander: Ihr Klang ist eher irritierend und beunruhigend, jeder Ton ein Anschlag auf die Regeln der Harmonielehre. Diese kleinen »Quälereien« werden abrupt von einer Bach-Partita beendet, gespielt von einem Saxophon-Quartett. Das Stück beginnt mit diesem musikalischen Bruch. Drei Schauspieler treten auf, während die Saxophonisten langsam verschwinden und nur noch ein dumpfes Dröhnen zu hören ist.

Was wir auf der Bühne sehen, ist eine Parodie: ein Sandkasten, eine Schaukel, drei Schaukelpferde und vier Kinder. Im Sandkasten sitzt der Mörder, allein, gelangweilt und wartet; nicht er wird sein Opfer finden, sondern dieses ihn. Er ist das Kind, das nicht mitspielen darf, das den anderen aus der Ferne zuschaut und froh ist, wenn es nicht im Zentrum ihrer Aufmerksamkeit steht. Und das natürlich dennoch von Zeit zu Zeit hineinstolpert, ihre Unachtsamkeit durch sein Ungeschick überbietend. Die drei anderen, zwei Männer und eine Frau, haben Spielzeug dabei: Bälle, Pistolen, einen Schminkkoffer, ein

Modellauto und eine große Menge Gummiratten. Eric Packer (Pierre Bokma) wirft sie bei der erstbesten Gelegenheit mit lausbübischer Freude durch die Luft und verteilt sie auf der Bühne. Die Frau (Elsie de Brauw) bringt drei weitere Exemplare des Kleides mit, das sie trägt, eine Farbe für jede Rolle, die sie spielt: Packers Ehefrau, seine oberste Theoretikerin, seine Finanzchefin und seine Kunsthändlerin. Mandela Wee Wee spielt seinen Währungsanalysten, Sicherheitschef, Arzt und Friseur: weißes T-Shirt, weiße Shorts, weiße Turnschuhe, bei Bedarf mit Waffe oder Gummihandschuhen. Packer, in Dreiviertelhose und demonstrativ zu kurzer Krawatte, stellt die beiden und ihre Rollen mit der Unbeholfenheit eines Neunjährigen vor, dem im Vorfeld eingetrichtert wurde, was er wann sagen soll. Er sagt das Richtige, die beiden nicken zufrieden – und für den Mörder, gespielt von Bert Luppes, haben alle nur Spott übrig.

Die Drei spielen im Folgenden eine Serie von Konstellationen durch, bei denen Packer immer im Mittelpunkt steht. Es geht um seine Gesundheit, seine Sicherheit, sein Sexleben, die aktuellen Ereignisse, die Weltlage im Großen wie im Kleinen, die Kunst des Geldmachens und die Lage auf dem Kunstmarkt. Das Stelldichein der Funktionsträger findet überwiegend in Packers Limousine statt, angedeutet durch ein karussellartiges Halbrund mit zwei Sitzreihen. Packer fährt mehr oder weniger planlos durch die überfüllte Stadt, vorgeblich um sich in der Peripherie beim Friseur seiner Kindheit die Haare schneiden zu lassen. Er ist immer in Bewegung, immer online und umgeben von Informationstechnologien, die zugleich als Tor zur Welt und als Schutzschirm gegen sie fungieren.

Es ist völlig unklar, ob seine Tätigkeit als Arbeit begriffen werden kann. Packers Metier sind Wissen und Sehen: Mit einer Mischung aus Intuition und Berechnung sieht er Entwicklungen voraus, spekuliert auf Wechselkurse, leiht sich Geld, investiert es gewinnbringend und zahlt es zu besseren Konditionen zurück – wenn sich die Prognosen für die Kursentwicklung nicht als falsch erweisen. Seine Ehefrau, die ihn kaum kennt, mutmaßt: »Ich glaube, du erwirbst Informationen und verwandelst sie in etwas Grandioses und Grässliches. Du bist ein gefährlicher Mensch. Stimmt's? Ein Visionär.« Packer beschreibt sein Tun folgendermaßen: »Wir verüben ein Attentat auf die Grenzen des Sichtbaren, das ist nicht überstürzt, das ist revolutionär!« Wenn in Bezug auf diese Mischung von Vision und Spekulation von Arbeit die Rede sein kann, dann ist es eine Arbeit an der Vernichtung der Gegenwart. Die Gegenwart »wird aus der Welt gesaugt, um Platz zu schaffen für die Zukunft der unkontrollierten Märkte und riesige Investitionspotenziale.« Angesichts dieser Expansion der Zukunft ist kein Platz für die Vergangenheit und die Zweifel an dem, was man früher Fortschritt nannte: »Früher kannten wir die Vergangenheit, aber nicht die Zukunft. Das ändert sich gerade. Wir brauchen eine neue Theorie der Zeit.« In Packers Limousine kündigt sich eine Verschmelzung von Mensch und Maschine an, die das Sterben ebenso fraglich macht wie jegliche andere Empfindung, »selbst das Wort Computer klingt rückständig und doof«. »Dieser Packer muss weg«, sagt sein Mörder, ein ehemaliger Angestellter, der angesichts des Scheiterns seines eigenen Lebensentwurfs um die destruktive Wirkung des Modells Packer weiß.

Simons' Inszenierung führt vor, dass diese Welt im Übergang nicht nur in Unordnung ist, sondern auf der Kippe steht. Mehrfach ist die Rede von einem mysteriösen Ton, von dem eine latente Bedrohung ausgeht, gegen welche die Sicherheitskräfte machtlos sind. Kurz darauf brechen in der zum »totalen Markt« gewordenen Welt plötzlich Proteste gegen die Überwältigung der Gegenwart durch die Zukunft los: Aktivisten attackieren Banken und Stretchlimousinen, unterbrechen die Geschäftsabläufe und setzen die Straßenverkehrsordnung außer Kraft, denunzieren das Kapital als Ratte und setzen Lyrik- und Marx-Zitate dagegen. Zwar kann all das mit der dünnen These abgetan werden, diese Leute seien gerade nicht die »Totengräber des Kapitalismus«, sondern eine »Fantasie«, die der freie Markt selbst hervorgebracht habe. Doch als Packer sieht, wie ein Demonstrant sich mit Benzin übergießt und anzündet, verschiebt sich seine Wahrnehmung: Der Markt erscheint ihm nicht länger als »total«, weil er »diesen Mann nicht für sich beanspruchen oder seine Tat in sich aufnehmen« kann.

Die Inszenierung insistiert auf diesem »Bruch im Raum« musikalisch, ohne Verbildlichung der Vorgänge: Sowie die Bühne von Bettina Pommer ohne Flachbildschirme und Limousinen-Interieur auskommt, sowenig bedarf es einer Masse von Demonstranten oder einer Selbstverbrennungs-Szene. Stattdessen okkupiert das Saxophon-Quartett BL!NDMAN den Sandkasten mit einem atonalen Durcheinander von Klängen und Geräuschen, die Assoziationen von Stadt, Gewalt und Widerstand auslösen und Edgar Varèses *Amériques* zitieren (Musikalische Leitung und Komposition: Eric Sleichim, Elektronische Musik: Benjamin Dousselaere). Von Beginn an hat die Musik eine dramaturgische Funktion, sie bestimmt den Rhythmus der Inszenierung und perforiert die Grenzen zwischen Innen und Außen, die in jeder Situation mit im Spiel sind und trotz aller Sicherheitsstrategien auf dem Spiel stehen. Saties *Vexations* fungieren als Schwelle. Bachs alte, auf neuen Instrumenten gespielte Musik unterliegt jener vermeintlich geordneten Gegenwart, deren Strukturen viel poröser sind, als sie sich den Einzelnen darstellen. Varèses Sprung in die Atonalität und die zahllosen elektronischen Effekte sprengen die (Un-)Ordnung der Welt zugunsten eines chaotischen Kontinuums, indem die Frage nach einer ande-

Foto: Ben van Duin / Ruhrtriennale 2017

ren Ordnung auftaucht. Diese Frage lässt keine einfachen Antworten zu, auch nicht, wenn man sie politisch versteht. Der Titel *Cosmopolis* erinnert daran: Das Problem ist zwar lokal und partikular, aber zugleich universell.

Der Packer-Darsteller verlässt kurz seinen Platz und als er zurückkommt, spricht er nicht mehr wie ein Kind. »Jetzt kann ich mit dem Geschäft des Lebens beginnen« – das heißt, mit dem Sterben: Erst erschießt er seinen Leibwächter. Dann fährt er zu jenem Friseur aus Kindheitstagen, der von seinem verstorbenen Vater berichtet. Schließlich geht er zu seinem Mörder und wartet darauf erschossen zu werden, während seine Multifunktions-Uhr ihm sagt, dass der Schuss schon gefallen sei. Packers Mörder erinnert ihn daran, dass er vergessen habe, »wie wichtig das Schiefe ist« und dass die Antwort in seinem Körper liege: in seiner »asymmetrischen Prostata«, die er täglich von seinem Arzt hat untersuchen lassen.

Cosmopolis erinnert an die Abweichung, die Lücke im System. Johan Simons Inszenierung begreift sie als Frage nach dem Menschen: Er inszeniert einen »abstürzenden Ikarus« und insistiert darauf, dass die alte Antwort »Es ist der Mensch« auch angesichts des globalisierten Computer-Kapitalismus noch gültig ist. Er zeigt, dass das Theater noch immer der Ort ist, wo dies artikuliert werden kann. Simons tut das, indem er ›den Menschen‹ parodiert – deshalb die Verlegung der Szene auf einen Spielplatz. »Alle sind parodiert. Nicht aber verspottet. Emphatisch heißt Parodie die Verwendung von Formen im Zeitalter ihrer Unmöglichkeit. Sie demonstriert diese Unmöglichkeit und verändert dadurch die Formen.« Was Adorno Anfang der 1960er Jahre mit Blick auf Beckett schrieb, war nie auf diesen beschränkt, sondern exemplarisch gemeint. Beinahe sechzig Jahre später hinterlässt Simons mit seiner letzten Inszenierung als Intendant der Ruhrtriennale ein in diesem Sinne unmögliches Plädoyer für den Menschen und die Frage, wie wir zusammenleben wollen.

Simons Inszenierung zeigt aber auch, dass so, trotz aller Emphase, nicht automatisch andere und neue Formen entstehen. Sie verbleibt im Modus der einfachen Verfremdung der Gegenwart, für die mit der Erkenntnis, dass auch Börsenspekulanten Menschen sind, nicht besonders viel gewonnen ist. Erst recht nicht, wenn sich das, was der Mensch ist, verändert – zum Beispiel im Zusammenhang mit jener allumfassenden Computerisierung, die unter anderem dazu führt, dass nur noch die wenigsten Finanztransaktionen von Menschen gemacht werden. Wichtiger als die Frage, ob man DeLillos Roman, der 2003 erschien und im Jahr 2000 spielt, visionäres Potenzial zuschreibt, ist daher die Frage, inwiefern er die Gegenwart überhaupt zu begreifen vermag. Angesichts der Fixierung auf seinen Protagonisten kann daran zumindest gezweifelt werden.

Premiere am 22. September 2017 / Regie: Johan Simons / Komposition: Eric Sleichim / Dramaturgie: Koen Tachelet, Dorothea Neweling / Bühne: Bettina Pommer / Licht: Dennis Diels / Mit: Elsie de Brauw, Pierre Bokma, Mandela Wee Wee, Bert Luppes, BL!NDMAN-Orchester

»Tür zu! Da kommt Kälte rein«
Luc Perceval inszeniert die *Trilogie meiner Familie* nach Émile Zola in der Duisburger Gießhalle

Mareike Gaubitz und Jasmin Maghames

Im kalten Inneren der Gießhalle des Duisburger Landschaftsparks lud die Ruhrtriennale an nur zwei Terminen zu einem fast neunstündigen Theatermarathon. Basierend auf einer Auswahl aus der zwanzigbändigen Romanreihe *Die Rougon-Macquart,* arrangierte Luk Perceval mit seinem Team des Hamburger Thalia Theaters die drei Inszenierungen *Liebe*, *Geld* und *Hunger*. Bei der Ruhrtriennale 2017 wurde die Trilogie erstmals vollständig an einem Tag gezeigt.

Diese Auswahl erzählt anhand einer Familiengeschichte im Frankreich des 19. Jahrhunderts von den direkten Auswirkungen der industriellen Revolution auf die sozialen Strukturen. Zola widmete sich in seinen Romanen neben Familienproblemen auch dem Spannungsverhältnis zwischen Religion und Wissenschaft, den grausamen Arbeitsbedingungen der Zeit und politischen Alternativen. Besonders interessierten ihn dabei die elementaren menschlichen Bedürfnisse Liebe, Geld und Hunger.

In diesem Rahmen vermittelt die offene Gießhalle eine industrielle Atmosphäre, in der das Elend und der Verfall der Familie Rougon-Macquart deutlich wird, unterstützt von der alles durchdringenden Kälte am Abend der Aufführung. Der Theatermarathon beginnt mit *Liebe* (2015), mit der die Zuschauer in das Leben der Familie eingeführt und die Protagonisten der folgenden Inszenierungen vorgestellt werden.

Kühn in den Raum gebaut, schlägt die Bühne den Zuschauern wie eine gewaltige hölzerne Welle entgegen. Durch die siebartigen Backsteinmauern der Halle fällt zunächst Sonnenlicht auf den Bretterboden, dessen besondere Form von den Darstellern fast akrobatische Leistungen erzwingt. Durch die Welle nach hinten begrenzt, ist die Bühne recht klein, zwei einfache Holzstege dienen links und rechts als Aufgänge. Ein dickes Tau ermöglicht das Erklimmen des sich auftürmenden Bretterbergs. Ein weiteres ist über einen Flaschenzug an der Hallendecke befestigt und läuft in einer großen Schlaufe aus. Bis auf einen alten Rollstuhl, der bald wieder verschwindet, ist die Bühne zunächst ganz leer. Beeindruckend und drohend bildet der alte Gießkessel den Hintergrund. Rostüberzogen steht der Riese über dem Geschehen und füllt das Sichtfeld der Zuschauer aus, wodurch die kleine Bühne noch beklemmender wirkt. Auf der linken Seite sitzt ein einsamer Gitarrist, der die Inszenierung mit sanften Klängen untermalt.

Umso überraschender wirkt dann der Auftritt der dreizehn Darsteller, die beinahe fortlaufend auf der Bühne bleiben. Der Raum ist stets gut gefüllt, ob nun die Kinder oben auf der Welle sitzen, jemand sich in die Schlaufe des Taus setzt und schaukelt oder eine Figur irgendwo ihren Rausch ausschläft. Zu Beginn werden die unterschiedlichen Linien der Familiensaga noch erklärt und miteinander in Verbindung gesetzt, danach lösen sich die Erzählstränge voneinander.

Im Kern erzählt die Inszenierung die Geschichte der Wäscherin Gervaise Macquart, die bereits zwei Söhne, Jacques und Etienne, von einem Trunkenbold hat. Sie verliebt sich erneut und heiratet den Zinkarbeiter Coupeau, mit dem sie ihre Tochter Nana bekommt. Auf der Rougon-Seite der Familie steht der Doktor Pascal, der mit seiner verwaisten Nichte Clotilde an einer Theorie forscht, die ihn bereits die letzten dreißig Jahre seines Lebens in den Bann gezogen hat: Es geht um die Vererbungslehre. Pascal erklärt den Zuschauern seine Thesen und sein Ziel, einen von Erbsünden und -krankheiten freien Menschen zu schaffen. Der Wissenschaft und der Verbesserung der Welt verschrieben, plagen ihn seine religiöse Mutter Félicité und seine Haushälterin Martine, für die seine Forschungen die größte Schande darstellen. Die Industriehalle durchziehen derweil – leise und beschwörend – Gebete, die sich monoton wiederholen.

Die erst so hoffnungsvolle Beziehung Gervaises zu ihrem Mann scheitert am Alkohol. Auch Doktor Pascals leidenschaftliche Liebesbeziehung zu seinem Mündel ist dem Untergang geweiht, wiegen doch die moralischen und wirtschaftlichen Bedenken schwer. Beide Familienmitglieder ereilt das gleiche Schicksal: Herzschmerz, Krankheit, Tod.

Der Stab wird an die nächste Generation der unglücklichen Familie weitergereicht: Nana tritt im Alter von fünfzehn Jahren bereits in einem Pariser Theater auf und lässt sich als (hochbezahlte) Prostituierte von einem Grafen aushalten. Ihre Brüder landen im Bergbau und bei der Eisenbahn.

Liebe endet leise und betrüblich Die Schauspieler verlassen unter dem Applaus der Zuschauer die Bühne und kehren nicht zurück, um sich feiern zu lassen oder zu verabschieden. Denn schon in einer Stunde geht es weiter. Zur Freude gibt der erste Teil keinen Anlass: Zu traurig stimmt der Verfall der Figuren, dem man eben beigewohnt hat; zu ernüchternd ist das Bild der Liebe, welches nicht über Fleischeslust hinausgeht und – am Beispiel der Rougon-Macquart – unweigerlich den Weg in den Abgrund bedeutet.

Liebe. Foto: Armin Smailovic

Geld regiert die Welt! *Geld* lässt die Familienmitglieder im Verlauf der zweiten Inszenierung in den Abgrund stürzen. Nana ist erwachsen geworden und verdingt sich als Edelprostituierte und Schauspielerin in Paris. Ansonsten untalentiert, ist ihr Körper ihr größtes Kapital. Durch die Brutalität der ihr nahestehenden Männer verfällt sie zusehends dem bereits in ihrer Kindheit durchscheinenden Wahnsinn. Sie verliert nach ihrer Blütezeit auf den Revuebühnen der Metropole alles.

Einer ihrer Freier ist Besitzer eines florierenden Pariser Kaufhauses. Saccard, auch ein Sprössling der Familie Rougon, schenkt seiner neuen Mitarbeiterin Denize sein Herz, die ihn jedoch ablehnt. Sie nutzt seine Zuneigung jedoch dazu aus, die sozialistische Revolution zu unterstützen, weshalb Saccard zuletzt ebenfalls alles verliert.

Die Bühne wird in *Geld* mit einer Treppe auf der rechten Seite der Bodenwelle sowie mit einem Geschwader Schreibmaschinen (im vorderen Bereich) angereichert. Am oberen Ende der Treppe befindet sich ein Raumteiler, Nanas Umkleideraum. Ein Ort, der wie Nanas Körper, von den Männern dominiert und doch nie erreicht wird. Bespielt wird inzwischen nicht mehr nur die Bühne. Der Industrialisierung ein Zeichen setzend, erweitert sich der Aktionsraum in das Skelett des massiven Gießofens hinein. Gleichzeitig werden die auftretenden Journalisten, Geschäftsleute und Theatermacher voneinander distanziert. Die Gier nach Geld und Erfolg artikuliert sich in zwischenmenschlicher Kälte, Herzlosigkeit und Distanz, allen Bemühungen um Liebe und Nähe zum Trotz.

Direkt hinter der Bühne agieren zwei Perkussionisten, die das Schauspiel akustisch begleiten, indem sie die alten Maschinen bearbeiten. Gleichzeitig mit dem Dröhnen von riesigen Rohren und dem rhythmischen Schlagen auf Stahlträger und Trommeln, entspinnt sich auf der Bühne der Wahnsinn der Börse. Bergeweise werden Papiere wie Flugblätter geworfen. Das Chaos der laufenden Geschäfte korrespondiert dem fortschreitenden Niedergang der Rougon-Macquarts.

Am Ende ist klar: »Alles kommt vom Geld!« Sei es nun erbbedingt, der Umwelt und den Einflüssen zu verdanken – zuletzt fehlt es jedem Mitglied der Familie. Für die Zuschauer ist immerhin der zweite Teil des Marathons geschafft. Während man sich in der Pause stärkt oder die Umgebung des Landschaftsparks genießt, klingt die imposante, industrielle Geräuschkulisse von *Geld* noch nach.

Pünktlich zum Sonnenuntergang geht es hinab in die Schächte des französischen Bergbaus. Im dritten Teil *Hunger* begleiten wir Gervaises Söhne Etienne und Jacques. Jacques ist Lokführer und wird Zeuge eines Mordes: Der Stationsvorsteher Roubaud und seine Frau Séverine ermorden den Präsidenten der Eisenbahngesellschaft, um Séverine vor dessen sexueller Begierde zu schützen. Angezogen von der vermeintlichen Härte Séverins verliebt sich Jacques in sie. Séverine ist die Einzige, bei der er seinen unvermeidlichen Drang zum Töten unter Kontrolle halten kann, seine Retterin. Seiner Hoffnung zum Trotz fordert sie von ihm die Ermordung ihres eifersüchtigen Ehemannes. Der wiedererweckte Morddrang wird übermächtig. In Verzweiflung und Unfähigkeit, ihrem Wunsch nachzukommen, tötet Jaques schließlich seine Geliebte und sich selbst.

Etienne findet unterdessen Arbeit im Bergwerk. Von den unmenschlichen Arbeitsbedingungen dort schockiert, mobilisiert er die Kumpel, sich im Streik zu verbünden. Nach Wochen ohne Geld und Nahrung werden die Bergbaufamilien von Verzweiflung, Hunger und der Kälte des einbrechenden Winters gequält. Zur geifernden Meute verkommen, beginnen die Streikenden Rache an den Privilegierten zu nehmen. Die von einem alten Bergmann beständig gepredigten Worte »Die Erde braucht Blut!« werden zur Maxime der Revolutionäre. Wer seinen »Kerker in die Luft sprengen« und sich aus den eisernen Klauen der Bergbauindustrie befreien will, muss zu den Waffen greifen! Doch am Ende obsiegt der Kapitalismus. Durch die Anstellung von Gastarbeitern und mit Waffengewalt wird der Streik blutig beendet. Ausgerechnet Etienne, der Streikstifter, überlebt das Elend, von Schuld und Wut gezeichnet.

Am Beispiel der Brüder zeigt *Hunger* den Verfall der ganzen Gesellschaft. Perceval überträgt den familiären Mikrokosmos hier auf das große Ganze, was sich auch im Bühnenaufbau bemerkbar macht, der sich um einige Meter verlängert. Dabei sorgen nicht nur die einbrechende Dunkelheit und die zunehmende Kälte für ein Gefühl der Trostlosigkeit. Die Kopflampen der Kumpel liefern das einzige Licht in der eingenebelten Halle, was zu einem beeindruckenden Lichtspektakel führt. Die Zuschauer, die in den vorhergegangenen Inszenierungen bei Tageslicht stets Blick auf die ganze Halle hatten, sehen nun nicht mehr als das, was in die Lichtkegel der Lampen gerät. Unterlegt werden die Szenen durch klagende und pfeifende Saxophonklänge.

Nun frieren nicht mehr nur die in Decken geschlungenen Zuschauer, sondern auch die nur leicht bekleideten Schauspieler. *Hunger* wird zur Geduldsprobe. Die Szenen mit einer anarchischen Meute, die wutentbrannt und keifend ihre Unterdrücker in der Luft zerreißt, zerren die Inszenierung an den Rand des Erträglichen. Die Wahl der Gießhalle als Aufführungsort unterstreicht die immanenten Klassenkonflikte. Die Kulisse wird zum integralen Bestandteil der Inszenierung. Es ist fraglich, ob die gleiche Intensität im Hamburger Thalia Theater erreicht werden kann.

Am Beispiel der Familie Rougon-Macquart erinnert Perceval an die sozialen Kämpfe im 19. Jahrhundert. Die Inszenierungen beleuchten die Aussichtslosigkeit und den unausweichlichen Verfall des Einzelnen vor diesem Hintergrund. Am Ende des Theatermarathons bleibt der immense Kraftakt dieses Tages am stärksten im Gedächtnis: Nicht nur zuschauend musste man Durchhaltevermögen beweisen. Die hervorragenden Schauspieler nehmen ihren Applaus zuletzt blaugefroren entgegen.

Premiere bei der Ruhrtriennale: 15. September 2017 / Bearbeitung und Regie: Luk Perceval / Dramaturgie: Susanne Meister / Bühne: Annette Kurz / Licht: Mark van Denesse / Livemusik: Lothar Müller, Ferdinand Försch, Sebastian Gille / Mit: Marie Jung, Barbara Nüsse, Gabriela Maria Schmeide, Maja Schöne, Oda Thormeyer, Patrycia Ziolkowska, Patrick Bartsch, Stephan Bissmeier, Pascal Houdus, Sebastian Rudolph, Rafael Stachowiak, Tilo Werner, Nikolai Gemel, Andre Grave, Sebastian Doppelbauer, Thore Lüthje

Nicht nur in der eigenen Kirche predigen
Wie Johann Simons und sein Team auf die Region und ihre Menschen zugingen – und sie auch in Staub und Schmutz schickten

Vasco Boenisch

Winter im Ruhrgebiet. Die Zeit zwischen den Spielzeiten. Die Zeit der Entdeckungen. Wir sind in Marl, ganz am Nordrand des Reviers. Wir sind »auf« Auguste Victoria. Im kleinen Bus unternimmt Ruhrtriennale-Intendant Johan Simons an diesem Tag eine exklusive Erkundungstour. Eingeladen hat ihn der Chef der RAG, der Nachfolgegesellschaft der ehemaligen Ruhrkohle AG, persönlich. Und so laufen jetzt Hausherr Bernd Tönjes, sein Gast Johan Simons, RAG-Kommunikationschef Eberhard Schmitt und der Autor dieser Zeilen, jeder mit einem Bauhelm ausgerüstet, auf den Eingang der gigantischen Kohlenmischhalle der Zeche Auguste Victoria zu.

Innen ist es dunkel, kalt, zugig. Das Tageslicht, das am hinteren, offenen Ende zu sehen ist, erhellt die Halle kaum. Ein paar Arbeiter sind auszumachen, winzig in der Entfernung. Mehr als 200 Meter misst die Halle von einem Ende zum anderen, rund 50 Meter ist sie breit. Das Dach läuft nach oben hin fast spitz zu. An den Seiten, dort, wo sich unsere kleine Besuchsgruppe nun Schritt für Schritt nach vorn pirscht, führen Schienen. Darauf fährt, in fast unmerklichem Schneckentempo, über die ganze Hallenbreite der sogenannte Rücklader: die Kohlenmischmaschine. Mit einem riesigen Gitter, das fast bis ans Dach reicht, und mit rotierenden Schaufeln wühlt sie sich durch einen kolossalen Kohleberg, der in der Hallenmitte aufgeschüttet worden ist. Sie mischt den Ertrag aus den Stollen, der Qualitätsschwankungen aufweist, damit am Ende immer die gleiche Mischqualität geliefert werden kann. Ist die Maschine am Ende der Halle angelangt, wird ein neuer Kohleberg aufgeschüttet, und sie fährt in entgegengesetzter Richtung zurück. Tag für Tag.

Doch nicht mehr lange. Auguste Victoria ist die vorletzte Zeche im Ruhrgebiet. Wenige Wochen nach diesem Besuch ist Schicht im Schacht. Mitte Dezember 2015 schloss der Betrieb, nach 116 Jahren Bergbau an dieser Stelle. Deshalb ist Johan Simons an diesem Wintertag nach Marl gekommen: auf der Suche nach einem neuen Spielort für die Ruhrtriennale-Saison 2016. Ein bisschen Gründergeist, wie in den Anfangsjahren kurz nach der Jahrtausendwende. Simons' spontanes Urteil ist binnen weniger Sekunden gefällt, als er das gewaltige, düstere, schmutzige Szenario in Marl erblickt: Hier will er inszenieren.

Diese Episode erzählt viel über die großartigen Chancen und aber auch manche Schwierigkeiten, die die Ruhrtriennale als Festival der Künste »in der Metropole Ruhr«, wie es offiziell heißt, auszeichnen. Die Episode erzählt viel darüber, wie Johan Simons und wir, sein Team, das Festival gedacht und weiterentwickelt haben in den drei Jahren 2015, 2016 und 2017. Und sie erzählt auch etwas darüber, wie die praktische Arbeit im Hintergrund abläuft.

Diese großen Hallen ... Groß sind die allermeisten, welche die Ruhrtriennale seit ihrer Gründung 2002 bespielt, die Jahrhunderthalle in Bochum, die Kraftzentrale und die Gießhalle im Landschaftspark Duisburg-Nord, das Salzlager der Kokerei auf Zollverein in Essen oder die Maschinenhalle der Zeche Zweckel in Gladbeck. Orte und Hallen, geschaffen für harte Arbeit, für wirtschaftlichen Profit, aber nicht für kreative Experimente, Kontemplation und Reflexion. Dass jene aufwändig renovierten Hallen seit nun mehr als fünfzehn Jahren Künstler aus aller Welt einladen, um dort jeden Sommer neue Aufführungen oder installative Werke zu realisieren, verleitet einen kritischen Journalisten im Sommer 2017 schon mal zu der provokanten Frage an den Intendanten, ob das Modell Ruhrtriennale nicht eine zutiefst neoliberale Idee sei: Kreativität als Wirtschaft, Kreativwirtschaft, als Wirtschaftsfaktor im Standortmarketing Ruhrgebiet.

Man darf diese Frage stellen. Aber vielleicht ist die Ruhrtriennale der Jahre 2015 bis 2017 dafür der am wenigsten geeignete Adressat. Denn zum ersten Mal seit der Gründungsintendanz von Gerard Mortier hat das Festival noch einmal den kraftraubenden Versuch unternommen, mit offenen Armen auf das Ruhrgebiet zuzugehen und eben auch dorthin, wohin das Festivalpublikum bisher noch keinen Fuß gesetzt hat, wo man nach Möglichkeit doch noch die Konfrontation oder zumindest den Austausch mit jener Arbeits- und Lebenswelt spürt, derer wir all jene vintage-pittoresken Pilgerstätten der »Industriekultur« verdanken.

Man kann es also als Eventhuberei abtun, wenn wir in jedem der drei Jahre eine neue, große Halle – erstmals – bespielt haben: 2015 die Kohlenmischhalle der Zeche Lohberg in Dinslaken (*Accattone*), 2016 die Kohlenmischhalle von Auguste Victoria in Marl (*Die Fremden*) und 2017 die Zentralwerkstatt in Lohberg (*Projecting [Space[*). Aber eine solche, äußerliche Wahrnehmung wird dem aufrichtigen Anspruch nicht gerecht, den diese Ruhrtriennale formulierte.

Es macht nämlich etwas mit den Künstlern, wenn sie wochenlang im Kohlenstaub proben und spielen und in improvisierten Containern hausen, weil an den Hallen in Lohberg oder Marl keine Aufenthaltsräume und zum Teil nicht mal fließendes Wasser und elektrischer Strom vorhanden sind, sodass die Ruhrtriennale – mit Hilfe der Betreiberin RAG – hier wie für eine Zirkusgruppe erst mal ein Künstlerdorf errichten muss. Es entstehen an diesen Orten Aufführungen, die so nirgendwo sonst entstehen könnten. Nicht nur, was auf der Hand liegt, weil man einen Rücklader wie in Marl sonst nirgendwo zur Verfügung hat. Sondern auch, weil diese Atmosphäre ein anderes Arbeiten und andere künstlerische Gedanken freisetzt. Es sind dann nicht mehr nur die Künstler, die einen Ort bevölkern, sondern es ist auch der Ort, der die Künstler inspiriert.

Und es macht selbstverständlich auch etwas mit dem Publikum. Ist Kunst doch dazu da, ästhetische, emotionale und intellektuelle Anreize zu geben. Solche Impulse, wie sie bei der Ruhrtriennale an diesen neu erschlossenen Orten möglich sind, die vorher ungesehen waren und die im besten Fall noch ihre eigene Arbeitsgeschichte atmen, fallen in eine Kategorie, die mit wenig zu vergleichen ist. So ist ein Ausflug nach Lohberg oder Marl weniger ein Society-Event als ein nachhaltiges Erlebnis – im wahrsten Sinn des Wortes.

Wir wollten das, dass die Zuschauer 2015 erst einmal einige hundert Meter durch Kies, Sand und Staub marschierten, ehe sie die Kohlenmischhalle erreichten, wo sie noch weitere hundertfünfzig Meter die gesamte Halle, an den Spielern und dem Orchester vorbei, durchqueren mussten, ohne Teppich oder Parkett. Eine Prozession, die nicht nur an den religiösen Subtext der Aufführung *Accattone* anschloss, sondern die auch jenes so selten gewordene Gemeinschaftsgefühl hervorbrachte. Und wenn am Ende des Abends die Schuhe dreckig und der Rocksaum schwarz waren, dann war das eben so. Nur wenige dürften sich beklagt haben.

Das soll nicht heißen, dass man als Künstler schon gewonnen hat an einem solchen Ort. Vielleicht ist am Ende der Raum, die Halle, tatsächlich stärker (wenn man es denn in diesen Kategorien bemessen wollte) als die Kunst, vielleicht gelingt nicht jedes künstlerische Konzept. Aber auch diese Erfahrung kann man nur machen, wenn man sich überhaupt erst mal so weit hinauswagt. Das gilt im Übrigen genauso für jenes Projekt, das 2016 vielleicht sogar die breiteste Aufmerksamkeit erzielte: *Urban Prayers Ruhr*, ein Stück, das sechs Wochen lang in unterschiedlichen Gotteshäusern spielte und Gläubige mit Nicht-Gläubigen, Gemeindemitglieder mit Ruhrtriennalepublikum zusammen- und miteinander ins Gespräch brachte.

Geht das: keine Kompromisse am künstlerischen Niveau zu machen und dennoch nicht nur in der eigenen Kirche zu predigen (um im Bild zu bleiben)? Diese Frage haben wir immer und immer wieder diskutiert. Es war auch Anspruch des Leitmotivs *Seid umschlungen*, neue Publikumsgruppen zur Ruhrtriennale zu bringen, das Festival stärker in der Bevölkerung zu verankern, nicht nur aus Legitimationsgründen, sondern schlichtweg auch aus Stolz. Mit Ritournelle, dem Musikfestival im Festival, und den Konzerten mit elektronischer Pop-Musik abseits des Mainstreams ist das zweifellos geglückt. Und es war auch der Gedanke der Erschließung neuer Hallen an neuen Orten, um dort mit neuen Menschen in Kontakt zu kommen.

Dabei ist die Situation nicht unheikel. In Marl auf Auguste Victoria, beispielsweise, waren bis Dezember 2015 noch 1.350 Menschen beschäftigt. Die allermeisten sind seitdem arbeitslos. Irgendwann soll auf dem Gelände ein Industriepark entstehen, Baubeginn in fünf Jahren. Die Stadt verliert durch die Schließung der Zeche insgesamt 3.000 Arbeitsplätze für Schlosser, Mechatroniker, Industriemechaniker und mehr als hundert Ausbildungsplätze. Der Industriepark wird höchstens 1.000 neue Jobs schaffen. In Marl liegt die Arbeitslosigkeit schon jetzt doppelt so hoch wie im deutschen Durchschnitt. Und dann kommt, keine zwölf Monate nach Schließung der Zeche, die Ruhrtriennale und macht dort ›ihre‹ Kunst.

An diesem letzten Satz ist natürlich schon das Wort ›ihre‹ verkehrt. Denn natürlich sollte diese Kunst keinem Selbstzweck folgen, sondern eine Einladung an alle sein. Als Zeichen der Dankbarkeit, an ihrem ursprünglichen Ort sein zu dürfen, erhielten ehemalige Zechenarbeiter von der Ruhrtriennale Eintrittskarten zum Sonderpreis. Aber kann ein Rabatt die Hemmschwelle senken beziehungsweise das persönliche Interesse erhöhen, wenn man sich inhaltlich nicht angesprochen fühlt? Johan Simons und wir haben versucht, auch persönlich in den angrenzenden Vierteln für die Aufführung zu werben und Fragen zu beantworten. Das kann eine gute Erdung sein – mal raus aus der gewohnten Künstler- und Feuilletonblase. Weniger komplex hat es die Aufführung *Die Fremden* trotzdem nicht gemacht. In Dinslaken-Lohberg, einem Stadtteil mit hohem Migrantenanteil, aus dem mehrere junge Männer zum sogenannten »Islamischen Staat« gegangen sind, haben wir 2015 versucht, mit einem Marktfest, mit Flyern auf Türkisch und öffentlichen Probenbesuchen unsere zeitweiligen Nachbarn hinüber zu uns in die Halle zu locken. Neugierde sollte genügen. Einige kamen auch. Aber es hätten mehr sein sollen. Doch wie geht man dann damit um, wenn man erfährt, dass Muslime die Aufführung aus dem Grund nicht besuchen, weil in der Stückhandlung Prostituierte vorkommen?

Man kann es sich leichter machen, indem man solche Gedanken und Ambitionen hintenanstellt. Die Ruhrtriennale wird auch dann tolle Aufführungen offerieren, wenn sie sich auf den Vergleich mit anderen internationalen Top-Festivals beschränkt. Uns war noch etwas anderes wichtig. Natürlich freut man sich, wenn eine Ausnahme-Aufführung wie von Stockhausens *Carré* dann auch von internationalen Musikkritikern zu einem der wichtigsten Musikereignisse der Saison 2016 gekürt wird. Oder wenn das skurrile Kunstdorf *The Good, the Bad and the Ugly* von Atelier Van Lieshout vor der Bochumer Jahrhunderthalle von einem Kunstmagazin zu den weltweit zehn wichtigsten Sehenswürdigkeiten des Jahres 2015 gewählt wird. Aber manchmal kann es fast noch beglückender sein, wenn man abends ins Refektorium kommt – das ist die Holzscheune inmitten des Kunstdorfs, die der Ruhrtriennale zum ersten Mal so etwas wie ein Festivalzentrum gegeben hat – und feststellt, dass zur Lesung der *Göttlichen Komödie* im Rahmenprogramm tatsächlich 80 Menschen erschienen sind und sogar viereinhalb Stunden ausharren, obwohl der September an diesem Abend nur Temperaturen im einstelligen Bereich bereithält und das Regenwasser unter dem Scheunentor durchfließt und die Füße umspült. Auch das war diese Ruhrtriennale.

Ja, es gibt einiges an diesem Festival, das man kritisch hinterfragen kann, auch aus den Erfahrungen dreier Spielzeiten heraus: Die Ruhrtriennale trägt einen falschen Namen – denn sie findet ja nicht nur jedes dritte Jahr statt. Die Ruhrtriennale hat einen strukturellen Nachteil – indem sie alle drei Jahre die Künstlerische Leitung auswechselt und ihr so viele Erfahrungen und Kontakte, nicht zuletzt zu Förderern und Sponsoren, immer wieder aufs Neue verlorengehen. Die Ruhrtriennale läuft Gefahr, ihren Charakter als produzierendes Festival einzigartiger Kreationen zu verlieren – da aufgrund des steigenden Kostendrucks und eines seit 2002 mehr oder weniger gleich gebliebenen staatlichen Zuschusses immer mehr tourfähige Koproduktionen angesetzt werden, die eben nicht speziell für die Hallen des Ruhrgebiets konzipiert werden. Die Ruhrtriennale ist nichtsdestotrotz das größte und ambitionierteste Kunst-Festival in Deutschland, das immer noch Entdeckungen bereithält – nicht nur für das Publikum, auch für die Macher.

Vasco Boenisch war von 2015 bis 2017 Dramaturg der Ruhrtriennale.

Umbau der Zentralwerkstatt der Zeche Lohberg zu einer Spielstätte der Ruhrtriennale.
Fotos: Robin Junicke

Ruhrtriennale – die kommenden Jahre
Ein Ausblick

Stefanie Carp

Die Ruhrtriennale ist das Festival mit der größten Freiheit. Sie wird alle drei Jahre neu erfunden. Deshalb ist sie dem Prozess der Institutionalisierung und der vorgeprägten Publikumserwartung entgangen.

Die Industriearchitekturen, in denen die künstlerischen Ereignisse der Ruhrtriennale stattfinden, verbieten die Konvention. Man spürt beim Nachdenken über ein Programm sehr schnell, dass große Oper oder konventionelles Schauspiel auf den entsprechenden Bühnen, die dann in die Hallen hinein gebaut würden, falsch erscheinen. Die alten Industriebauten, die in einem halb städtischen, halb ländlichen Raum verstreut sind, fordern auf zur Erfindung. Insofern wird man in der Ruhrtriennale immer Formate erleben, die eine Mischform von Musiktheater, Bildender Kunst, Tanz, Diskurs darstellen, und die sich in ihren ungewöhnlichen Raumlösungen auf diese Architektur beziehen. Man muss also ganz anders über die Ruhrtriennale nachdenken als über ein Festival, dass viele kleine und große Theaterräume innerhalb einer Stadt bespielt.

Man kann und darf in der Ruhrtriennale die sogenannten Sparten nicht trennen. Man ist aufgefordert zum Experimentieren. Nun sind wir gewohnt, dass das Experimentelle im Allgemeinen in kleinen Formaten und kleineren Räumen stattfindet, in den kleinen Blackboxes, den Nebenspielstätten der großen repräsentativen Bühnen. In der Ruhrtriennale gehen aber nur Experimente im großen Format. Die Industriehallen sind gigantische Blackboxes als Hauptspielstätten. Das Publikum dieses Festivals muss offen und neugierig sein.

Ich wünsche mir, dass es gelingt, die einzelnen Orte der Ruhrtriennale stärker miteinander zu vernetzen, sodass der Besucher an einem Tag mehrere Vorstellungen ansehen, andere Zuschauer, Künstler treffen und mit ihnen kommunizieren kann, dass also mehr Festival-Erleben und Stadtraum-Gefühl entsteht.

Was ich mir außerdem wünsche ist, mehr Kunstschaffenden, die nicht aus dem europäisch-nordatlantischen Kontext kommen, Raum zu geben.

Ich denke auch über die Frage nach, ob man ein stärkeres Gewicht auf Projekte in den einzelnen Städten des Ruhrgebiets legen könnte. Das wären Projekte in weiteren, nicht für Kunst vorgesehenen Räumen, Projekte, die künstlerische und zugleich soziale Aktionen sind, und über den Zeitraum der Ruhrtriennale hinaus dauern.

Was sollte dieses Festival sein – über die Versammlung schöner Kunst-Experimente hinaus? Das ist die Frage, die alle drei Jahre neu gestellt und neu beantwortet wird.

Thematisch bedeutet es derzeit für mich, künstlerische und inhaltliche Ausdruckformen für das Gefühl der Zwischenzeit zu suchen. Wir wissen, dass sich schon übermorgen alle Parameter unseres Denkens und Lebens geändert haben werden. Dieser Veränderung aller sozialen und kulturellen Verhältnisse sollten wir mit Neugier und Produktivität, also aktiv entgegen gehen, statt in Furcht und Abwehr zu verharren. Kunst muss Probleme schaffen. Sie kann nicht Probleme lösen. Sie ist nicht praktisch. Aber sie kann eine Sehnsucht auslösen nach einer anderen Wahrnehmung, einer anderen Erfahrung, einer anderen Form des Lebens.

Textnachweise

Die folgenden Beiträge erschienen zuerst an einem anderen Ort und wurden für diese Publikation überarbeitet. Bei Texten, die hier nicht aufgeführt sind, handelt es sich um Originalbeiträge.

Andreas Wilink: »Herzstücke und Denkspiele. Johan Simons probt Calderóns *Das Leben ein Traum*. Ein Besuch in Gent« Zuerst: »Herzstücke und Denkspiele. Besuch in Flandern: Johan Simons, der Holländer in Gent, inszeniert für die Ruhrtriennale Calderóns *Das Leben ein Traum*.« In: *K.West. Das Kulturmagazin des Westens*. Essen 2006

Dina Netz: »›Es geht um die Zerstörung von Körpern‹. Christian Boltanski *Nächte unter Tage*« Zuerst: »›Es geht um die Zerstörung von Körpern.‹ Christian Boltanski über sein Ruhrtriennale-Projekt *Nächte unter Tage*« In: *K.West. Das Kulturmagazin des Westens*. Essen 2005

Dorothea Marcus: »Zersetzungsparty im Märchenkosmos. Jan Fabres theatralische Totenmesse *Requiem für eine Metamorphose* in der Jahrhunderthalle Bochum« Zuerst: »Zersetzungsparty im Märchenkosmos. Requiem einer Metamorphose – Jan Fabres theatralische Totenmesse« In: nachtkritik.de (2007)

Guido Hiß, Nikolaus Müller-Schöll: »Die Säule der Erinnerung. Ein Interview mit Jürgen Flimm« Zuerst: »Die Säule der Erinnerung. Ein Interview mit Professor Dr. Jürgen Flimm, Intendant der RuhrTriennale« In: Grimm/Haß/Hiß (Hrsg.): *Theater über Tage. Jahrbuch für das Theater im Ruhrgebiet*. Münster 2005

Guido Hiß: »Der Traum der Ingenieure. La Fura dels Baus inszeniert die *Zauberflöte* in der Jahrhunderthalle« Zuerst: »Der kleine Prinz und das Bett. La Fura dels Bau inszeniert die Zauberflöte in der Bochumer Jahrhunderthalle.« In: Grimm/Haß/Hiß (Hrsg.): *Theater über Tage. Jahrbuch für das Theater im Ruhrgebiet*. Münster 2004

Guido Hiß: »Der Traum von der schönen Müllerin. Christoph Marthaler inszeniert Schuberts Liederzyklus im Schalthaus Phönix West in Dortmund« Zuerst: »Marthalers Traum von der schönen Müllerin« In: Grimm/Haß/Hiß (Hrsg.): *Theater über Tage. Jahrbuch für das Theater im Ruhrgebiet*. Münster 2003

Textnachweise

Guido Hiß: »Die Geburt der Komödie aus dem Geist der Musik. Christoph Marthaler inszeniert *Sauser aus Italien*. Eine Urheberei in der Zeche Zweckel Gladbeck« Zuerst: »*Murx auf Ausflug. Marthaler kreiert Sauser in Italien. Eine Urheberei*« In: Haß/Hiß (Hrsg.): *Schauplatz Ruhr. Jahrbuch zum Theater im Ruhrgebiet*. Berlin 2007

Guido Hiß: »Im ›Eismeer der Geschichte‹. Andrea Breth, Christian Boltanski und Jean Kalmann inszenieren Nächte unter Tage in der Zeche Zollverein in Essen« Zuerst: »Das Theater der Schatten« In: Guido Hiß: *Theater, Mythen, Medien: Ein Versuch*. München 2013

Hanna Höfer-Lück: »›Oh Wort, du Wort, das mir fehlt!‹ Willy Decker inszeniert Arnold Schönbergs *Moses und Aron* in der Jahrhunderthalle« Zuerst: »Oh Wort, du Wort, das mir fehlt!« – Arnold Schönbergs »Moses und Aron« in der Inszenierung Willy Deckers« In: Haß/Hiß (Hrsg.): *Schauplatz Ruhr. Jahrbuch zum Theater im Ruhrgebiet*. Berlin 2009

Hanna Höfer-Lück: »Cage und Goebbels ›pulverisieren‹ die Opern Europas. *Europeras 1 & 2* bei der Ruhrtriennale« In: Haß/Hiß (Hrsg.): *Schauplatz Ruhr. Jahrbuch zum Theater im Ruhrgebiet*. Berlin 2013

Janina Amrath: »›Don't compare!‹. Yael Ronen zeigt *Dritte Generation* im PACT Zollverein« Zuerst: »›Don't compare!‹ Yael Ronens Work in Progress *Dritte Generation* bei der RuhrTriennale« In: Haß/Hiß (Hrsg.): *Schauplatz Ruhr. Jahrbuch zum Theater im Ruhrgebiet*. Berlin 2009

Jürgen Grimm: »›Tochter des Minos und der Pasiphaë‹ Patrice Chéreau inszeniert Racines Phèdre in der Jahrhunderthalle Bochum« Zuerst: »›Tochter des Minos und der Pasiphaë‹. Racines Phèdre in der Inszenierung von Patrice Chéreau auf der RuhrTriennale 2003« In: Grimm/Haß/Hiß (Hrsg.): *Theater über Tage. Jahrbuch für das Theater im Ruhrgebiet*. Münster 2003

Laura Strack: »Frühling ohne Opfer. Laurent Chétouanes *Sacré Sacre du printemps*« In: Haß/Hiß (Hrsg.): *Schauplatz Ruhr. Jahrbuch zum Theater im Ruhrgebiet*. Berlin 2013

Mareike Möller, Tanja Martin: »Auf der Suche nach dem Wort. Ein Gespräch mit Willy Decker über seine Intendantenrolle« Zuerst: »Auf der Suche nach dem Wort – Ein Gespräch mit Willy Decker über seine neue Intendantenrolle bei der Ruhrtriennale, gefährliche Schlagwörter und Urmomente« In: Haß/Hiß (Hrsg.): *Schauplatz Ruhr. Jahrbuch zum Theater im Ruhrgebiet*. Berlin 2009

Meike Hinnenberg: »Επιλελησμεναι μορφαι – ληθης μορφαι. Lemi Ponifasio inszeniert Carl Orffs *Prometheus* bei der Ruhrtriennale 2012« Zuerst: »Επιλελησμεναι μορφαι – ληθης μορφαι. Lemi Ponifasio inszeniert Carl Orffs *Prometheus*« In: Haß/Hiß (Hrsg.): *Schauplatz Ruhr. Jahrbuch zum Theater im Ruhrgebiet*. Berlin 2013

Mike Hiegemann: »›Vergessen diese Frage, nächster Moment!‹ Schorsch Kamerun inszeniert Texte aus Rolf Dieter Brinkmanns *Westwärts 1&2* als begehbaren Ausnahmezustand in der Zeche Zweckel Gladbeck« Zuerst: »Vergessen diese Frage, nächster Moment! Schorsch Kamerun inszeniert Texte aus Rolf Dieter Brinkmanns *Westwärts 1&2*« In: Haß/Hiß (Hrsg.): *Schauplatz Ruhr. Jahrbuch zum Theater im Ruhrgebiet*. Berlin 2008

Mirjam Schmuck, Fabian Lettow: »Im Zerfall wohnt die Zeit. Ein Gespräch mit Anna Viebrock über ihre Schleef-Mozart-Arbeit *Die Nacht* in Essen« Zuerst: »Im Zerfall wohnt die Zeit. Ein Gespräch mit Anna Viebrock über ihre Schleef-Mozart-Arbeit *Die Nacht* bei der RuhrTriennale« In: Haß/Hiß (Hrsg.): *Schauplatz Ruhr. Jahrbuch zum Theater im Ruhrgebiet*. Berlin 2008

Nicole Strecker: »›Eigentlich ist es immer die eigene Geschichte‹. Akram Khan über Spiritualität, Kathak-Tanz und seine Produktion *Vertical Road*« Zuerst: »interview: Akram Khan« In: *Tanz. Zeitschrift für Ballett, Tanz und Performance*. Berlin 2010

Nikolaus Müller-Schöll: »Der Überlebenskampf als ästhetisches Erlebnis. Ariane Mnouchkine und das Théâtre du Soleil gastieren mit *Le dernier caravansérail (Odyssées)* in der Jahrhunderthalle Bochum« Zuerst: »Der Überlebenskampf als ästhetisches Erlebnis. Ariane Mnouchkine und das Théâtre du Soleil gastieren mit *Le dernier caravansérail (Odyssées)* in der Bochumer Jahrhunderthalle« In: Grimm/Haß/Hiß (Hrsg.): *Theater über Tage. Jahrbuch für das Theater im Ruhrgebiet*. Münster 2004

Robin Junicke: »›From a Distance They Looked Like Birds‹. William Forsythe zeigt *now this when not that*« Zuerst: »›From a Distance They Looked Like Birds‹. Forsythes *now this when not that*« In: Haß/Hiß (Hrsg.): *Schauplatz Ruhr. Jahrbuch zum Theater im Ruhrgebiet*. Berlin 2012

Robin Junicke: »Die Natur des Nichts. Wim Vandekeybus und Ultima Vez zeigen *nieuwZwart* in Essen« Zuerst: »Die Natur des Nichts. *nieuwZwart*. Das neue Stück von Wim Vandekeybus und seiner Gruppe Ultima Vez bei der RuhrTriennale« In: Haß/Hiß (Hrsg.): *Schauplatz Ruhr. Jahrbuch zum Theater im Ruhrgebiet*. Berlin 2009

Sabine Reich: »The Waste Land. Das Ruhrgebiet als kultureller Raum.« Zuerst: »The Waste Land. Ruhrgebiet und Kultur« In: Grimm/Haß/Hiß (Hrsg.): *Theater über Tage. Jahrbuch für das Theater im Ruhrgebiet*. Münster 2003

Sarah Heppekausen: »Gespenster der Angst. Luk Perceval liest Macbeth mit buddhistischem Blick« Zuerst: »Unstillbare Karrieresucht und Geistestod. Macbeth – Claudia Bauers Splatterpsychomärchenversion von Shakespeares Drama« In: nachtkritik.de (2011)

Sarah Heppekausen: »In den Krieg gezogen. Rimini Protokoll installieren *Situation Rooms* in Bochum« Zuerst: »*Situation Rooms* – Bei der Ruhrtriennale laden Rimini Protokoll zur Beschäftigung mit Waffen ein« In: nachtkritik.de (2013)

Sarah Heppekausen: »Sturz in die Steine. Johan Simons inszeniert *Accattone* in der Kohlenzeche Lohberg in Dinslaken« Zuerst: »Sturz in die Steine. *Accattone* – Johan Simons' Ruhrtriennalen-Auftakt führt in die Weite der stillgelegten Kohlenzeche Lohberg in Dinslaken« In: nachtkritik.de (2015)

Tanja Martin: »Planspiele und Spielpläne. Von der Internationalen Bauausstellung Emscher Park zur Ruhrtriennale« In: Haß/Hiß (Hrsg.): *Schauplatz Ruhr. Jahrbuch zum Theater im Ruhrgebiet*. Berlin 2008

Thomas Böckstiegel: »›Ein Raumschiff des Geistes‹. David Pountney inszeniert Zimmermanns *Die Soldaten* in der Jahrhunderthalle Bochum.« Zuerst: »›Ein Raumschiff des Geistes‹. David Pountney inszeniert Zimmermanns *Die Soldaten* bei der RuhrTriennale« In: Haß/Hiß (Hrsg.): *Schauplatz Ruhr. Jahrbuch zum Theater im Ruhrgebiet*. Berlin 2007

Thomas Oberender: »Die Wiedererrichtung des Himmels. Notizen über Geschmack, Architektur und Konzept der Gründungstriennale« In: *K.West. Das Kulturmagazin des Westens*. Essen 2004

Textnachweise

Ulrike Haß und Nikolaus Müller-Schöll: »Die Familie als subversive Kraft. Im Gedenken an Marie Zimmermann: Carl Hegemann spricht über unrealisierte Pläne für die Ruhrtriennale 2008 bis 2010« Zuerst: »Die Familie als subversive Kraft. In memoriam Marie Zimmermann: Carl Hegemann über unrealisierte Pläne für die Ruhrtriennale 2008–10« In: Haß/Hiß (Hrsg.): *Schauplatz Ruhr. Jahrbuch zum Theater im Ruhrgebiet*. Berlin 2007

Uwe Schweikert: »Pfeile der Sehnsucht. Frank Martins *Le vin herbé* erlebt eine triumphale Wiederauferstehung« In: Grimm/Haß/Hiß (Hrsg.): *Theater über Tage. Jahrbuch für das Theater im Ruhrgebiet*. Münster 2001

Verena Cornely Harboe: »Vom Risiko des Mitgefühls. Alain Platel im Gespräch über pitié! Erbarme Dich!« Zuerst: »Gottesdienst ohne Gott. Alain Platels Inszenierung *pitié! Erbarme Dich!*« In: Haß/Hiß (Hrsg.): *Schauplatz Ruhr. Jahrbuch zum Theater im Ruhrgebiet*. Berlin 2008

Ganzseitige Abbildungen

S. 41, 45: Zeche Zweckel, Gladbeck. Fotos: Robin Junicke
S. 70: Jahrhunderthalle Bochum. Foto: Robin Junicke
S. 106: Foto: Ursula Kaufmann
S. 124: Maschinenhaus Zeche Carl, Essen. Foto: Robin Junicke
S. 142: Foto: Bernd Uhlig
S. 161: Foto: Michael Kneffel
S. 178: Zeche Zweckel, Gladbeck. Foto: Robin Junicke
S. 181: LWL-Industriemuseum Henrichshütte Hattingen. Foto: Robin Junicke
S. 190: Foto: Dirk Rose
S. 192: Foto: David Baltzer / Zenit
S. 197, 201: Foto: Robin Junicke
S. 205: Foto: Ursula Kaufmann
S. 216: Zeche Zweckel, Gladbeck. Foto: Robin Junicke
S. 232: Foto: Robin Junicke
S. 250: Foto: Paul Leclaire
S. 264: Gebläsehalle im Landschaftspark Duisburg-Nord. Foto: Robin Junicke
S. 269: Ryoji Ikeda: *test pattern [enhanced version]*. Foto: Wonge Bergmann, Ruhrtriennale 2013
S. 280: Heiner Goebbels: *Stifters Dinge*. Foto: Ursula Kaufmann
S. 288: Foto: Paul Leclaire
S. 318: Kraftzentrale im Landschaftspark Duisburg-Nord. Foto: Robin Junicke
S. 332: Foto: Julian Röder / Ruhrtriennale 2015
S. 336: Foto: Michael Kneffel / Ruhrtriennale 2015
S. 341: Foto: JU / Ruhrtriennale 2015
S. 378: Foto: Robin Junicke
S. 384: Foto: Robin Junicke